"十二五"职业教育国家规划教材

经全国职业教育教材审定委员会审定

国家文化产业资金支持媒体融合重大项目

21世纪新概念教材："换代型"系列

高职高专教育市场营销专业教材新系

消费者行为学

XIAOFEIZHE XINGWEIXUE

荣晓华 编著

（第七版）

东北财经大学出版社

Dongbei University of Finance & Economics Press

大连

图书在版编目（CIP）数据

消费者行为学 / 荣晓华编著. —7版. —大连：东北财经大学出版社，2022.9
（2025.7重印）
（高职高专教育市场营销专业教材新系）
ISBN 978-7-5654-4574-3

Ⅰ.消⋯　Ⅱ.荣⋯　Ⅲ.消费者行为论–高等职业教育–教材　Ⅳ.F713.55

中国版本图书馆CIP数据核字（2022）第131149号

东北财经大学出版社出版
（大连市黑石礁尖山街217号　邮政编码　116025）
网　　址：http://www.dufep.cn
读者信箱：dufep@dufe.edu.cn
大连永盛印业有限公司印刷　　东北财经大学出版社发行
幅面尺寸：185mm×260mm　　字数：385千字　　印张：17.25
2022年9月第7版　　　　　　2025年7月第8次印刷
责任编辑：许景行　石建华　　　　责任校对：伊　仁
　　　　　王　斌　徐　群
封面设计：张智波　　　　　　　　版式设计：原　皓
定价：49.00元

教学支持　售后服务　　联系电话：（0411）84710309
版权所有　侵权必究　　举报电话：（0411）84710523
如有印装质量问题，请联系营销部：（0411）84710711

总　序

随着"科教兴国"战略的实施，面对21世纪社会经济发展对人才的需要，党中央国务院决定扩大高等教育规模，通过多种形式积极发展高等教育，使我国高等教育的毛入学率至2015年达到36%左右，实现由"精英型"高等教育向大众化高等教育的转变。高职高专是我国高等教育的重要组成部分，培养拥护党的基本路线，适应生产、建设、管理、服务第一线需要，德、智、体、美全面发展的高等技术应用型专门人才，学生应在具备必要的基础理论和专门知识的基础上，重点掌握从事本专业领域实际工作的基本能力和基本技能，具有良好的职业道德和敬业精神。大力发展高等职业教育，培养大量的高等技术应用型专门人才，是实现高等教育大众化目标的必然选择。

高职高专教育要完成培养高等技术应用型专门人才这一根本任务，迫切需要解决的问题之一是教材问题，因为目前高职高专院校使用的教材基本上是本科教材、原专科教材和成人高校教材。与高职高专教育新的培养目标相适应的新教材建设，从严格意义上讲，还是一块未开垦的"处女地"。切实做好占整个高等教育在校生规模60%以上的高职高专教育教材的建设已迫在眉睫。

《中华人民共和国国民经济和社会发展"九五"计划和2010年远景目标纲要》明确指出，国有企业要按照市场需求组织生产，"搞好市场营销，提高经济效益"，要积极发展"代理制、连锁经营等新的营销方式""建立科研、开发、生产、营销紧密结合的机制"。1999年8月12日，江泽民同志在东北和华北地区国有企业改革与发展座谈会上所做的题为"坚定信心，深化改革，开创国有企业发展的新局面"的讲话中指出："加强企业发展战略管理，关键是要根据不断变化的市场要求，抓住发展战略、技术创新战略和市场营销战略这些重点环节。"习近平在二十届中共中央政治局第二次集体学习时强调，"构建新发展格局，迫切需要加快建设高效规范、公平竞争、充分开放的全国统一大市场，建立全国统一的市场制度规则，促进商品要素资源在更大范围内畅通流动"。这就把市场营销战略和建设全国统一大市场提升到了与发展战略、技术创新战略及发展新格局并驾齐驱的位置上。社会主义市场经济发展的客观需要和党中央、国务院对市场营销工作的重视，表明市场营销专门人才存在着广阔的市场需求潜力，预示着高职高专教育的市场营销专业将有强劲的发展态势。

有鉴于此，在21世纪初，以具有开设市场营销专业的历史经验和师资、规模优势的上海商业职业技术学院、山东商业职业技术学院、安徽商贸职业技术学院、无锡商业职业技术学院、浙江商业职业技术学院、温州职业技术学院、浙江工商职业技术学院和广东农工商职业技术学院等为主体的全国商业高职高专院校，按照教育部关于高职高专教育"专业课程等依据教学大纲组织自编教材"的精神，提议编写高职高专教育市场营销专业课程教材。

根据高职高专市场营销专业教学计划和培养目标的要求，列入编写初版的教材有《市场营销学》《现代企业经营管理》《广告原理与实务》《公共关系原理与实务》《现代推销理论与实务》《市场营销策划》《价格理论与实务》《国际贸易理论与实务》《市场调查与预测》《商务谈判》《现代营销礼仪》《电子商务与网络营销》《消费者行为学》《商品学概论》共14本。

这些教材自初版起便具有如下特点：

（1）依据高职高专教育的培养宗旨和人才培养模式的基本特征，围绕市场营销职业岗位群的要求，坚持以提高学生整体素质为基础，以培养学生市场营销综合能力特别是创新能力和实践能力为主线，兼顾学生的后续发展需要，确立专业课程新体系和教材内容新体系。各门课程的教材在基本理论和基础知识的选择上以应用为目的，以"必需、够用"为度，服从培养能力的需要，突出针对性和实用性。

（2）着力于学生市场营销能力的培养，但不是与中等职业教育相同的一些单项技能，而是综合运用营销理论分析、解决营销实际问题的能力。因此，"必需、够用"的基本理论也必须理论概念清楚、知识完整准确、重点突出，有一定的深度和难度，使其与中等职业教育教材相区别。

（3）坚持实用性与前瞻性的统一。高职高专教育属于大众化教育，旨在培养适应我国社会主义市场经济体制下新型企业市场营销岗位第一线需要、具有市场营销综合能力的高等技术应用型专门人才。学生毕业后，绝大多数要进入营销岗位就业或者自己去创业，因此教材内容必须强调实用性和针对性。同时，兼顾市场营销职业岗位群发展和学生的后续发展需要，教材编写必须坚持前瞻性原则，在内容上要新，做到充分吸收本学科海内外最新教科书、最新科研成果和最新营销实践经验、举措和案例，并把这些新内容与高职高专教育教学要求及学生的接受能力结合起来，以强化教材的科学性、先进性和适应性。

（4）自觉摆脱"传统专科教育的学科型教育和专科教育教材为本科教育教材的压缩"的框框，摒弃"传统教材以理论知识为核心，以原理、范畴、概念分类为主线，以从理论到理论的阐述为章节结构"的惯性做法，在重点、扼要、完整地论述"必需、够用"的基本理论知识的同时，增加图、表、典型案例、专栏、补充阅读资料等栏目的内容比例，设置课堂讨论题、自测题、实训题和复习思考题，以强化理论与实际的结合、学习知识与开发智力的结合、动脑思考与动手操作的结合，真正体现高等职业教育的特色。

光阴荏苒。到2014年，东财版"21世纪新概念教材·换代型系列：高职高专教育市场营销专业教材新系"大部分已出第四版，印刷24次左右。其中：有8种入选"普通高等教育'十一五'国家级规划教材"，有6种入选"'十二五'职业教育国家规划教材"，3种成为"国家级精品课程教材"，1种入选"教育部普通高等教育精品教材"，多种被评为全国、行业或省级畅销书，深受广大高职院校师生的喜爱与欢迎。

为了将《国家中长期教育改革和发展规划纲要（2010—2020年）》中提出的"着力提高人才培养水平""坚持育人为本，德育为先""强化能力培养，创新人才培养模式""着重培育学生的主动精神和创造性思维"等新时期教育要求进一步落到实处，完成"十二五"时期起我国高等职业教育新型人才培养的阶段性目标，市场营销专业教材必须与时俱进，体现国内外先进的专业技术水平、教育教学理念和课改新趋势，实现课程教材建设的模式转换。为此，我们于2013年年底启动了对原版教材的全面修订。

改版的教材在以下方面沿着"21世纪新概念教材·换代型系列"的方向继续前行：

（1）同步提升了高职高专职业教育经管类专业的人才培养目标定位。借鉴发达国家高等职业教育关于"职业教育与学术教育有机结合"的课改经验，"克服高职各类专业的同质化倾向"，将高职高专职业教育经管类人才培养目标由先前的"教高〔2006〕16号"（培养"面向生产、建设、服务和管理第一线高素质技能型专门人才"），经过"教职成〔2011〕9号"、"教高〔2012〕4号"和"国发〔2014〕19号"等文件的一般定位（培养"高端技能型人才"、"应用技术型人才"乃至"技术技能型人才"），提升到"职业知识"、"职业能力"与"职业道德"并重的"高等复合应用型"人才培养目标上来；同时，对照《国家中长期教育改革和发展规划纲要（2010—2020年）》中关于"创新人才培养模式""着重培育学生的主动精神和创造性思维"等新时期教育要求，将"问题思维"和"创新意识"的培养纳入新版教材的人才赋型机制中。

（2）兼顾了"衔接"和"层次区别与提升"。在教学重点、课程内容、能力结构等方面，既细化了高职教材与中职教材的有机衔接，也研究和探索了前者不同于后者的层次区别与提升。

（3）兼顾了"工学结合型"教育所要求的"双证沟通"与"互补"。在把国家职业资格标准融入专业课程内容与标准的同时，一方面着眼于高等职业学历教育与职业培训的重要区别，强化了对学生"职业学力"的全面建构；另一方面通过同步反映行业领域、国内外高职教育教学及课程改革新发展、新标准、新成果，弥补国家职业资格标准的相对滞后性。

（4）兼顾了"理论"、"实务"、"案例"和"实训"等教学与训练环节。与只侧重"实务"的中职教材不同，修订版教材依照"原理先行、实务跟进、案例同步、实训到位"的原则，循序渐进地展开高职教材内容。

（5）扩展了"职业学力"建构的基本内涵。将学生"职业学力"基本内涵的建构，由先前的"职业知识"和"职业能力"二者并重，扩展到"职业知识"、"职业能力"和"职业道德"三者并重，致力于建构以"健全职业人格"为更高整合框架的教材赋型机制。

（6）兼顾了各种教学方法。将"学导式教学法""案例教学法""问题教学法""讨论教学法""项目教学法""工作导向教学法"等诸多先进教学方法具体运用于专业课程各种教学活动、功能性专栏和课后训练的教材设计中。

（7）联合国教科文组织的研究表明：进入21世纪，不少学科知识更新周期已缩短至2～3年。这意味着在高职院校学习的相当多知识在毕业后已经过时。为应对日益加速的"知识流变性"，自第五版起，本系列教材将"自主学习"训练视为与"实训操练"同等重要的能力训练：在奇数各章"学习目标"的"职业能力"中用"自主学习"子目标替换第四版"实训操练"项，并相应调整了其章后"基本训练"中"能力题"的子题型。

（8）自2018年起，阶段性落实教育部关于"进一步推进职业教育信息化发展"、"推广移动学习等信息化教学模式"（教职成〔2017〕4号）和"推进教育教学与信息技术深度融合"（《教育部高等教育司2018年工作要点》）等文件要求与精神，增加二维码教学资源，解决传统教材所缺少的"互联网+"移动学习，即纸质教材与二维码数字资源融合的问题。

（9）自 2020 年起，全面落实《国家职业教育改革实施方案》（国发〔2019〕4 号）、《教育部、财政部关于实施中国特色高水平高职学校和专业建设计划的意见》（教职成〔2019〕5 号）、《职业院校教材管理办法》（教材〔2019〕3 号）和《职业教育提质培优行动计划（2020—2023 年）》（教职成〔2020〕7 号）等文件要求与精神，重点落实"三教"改革中的"教材、教法"改革，特别是"在立德树人根本任务方面，进一步创新思想政治教育模式，将社会主义核心价值观融入专业课教材"的要求。

（10）自 2022 年起，加快推进党的二十大精神进教材、进课堂、进头脑，将研究和落实"立德树人，培养德技并修的大国工匠和高素质技能人才"的"人才强国战略"作为新时期教材改革的根本任务。

教材改革与创新是一项系统工程，旨在培养"高等复合应用型人才"的高职高专教育经管类专业教材的改革与创新更是如此。我们试图在深入调查研究、系统总结国内外教材建设先进经验的基础上，与时俱进地不断推出具有我国高等职业教育特色、优化配套的市场营销专业的新型教材。

期待广大专家、学者和读者们继续给我们以宝贵的意见与支持，使本系列教材通过阶段性修订，与我国新时期高等职业教育教学及课程改革发展始终保持同步。

"高职高专教育市场营销专业教材新系"项目组

第七版前言

本书自 2001 年出版以来，已经 6 次再版、35 次印刷，相继入选普通高等教育"十一五"国家级规划教材、"十二五"和"十四五"职业教育国家规划教材，被越来越多的高职院校采用和认可。值此第七版修订之际，向广大读者和同仁表达最诚挚的谢意。大家的认可是作者不断努力进取的真正动力。

本书以新时期"就业-创业"、"与生涯对接"和"人才竞争"为导向，在立足现代教材编写理念的基础上，充分吸收和借鉴了本学科研究的新成果和作者从事消费者行为学教学的数十年经验积累。

其内容安排如下：在阐明了消费者行为的重要意义之后，从分析消费者购买决策入手，全方位剖析影响消费者购买决策与购买行为的诸多因素。首先是影响消费者行为的个人因素，包括消费者的感知、需要和动机，消费者的学习和态度，消费者的个性、自我意识、生活方式以及消费者的人口统计变量等。其次是影响消费者行为的环境因素，从社会环境和物理环境两方面展开：社会环境包括社会文化、社会阶层、参照群体、家庭、社会流行等；物理环境包括购物环境、情境、场景等。最后是影响消费者行为的营销因素，包括商品名称、商标、商品包装、价格、促销组合以及服务和网络营销中的消费者行为等。

随着国内外市场的不断变化，市场营销学也在不断变化。作为市场营销学的重要根基，消费者行为学也必须跟上变化节奏。

一方面，伴随着互联网在商业应用方面的日益深入，全球消费者的网络购物观念和网络化生活方式快速形成，特别是移动互联网的快速发展使消费者的数字化消费成为可能。相比传统的消费行为，数字化消费是消费者消费模式的一种革命性变革。

另一方面，近年来中国高职院校全面落实《国家职业教育改革实施方案》（国发〔2019〕4 号）、《教育部、财政部关于实施中国特色高水平高职学校和专业建设计划的意见》（教职成〔2019〕5 号）、《职业院校教材管理办法》（教材〔2019〕3 号）和《职业教育提质培优行动计划（2020—2023 年）》（教职成〔2020〕7 号）等文件的要求与精神，在高等职业教育理念、立德树人根本任务、创新思想政治教育模式等方面，对教材建设提出了新要求。

在上述背景下，应东北财经大学出版社之约，作者对《消费者行为学》（第六版）进行了修订。第七版的主要更新内容涉及以下七个方面：

（1）结构更新

为实现高等职业教育商科人才培养目标从"技术技能型"向"高等复合应用型"提升，第七版教材的结构布局以"'职业知识'、'职业能力'和'职业素养①'"为三大基本内涵，以"健全职业人格"为整合框架，各章的"基本训练"与体现"基本内

---

① "职业素养"系由本书先前各版"职业道德与企业伦理"专栏和章后"善恶研判"题型升级而来，相比先前各版，其思想政治教育内容外延更广、内涵更深。

涵"的"学习目标"，以及穿插"同步思考""同步案例""同步业务""职业素养""教学互动"等诸多功能性专栏的教学内容相呼应。在教学方法上，整合"学导教学法""互动教学法""案例教学法""实践教学法""讨论教学法"等教学方法，使其在教学设计中相得益彰。

（2）内容更新

同步反映"体验经济时代"、"互联网时代"和"共享经济时代"消费者消费观念、消费结构和消费模式的新变化。着眼于此，第1章专门介绍了"数字化消费者行为"，包括数字化消费者行为的特点及企业营销对策等，增加了包括数字化消费者行为、大数据分析、消费者的非理性决策、品牌人设、场景营销、Z世代消费者行为等教学新内容；此外，第2章增加了"2.3消费者的非理性决策"、第3章新增了"3.2消费者的情绪"、第7章新增了"7.3场景营销"等教学新内容。

（3）案例更新

第七版更换了全书各章的篇头引例、同步案例和章后案例，力求使所选案例兼具时效性、广泛性和典型性。这些案例主体包括但不限于今麦郎、江小白、携程、完美日记、三顿半、飘柔、白象、拼多多、屈臣氏、谷爱凌、哪吒汽车、可口可乐、百事可乐、太二酸菜鱼、苏泊尔、李宁、欧莱雅、乐高、农夫山泉、肯德基、星巴克、五菱、百威、宜家、迪卡侬、美团、特斯拉、瑞幸等。

（4）资源更新

为提高学生的学习兴趣，第七版着眼职业教育的知识性和趣味性，各章增设了"经典实验"和"小资料"专栏；同时，为适应"互联网+教育"的发展趋势，教材各章还增设了微视频、延伸阅读和图文资料等数字资源，并将这些内容制作成二维码穿插在书中的相关章节。

（5）训练更新

与本前言（2）中提及的变化相关，第七版"基本训练"同步更新了某些题型，特别是"实训操练"、"职业素养"和"自主学习"的主题、内容与要求，旨在强化专业能力训练的同时，通过兼顾"问题思维"、"批（研）判思维"、"自主学习"、"与人协作"和"与人交流"等通用能力训练，进一步整合"职业能力"训练中的"专能"与"通能"，从而向体现"整体能力观"的专业课教材建设迈出了新的一步。

（6）"学习目标"更新

调整和优化了各章的"学习目标"要求，使之更加具体、明确，并与第七版的相关更新协调一致。

（7）支持体系更新

第七版利用现代信息网络技术平台，建立了本课程的新教学支持体系。作者专门为此配置了电子教案、PPT课件和"章后习题参考答案与提示"等（本版教材中"同步案例"的"分析提示"置于后者中）。使用本书的任课教师可登录东北财经大学出版社网站（www.dufep.cn），查询或下载这些网上教学资源。

本书第七版在2023年7月第3次重印之际，为贯彻落实"把学习党的二十大精神作为学校思想政治教育和课堂教学的重要内容，组织开展对相关教材修订工作，推动党的二十大精神进教材、进课堂、进头脑"的要求，各章结合教学内容，以二维码形式添加了学习、宣传和落实党的二十大报告的"同步链接"，旨在发挥党的二十大精神对相关教学内容的政治引领作用。

本书第七版由大连交通大学荣晓华教授编著。在修订过程中，编者查阅、参考了大量文献和信息资料，在此对所有的专家学者一并致谢。另外，由于编者学识有限，修订时间紧迫，书中难免存有疏漏，恳请各位同仁、读者谅解并不吝赐教。

借此机会，作者再次向多年来给予本书大力支持的各位同仁、读者表示最衷心的感谢！

编著者

2022 年 5 月

2023 年 7 月修订

目　录

第 1 章 消费者行为学概述

◆ 学习目标

通过本章学习，应该达到以下目标：

职业知识 学习和把握"消费者行为学概述"的相关概念，历史视角和逻辑视角下的消费者行为，数字化的消费者行为，消费者行为的研究内容，了解消费者行为的意义，消费者行为与企业市场营销战略，观察法、实验法、调查法、问卷法、访谈法、投射法和大数据分析等消费者行为学研究方法，以及"同步业务"、"经典实验"、"小资料"和二维码链接中的理论与实务知识；能用其指导本章"同步思考"、"教学互动"和"知识训练"中各题型的认知活动，正确解答相关问题。

职业能力 运用本章知识研究相关案例，训练对特定情境下当事者行为的分析能力；通过收集、整理与综合关于"数字化时代企业营销应对策略"主题的前沿知识，并依照文献综述规范撰写、讨论与交流《"数字化时代企业营销应对策略"最新文献综述》，培养"消费者行为概述"中"自主学习"、"团队协作"和"与人交流"等通用能力。

职业素养 结合本章教学内容，依照相关规范，对"职业素养1-1"和"职业素养-I"案例进行职业素养研判，激发与"抖音的'助商惠民计划'""雪中飞深耕普惠赛道"等议题相关的价值思考，借以弘扬正能量，促进健全职业人格的塑造。

【引例】

今麦郎凉白开：引爆全民健康饮水风潮

背景与情境： 随着经济的发展和生活水平的提高，人们对身体健康的重视程度与日俱增，健康饮水意识由此不断提升；而聚焦健康和安全的熟水瓶装水也吸引了越来越多消费者的关注，在市场中实现了较高的增长率。

2016年，今麦郎推出凉白开，中国瓶装水市场有了最具本土特色的细分品类——熟水。在一片不被叫好声中，今麦郎凉白开用漂亮的业绩证明了自己。上市以来，产品销量每年都以翻番的速度倔强成长，在竞争激烈的瓶装水市场成功开创瓶装"熟水"的新品类。2019年和2020年，今麦郎凉白开连续两年蝉联瓶装熟水全国销量第一。

今麦郎凉白开为什么能取得这样骄人的成绩？

首先，成功的产品定位。今麦郎凉白开是中华传统饮水文化和现代科技的完美结合，精准的"熟水"定位完全符合健康趋势，极大地满足了消费者追求健康的消费需求，产品上市后销量不断攀升。一方面中国人自古就有喝熟水的习惯；另一方面喝熟水也是我国一直以来大力倡导的健康饮水方法。今麦郎将中国人喝凉白开的传统饮水习惯结合现代化工艺加工，开创了中国瓶装水市场更具本土特色的细分品类——熟水。

其次，引领消费需求，建立消费者信任。从"不是生水是熟水"，到"更适合中国人肠胃"，再到"口感柔，喝着舒服"，今麦郎凉白开从品类区隔到价值认知，持续对消费者进行熟水理念的市场灌输，让品牌和产品深入消费者心智。今麦郎凉白开建立了产品的三大标签：健康工艺、健康熟水、健康饮水。健康工艺：采用UHT牛奶杀菌工艺，125℃超高温瞬时杀菌，从而解决饮用水行业杀菌不充分和溴酸盐残留的问题；健康熟水：熟水本身具有不易刺激肠胃的特点，符合中国人饮水习惯，也更适合中国人的体质，熟水更具有健康饮用价值；健康饮水：为满足消费者的高需求，今麦郎凉白开打造水性温和、口感舒服的熟水，配合瓶装水便携包装的特色，更好地满足消费者随时随地健康饮水的需求。

再次，具有符合互联网格局的数字化思维。如今的消费者对网络有越来越高的依赖性，常常具备互联网属性，品牌想要在新形势下的消费者市场上占有一席之地，就需要具有符合互联网格局的数字化思维。今麦郎深谙数字化营销的重要性，从早期上线"来开瓶"，牵手现象级综艺节目《脱口秀大会》引领全民玩梗，到后来和瑞幸咖啡联动推出礼盒，用数字化营销方式为突破线上市场做好了准备。同时，今麦郎凉白开还以直播带货转化流量，通过全面展开的多层次数字化营销，为自己成功赋予IP属性，树立健康品牌的形象，打响向一二线城市和线上市场全面进军的口号。

最后，在如今健康中国的大背景下，今麦郎凉白开为推动国民饮食健康环境挑起重担，凸显了品牌的社会责任感。对于熟水饮用水领域品牌而言，未来仍需要不断创新工艺，将国民饮水健康摆在第一位，从而推陈出新，才能持续引爆这场全民健康饮水风潮。

资料来源　广告君：以"健康"为矛，今麦郎凉白开势如破竹进军高线市场！［EB/OL］.［2022-03-17］. https://www.cmovip.com/detail/19057.html.经改编.

从上述案例可以看出，一个品牌要引起消费者的关注，最重要的是洞察消费者的需求，然后创新产品并不断提升产品品质。在竞争越来越激烈的当今市场上，了解消费者行为发展变化的趋势，开发出消费者喜欢的产品，这才是企业的生存、发展之道。因此，在本书的第 1 章，我们首先要探讨以下几个基本问题：什么是消费者行为？为什么要研究消费者行为？消费者行为研究的内容和方法有哪些？

1.1 什么是消费者行为学

大多数消费者一生中用于购买和消费的时间要多于工作或睡眠的时间。我们不仅消费粮食、汽车，也消费理发、旅游，甚至还消费电影、电视等娱乐"产品"。因此，研究和了解消费者行为，无论对我们消费者个人来说，还是对企业来说，都有着十分重要的意义。

在对消费者行为进行具体阐述之前，有必要界定一些基本的概念。

1.1.1 消费心理与消费行为

人的心理是一种精神活动现象，它不具有任何形体，人们无法对它进行直接的观察与操作。但是，人的心理活动与其行为反应之间有着密切的联系，通过对行为的直接观察与科学分析，可以间接推断人的心理活动的性质与水平。

行为是由一系列反应动作和活动构成的。比如，吃饭、购物、娱乐等行为都包含了较复杂的反应成分，从而组成了各种特定的反应系统。任何行为的产生都不是无缘无故的，总是由一定的刺激引起的。刺激既可以来自外部环境，也可以来自内部的生理与心理因素。

虽然行为不同于心理，但又和心理有着密切的联系。行为的刺激常常通过心理的中介而起作用。如果没有人对光线、声音、气味的感觉，就不会有对光线、声音、气味的反应。人的行为的复杂性是由心理活动的复杂性引起的。同一刺激可能引起不同的反应，不同刺激也可能引起相同的反应，其原因就在于人有丰富的精神世界。人总是以自己的主观精神世界去处理各种刺激，然后做出恰当的行为反应，同时，心理也要通过行为得以表现，如果一个人没有表现在外的活动或行为，我们就无从了解他的心理。可以说，行为在很大程度上是内部心理活动的外部表现，心理则是用来支配和调节行为的精神活动。由于心理和行为有着极为密切的对应关系，人们不仅可以根据所给予的刺激来预测心理现象，也可以根据所表现出来的行为来推测心理活动。因此，心理学家在研究心理现象时，往往要客观地观察和测试人的行为，并通过探讨心理和行为之间的关系，来全面、准确地理解人的心理活动及其规律。从这个意义上讲，心理学有时也被称为行为科学。

1.1.2 消费与消费品

1）消费

经济发达社会，通常被称为消费社会。生活在这一社会中的人们，要花相当多的时间从事消费活动。**消费**是指利用社会产品来满足人们各种需要的行为和过程。广义的消费包括生产消费和生活消费。生产消费是指人们使用和消耗各种生产要素、进行物资资料和劳务生产的行为和过程；**生活消费**是指人们日常的衣、食、住、行、用，也就是人们消耗生活资料、接受服务或享受体验，以满足生活需要的行为和过程。本书所论及的消费，一般指的是狭义的消费，即生活消费。

2）消费品

消费品是用来满足人们物质、文化和精神生活需要的那部分社会产品，也可以称作消费资料、生活资料或消费对象。

可以从不同的角度对消费品进行分类：按满足人们需要层次划分，有生存资料（如衣、食、住、用方面的基本消费品）、发展资料（如用于发展体力、智力的体育、文化用品等）、享受资料（如高级营养品、华丽服饰、艺术珍藏品等）；按使用时间长短划分，有一次或短期使用的普通消费品和可供长期使用的耐用消费品；根据消费者购买行为和购买习惯划分，有便利品、选购品、特殊品和非寻求品。

（1）便利品

便利品是消费者不需要费力就能买到的价格便宜的商品。对于有些商品，消费者不愿意花大气力去搜寻和购买，如软饮料、清洁剂、记事本等。

消费者经常购买便利品并且没有详细的计划，但他们仍然了解一些受欢迎的便利品的品牌名称，如可口可乐、蓝月亮（洗衣液）等。便利品通常需要进行广泛的分销以便有足够的销售量可以实现预期的利润目标。

（2）选购品

选购品一般要比便利品的价格更高而且销售的商店也更少。消费者在购买选购品时一般要对几种品牌或商店进行款式、适用性、价格与其自身生活方式的协调性的比较，他们也愿意花费一些精力以获取自己期望的利益。

选购品分为两种：同质品和异质品。消费者认为同质选购品的质量基本相似，但价格却明显不同，所以有选购的必要，如冰箱、电视等。相反，消费者认为异质品质量是不同的，如家具、住宅等。消费者在选购异质品时比较麻烦，因为其价格、质量、特征等的差异很大。对异质品进行比较的好处是"为自己挑选到最好的商品或品牌"，因而做出的决定通常个性化极强。

（3）特殊品

当消费者广泛地寻求某一特殊商品而又不愿意接受替代品时，这种商品即为特殊品，如奔驰汽车、劳力士手表等。

特殊品的经销商们经常运用突出地位感的精选广告保持其商品的特有形象，分销也经常被限定在某一地区的一个或很少的几个商店里。所以，品牌名称和服务质量非常重要。特殊品不涉及购买者对商品的比较，他们只需花时间找到该商品的经销商即可。

（4）非寻求品

一项产品不为其潜在的消费者所了解或虽然了解也并不积极问津，那么这项产品就叫作非寻求品。新产品在通过广告和分销提高了其知名度以前都属于非寻求品。

一些商品永远都是非寻求品，特别是我们不愿意想起或不喜欢为它们花钱的商品。例如，保险、丧葬用品、百科全书等物品都是传统的非寻求品，都需要鼓动性强的人员销售和有说服力的广告。销售人员总是尽力地接近那些潜在的消费者，因为消费者大多不会主动地去寻找这类产品。

3）消费品市场

（1）消费品市场概述

消费品市场又称生活资料市场、最终产品市场，它是指生产经营者从事消费品经营，满足人们生活消费需要的经济活动领域，或指消费者为满足生活消费需要而购买商品的场所。

市场营销活动，是企业为了适应市场的变化，满足消费者或用户的需求而开展的一系列活动，这种活动以消费者需求为核心，因此，可以说市场就是需求。而需求又是消费者提出来的，所以也可以说市场是由消费者构成的。

相对于20年前，当前的消费品市场已经发生了非常重大的变化，这种变化主要来自两大方面：一是消费升级。中国经济的高速发展，带动了中国的消费市场发生巨大变化。社会商品零售总额由20年前的不足3万亿元，到2021年已经超过了44万亿元。对于今天的中国消费品市场来说，消费者已经不仅仅满足于买到商品，而是更加关注健康、关注个性化。二是互联网的快速发展。互联网特别是移动互联网的高速发展，使中国社会步入高度互联网社会。目前我们几乎每一个人都已经充分感受到互联网的快速发展所带来的便利与高效。

（2）消费品市场的特点

目前的消费品市场主要呈现五大特点：

①消费的分层化

随着中等收入群体逐步成为市场消费主力，一些更高端的消费需求已经逐步成为消费市场的主要推动力量，消费市场已经由大众化的市场体系变成分层化的市场结构。

②市场的小众化

目前的中国消费市场已经变得越来越小众。产品必须要由以往适应大众化需求的产品理念、产品定位，尽快转向适应小众化的市场需求。

③需求的个性化

目前80后、90后、00后已经成为市场消费的主力群体，他们的需求已经呈现更多的个性化。他们的消费力是非常强的，他们甚至具备非常突出的提前消费、透支消费能力。他们的消费理念已经完全不同于他们的父辈，更加强调个性化的生活追求。

④购买的便利化

面对商品的极大丰富环境，面对互联网尤其是移动互联网带来的更多购买便利，消费者的需求已经追求更加便利化。

⑤影响的社群化

互联网社交平台的快速发展，使社群、社交成为影响消费购买的主要因素。互联网环境下，产品的营销体系已经发生变化。网络化传播已经成为主要的营销手段。产品自带IP、自带传播属性，是当前环境下产品必须要具备的天然属性。不具备自传播性的产品，都很难被市场接受。

总之，企业就是为消费者提供产品和服务的。消费者的需求已经发生了显著的变化，企业的产品理念必须要及时变革调整。如果不能及时变革，必然不能有效满足目标消费者的需求。

1.1.3　消费者与消费者行为

1）消费者

如果根据上述对"消费"这一含义的界定，那么我们就没有必要再来界定什么是消费者。因为每个人的生存都离不开消费品（消费对象）消耗，因此，从这个意义上说，我们每一个人都是消费者。但是，在实际运用中，无论从学者的角度，还是从企业或营销人员的角度，都有必要对"消费者"这个概念进行界定。因为消费者毕竟是个相对的概念，它并不包含全体人群。比如，对于企业来说，与其产品、商品或服务等没有任何关系（而且将来也不可能有关系）的人，就不能称其为消费者。

简单地说，**消费者**就是购买与使用各种消费品的人。具体地说，消费者是各种消费对象的需求者、购买者和使用者。因为消费行为作为一个过程是动态运行的，购买者不一定是需求者或使用者，而使用者也不一定是购买者。比如，我们常常为别人买东西，别人也常常为我们买东西，所以，仅仅把消费者理解为购买者是片面的。

2）消费者行为

了解了消费心理和消费行为之间的关系，同时也了解了消费、消费者的含义，那么消费者行为这一概念就很容易掌握了。所谓**消费者行为**，就是指人们为满足需要和欲望，而寻找、选择、购买、使用、评价及处置消费对象时介入的活动和过程。

消费者行为是将消费者与消费对象密切联系在一起的交换行为。在现代市场经济条件下，企业研究消费者行为是着眼于与消费者建立和发展长期的交换关系。为此，不仅需要了解消费者是如何获取消费对象的，也需要了解消费者是如何消费这些消费对象，以及消费对象在用完之后是如何被处置的。消费者处置消费对象的方式和感受均会影响消费者的下一轮购买，也就是说，会对企业和消费者之间的长期交换关系产生直接的影响。随着对消费者行为研究的深化，人们越来越深刻地意识到，消费者行为是一个整体，是一个过程，获取或者购买只是这一过程的一个阶段。因此，研究消费者行为，既应调查、了解消费者在获取消费对象之前的评价与选择活动，也应重视在产品获取后对消费对象使用、处置等活动。只有这样，对消费者行为的理解才会趋于完整。

1.1.4　历史与逻辑视角下的消费者行为

从历史视角和逻辑视角来看，消费者行为受不同消费对象的制约，呈现出不同的属性。

1）历史视角下的消费者行为

在历史视角下，人类消费对象有"产品"、"商品"、"服务"和"体验"之分，不同的消费对象具有不同的历史属性。

在不同时代，占支配地位的消费对象是各不相同的：在自然经济和农业经济时代（16世纪以前），人们消费的是"产品"；在工业经济时代（16世纪至20世纪中叶），人们消费的是"商品"；在服务经济时代（20世纪六七十年代），人们消费的是"服务"；在体验经济时代（20世纪80年代以来），人们消费的是"体验"。

在中国，服务业占GDP的比重自2013年开始超过工业。在此期间，先是"服务消费"从"商品消费"中分离出来，随后"体验消费"又通过旅游业、零售业、建材业、体育产业、餐饮业、家居业等，在各行业中率先从"服务消费"中分离出来。

受消费对象和消费制约的不同时代或时期的消费者，各自具有不同的历史或阶段属性，可分别称之为"产品"消费者、"商品"消费者、"服务"消费者和"体验"消费者。

历史视角下的不同消费者，其消费者行为具有不同的历史特征："产品"消费者行为以自给自足为原则；"商品"消费者行为侧重功能、质量与效率；"服务"消费者行为聚焦于服务水平与服务者态度；"体验"是"服务"的延伸，是一种客观存在的心理需要，其消费者追求的是个性化服务，是感性、情境、值得回忆的活动及其与服务的互动。

2）逻辑视角下的消费者行为

从逻辑视角看"产品"、"商品"、"服务"和"体验"这些不同的"消费对象"，其具有各不相同的特有属性："产品"是指通过劳动生产的具有使用价值的东西；"商品"是指为了与他人交换而生产的具有使用价值和价值的产品；"服务"是指以无形的方式，通过由人力、物力和环境组成的结构系统来生产和交换，可以满足他人需要的活动或商品；"体验"是商品和服务的心理化产物，是一种"精神价值"，是以模拟环境为基础，让客户经历冒险、奇遇、感性刺激和其他心理乐趣。

"产品"、"商品"、"服务"和"体验"的内涵不同，其外延也各不相同。"产品"的外延，是古往今来具有使用价值的一切消费对象所组成的类；"商品"的外延，是指具有使用价值和交换价值的一切消费对象所组成的类；"服务"的外延，是生活服务、生产服务和公共服务等消费对象所组成的类；"体验"的外延，是以"服务"为基础，以非生产性、短周期性、互动性、不可替代性、深刻烙印性和经济价值高增进性为特征的一切精神层面的消费对象所组成的类。

【小资料1-1】

体验消费成为必然趋势

我们正在从产品为王时代向体验为王时代悄然转移。产品为王指的是消费者购买单一的产品，以产品所承载的基本功能来满足个人表象需求。而在体验为王阶段，人们购买的就是优质的服务、优秀的产品、便捷的操作以及酣畅的用户体验，这本质是在丰富自己的精神生活，是精神层次的需求。如今，很多商家和品牌在拥抱这样的变化，推出具有附加价值的产品、互动和服务。比如酷狗音乐推出了11.0版本，在产品端将细节做足，提供多元场景音乐、沉浸式播放页、自由式布局、音乐精灵、多音轨音效等，为用户营造更加沉浸感的视听体验，让用户更加享受听歌。星巴克推出"咖快"口令，基于随机生成的取单口令，让消费者取餐时就像"暗号接头"一样期待和好玩。而ubras打造"小凉风"内衣，则是捕捉女性夏日穿内衣的痛点，提升她们的穿着舒适体验；还有三顿半设计的小罐包装，则是让咖啡脱离咖啡馆，解锁受众随时随地喝好咖啡的需求。这些品牌把消费者的感受、情绪融入设计之中，把服务作为"舞台"，产品作为"道具"，环境作为"氛围"，激发消费者在产品以外的参与感。看似不起眼的小改变，却能给原本平平无奇的产品和服务增值。

1.1.5　数字化消费者行为

数字化消费是网络经济形态下新兴的消费方式，是通过互联网特别是移动互联网进行的各种消费的统称。如今，数字化浪潮席卷全球，深刻影响了消费者的消费方式和体验。移动设备、社交媒体、电子商务、在线支付和数字视频的快速兴起，让消费者能够以全新的方式与亲朋好友保持联系，便捷地进行网上购物，不断刷新生活体验。面对已经到来的移动互联网和数字经济时代，消费者的消费行为已经发生了根本性的变化。现代科学技术手段及大数据的广泛应用，使得了解、把握和研究消费者的方法也与此前完全不同。

学习微平台

同步链接 1-1

1）数字化消费者行为的特点

数字化消费者是相对于传统消费者而言的，从这个角度来说，我们可以把数字化前后的消费者分别称为"传统人"和"数字人"。与传统消费者行为相比，数字化消费者行为的特点主要表现在以下几个方面：

（1）移动设备全面普及

中国是世界的移动之都。中国互联网络信息中心（CNNIC）的数据显示，截至2020年3月底，我国网民规模达9.04亿人，其中手机上网普及率最高，使用手机上网的比例高达99.3%。手机网络支付用户规模达7.65亿人，手机网络购物用户规模达7.07亿人，手机即时通信用户规模达8.90亿人。我国消费者跨越了使用台式机和笔记本电脑进行购物的时代，直接进入移动设备网购的时代。

（2）线上线下全渠道购买

是网购，还是去逛店？要便宜，还是要便利？如今，二者逐渐形成一种平衡，从对立走向结合。网购持续发展的同时，实体店也逐渐完善。线上购物主打方便快捷，实体店消费则强调餐饮-购物-休闲-娱乐一体化的无缝综合体验，甚至从某种程度上讲，消费者对"逛"式体验的追求、对休闲与社交的需求都进一步推动着线下消费的迅速回春。

最近的调查发现，超过一半的消费者增加了网购频率。与此同时，线上活跃的消费者也是线下消费的活跃群体。而且，随着购物信息更加透明化，消费过程中的比价行为变得越来越大众化。使用手机比价已不再是单纯的省钱行为，而是带着一种具有数字时代的消费烙印，高收入者利用手机比价反而更加活跃。消费者喜欢货比三家，其诉求不是单纯地追求价格最低，而是比较商品的各方面信息，力求做一个"精明的消费者"。对于消费者而言，更看重个人的时间成本，他们热衷比价的同时也意识到时间的重要性。

尤其是2020—2023年期间，消费者越来越适应了网上购物这种新型的购物方式。普华永道（2022）发布的报告显示，人们购买方式的变化表现在消费者生活的方方面面，包括他们如何购买日用品。比如，虽然实体杂货店是首选的购物渠道，但35%的消费者在网上购买食品，86%的网购者打算在今后相当长时间内继续在网上购物。

（3）社交媒体营销盛行

社交媒体已不再只是与朋友、家人及志趣相投的陌生人进行交际的工具，还能满足各种娱乐、购物和日常生活需求。社交媒体对消费者购买决策的影响与日俱增，品牌的成败将日渐取决于社交媒体营销能否成功将口碑转化为销量。社交电商以移动社交平台作为主入口，已经成为电子商务一种成功的衍生模式。互联网消费者现在能够在社交平台上完成整个购物过程，包括搜索品牌、购买产品直至提交评价。

（4）数据驱动的深度个性化

随着人们生活和消费水平的提高，消费者更多的是追求品质、品位、时尚、身份、归属感等因素，产品的个性化日益突出。可以说，希望需求被了解和得到个性化服务，是消费者的一贯需求。然而现实中的所谓"个性化推送"往往成为"垃圾信息轰炸"。几乎所有的社交媒体用户都在社交媒体上收到过广告，但只有很少的人认为收到的推荐"投其所好"。

（5）共享经济模式受青睐

一个人购买的产品和服务，可以同时让更多人使用，能够充分发挥这个产品和服务的价值，而且让别人共同使用不会增加成本，只会增加效益，这就是共享经济的本质。越来越多的消费者希望物品可以更有价值、更合理地去使用，比如通过共享使商品的使用价值最大化。

很多消费者使用过共享单车或者滴滴等专车、快车服务。消费者对于共享服务的期待并不仅限于交通出行，他们同样期待在图书、音像、体育用品、厨房用品、数码产品等相关领域实现共享服务。通过共享可以使社会资源得到更合理的利用，免去拥有一个商品的很多麻烦，是消费者参与共享经济的主要原因。"一起拼"意味着分享和社交，意味着物以类聚、人以群分。如今拼团火爆的背后，正是消费者购物习惯的嬗变：眼下，更多的消费者已经从目的性极强的搜索购物，转向了场景化和社交化的拼单购物。

【职业素养1-1】

抖音的"助商惠民计划"帮助中小商家实现营收增长

背景与情境：2023年1月3日，抖音发布《2022抖音生活服务数据报告》（以下简称"报告"），这也是抖音生活服务首次发布年度数据报告。报告从整体数据、酒旅、美食、文化、公益、达人种草、用户习惯等多个角度，呈现了抖音生活服务2022年的发展情况，以及用户在平台的消费习惯。

报告显示，2022年，抖音生活服务覆盖城市已超370个，合作门店超100万家；共发布了16.7亿个短视频，有235万个直播间，向网友提供了219万种美食选择和71万个放松休闲的好去处。值得关注的是，2022年对中小商家来说是不太容易的一年，但仍有超过28万个中小商家通过抖音生活服务实现营收增长。

比如，抖音生活服务在公益传播上提供了助力。2022年，有26万个抖音用户走进724家残障人士的店。有超过1.5万商家参与了抖音生活服务"助商惠民计划"，实现了疫后快速复苏，曝光超过27亿次，总销量超过17亿元。"山里都是好风光"帮助2 000多个乡村文旅商家增加了收入，销售乡村文旅产品超4亿元。

资料来源　田云绯. 抖音生活服务发布2022年度数据报告：超28万中小商家在平台实现营收增长［EB/OL］.［2023-01-04］. http://finance.ce.cn/home/jrzq/dc/202301/04/t20230104_38325319.shtml.

问题：从职业素养的角度解读上述抖音的报告。

价值引领：近年来，随着人们消费习惯的不断改变，本地生活服务线上与线下场景的融合，变得越来越紧密。抖音生活服务覆盖了餐饮、酒旅、文化消费等各类生活场景，不仅可带动商家数字化转型和销量增长，其"助商惠民计划"也帮到了更多需要帮助的人。

2）数字化时代企业营销的应对策略

随着云技术的应用和普及，大数据在分析经济、灾害预报、产品、消费、甚至在了解股市走向方面得到了越来越多的运用。就像今天如果一个人想吃一餐饭，可能不是自己做决定，而是大众点评帮他做了决定。

那么数字化时代企业的应对策略有哪些呢？

（1）利用大数据分析来吸引消费者

如果说过去品牌营销管理费用中用来做广告的花费100元中只有50元打动了消费者，难以回答的问题是哪50元不是白花的，如何减少没起作用的那50元花费。今天有了数字平台，相信营销人眼中的消费者将更清晰，对他们的了解也更接近真实和准确。

已有的调查数据表明，虽然中国消费者理论上来说是关注品牌的，但是他们很少能与某一具体品牌产品建立紧密的联系。市场上，更多的中国消费者喜欢某一产品种类，喜欢试用各种不同的品牌。这说明，在中国建立品牌忠诚度非常困难，且要通过传统平面媒体和电视广告与消费者互动并使他们成为回头客更是难上加难。而正是这些困难给大数据分析提供了机会。

具体在营销、客户和销售这三个方面，大数据的价值有助于商家判断营销活动与营销渠道的有效性并按需制定营销与促销活动；在客户方面，有利于找出可能会放弃产品和服务的客户，分析使用公司网站的客户行为，了解哪些页面最有用、哪些最无用并找出客户投诉的模式；销售方面的价值包括利于商家找出最具价值或潜在价值的客户，找到交叉销售的机会与确定最佳销售方法或技巧等。

（2）打造以消费者为导向的产品

利用数字技术把握消费者动向、测试设计理念、联合创造产品和服务，以及定制个性化方案，让消费者参与产品和服务的设计。小米就是通过挖掘成千上万名消费者的数据，找出现有产品的痛点，并为规划未来产品进行实际调查。小米还利用粉丝俱乐部这个平台，在新品上市之前让粉丝测评产品样机。

（3）打造针对性强、社交性强的品牌

在线下时代，一个人的社交动员能力再强，大概率也只能找到数十个消费者；但在移动互联网平台上，只要能有机会把同好聚集在一起，人群效应和规模效应就能实现数量级的提升。这正是移动互联网给零售带来的新机会：以人为本、人来找人。企业可以利用社交媒体找到目标客群，寻找那些目标客群关注的博客达人和视频博主，鼓励他们宣传产品。三只松鼠就深谙此道。其通过竞技游戏、激活客户留言板块并在优酷视频网站上发布有趣的卡通视频，来强化自身的核心价值并扩大了品牌知名度。

（4）打造无缝个性化体验

人们对个性化的期待值越来越高，每天都有新的机会出现，企业必须极致敏捷，才能把握众多时机。要想实现这一点，首先必须采取敏捷制造方法。博世力士乐公司在100多家工厂推广了敏捷制造。单臂机器人作为该公司的自动生产助手，可以完成装配和焊接等复杂的任务。这些机器人也可重新配置，灵活性极强。当位于洪堡的工厂的产品需求发生变动时，博世力士乐仅需一个周末就完成了现有生产线的调整。同时，博世力士乐还致力于提升员工的灵活性和适应性。

某眼镜公司通过结合线上和线下商铺的方式也获得了成功，满足了消费者在购买前试戴的强烈愿望。该公司打造了一款在线的虚拟 3D 模型，消费者用家中电脑的网络摄像头进行拍摄，就能看到自己试戴不同款式眼镜的效果。消费者还能利用企业的移动应用程序在家中让权威的配镜师帮自己检查视力。

（5）打造端到端消费者互动

购物前与消费者建立联系，购物后依然保持联系，打造良好的口碑，此类策略包括打造社交媒体渠道，让消费者之间可以互动，提供"推荐好友获取积分"的优惠，如果消费者愿意给产品评分或进行点评，还可以在购物后邀请他们参与调查。

总之，在数字化时代，企业通过大数据精准了解消费者的心理对营销来说具有特别重大的意义。企业必须采取更多以数据为导向的营销措施。随着收集数据的能力日益强大、成本下降与数据平台更加易于使用，这一变革也将越来越容易。但关键的是要真正懂得，营销者的目标不是数据库，而是利用数据平台，精准细分消费者，拉近与消费者的关系和进行实时互动，使他们成为自己品牌的忠实用户。

1.2　了解消费者行为的重要性

了解和研究消费者行为，是一件既有趣又有意义的事。即便你不打算从事市场营销工作，但是通过对广告设计、商品包装、产品定价及其他市场营销活动的分析，也能够使你增长知识，成为一名更成熟的消费者。如果你选择成为一名营销人员的话，你就必须了解消费者行为，否则，你就不会知道消费者为什么会喜欢或拒绝你推销的产品。更进一步来说，如果你已经成为或将要成为一家企业的管理人员，你就必须对消费者行为有一定的研究。因为消费者行为分析是形成市场营销战略的基础，消费者对产品的反应决定了这些营销战略的成败。

1.2.1　消费者行为学的概念与研究内容

1）消费者行为学的概念

消费者行为学是研究消费者为满足其需要和欲望，而在选择、获取、使用和处置产品和服务的过程（包括影响这一过程的各种因素）中所发生的心理活动特征和行为规律的学科。

图 1-1 是一个关于消费者行为的简单模型，我们以此模型来描述消费者行为的一般结构与过程，同时据此统领全书内容。消费者在各种因素（包括个人因素、环境因素和营销因素）的作用下，形成一定的自我意识与生活方式，特定的自我意识与生活方式能导致消费者产生相应的需要和动机。为了满足这些需要和动机，消费者就会产生相应的购买行为。一旦消费者面临问题情境（确认需要），消费决策过程将被启用。这一过程所带来的购买行为的实现与消费体验又会对消费者的内部特性和外部环境产生影响，从而最终引起消费者自我意识与生活方式的调整或改变。

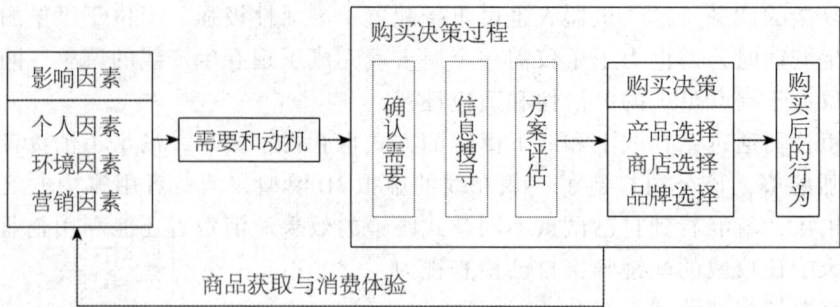

图1-1 消费者购买行为模型

2）消费者行学的研究内容

根据上述定义及图示，我们可以用更简单的过程把消费者行为学的研究内容理解为以下几个方面：消费者为什么购买（购买需要和动机）、怎样购买（购买决策过程）及影响购买行为的各种因素（包括个人的、环境的和营销方面的）。

（1）研究消费者的需要和动机

心理学研究表明，人的行为的出发点和原动力就是人的需要。所谓需要，就是个体缺乏某种东西时的主观状态。要了解消费者的行为，首先就应该研究消费者的需要，需要与行为的关系如图1-2所示。

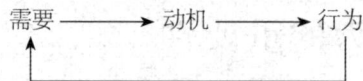

图1-2 需要与行为的关系

（2）研究消费者的购买决策

消费者行为学研究的主要内容之一是要了解消费者的购买决策，因为消费者行为研究要解决的根本问题就是"消费者是如何进行购买决策的？"假如我们能够了解消费者的购买决策的过程及其影响因素，就可以通过影响和控制这些因素来影响消费者的购买行为，从而达到提高营销绩效的目的。

从图1-1中我们可以看到，消费者的决策过程主要包括确认需要、信息搜寻、方案评估、购买决策及购买后的行为。

（3）研究影响消费者决策的各种因素

从某种意义上说，消费者行为学研究的内容就是消费者的决策过程及影响消费者决策的因素。影响消费者决策的因素很多，从大的方面来说，一般认为主要包括个人因素和社会因素。而本书认为，在实际影响消费者决策的各种因素中，物理环境和企业的营销因素也能对消费者的购买决策产生影响。因此，图1-1中把影响消费者决策的因素分为三个方面：个人因素、环境因素及营销因素。

影响消费者决策的个人因素主要包括消费者的感知和情绪、消费者的需要和动机、消费者的学习和态度、消费者的个性和生活方式以及消费者的人口统计变量等因素。

影响消费者决策的环境因素包括社会环境因素和其他环境因素。社会环境因素包括文化因素、参照群体、社会阶层、家庭及社会流行等。其他环境因素包括购物环境因素、情境因素等。

影响消费者决策的营销因素包括与产品有关的因素及与产品营销组合有关的因素。

与产品有关的因素包括产品定位、商品命名、商标、商品包装装潢等，与产品营销组合有关的因素包括促销、广告、定价、企业公共关系等。

鉴于以上对消费者行为学研究内容的理解，本书的体系也是围绕着上述三个方面展开的。

1.2.2　了解消费者行为的意义

具体说来，了解消费者的心理和行为有以下几方面的意义：

1）有利于增强企业竞争能力

在现代市场经济的条件下，社会生产力飞速发展，商品供应丰富，消费者选择余地增大，消费需求复杂多变，形成了供过于求的买方市场。因此，对企业来说，首先就是要了解顾客的需求，提供使顾客满意的产品，创造顾客满意。顾客满意既是企业营销活动的结果，也是企业营销活动的出发点。为了做到这一点，企业所提供的产品必须满足甚至超过消费者的预期，使其有一种喜出望外之感，而要达到这一目标，唯有更深入地了解消费者。

2）有利于满足消费者的需要

对于消费者来说，企业营销活动的结果就是满足自己的需要。消费者所购买的不论是有形的产品还是无形的服务，都是为了追求一定需要的满足，而不是具体形态的物质特性。比如，消费者购买微波炉，并不是为了获得这个机器本身，而是为了用它能更方便、快捷地烹调。这也是为什么越来越多的企业开始青睐关系营销的原因。关系营销有这样一种观点，即把消费者看作企业的长期"财富"，而不是一次性购买者。很多企业已经逐渐意识到，保持住一个老客户比吸引一个新客户更容易，而且成本更低。关系营销的本质就是要发现哪些消费者对企业具有真正的价值，这些客户不一定是最富有的或者花费最大的。

3）有利于国家制定宏观经济政策与法律

国家的经济政策与法律是制约国民经济发展的决定因素，其制定必须以市场商品供应与消费需求的客观状况为依据。只有透彻地了解消费者的购买行为与心理的规律性，把握影响消费者购买行为的各项因素，准确地预测消费需求的变动趋势，才能制定正确的财政政策、金融政策、投资政策、市场监督管理政策和各项法律法规，实现商品供应与商品需求的平衡，促进国民经济健康、协调地发展。不然，就可能出现有效需求不足或过度消费、超前消费等现象，导致国民经济发展失衡，影响人民生活水平的提高。

4）有利于企业的跨国经营活动

每个国家和民族都有各自不同的经济发展水平、文化传统、生活方式和风俗习惯，出口产品只有体现上述特性才可望占领国际市场。如红色包装在我国和日本是喜庆的象征，可是在瑞典和德国则被视为不祥之兆；八卦与阴阳图对西方人完全是无关的刺激，可是东方人却很容易把它跟道教联系起来，其也是韩国人喜爱的标志。

5）有利于生态环境的保护

科学技术和社会生产力的进步既能以空前的规模和速度创造社会财富，又能以空前的规模和速度毁坏生态环境。由于缺乏生态环境保护的意识，许多企业为了自身利益而在生产和经营活动中肆意破坏生态环境，许多消费者也为了眼前的利益和暂时的享受而污染生态环境，导致生态环境急剧恶化。比如，经济的发展使得越来越多的人有能力购买家用小汽车，汽车制造商更是鼓励人们贷款购买汽车。这样做的结果，一方面，人们以车代步，减少了以步行锻炼身体的机会，增加了患病的可能性；另一方面，城市汽车的增加在造成交通拥挤的同时，也加剧了空气污染。更为严重的是，这也增加了对不可再生资源（如汽油）的需求和消耗。因此，研究消费者行为和心理有助于人类正确认识自己的需求，减少无益消费和有害消费，减少污染，回收资源，保护生态环境。

1.2.3　消费者行为与企业市场营销战略

了解消费者心理和行为的目的，就是为企业制定正确的市场营销战略。为此，我们就要解决以下几方面的问题。

1）市场细分

（1）市场细分的含义及作用

消费者经济状况的改善、收入水平的提高，为人们的个性化消费提供了可能。在当今，大规模的市场几乎不再存在。由于人们有不同的需要，因此，没有一个产品能被所有人购买，但是，总有一些人有类似的需要，所以，市场细分就是把有类似需要的消费者集合在一起，而且，随着研究水平的提高，把市场细分成越来越小的群体已经成为可能。从营销的角度来说，**市场细分**就是将市场分成有意义的、相似的、可识别的部分或群体的过程。

市场细分的作用是显而易见的：一方面，因为所有的市场都具有不同的产品需求和偏好，因而市场细分可以帮助营销人员更准确地定义消费者的需求；另一方面，由于细分市场的规模和潜力不同，市场细分可以帮助决策者更准确地制定营销目标，更好地分配资源。具体的顾客群数，取决于具体的市场情况和消费者成熟度。如果市场中存在较为明显的细分市场，那么市场细分要求更加精确。

（2）市场细分的依据

如前所述，一种产品的整体市场之所以可以细分，是由于消费者或用户的需求存在差异性。引起消费者需求差异的变量很多，实际中，企业一般是组合运用有关变量来细分市场，而不是单一采用某一变量。概括起来，细分消费者市场的变量主要有四类，即地理变量、人口变量、心理变量、行为变量。以这些变量为依据来细分市场就产生出地理细分、人口细分、心理细分和行为细分四种市场细分的基本形式。

①按地理变量细分市场。

这是指按照消费者所处的地理位置、自然环境来细分市场，比如，根据国家、地区、城市规模、气候、人口密度、地形地貌等方面的差异将整体市场分为不同的小市场。地理变量之所以作为市场细分的依据，是因为处在不同地理环境下的消费者对于同一类产品往往有不同的需求与偏好，他们对企业采取的营销策略与措施会有不同的反应。比如，在我国南方沿海一些省份，某些海产品被视为上等佳肴，但内陆省份的许多消费者则觉得味道平常。又如，由于居住环境的差异，城市居民与农村消费者在室内装饰用品的需求上大相径庭。

②按人口变量细分市场。

这是指按人口统计变量，如年龄、性别、家庭规模、家庭生命周期、收入、职业、受教育程度、宗教、种族、国籍等为基础细分市场。消费者需求、偏好与人口统计变量有着很密切的关系，比如，只有收入水平很高的消费者才可能成为高档化妆品、名贵轿车的买主。人口统计变量比较容易衡量，有关数据相对容易获取，因此企业经常以它作为市场细分依据，其也是市场细分最常用的方法。

③按心理变量细分市场。

这是指根据购买者所处的社会阶层、生活方式、个性特点等心理因素细分市场，也叫作心理细分。有时候，同一人口群体可能会表现出差异极大的心理特征。美国斯坦福咨询中心研究所利用心理图案学，按美国成年人的态度将其划分为8个群体，包括改革者、有思想者、有成就者、尝试者、有信仰者、斗争者、生产者和挣扎者。日本学者则根据两个关键的消费者特征将社会分成8个细分市场，这两个特征是：生活导向（传统型、职业型、创新型和自主型）和对社会改变的态度（维持型、现实型、配合型和改革型）。

④按行为变量细分市场。

这是指根据购买者对产品的了解程度、态度、使用情况及反应等将他们划分成不同的群体，也叫作行为细分。许多人认为，行为变数能更直接地反映消费者的需求差异，因而成为市场细分的最佳起点。例如，城市公共汽车运输公司可根据上班高峰时期和非高峰时期乘客的需求特点划分不同的细分市场，并制定不同的营销策略。

2）产品定位

正因为没有任何一种产品能让所有的消费者达到最佳的满意度，所以企业在开发新产品的时候，必须对市场进行细分，以确定目标市场。这就涉及给产品定位的问题。也就是说，通过市场细分，企业就应该确定生产什么样的产品来满足目标顾客的需求。

所谓**产品定位**，就是在消费者头脑中为产品确立某种地位或树立某种形象，使其与其他同类的竞争产品相区别。

产品定位的关键是要在消费者心目中形成一种对特定品牌的印象。特别是新开发的产品，如何评估竞争产品已经占有的市场地位，并据此选择自己进入市场的方式与切入点是非常重要的。比如，"健力宝"当初进入市场的时候，面对的是几乎饱和的软饮料市场和强大的竞争对手如可口可乐和百事可乐等，因而，"健力宝"把自己定位为"运动饮料"并取得了成功。另一个比较典型的成功范例就是"七喜"的"非可乐"定位策划。在"七喜"刚投放到市场上的时候，消费者早已认定可乐是令人喜爱的软饮料，而认为"七喜"只不过是一种简单的混合饮料而加以拒绝。公司通过精心策划，在各种促销宣传中把"七喜"作为可乐的替代性饮料——非可乐，同时把它定位为消费者饮用的软饮料，因而取得了非常大的成功。还有，很多人都会觉得沃尔沃是最安全的汽车，但通过分析各类汽车数据会发现，沃尔沃其实并不是最安全的。但沃尔沃抓住了"安全"这一简单、清晰的定位并且反复强调，在消费者心目中成功确立了自己的位置。

1.3　消费者行为学的研究方法

消费者行为学的研究方法是多种多样的，这里我们主要介绍以下几种。

1.3.1 观察法

观察法是在自然情况下，有计划、有目的、系统地直接观察被研究者的外部表现，了解其心理活动，进而分析其心理活动规律的一种方法。

运用观察法，首先应有明确的目的，要制订研究计划，拟定详细的观察提纲。观察过程中要敏锐捕捉各种现象，准确、详细地记录下来，及时予以整理和分析，以利于科学结论的产生。由于运用观察法很少干扰或不干扰被观察者的正常活动，因而得出的结论比较符合实际情况，另外，观察法简便易行，可以涉及相当广泛的内容。但由于观察者往往处于被动地位，他只能等待需要观察的现象自然出现，不能在必要时反复观察，因而对观察所得的材料往往不足以区别哪些是偶然的，哪些是规律性的事实。此外，观察法对研究者要求较高，表面看起来观察法很简单，但实际运用起来难度非常大，因此，只有经过严格训练的人才能有效使用。

观察法一般适用于以下情形：调查者所关注的行为是公开的；这些行为经常且重复出现或者是可以预测的；行为发生在相对较短的时间跨度内。

【同步案例1-1】

观察法

背景与情境： 美国学者威尔斯和洛斯克鲁两人曾在一家超级市场的谷物食品、糖果、洗衣粉等柜台前进行了600小时的观察。他们从消费者进入这些柜台的通道开始，直到离开为止，观察消费者的各种活动，做了1 500余条记录。他们通过对观察记录的分析，研究消费者的构成、决策等。诸如，男性和女性所占的比例，儿童和成人所占的比例；几个人在一起时，谁是影响者，谁是决策者；消费者在购买前对商品包装、商标、价格的注意程度等。

问题： 试对上述案例进行分析。

分析提示： 这是一个典型的观察法的案例。在该案例中，观察者没有干扰被观察者的正常活动，而是敏锐地捕捉各种现象，准确、详细地记录下来，以便及时整理和分析。可见，观察法一般适用于以下情形：调查者所关注的行为是公开的；这些行为经常且重复出现或者是可以预测的；行为发生在相对较短的时间跨度内。

1.3.2 实验法

实验法是有目的地严格控制或创设一定的条件，人为地引起某种心理现象产生，从而对它进行分析研究的方法。因此，这种方法涉及在改变一个或多个变量（如改变产品特征、包装颜色、广告主题等）的条件下，观察这种改变对另外一个变量如消费者态度、学习或重复购买行为的影响。在控制条件下改变的变量被称为自变量，受自变量影响而改变的变量被称为因变量。实验法有两种形式：实验室实验法和自然实验法。

实验室实验法是在专门的实验室内借助各种仪器来进行的。在设备完善的实验室里研究心理现象，从呈现刺激到记录被试者反应、数据的计算和统计处理，都采用计算机、录音、录像等现代化手段，实行自动控制，因而对心理现象的产生原因、大脑的生理变化，以及被试者行为表现的记录和分析都是比较精确的。

自然实验法是由研究者有目的地创造一些条件在比较自然的条件下进行的，它既可以用于研究消费者一些简单的心理活动，又可用于研究较复杂的心理活动。自然实验法兼有观察法和实验室实验法的优点。由于自然实验法是在实际情况下进行的，所得到的结果比较接近实际，又由于自然实验法是由研究者有目的地改变或控制某些条件来进行的，因此比较具有主动性和严密性，所得到的结果也比较准确。

实验法的难点在于：影响消费者需求的因素太多，而且它们又属于开放及动态系统，实验时如何一一顾及并合理地安排、控制；同时，实验的对象是人不是物，面对的是能动的主体，存在一定的不确定性；此外，操作难度较大，未必适合所有的行业及企业。

1.3.3　调查法

调查法是从大量消费者中系统收集信息的方法。调查可以采用人员访问、邮寄问卷、电话访问等方式。

人员访问通常在购物现场进行，通过运用复杂的问卷和产品展示，能在较短时间内从消费者中收集到大量的信息。邮寄问卷调查所花的时间较长，所问的问题一般应该比较简单一些，这种方法可用来收集中等复杂程度的数据。其优点是费用较低。电话访问调查的特点是完成迅速，能提供良好的样本控制（谁回答问题），而且费用也不太高，但询问的问题同样也应该简单一点。

调查法的一个主要问题是拒访所引起的偏差比较大。在选择参与调查的对象中只有不到一半的人实际接受了调查。在人员访问和电话访问中，很多人不在家或者拒绝合作，而在邮寄问卷调查中，很多人拒绝或忘了做出反应。为了尽量避免发生这种情况所带来的不利影响，调查人员可以通过电话或人员再访方式来提高调查反应率。再访应该安排在不同的日期或同一天的不同时段。

1.3.4　问卷法

严格地说，问卷法也属于调查法的一种，它是根据研究内容的要求，由调查者设计一份调查表，由被调查者填写，然后汇总调查表并进行分析研究的一种方法。

问卷法要求被调查者回答问题要明确，表达要正确，实事求是。调查者对得到的材料作仔细的数量和质量的分析，可以确定某一年龄段或某一层次的人们的消费心理倾向。问卷法的优点是可以同时进行大规模的调查；缺点是问卷回收率低，对所回收的问卷答案的真伪较难判断，因为有些问卷的回答者可能并不认真对待问卷。

问卷法的用途非常普遍，可以用它来测量或衡量过去、现在或将要发生的行为；有关的人口统计特征，如年龄、性别、收入、职业等；被调查者的知识水平或对某一问题的了解水平；被调查者的态度和意见。

问卷法的关键是问卷的设计。一份好的问卷设计要按步骤地回答以下问题：

①基本目的

A.需要收集哪些信息？

B.向哪些人收集信息？

②确定所问问题与内容

A.这一问题确实需要吗？

B.被调查者能正确地回答这一问题吗?

C.是否存在外部的事件使得被调查者的回答具有倾向性?

③决定应答方式或形式

这个问题是以自由回答式、多重选择式还是以两分式的形式提出来的?

④决定提问的措辞

A.所用的词语是否对所有的被调查者都只有一种含义?

B.问题里是否隐含任何的备选答案?

C.被调查者能从研究者所期待的参照体角度回答这一问题吗?

⑤决定问题的排列顺序

所有问题都是以一种合乎逻辑且避免产生偏差的方式排列的吗?换句话说,前后问题之间有没有矛盾的地方?

⑥预试与修正

最终问卷的确定是否取决于运用少量样本的预试?预试中的应答者是否与最后要调查的被调查者相类似?

1.3.5　访谈法

访谈法是指调查者与消费者进行面对面、有目的的谈话、询问,以了解消费者对所调查内容的态度倾向、人格特征等的方法。

访谈法可以分为结构式访谈和非结构式访谈两种。结构式访谈,是指由访谈者按事先拟定好的提纲提出问题,消费者按问题要求逐一回答,通过有目的、有计划地提问收集所需要的资料。它的优点是针对性比较强、调查的问题比较明确、节省时间。它的不足是,由于所提问题的规范化程度比较高,可能会降低被调查者合作的积极性或使其采取敷衍的态度。非结构式访谈,是指访谈者事先不给出谈话的具体题目,有时甚至也不告诉被访者谈话的目的,而是在总体目标范围内采取自然交谈的方式。这样做的优点是谈话的气氛比较轻松,消费者可以坦诚地谈出自己的真实想法。但这种方法要求调查者有较强的把握目标和掌握谈话技巧的能力。同时,这种方法对收集上来的资料进行归纳和整理也较困难。

访谈法可以涉及一个访问者和一个被访者,也可以涉及一个访问者和多个被访者。前者被称为一对一访谈,后者被称为集中小组访谈。在一对一访谈中,访谈者要注意不能给被访者任何压力和暗示,要使被访者轻松、自然地回答问题,而不能有意识地影响被访者的回答。标准的集中小组访谈通常涉及8~12名被访者。一般来说,小组成员的构成应该能反映特定细分市场的特性,被访者是根据相关的样本挑选出来的。小组讨论由1名主持人组织,主持人一般在1~3小时的讨论过程中试图发展以下三个清晰的阶段:①与小组成员建立起融洽关系、设定访谈目标;②在相关领域激发热烈的讨论;③试图总结小组的各种反应,以确定小组成员在基本观点上一致的程度。

1.3.6　投射法

投射法用来测量消费者在一般情况下不愿或不能披露的情感、动机或态度,是"根据无意识的动机作用来探询人的个性深蕴的方法"。

常用的投射法测试有很多，如主题统觉测验（TAT测验）、造句测验、角色扮演法等。比如，在角色扮演法中，实验者向被试描述某种情景，然后让被试充当情景中的某一角色，观察被试在该情景中的反应，从而取得实验结果。这是一种间接调查的方法，让被试在不知不觉中自然地流露出自己的真实动机和态度。

【经典实验1-1】

为什么不喜欢速溶咖啡

20世纪40年代后期，速溶咖啡作为一种方便饮料开始进入美国市场。让生产者和经营者始料不及的是，这种被他们认为方便、省时、省力、快捷、价格也适中的新商品并不受欢迎，问津者寥寥无几。而当直接问消费者不买这种速溶咖啡的原因时，他们中的大部分人回答是不喜欢速溶咖啡的味道。但若深究下去，却没有人能说出速溶咖啡的味道与普通咖啡豆加工后的味道相比到底有什么不同。为此，生产者和经营者都感到很茫然。

美国加州大学的海尔认为，消费者没有回答拒绝购买的真正原因，其实味道只是他们的一个托词，实际是一种潜在的心理在起抵制作用。于是，海尔采用了间接的角色扮演法进行深入的调查。在调查中，他首先制定两种通常使用的购物单。这两种购物单中各开列数种食品，除咖啡外，其余项目完全相同。在咖啡一项中，一种写速溶咖啡，另一种写新鲜咖啡豆。海尔的购物清单如表1-1所示。

表1-1　　　　　　　　　　　　　海尔的购物清单

购物单A	购物单B
汉堡牛肉饼	汉堡牛肉饼
面包	面包
胡萝卜	胡萝卜
发酵粉	发酵粉
速溶咖啡	新鲜咖啡豆
桃子罐头	桃子罐头
土豆	土豆

在调查中，把两种购物单分别发给A、B两组各50名家庭主妇，要求她们描述按该购物单买东西的家庭主妇的个性。调查结果发现，家庭主妇们认为，购买速溶咖啡的人一般是懒惰、邋遢、无计划、没有家庭观念的人，而购买新鲜咖啡豆的人被认为是有生活经验、勤俭持家、有家庭观念的人。可见，被调查的家庭主妇们用消极的语言来描述速溶咖啡的购买者，这表明速溶咖啡在消费者心中的不良印象，因此，这并不是产品本身的问题，而主要是由于情感偏见造成的。

1.3.7　大数据分析

大数据分析就是通过对终端采集的数据进行分析，帮助企业快速洞察消费者的需求并实施精准营销。可见，大数据提升企业的运营能力，一方面可以根据用户需求改善产品，另一方面通过一对一精准服务提升用户体验。

大数据正在渗透到我们生活的方方面面，在生产、经营、流通等各个领域大放异彩。其中，大数据分析在市场营销和销售中的应用，是众多领域中最亮眼的一个。

图文资料1-1

1）大数据的含义

大数据指的是需要新处理模式才能具有更强的决策力、洞察力和流程优化能力的海量、高增长率和多样化的信息资产。

大数据的5V特点：Volume（大量）、Velocity（高速）、Variety（多样）、Value（价值密度低）、Veracity（真实性）。

2）大数据分析在消费者行为研究中的作用

第一，用户行为与特征分析。只有积累足够的用户数据，才能分析出用户的喜好与购买习惯，甚至做到"比用户更了解用户自己"。这一点，才是许多大数据营销的前提与出发点。

第二，引导产品及营销活动投用户所好。如果能在产品生产之前了解潜在用户的主要特征，以及他们对产品的期待，那么你的产品生产即可投其所好。

第三，企业重点客户筛选。许多企业纠结的事项有：在企业的用户、好友与粉丝中，哪些是最有价值的用户？有了大数据，或许这一切都可以更加有事实支撑。从用户访问的各种网站可判断其最近关心的东西是否与你的企业相关；从用户在社会化媒体上所发布的各类内容及与他人互动的内容中，可以找出千丝万缕的信息，利用某种规则关联及综合起来，就可以帮助企业筛选重点的目标用户。

第四，大数据分析用于改善用户体验。要改善用户体验，关键在于真正了解用户及他们所使用的你的产品的状况，做最适时的提醒。例如，在大数据时代或许你正驾驶的汽车可提前救你一命。只要通过遍布全车的传感器收集车辆运行信息，在你的汽车关键部件发生问题之前，就会提前向你或4S店发出预警，这绝不仅仅是节省金钱，而且对保护生命大有裨益。

第五，社会化客户关系管理（SCRM）中的客户分级管理支持。面对日新月异的新媒体，许多企业通过对粉丝的公开内容和互动记录进行分析，将粉丝转化为潜在用户，激活社会化资产价值，并对潜在用户做出多个维度的画像。

但是，在大数据时代，信息开发的力度越大，数据面临的风险就越大，失衡现象就愈发严重和常见。当前，随着大数据、云计算等数字技术的迅猛发展，信息采集的广度和深度不断拓展，信息流动日益突破地域和行业，对个人信息保护和安全保障提出了严峻挑战。非法获取、泄露甚至倒卖公民个人信息等侵害公民个人信息安全的恶劣事件时有发生，网络安全问题日益凸显。

学习微平台

延伸阅读1-2

【同步业务1-1】

业务问题：某超级市场想要了解自己的公众形象，应该选择什么样的调查方式？如何进行调查？

业务分析：对于超级市场来说，人们主要关注的是商品质量、价格以及商品丰富性、服务、卫生等方面的问题，对于这些问题的了解可以采用问卷调查的方法，因为这种方法可以在较短的时间内测量公众的多种行为和态度。

业务程序：

首先，设计问卷的指导语，交代本调查的目的，并对被调查者表示感谢。

其次，问卷题目应该主要包括商品因素、价格因素、柜台摆放因素、品种丰富情况、营业员的服务状况以及商场的卫生状况；超市的知名度、美誉度（如："你听说过××超市吗？""你认为××超市怎么样？"）

最后，是关于被调查者年龄、性别、文化程度、职业等方面的个人信息的问题，要保证问卷的匿名性。

【教学互动 1-1】

互动问题： 某调查组做了一个"你幸福吗"的街头调查。在众多的回复中有一些这样的"神回复"，如"我姓曾""我耳朵不好""接受你采访被插队"之类。在市场研究中，上述这种调研方式，你赞同吗？为什么？

互动要求：

① 教师不直接提供上述问题的答案，而是引导学生结合本节教学内容就这些问题进行独立思考、自由发表见解，组织课堂讨论。

② 教师把握好讨论节奏，对学生提出的典型见解进行点评。

1.3.8 消费者行为研究中应注意的问题

由于企业越来越认识到消费者信息对于制定营销策略的重要性，因此他们往往会运用各种手段去收集消费者信息，甚至会过于迷信这些信息。具体地说，消费者行为研究中应该注意以下几个方面的问题：

1）对消费者行为研究要有正确的认识

消费者行为研究通常是企业为了要作更好的决策而进行的，它是高度专业经营的象征。人们通常认为，在消费者行为研究上投资越大，决策的正确性就越大。然而事实却并非如此，正如我们在许多例子中所看到的那样，有的企业虽然投入了大量的研究成本，但最终效果却很差。事实上，我们必须认识到，消费者行为研究也有好的和坏的之分。好的研究能给经营者提供有益的并且常常是不可或缺的信息，但也有一些研究是毫无助益的。我们必须注意到这样的问题：消费者的反应究竟是什么意思？如何将消费者的反应转换为实际的销售绩效？怎样在实际购买行为中比较、验证消费者的偏好？消费者行为研究并不保证正确的决策，它只能提供信息，以提高正确决策的可能性。

2）研究方法本身的科学性

消费者行为研究本身必须是客观的，不能有任何主观偏好。而且在研究手段和研究程序上，一定要科学规范。在研究方法的科学性方面至少要注意以下几个问题：

（1）样本选择的科学性

由于时间和经费的限制，研究人员不可能调查每一位潜在的消费者，而只能选择潜在购买者中的一部分做调查，即抽样。抽样应十分慎重，特别是样本一定要具有代表性，如果抽样阶段出现错误是很难在研究的后期得到纠正的。

（2）问卷制作的科学性

问卷本身的科学性主要体现为其中所隐含的信度和效度的问题。**信度**指的是量表的可靠性，即某一资料收集工具是否能够一致无误地衡量相同的事物。具有可信性的结果表明在相似的测验条件下该结果具有可重复性。假如要衡量一个人的智力，如果所用的智力量表可靠的话，那么任何人的智力分数在某一段时间内都应该维持在相当稳定的水平。

效度是指研究或测验得到的信息精确地测量了研究者想要测量的东西，即数据收集工具和某些重要的绩效标准之间必须有确实的关系存在。一个有效的实验意味着研究者能把研究结果概括到更大的范围。

一个好的问卷调查表必须同时具有高的信度和高的效度，二者缺一不可。

3）消费者研究中的道德问题

在消费者研究中，研究人员往往会采取各种手段获取消费者的信息，因而可能有意无意间就违反了研究上的道德。因此，研究人员在与消费者打交道的过程中，应该注意以下几个问题：

（1）维护被调查者的匿名性

研究人员必须确保参与调查研究样本的匿名性，即使在委托研究的客户要求下，也不能泄露相关的资料，这是一项最基本的研究道德。

（2）避免让被调查者陷入一种心理压力的抉择中

被调查者在接受调查、访问的过程中，有时可能会面临一些令他们困窘的情况（例如因缺乏相关的知识所面临的挫折感），这些困窘就会形成他们的内在心理压力。因此，当压力是不可避免的时候，研究者应该事先让被调查者内心有所准备和自由地抉择。

（3）使用特殊设备时要小心

当研究必须使用一些设备来衡量被调查者的一些心理反应时，那么对于这些设备有可能对被调查者造成的伤害必须小心来避免。

（4）当使用欺骗手法是必要时，必须是基于善意的

在研究中，有时不可避免地要欺骗被调查者，就像在广告研究中，研究者往往会隐藏真正想要测试的目标广告。但是这种欺骗应该是研究上所必需，而且要保证对研究对象不会造成任何的伤害。

【同步案例 1-2】

为顾客"多走一步"

背景与情境：星巴克中国携手高德地图宣布共同打造以消费者为中心设计的全新零售渠道"沿街取"服务，开创"在途"这一创新消费场景。京沪两地的顾客纵使身处通勤高峰、繁忙路段也不必下车，顾客在高德地图 App 上设置目的地与导航路线后，便可在"顺路搜"页面上找到"沿街取"服务图标，选择沿途合适的星巴克门店下单，取餐点也将被增设为路线中的途经点。

根据顾客的地理位置与预估抵达时间，门店内的星巴克伙伴会在收到下单、制作、送餐通知后进行相关操作，顾客只需打开车窗就能接过咖啡，获得线上线下无缝融合、高度定制化的流畅体验。

这一创新的灵感源自星巴克对顾客需求的深入洞察。依托自身高密度的门店网络、运营优势，以及高德地图精确至分钟级的路线规划、实时交通路况等核心能力，"沿街取"服务得以实现。

问题：你如何看待星巴克的为顾客"多走一步"？

分析提示："沿街取"服务相较传统的汽车餐厅是一个跨越式的创新举措。它不仅拥有传统汽车餐厅免下车的便捷；得益于高德地图在地理上的精准定位与时间上的精确

预估，它能做到体验更流畅、更节省时间，也无须对门店进行大规模改造。顾客打开车窗，就能接过一杯新鲜制作的咖啡，跟他们在星巴克门店中所体验到的一样。

■ 本章概要

□ 内容提要
● 本章主要介绍了什么是消费者行为学，了解消费者行为的重要性、消费者行为学的理论框架及消费者行为学的研究方法。

● 消费者行为，就是指人们为满足需要和欲望而寻找、选择、购买、使用、评价及处置产品和服务时介入的活动和过程。

● 消费者行为学是研究消费者为满足其需要和欲望，而在选择、获取、使用和处置产品和服务的过程（包括影响这一过程的各种因素）中所发生的心理活动特征和行为规律的学科。

● 消费者行为学的研究内容包括消费者为什么购买（购买需要和动机）、怎样购买（购买决策过程）及影响购买行为的各种因素（包括个人的、环境的和营销方面的）。

● 了解消费者行为有以下几方面的意义：有利于增强企业竞争能力；有利于满足消费者的需要；有利于国家制定宏观经济政策与法律；有利于我国企业的跨国经营活动；有利于生态环境的保护。

● 市场细分就是将市场分成有意义的、相似的、可识别的部分或群体的过程。

● 产品定位，就是在消费者头脑中为产品确立某种地位或树立某种形象，使其与其他同类的竞争产品相区别。

● 研究消费者行为的方法很多，本书主要介绍了观察法、实验法、调查法、问卷法、访谈法、投射法、大数据分析法等。

□ 主要概念
消费　生活消费　消费品　消费品市场　消费者　消费者行为　数字化消费　消费者行为学　市场细分　产品定位　信度　效度

□ 重点实务
消费者行为学的研究方法

■ 基本训练

□ 知识训练
▲ 简答题
（1）简述根据消费者购买行为和购买习惯划分的消费品。
（2）简述目前消费市场的特点。
（3）简述数字化消费者行为的特点。
（4）简述了解消费者行为的意义。
（5）什么是市场细分？市场细分有什么作用？
（6）简述大数据分析在消费者行为研究中的作用。

▲ 填空题
（1）实验法有两种形式：（　　）和（　　）。

（2）访谈法可以分为（　　　）式访谈和（　　　）式访谈两种。

▲ 单项选择题

（1）有目的地严格控制或创设一定的条件，人为地引起某种心理现象产生，从而对它进行分析研究的方法是（　　　）。

A.观察法　　　　　B.实验法　　　　　C.调查法

D.问卷法　　　　　E.访谈法

（2）奔驰汽车、劳力士手表属于下述消费品中的哪一种？（　　　）

A.便利品　　　　　B.选购品　　　　　C.特殊品　　　　　D.非寻求品

▲ 多项选择题

（1）本书把影响消费者行为的因素分为（　　　）三个方面。

A.个人因素　　　　B.环境因素　　　　C.物质因素　　　　D.营销因素

（2）按照一般的分类方法，消费品可以分为几种类型，包括（　　　）。

A.便利品　　　　　B.选购品　　　　　C.特殊品　　　　　D.非寻求品

▲ 讨论题

如果某企业要你为他们的新产品确定目标消费者，你将根据哪些方面来进行市场细分？请具体列出来。

□ 能力训练

▲ 案例分析

【训练项目】

案例分析－I。

【相关案例】

江小白的成功之道

背景与情境：江小白成为当下中国白酒行业具有代表性的一个品牌，其诞生于酒类行业市场下滑之初，成长于白酒巨头夹缝之间，随着新生消费群体的壮大而崛起，造型清新、口感顺滑，也因此获得了无数的粉丝。

江小白成功的原因很多，比如它的文案。提到江小白，很多人会首先想到它的瓶身文案，甚至认为"表达瓶"是江小白成功的原因。

江小白的成功也和它的营销渠道有关。好产品加好的营销是江小白成功的关键，江小白通过强有力的内容营销引起年轻消费者对品牌的主动关注。其中最关键的地方在于内容需要有足够的吸引力，让消费者主动搜索江小白，而不只是单纯地运用媒介曝光。

但江小白成功的最主要原因是产品定位，它的定位就是青春白酒。

首先，白酒的传统消费群体主要是上了年纪的中年人、老年人，且酒的度数偏高。"江小白"做的是一种供年轻群体喝的白酒，而且定位于"情绪饮料"，针对年轻人当下的痛点，它提出了"不回避、不惧怕，任意释放情绪"的产品形象宣言。

其次，江小白注重以年轻人的体验为核心。传统白酒大都以宴会、商务、政务为主要的饮用场景。而江小白则以消费者的体验为核心，聚焦年轻人特有的"四小"场景，即"小聚、小饮、小时刻、小心情"四种年轻人的饮酒新场景。小聚指的是三五个同事、朋友、同学之间的非商务应酬；小饮，就是不拼酒，点到为止，讲究适度；小时刻，指的是经常性与偶然性的时刻；小心情，是指酒这个产品是和心情、情绪挂钩的，而不仅仅是一种功能性需求。在很多人说"年轻人不懂白酒"的时候，"江小白"的营销人员说的是"白酒不懂年轻人"。他们认为，年轻人喝的白酒要做到"利口化"，所以对"江小白"的介绍多以不烧喉、入口清爽、不易醉为主。

再次，江小白针对自己的目标市场进行这样的精准定位，是对大数据有效利用的结果。在信息技术、互联网技术的引领下，大数据的应用也影响了市场定位方法的发展方向。人人参与、真实互动、信息公开和及时发布是大数据时代显著的特点，这些特点与企业定位过程相互碰撞之后，就会给企业以灵感，为企业带来一个更精确的定位。

最后，社会化的线下平台与互联网的线上平台的有效结合，使企业实施市场定位精准化活动成为可能，从而给企业带来巨大的竞争优势。江小白就是利用互联网的线上社交平台以及线下举办的同城酒会之类的交流平台，收集目标顾客的信息，通过对信息的整理、分析，映射出目标顾客的特点，从而进行精准的市场定位。

资料来源　1. 长城号 SEO 专员. 江小白营销案例分析［EB/OL］.［2021-02-08］. https://www. changchenghao.cn/n/490578.html；2. 银杏财经. 都在吐槽江小白酒难喝，为何它却无动于衷？［EB/OL］.［2020-12-23］. http：//www.jcxg.net/a/3297748.html.经改编.

问题：

（1）上述案例涉及本章的哪些知识点？

（2）根据相关内容评析江小白的产品定位策略。

（3）江小白给其他创业企业带来的启示是什么？

【训练要求】

学生分析案例提出的问题，拟出《案例分析提纲》；小组讨论，形成小组《案例分析报告》；班级交流和相互点评各组的《案例分析报告》，在校园网的本课程平台上展出经过修订并附有教师点评的各组《案例分析报告》，供学生借鉴。

▲ 自主学习

【训练项目】

自主学习-I。

【训练步骤】

（1）将班级同学组成若干"自主学习"训练团队，每队确定一人负责。

（2）各团队根据训练项目需要进行角色分工与协作。

（3）通过院资料室、校图书馆和互联网，查阅"文献综述格式、范文及书写规范要求"和近 3 年关于"数字化时代企业营销应对策略"主题的学术文献资料。

（4）综合和整理关于"数字化时代企业营销应对策略"主题的最新学术文献资料，依照"文献综述格式、范文及书写规范要求"，撰写《"数字化时代企业营销应对策略"最新文献综述》。

（5）在班级交流各团队的《"数字化时代企业营销应对策略"最新文献综述》。

（6）在校园网的本课程平台上展出经过修订并附有教师点评的各组《"数字化时代企业营销应对策略"最新文献综述》，供学生相互借鉴。

□ 职业素养

【训练项目】

职业素养—I。

【相关案例】

雪中飞如何深耕普惠赛道

背景与情境： 2017年，在电商冲击、库存压力、竞争加剧之下，中国服装行业经历了一系列洗牌。当时雪中飞的年销售额仅有2亿元，早已不再是那个2013年拥有20亿元销售额的行业佼佼者。

自2018年开始，雪中飞执行"新梦想、新品牌、新零售、新团队"战略，以适应新竞争环境为核心，更新发展目标、品牌定位和组织体系。在此基础上，雪中飞开始启动"互联网+"运营模式，布局快手等新的渠道，不断深耕普惠赛道。

雪中飞的转型经验显示，"老"品牌快速形成新竞争力的核心是围绕用户去调整和升级价值创造体系，解决用户的真正痛点和需求。具体来说，雪中飞通过新的渠道有效触达普惠用户人群，为其提供兼具设计感和高性价比的高品质羽绒服，满足这类人群的消费升级需求。

产品能力是支撑雪中飞转型的基础。无论渠道怎么变化，最终留住消费者的依然是产品和服务的品质。深耕羽绒服品类23年，雪中飞拥有一套完整的产品设计研发、供应链整合、制造及零售体系，具备持续输出原创产品的能力，能保证为消费者提供符合国家标准的高质量羽绒服产品。

同时，借助快手电商等新渠道带来的沟通能力，雪中飞与年轻用户进行更多互动与交流，更好洞察用户需求，让年轻用户能够参与到设计中来，以原有的供应链体系支撑更灵活的、损耗更低的产品研发过程。

资料来源　36氪未来消费. 从2亿到44亿，雪中飞的韧性从何而来［EB/OL］.［2022-11-07］. https://36kr.com/p/1990941591824643.经过改编.

问题：

不断满足人民群众日益增长的物质和文化生活需要，是全面建成小康社会的根本目标。结合上述案例谈谈雪中飞在这方面的突出表现。

【训练要求】

学生分析案例提出的问题，拟出《职业素养研判提纲》；小组讨论，形成小组《职业素养研判报告》；班级交流和相互点评各组的《职业素养研判报告》，在校园网的本课程平台上展出经过修订并附有教师点评的各组《职业素养研判报告》，供学生借鉴。

第2章 消费者的决策

◆　学习目标

通过本章学习，应该达到以下目标：

职业知识　学习和把握"消费者的决策"的相关概念，消费者购买决策过程中的需要确认、信息搜寻、方案评价、购买决策制定和购买后行为，关于消费者非理性决策的卡尼曼"前景理论"、锚定效应和塞勒"心理账户"理论，以及"同步业务"、"经典实验"、"小资料"和二维码链接中的理论与实务知识；能用其指导本章"同步思考"、"教学互动"和"知识训练"中各题型的认知活动，正确解答相关问题。

职业能力　运用本章知识研究相关案例，训练对"消费者的决策"特定情境下当事者行为的多元表征能力；通过"'基于消费者决策方法'的营销服务"实训操练，训练学生的专业操作技能和"团队协作"、"解决问题"等通用能力。

职业素养　结合本章教学内容，依照相关规范，对"职业素养2-1"和"职业素养—Ⅱ"进行职业素养研判，激发与"快速解决消费者投诉""平安人寿贺岁片中的家国情怀"等议题相关的价值思考，借以弘扬正能量，促进健全职业人格的塑造。

【引例】

消费者的非理性决策

背景与情境: 在经典营销学里面,消费者洞察有着无比重要的地位。那么所谓的消费者洞察,到底要洞察消费者的什么呢?

举个例子,某公众号为了扩大阅读量,决定请20个人来看,其中10个人每人给了20块钱,另外10个人每人给了一个该公众号定制的杯子。当大家拿完礼物之后,发起另外一个游戏,让拿两种礼物的人用自己获得的礼物去交换对方的礼物,结果发现,两方都觉得对方拿到的礼物的价值不如自己所拿到的礼物的价值,所以不愿意交换。而且,如果再做另外一个对照组,同样的事情也会发生。

这个例子说明,在一些情况下,消费者并不理性,但是行为是可预期的。"可预期"告诉我们的是,消费者的决策看起来是他们自己做出来的,其实并不完全如此。他们正在被某一个规律所左右而不自知。

这种现象其实是很多的。比如,有人做过试验,在葡萄酒商店里面播放德国音乐的时候,德国葡萄酒的销量是法国葡萄酒的2倍;而放法国音乐的时候,法国葡萄酒的销量是德国葡萄酒的5倍。

因此,什么是消费者洞察?洞察就是发现消费者心中的冲突,并且用自己的产品和服务去解决它。

可见,消费者的非理性行为是可预期的。他们总是在一个具体的场景当中受各种各样的线索的影响而做出决策。因此,进行消费者洞察,了解消费者行为的规律,就可以制造出相应的线索,从而影响消费者的决策。

资料来源 于子桓. 进化营销学|今天的消费者洞察,到底要洞察点什么?〔EB/OL〕.〔2022-02-18〕. https://www.shichangbu.com/index.php/know_info/61381.html.经改编.

在上一章中我们已经谈到,消费者行为就是指人们为满足需要和欲望而寻找、选择、购买、使用、评价及处置产品和服务时介入的活动和过程,而实际上这些活动和过程就是消费者的决策过程。了解消费者的购买决策对市场营销人员有很大的帮助。比如,我们常常看到这样的情形:商场里人头攒动,商品琳琅满目,促销令人眼花缭乱,着实热闹。可商家心里仍然没底:消费者到底会不会买?会买哪种牌子?买多少?什么时候买?……消费者的头脑就像一个神秘的"黑箱",让商家琢磨不透。本章我们来介绍消费者的决策过程及消费者的非理性决策。

2.1 购买决策概述

市场营销人员不仅需要知道消费者企图满足的特别需要,以及他们如何将这种需要转换成购买标准,而且需要了解消费者如何收集有关选择的各种信息,甚至需要了解消费者如何做出购买决策、喜欢到什么地方购买等,同时也需要了解消费者的购买决策过程及购买原因在不同类型的消费者中是如何变化的。

2.1.1 购买决策的概念

对于许多产品和服务来说,购买决策包括广泛的信息收集、品牌对比和评价及其他活动在内的全部过程。比如，在购买之前，消费者就要确定买什么商品、买哪种牌子的、买多少、到哪里去买等，在购买过程中要选择品牌、衡量价格水平、确定购买型号等，在购买之后还会体会到某种程度的满意或不满意，从而影响到以后的购买行为。上述购买目的的确立、手段的选择和动机的取舍的一系列过程，就是消费者的购买决策。

购买决策在消费者的购买行为中具有非常重要的作用。对于消费者来说，决策的内容决定着购买行为的发生方式，决策的质量好坏决定着购买行为的效用大小。正确的决策可以使消费者以较少的费用和较短的时间买到物美价廉的商品，最大限度地满足消费者的需要。对于厂家和商家来说，分析、研究消费者的购买决策为企业正确地制定产品、价格、渠道、促销等策略提供依据。例如，一位经理经过调研得知，汽车的耗油量对于某一目标市场来说是最重要的因素，生产者就可以重新设计产品来达到这一标准。如果该企业不能在短期内改变设计，它可以使用促销手段去努力改变消费者的决策标准。比如，生产者可以通过广告宣传汽车的免费维修这一特点及其欧洲赛车的风格，而不强调耗油量。

消费者购买产品和服务的偏好是经常变化的，因此，相对于其他决策活动来说，消费者的决策有其自身的特殊性。首先，影响消费者决策的因素非常复杂。消费者的决策虽然表现为个人的、经常性的、相对简单的活动，却受到多方面因素的影响和制约。这些因素从大的方面来说包括个人因素、环境因素和营销因素，以后的章节专门介绍这些因素。其次，消费者决策的特殊性还体现为决策内容的情景性。影响决策的各种因素不是一成不变的，而是随着时间、地点、环境的变化而不断变化的。

2.1.2　购买角色

对于某些产品来说，确认购买者是比较容易的，比如男人通常选择剃须刀，而女人购买口红。但随着社会的发展，越来越多的产品所涉及的决策成员往往不止一个人。比如，家用电脑的选择，可能首先是爷爷提出要给孙子买一台电脑，同事推荐某种品牌或型号，妈妈决定第二天去电子商场购买，爸爸去选择、付款，孙子使用买来的电脑。因而我们可以区分出对购买决策有影响的五类角色：

●首倡者，首先提出购买某个产品或服务的人；

●影响者，其观点或建议对决策有影响的人；

●决策者，对购买决策的某个方面（包括是否买、买什么、如何买、何处买）做出决定的人；

●购买者，实际去购买的人；

●使用者，消费或使用产品或服务的人。

营销人员应该确认出这些角色，因为他们对产品的设计、广告词或价格的确定等都有影响。比如，如果汽车的品牌是由丈夫决定的话，那么汽车公司所做的广告就得面向丈夫。汽车公司还得设计一些能取悦妻子的汽车性能。与此同时，孩子在某些特殊购买决策上，也扮演着对父母施加压力的角色。了解主要的参与者和他们的角色，有助于市场营销人员妥当地安排市场营销计划。

学习微平台

图文资料2-1

收礼只收脑白金

背景与情境：脑白金大家应该不会陌生，没吃过总买过，没买过也总听说过。那句"今年过节不收礼，收礼只收脑白金"的广告语，是不是依然在你耳边嗡嗡作响？

不得不说，脑白金是一个传奇，一边被评为"十差"广告，一边却畅销了20多年。

为何脑白金能持续畅销20多年？为何能让无数送礼者买它？抛开产品、渠道等因素不说，秘密就藏在它的广告语里。

"今年过节不收礼，收礼只收脑白金"，这句广告语好在哪里？

把脑白金定位为"礼品"是关键，朗朗上口的表述方式也是助力，但真正让消费者打开钱包的是它借助了收礼者的力量让送礼者难以抗拒。

按照一般的逻辑，谁是我们的目标顾客，我们就集中火力朝他"开炮"，营销的重点也往往是对着送礼的人说产品怎么样，好一点的可能会说，"送这个，收礼的人会更开心"。

但是脑白金却不按常理出牌，直接装扮成收礼者对送礼者说，"你要送就送脑白金，否则我不收"，这就让送礼者"豁然开朗"了，收礼的人都发话了，他们只要脑白金，那还能怎么办？送礼不就是为了让他们高兴吗，那买就是了。

如果改动一个字，换一个角度，不借助收礼者的力量而是直接对送礼者说，"今年过年不送礼，送礼只送脑白金"，那就不一定会有这样的结果了。

可以说，借助了收礼者的力量来影响送礼者的购买决定，是脑白金成功的关键之一。

资料来源　七邵．善于借助他人之力，让你的目标顾客难以抗拒［EB/OL］．［2020-10-08］．http：//www.woshipm.com/u/944665.经改编.

问题：分析该案例给你的启示。

分析提示：对购买决策有影响的五类角色：首倡者、影响者、决策者、购买者、使用者。营销人员应该确认出这些角色才能使自己的营销有的放矢。在本案例中，脑白金的广告是借助了使用者（即收礼者）的力量来影响送礼者（可以是购买角色中的首倡者、影响者、决策者、购买者）的购买决定，起到了意想不到的效果。

【教学互动2-1】

互动问题：识别购买下列商品的可能的购买者、首倡者、影响者、决策者和使用者。这些购买角色会随哪些因素的变化而变化？

①儿童服装；②电视机；③牙膏；④全家外出度假。

互动要求：同"教学互动1-1"的"互动要求"。

2.2　消费者的购买决策过程

消费者的购买决策过程是指消费者在购买产品或服务过程中所经历的步骤。一般认为，在购买产品时，消费者通常经历如图2-1所示的消费者决策过程：①需要确认；②信息搜寻；③方案评价；④购买决策的制定；⑤购买后的行为。这五个步骤代表了消费者从认识到对产品和服务的需求到评估一项购买的总体过程。这个过程是研究如何作决策的指导原则。需要指出的是，这个指导原则并不是说消费者的决策会按次序经历这个过程的所有步骤。在有些情况下，消费者可能会跳过或颠倒某些阶段，尤其是参与程度较低的购买。比如，购买特定品牌牙膏的妇女可能会从确定需要牙膏直接进入购买决策，跳过了信息搜寻和方案评价阶段。但我们还是要用图2-1的模式，因为它阐述了消费者面对参与程度较高的新购买时所需的全部思考过程。

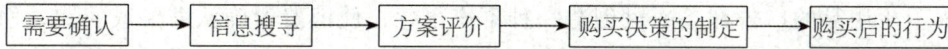

需要确认 → 信息搜寻 → 方案评价 → 购买决策的制定 → 购买后的行为

图2-1 消费者的购买决策过程

2.2.1 需要确认

1）确认的诱因

问题确认的诱因，也就是引起期望和实际状态之间产生差异的原因。消费者首先要认识到自己需要某种商品的功能后，才会去选择和购买，因此，认识需要（或需要确认）是消费者购买决策过程中的第一个阶段。在这个阶段里，消费者认识到自己的即时状态与理想中的状态的差距，所以就想消除这个差距。

2）影响确认的因素

许多因素都可以使人们认识到自己的需要。当人们看到冰箱空了，就会去买蔬菜、水果、饮料等来补充它，甚至空了的酱油瓶和醋瓶也会引起人们认识到需要一瓶新的酱油和一瓶醋。正是因为许多因素都可以激发人们认识需要，因此，进行市场营销的企业可以通过广告来激发人们对新产品的需要，从而使他们放弃那些老的产品或者在市场上已经没有竞争力的产品。

一般说来，这些"需要确认"受到外部和内部两方面因素的影响。其中包括：

（1）缺货

当消费者使用的某种产品必须补充存货时，需要确认就出现了。此时的购买决策通常是一种简单和惯例的行为，并且经常靠选择一个熟悉的品牌或该消费者忠于的品牌来解决这个问题。

（2）不满意

需要确认产生于消费者对正在使用的产品或服务不太满意。例如，消费者也许认为他的电脑已经过时。广告可以用来帮助消费者确认什么时候他们有问题和需要做何种购买决定。

（3）新需要

消费者生活中的变化经常导致新需要。比较常见的是，一个人生活方式或工作状态的变化就可以创造出新的需要。比如，当你搬家时，就可能重新购置一些新的家具；当你的职务提升时，就可能买一些更高档的服装以使自己显得更体面些。有时报酬的增加也会提高个人的期望，他会考虑以前没有达到过或从未期望过的购买。比如，一个买彩票中了大奖的人会购买一辆家用小轿车或到国外去旅游。

（4）相关产品的购买

需要确认也可以由一种产品的购买激发起来。例如，购买家庭影院会导致对其附属产品如影碟需求的确认，个人电脑的购买会推动对软件程序或软件升级的需求。

（5）新产品

市场上出现了新产品并且这种新产品引起了消费者的注意时也能成为需要确认的诱因。营销商经常介绍新产品和服务，并且告诉消费者他们解决问题的类型。比如，手机营销商告诉消费者为什么他们需要手机并强调手机的方便、时尚、省时及安全等。

（6）营销因素

引起实际与期望状态之间差距的另一个原因是由营销商引致的问题确认。比如，很多个人卫生用品的广告都是通过创造一种不安全感，使消费者确认需要或问题，而消除这种不安全感的最佳方式就是使用广告推荐的产品。营销商还可以通过改变款式和服装设计，在消费者中制造一种他们的着装已落伍的感觉，帮助消费者确认需要。

2.2.2 信息搜寻

消费者决策制定的第二步是信息搜寻。一旦消费者意识到一个问题或需求能通过购买某种产品或服务得到解决，他们便开始寻找制定购买决策所需的信息。

1）信息来源

信息搜寻可以从内部、外部产生或内外部同时产生。内部信息搜寻是对记忆中原有的信息进行回忆的过程。这种信息很大程度上来自以前购买某产品的经验。比如，购买时遇到你以前曾经喝过的某种品牌的饮料，通过搜寻你的记忆，你可能记起它是否好喝、是否受欢迎等。因此，对许多惯性、重复性购买来说，使用储藏在记忆里的、过去所获得的信息就足够用了。

如果内部搜寻没有产生足够的信息，消费者便会通过外部搜寻来得到另外的信息。市场营销人员最感兴趣的是，消费者所需的主要外部信息来源及每种信息对今后的购买决策的影响。消费者外部信息来源可以分为以下四类：

● 个人来源：家人、朋友、同事、熟人；
● 商业来源：广告、推销员、经销商、包装、展览；
● 公共来源：大众媒体、消费者评比机构；
● 经验来源：产品的操作、检查与使用。

这些信息来源的相对丰富程度与影响程度随产品类别与购买者特征的不同而各异。一般来说，消费者最初的产品信息主要来自商业，即市场营销人员所能控制的来源。另外，最有效的信息则来自个人。每类信息来源对购买决策有着不同的影响。商业来源一般起着告知作用，而个人来源则起着认定或评价作用。

2）影响个人信息搜寻范围的因素

个人进行外部信息搜寻的范围取决于以下几方面的影响因素：

（1）消费者对风险的预期

人们在购买商品的时候，都会或多或少地感知到风险。一般地说，随着对购买风险预期的增加，消费者会扩大搜寻范围，并考虑更多的可供选择的品牌。如果你打算买一辆新车，由于价格高，因此这是一项风险较高的决策。于是，你开始搜寻有关的信息，如型号、性能、耗油量、乘坐空间等。你也可能搜寻更多的有关信息，因为查找资料所需的时间和精力比买一辆不称心的车的成本要低得多。相对来说，你在选择合适的厨房用具上就不太可能付出这样大的努力。此外，对于同一产品来说，由于消费者的个性不同，他们所感知到的风险也不同，因而会影响到他们搜寻信息的范围与努力程度。一项关于影响消费者对通过计算机订购商品的风险预期水平的研究表明，与那些风险预期较低的人相比，那些认为风险较高的人会在信息搜寻方面付出更多的努力，并参看大量的不同类型的信息源。

（2）消费者对产品或服务的认识

如果消费者对潜在的购买了解得很多，他就不再需要另外搜寻更多的信息。而且，消费者了解得越多，他搜寻的效率就越高，从而花费的搜寻时间就越少。另外，一个有信心的消费者不仅对产品掌握足够的信息，而且对做出正确的决策也感到非常自信，而缺乏这种自信心的人甚至在对产品已经了解了很多的时候也会继续进行信息搜寻。有先前购买某种商品经验的消费者与没有经验的消费者相比，对风险的预期较低，因此他们会减少信息搜寻的时间。

（3）消费者对产品或服务感兴趣的程度

信息搜寻的范围与消费者对某产品感兴趣的程度正相关，即对某产品更感兴趣的消费者会花费更多的时间搜寻信息。例如，你是一个网球运动爱好者，为了购买一个新的球拍，你可能更愿意向专业人士讨教，并花费比其他购买者更多的时间和精力选择适合你的球拍。

（4）情境因素

在紧急的情况下购买产品时，人们对信息的搜索是有限的。比如，车坏在半路上时，司机不大可能到处打电话去找一个最便宜的地方修车。

【同步业务2-1】

大学生购买电脑的信息来源调查

业务要求：某电脑企业想要了解大学生在购买电脑时用的是哪种信息源，请你设计一份相关的调查问卷。

业务分析：信息源通常包括四种：个人来源、商业来源、公共来源、经验来源。

业务程序：该企业的设计程序如下：首先，设计问卷的指导语，交代本调查的目的，并对被调查者表示感谢；其次，根据上述业务分析设计问卷题项，总共是四大方面，每个方面至少包括2~3个题项；最后，关于被调查者个人信息的问题，要保证问卷的匿名性。

3）消费者选择信息的过程

如果愿意的话，消费者会搜寻到大量有关某产品或服务的信息，但不是任何情况下都是信息越多越好。而且，面对同样的情境，不同的消费者会有不同的理解，这是因为他们的个性、经验、需要等影响了他们对情境的知觉，进而影响了他们对信息的选择。通常情况下，消费者对信息选择的过程一般经过以下三个步骤：

（1）选择性注意

人们日常生活中会接触众多的刺激。但他们不可能注意到所有这些刺激，其中大部分会被过滤掉。所以问题的关键是营销人员应该弄清楚哪些因素能引起消费者的注意。研究发现，影响消费者知觉选择的因素主要有以下三个方面：首先，消费者可能比较注意与当前需要有关的刺激。比如，王先生打算去外地度假，他会更多地注意到有关旅游的广告，而对于轿车降价的广告可能不会去注意。其次，消费者可能比较注意他们所期盼的刺激。比如，王先生多半会注意旅行社里的旅游手册，而不太会注意地图，因为他没有指望旅行社里会有地图。最后，人们可能比较注意超出正常刺激程度的刺激。比如，王先生更可能去关注减价100元的旅游广告，而不是只减价10元的旅游广告。

（2）选择性曲解

即使是消费者注意到的刺激，也并不一定会产生预期的作用。每个人总是按自己现有的思维模式来接受信息。选择性曲解是指人们趋向于将所获得的信息与自己的意愿结合起来。旅行社可能向王先生介绍去某国旅游的优点与缺点。如果王先生已倾向于去该国旅游，他就可能不去考虑其缺点，如他会把可能遇到的语言障碍或较高的费用与一次难得的参观世界著名景观的机会相比较，来坚定自己的选择。在很多情况下，人们是按先入为主的想法来解释信息的。

（3）选择性记忆

人们往往会忘记大多数接触过的信息，而倾向于记住那些符合自己的态度与信念的信息。由于这种选择性记忆，王先生可能只记住了去某国度假的优点，而忘记了去其他国度假的优点。他之所以能记住该国的优点，是因为每当他考虑去哪里度假时，总是盘算着这些优点。

4）网络消费者的信息搜寻

网络消费者搜索网络信息主要是通过搜索引擎查找获得。目前，搜索引擎主要通过两种技术实现信息搜索：一种是使用网站分类技术，对网站进行树状归类，对每个网站都有简略的描述；另一种是使用全文搜索技术，全文搜索的对象是文本，通过网页抓取程序对大量网页数据建立由字（词）组成的倒排索引，以便用户使用关键词对文档进行查询，系统则返回含该关键词的网页。

与传统的购物方式相比，网络环境下的消费者的信息来源主要包括内在的经验和海量的网络信息资源。海量的信息往往会使他们不知所措，信息焦虑和信息迷航现象时有发生。而且消费者在网上购物时选择的余地非常大，时常会面临同一类产品的多种信息，加之消费者购物"货比三家"的心理特点和网络信息特有的无序性、廉价性和无限性，就决定了消费者在做出购物决策之前要反复进行信息搜寻。

2.2.3　方案评价

在决策过程的信息搜寻阶段中获得信息后，消费者便进入方案评价的阶段。在这个阶段，消费者会使用记忆中存储的和从外界信息源获得的信息，并形成一套标准，这些标准将帮助消费者评估和比较各种选择。

1）评价标准

评价标准指的是用以比较选择不同品牌的产品或服务的范围或属性。消费者将每种产品看作能不同程度地带来所寻求的利益进而满足某种需要的属性集。消费者感兴趣的属性随产品的不同而各异。比如，对于照相机来说，消费者感兴趣的属性主要包括照片清晰度、拍摄速度、携带方便与否、价格等；对于旅馆来说，其重要的属性主要包括舒适、卫生、安全、便利、费用等。对于同一产品来说，不同的消费者对其不同属性的关心程度也不同。同时，评价标准可能是主观的也可能是客观的。例如，在购买汽车的时候，消费者使用价格及节约燃料等客观属性作为评价标准，也可以同时使用形象、风格等主观属性作为标准。

2）评价方法

通常情况下，消费者要利用他所得到的所有信息对他所考察的产品做出评价。具体地，消费者在实际的购买过程中可采用的决策方法主要有以下几种：

（1）理想品牌方法

每个消费者心目中都有一个对某产品的理想品牌的印象，并用这种理想品牌印象同实际品牌进行比较，实际品牌越接近理想品牌就越容易被消费者所接受。例如，消费者可以先给自己心目中的理想品牌打分，然后再给实际品牌打分，最后得出二者之间的误差。误差越大，表明实际品牌与理想品牌之间的差距就越大，消费者的不满意程度也就越高。

（2）多因素关联的决策方法

这一方法是消费者为商品的各种属性规定了一个最低可接受的水平，只有所有属性都达到了规定水平，该商品才可被接受，而对没有达到这一可接受水平的其他品牌的商品都不予考虑。运用这一方法，就排除了某些不必要的信息干扰，缩小了处理信息的规模。但是，这种决策所导致的可接受的品牌可能不止一个，因此消费者还需借助另外的方法做进一步的筛选工作。

（3）单因素分离方法

这种方法实质上是多因素关联原则的对立面。这种模式是指消费者只用一个单一的评估标准来选择商品。也就是说，消费者以一种属性去评价他所考虑的几个品牌的商品，并从中选出最符合他的评价标准的那个品牌。

（4）排除法

排除法的核心在于逐步排除以减少备选方案。采用这种方法时，首先，要排除那些达不到所规定的评估标准的最低可接受水平的品牌。其次，如果所有考虑中的品牌都具有某一评估标准最低限度要求，那么，这一标准也要去掉。因为这种无差别的衡量对选择过程没有用处。总之，这种方法就是不断地以不同的标准加以衡量，再不断地排除下去，直到剩下最后一个为止。最后这个品牌所具有的独一无二的特征被称为"独特优势"或"关键属性"。

（5）词典编辑法

这种方法类似于编辑词典时所采用的词条排序法，即首先将产品的一些属性按照自己认为的重要性程度，从高到低排出顺序，然后再按顺序依次选择最优品牌。也就是说，消费者根据排序中第一重要的属性对各种备选品牌进行比较，如果在这种比较过程中出现了两个以上的品牌，那么消费者还必须根据第二重要的属性甚至第三、第四重要的属性等进行比较，直到剩下最后一个品牌为止。

2.2.4 购买决策的制定

在购买过程的某个点上，消费者必须停止收集信息和评价方案并做一个购买决策。作为方案评价阶段的结果，消费者可以发展出购买某种品牌的购买意图，但在购买意图和购买决策之间还有其他因素在起作用，如态度、未预料到的情况等。

1）购买决策的内容

一般来说，购买决策主要包括五项内容：

（1）基本购买决策

基本购买决策就是决定是否要采取购买行为来满足其需要。例如，当某消费者终于攒够了买房子的首付款时，是不是一定就要马上买房子呢？在国家的调控政策还在起作用的前提下，未来的房价是会涨还是会降呢？

（2）产品类别决策

产品类别决策就是决定所要购买的产品的类别。比如，如果消费者觉得未来的房价可能会降，那么现在手里的钱是用来买车还是用来投资呢？

（3）品牌购买决策

品牌购买决策就是决定所要购买的产品的品牌。假如该消费者打算用这笔钱买车，那么买哪个牌子的车呢？奔驰还是宝马？捷达还是吉利？

（4）渠道购买决策

渠道购买决策就是决定所要购买产品的通路和地点。比如，该消费者已决定买车，他是在4S店买，还是在网上买？

（5）支付决策

支付决策包括决定所要购买的数量、进行购买的时间以及支付的方式等。支付方式包括现金支付、信用卡支付等。

【同步案例2-2】

果酱实验

背景与情境： 斯坦福大学的研究员希娜·艾扬格试图了解人们如何做出选择。她以当地杂货店作为实验地点，实验中，艾扬格的助理假扮成果酱供应商，在杂货店里摆放了两个试吃的摊位。

第一个试吃摊位有6种口味可以选择；而另一个摊位有24种口味可以选择。在两个试吃摊位上，顾客品尝后都会拿到优惠券，可以用折扣价买一瓶果酱。

结果显示：有24种口味的摊位吸引了更多的顾客，但最终购买果酱的人却较少。顾客一窝蜂地挤在摊位前试吃，但大多数人却因为口味太多而无从选择，干脆一瓶都不买。最后只有3%的人买了果酱。

而到6种口味摊位试吃的人，相较之下更能决定自己适合哪种口味，约有30%的人最后买了果酱。

问题： 该案例说明了什么？

分析提示： 该案例涉及的问题是，我们应该给消费者提供更多的产品选择，还是应该提供更少的产品选择？该案例说明，在消费者方案评估环节或之前的环节中，提供更多产品选择，将给消费者一种视觉冲击，有助于吸引顾客。在购买决策的制定阶段，提供更少的产品选择，将有利于消费者理清思路，促进购买。

2）消费者购买决策类型

消费者购买决策有三种类型，见表2-1。当消费者的卷入程度由低到高变化时，消费者的决策过程也变得越来越复杂，其复杂程度由低到高分别为：例行型决策、有限型决策和广泛型决策。在这三种类型的决策中，起决定作用的是消费者的卷入程度；此外，做决策需要的时间、商品或服务的成本、信息搜寻的范围以及可供选择的数目等也能起到一定的作用。

（1）例行型决策

我们作为消费者所做的许多购买决策都是以习惯性或例行性选择过程为基础的，对于许多低价的、经常购买的产品而言，决策过程包括的环节不外乎确认问题、进行迅速的内部搜寻和做出购买决策。这时，消费者花费很少的努力，或没有花费努力进行外部搜寻或选择评价。其实，一般的例行型购买实际上就其本身而言并未涉及决策。

表2-1 消费者购买决策类型比较

比较项目	例行型决策	有限型决策	广泛型决策
卷入程度	低	低到中等	高
做决策需要的时间	短	短到中等	长
商品或服务的成本	低	低到中等	高
信息搜寻的范围	仅限内部	内部为主	内部和外部
可供选择的数目	一个	几个	很多

例行型购买通常分为两种：品牌忠诚型购买和习惯型购买。比如，对于使用哪种品牌的化妆品，你曾经有着很高的卷入程度，并运用了广泛型购买决策。作为这一过程的结果，你选定了某化妆品。现在，虽然更好的化妆品广告时时在诱惑着你，但你认为原来的化妆品正符合你的需要，你已经成了该化妆品的忠诚顾客，其他竞争者很难赢得你的惠顾。在这个例子中，由于品牌忠诚，你对产品的卷入程度相当高，但对购买的卷入程度则很低。习惯型购买则与此不同。比如，你可能认为所有的牙膏功能都差不多。因而，你在使用了某种品牌的牙膏一段时间以后，觉得还比较满意，就会一再地选择该品牌，但你实际上并不忠诚于这一品牌。结果有一次你在逛商场的时候，看到别的牌子的牙膏正在打折，你没怎么犹豫就买了这个新牌子的牙膏。

因此，对营销人员来说，消费者即使是例行的购买行为，也应该分清是品牌忠诚型购买还是习惯型购买，并依此做出相应的营销策略。

（2）有限型决策

有限型决策通常与那些经常购买的不十分贵重的商品或服务有关，在这种类型的购买中，消费者花费适当的精力搜寻信息或考虑各种可能的选择。伴随着中等水平的认知和行为努力，通过有限型决策的选择，消费者通常会相当迅速地完成购买行为。而且，除非产品在使用过程中出问题或对售后服务不满意，否则，消费者事后很少对产品的购买与使用进行评价。

有限型购买有时会因情感性需要或环境性需要而产生。比如，我们很多人都有这样的经历，虽然我们打算换一种新的产品或品牌，但我们并不是对目前使用的产品或品牌不满意，只是用了太久而产生了一种厌倦感。因此，这时候的决策只涉及对现有备选品牌的新奇性或新颖性的评价，而不是出于其他原因。

（3）广泛型决策

当购买不熟悉的贵重产品或不常买的产品时，消费者的购买决策属于**广泛型决策**。这是消费者购买决策中最复杂的一种类型，消费者的参与水平较高，所投入的时间较长，涉及广泛的内、外部信息搜寻，影响消费者决策的因素也较多。而且，消费者在购买产品之后，很容易对购买决策的正确性产生怀疑，从而产生对购买的全面评价。当然，达到如此复杂程度的决策并不多，通常在房屋、个人电脑等产品的购买上，广泛型决策比较多见。

总之，无论购买决策是有限的还是广泛的，营销商都应该向消费者提供有助于决策的信息。向消费者提供关于一种品牌如何能满足购买动机和目标的详细信息是很重要的。这些信息可以在销售点通过展示图片或分发小册子向消费者提供，而在分销渠道中应该有内行的销售人员来解释公司产品或服务的特征以及为什么它优于竞争产品。

【同步思考2-1】

问题： 消费者在购买同一产品时其购买类型可以发生转换吗？

理解要点： 可以。例如，如果一种按例行方式购买的产品不能满足需求，消费者可能采取有限决策或广泛决策类型，这时消费者就从一种品牌转向了另一种品牌。同样，在最初采用广泛类型决策的人，由于经验的积累，在以后的购买中他就可能变成有限的甚至例行的购买决策类型。

3）消费者卷入

（1）消费者卷入的概念

消费者卷入， 也称消费者介入或消费者参与，是指消费者为满足某种特定需要而产生的对决策过程关心或感兴趣的程度。消费者对某种决策过程关心或感兴趣的程度可以用投入的时间或精力等来衡量。

应该说明的是，这里所说的消费者卷入，既包括对决策过程的购买卷入，也包括对某一消费品的产品卷入。购买卷入与产品卷入是不同的。比如，你是某一品牌或产品（如牙膏或果酱）的忠实顾客，但由于品牌忠诚、时间压力或其他原因，你购买该产品的卷入程度却很低；反之，你可能对某一产品（如老年保健品或儿童读物）的产品卷入程度很低，但购买卷入程度却很高，因为你想让父母觉得你是个孝顺的孩子，让妻子和孩子觉得你是个有责任感的好父亲。消费者卷入除了体现为在购买过程中投入的时间或精力等可以看得到的部分之外，在有些情况下，消费者卷入还包括情感上的投入。

（2）影响消费者卷入程度的因素

影响消费者卷入程度的因素有以下几个方面：

①先前经验

当消费者对某一产品或服务有先前经验时，其卷入程度较低。因为消费者先前多次购买或使用某产品，他就会对该产品比较熟悉，也知道它能否满足自己的需要，因而，在购买该产品时，其卷入的程度就比较低。

②对负面结果的风险预知

如果消费者感到购买某产品有较大的风险，那么他的卷入程度就会相应地提高。

③消费者的个人特征

正如消费者的风险知觉与消费者的个人特征有关一样，消费者的卷入程度也与消费者的个人特征有关。有些消费者做事小心谨慎，只要时间和精力允许，他们在购买时都会有一定程度的卷入；有的消费者兴趣变化比较快，很难形成品牌忠诚，因而在很多情况下将面临新的选择。当面临新选择的时候，他们就需要投入较多的时间和精力。此外，人们的价值观和生活目标也能影响人们购买时的卷入程度。

④产品特征

对于功能比较简单的、属性比较单一的或价格比较低的产品，人们在购买时的卷入程度比较低；相反，对于一些高科技的、功能比较复杂的或价格比较高的产品，人们的卷入程度就会相应地提高。

⑤环境因素

环境因素指的是自然环境（或物理环境）、社会环境及营销环境。比如，在炎炎夏日，人们在逛街时总要选择有空调的商场；有人在与他人一起购物时比独自购物时有更多的自我意识（我想向我的朋友展示我对风格或时尚的感觉）；一个很早就打算换一个新的网球拍的人，如果某天正好碰上了打五折的球拍，他会毫不犹豫地买下来。

2.2.5　购买后的行为

消费者决策过程并不随着购买过程的结束而结束。在使用了产品和服务后，消费者会将其实际表现水平同期望水平进行比较，并产生满意或不满意，进而影响以后的购买行为。

互联网为网络营销者收集消费者购后评价提供了得天独厚的优势。方便、快捷、便宜的即时通信工具和电子邮件等紧紧连接着厂商和消费者。厂商从网络上收集到这些评价之后，通过计算机的分析、归纳，可以迅速找出工作中的缺陷和不足，及时了解到消费者的意见和建议，进而改进自己的产品性能和售后服务。

1）购后满意、重复购买与品牌忠诚

消费者在购物后，决定他满意或不满意的原因是什么呢？消费者的满意感是其对产品的期望与所感受的绩效间的函数。如果产品的绩效低于期望，消费者就会失望；如果符合期望，消费者就感到满意；如果超过期望，消费者就会高兴。

消费者期望的形成是基于从卖主、朋友或其他信息来源所获得的消息。期望与绩效之间的差距越小，消费者的满意体验就越深刻。消费者满意的体验可以具体地表现为对自我认识该商品的肯定、对卖主的信赖感、对商品价格的肯定与认同等。这种对产品或卖主的积极的态度体验，使消费者很可能会再次购买该产品或光顾该商店。因此，仅仅让消费者满意是不够的，要在此基础上，让消费者产生重复购买，并进一步形成品牌忠诚。

品牌忠诚，*指的是消费者对某一品牌或厂商具有情感上的偏爱，他们会以一种类似友情的方式喜欢该品牌并在较长的一段时间内购买该品牌的商品。* 消费者会用如"我信任这个牌子""我喜欢这个牌子"等话语来描述他们的忠诚。

忠诚的顾客在购买产品时不大可能考虑收集额外信息。他们对竞争者的营销努力如优惠券采取漠视和抵制的态度。在很多情况下，他们即使因促销活动的吸引而购买了别的品牌，在下次购买时也会选择原来喜欢的品牌。

因此，市场营销人员应该认识到，忠诚顾客比单纯的重复性购买者能为企业带来更多的利润，而重复性购买者同样比偶然性购买者更有吸引力。

2）购买后失调

*消费者的期望与产品绩效之间的差距越大（仅指绩效低于期望的状况），消费者购物后产生不满意的体验就越深刻，这种现象被称作***购买后失调**。

（1）影响不协调程度的因素

影响消费者不协调程度的因素包括绩效与期望之间的差距、差距对个人的重要性、差距能够修正的程度及购买的费用（包括时间和金钱等）。比如，一个购买二手车的人对车的实际性能的期望比较低，但如果这个消费者发现这辆车竟是他曾拥有的车中最好的，这个消费者就得到了较高的满足，因为这超出了他原来比较低的期望。相反，如果一个消费者期望他购买的新车的性能很好，但是这辆车的实际性能并不好，他就会非常不满意，因为这没有达到他的高期望值。

价格通常会影响不协调的程度，高的价格会提高人们的期望值。比如，国外的一项研究发现，每月较高的有线电视费用会造成大家对有线电视服务较高的期望值。经过一段时间后，由于有线频道没有达到有线电视用户的期望值，因此，他们不再选择高收费的有线频道。

另外，当绩效与期望之间的差距较大而这种差别又很难纠正的时候，消费者的不满意感就会很强烈，或者说产生了严重的不协调。比如，一个消费者购买了一套立体声音响，但这套音响的环绕立体声效果很差，这就是实际的结果（差的声音效果）与期望的结果（好的声音效果）存在很大差异，但商店又不打算更换商品，因为它不是真的功能失常，而只是性能较差，这种不协调对消费者来说是比较严重的问题。

（2）消费者处理不满意的方式

消费者产生了不满意后，会在是否采取行动上做出选择（如图2-2所示）。

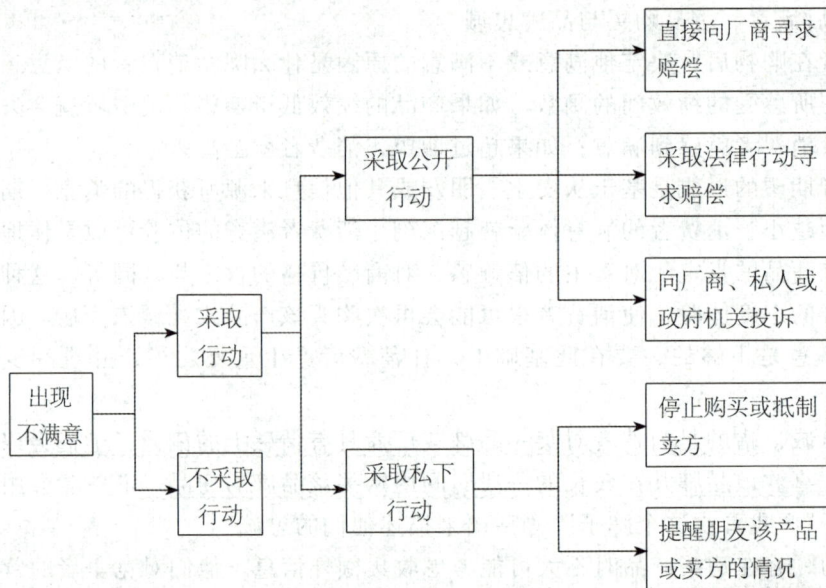

图2-2　消费者处理不满意时所采取的方式

从图2-2中可以看到，消费者在购买后如果不满意的话，他可以采取行动或不采取行动。如果采取行动，他可能采取公开行动或私下行动。私下行动包括停止购买或抵制卖方，或者提醒朋友该产品或卖方的情况。公开行动包括直接向厂商寻求赔偿、采取法律行动寻求赔偿，或向厂商、私人或政府机关投诉。

（3）影响是否投诉的因素

消费者是否投诉取决于下面这些因素的影响：

●产品的重要性、费用、社会可见度和所使用的时间等。如果产品比较便宜、不太重要，并且不需要使用很久，那么消费者就不大可能去抱怨。

●消费者的知识和经验。消费者以前购买的次数、对产品的了解程度及先前投诉的经验等都能对消费者决定是否投诉产生影响。如果产品出了问题，对产品拥有大量知识的消费者更可能去投诉。而且，过去曾经成功投诉的消费者更有可能在将来继续这样做。

● 从时间、花费等方面考虑要求赔偿的困难性。如果产品是在很远的地方购买的或投诉将花费大量的时间和金钱的话，消费者就可能不去投诉。

● 投诉能导致正面结果的可能性。如果消费者得到公司的保证或者他感到是与一个能处理此问题的声誉好的公司打交道，那么，消费者去投诉的可能性较大。同样，如果消费者看出问题无法解决或得不到赔偿的话，那么他可能不去投诉。

【职业素养2-1】

江淮汽车快速解决消费者投诉

背景与情境：随着我国汽车保有量的逐年递增，汽车消费投诉亦呈现出不断攀升态势。中消协发布的《2019年全国消协组织受理投诉情况分析》显示，汽车及零部件高居商品类投诉榜榜首。

不过，行业中一些优秀的企业则在此方面做到了行业领先。比如，有消费者投诉江淮汽车车漆鼓包锈穿、车身和车底盘钢板生锈的问题，消息一出很多车主备感震惊。江淮汽车立即在各媒体平台做出了澄清说明，并承诺对问题车辆进行召回，解决投诉问题。

面对消费者所投诉的问题，江淮汽车了解问题的起因，马上反馈给内部相关部门、相关人员，给出专业性解决方案。面对消费者投诉的车漆鼓包锈穿、车身和车底盘钢板生锈的问题，江淮汽车对公众表示了诚挚的歉意，紧接着对问题车辆进行了召回，对锈蚀汽车进行了补救。对于消费投诉难问题，江淮汽车建议消费者购车前做足功课，不受低价诱惑，理性选择购车付款方式，签订购车合同前，应将可能存在争议的事项，及时在购车合同中提出，提车时要仔细验收，质疑质量问题可送检，还要学习汽车保养、维修类常识等。

资料来源　合肥热线. 江淮汽车启动应急响应机制快速解决消费者投诉［EB/OL］.［2020-03-24］. https://finance.sina.com.cn/stock/relnews/cn/2020-03-24/doc-iimxyqwa2883498.shtml. 经过改编.

问题：企业为什么要重视消费者的投诉？从职业素养的角度评价江淮汽车对待顾客投诉的做法。

价值引领：处理消费者投诉对于任何一家企业都是极具挑战和考验的事情，因为处理好能缓和消费者与企业的关系，处理不好则很有可能影响企业自身的发展，严重者甚至影响企业的日常运营管理。江淮汽车能够重视消费者的合理投诉和求偿，在遇到顾客投诉时不逃避、不推诿，做到及时、快捷地受理消费者诉求，解决他们遇到的实际问题，最终赢得了消费者的信任。

（4）购买后的使用与处置

无论消费者购买后满意与否，他都会对所购买的产品进行使用与处置。消费者使用与处置产品的方式如图2-3所示。

从图2-3中可以看到，市场营销人员必须注意消费者使用与处置产品的方式。如果消费者发现产品有新的用途，市场营销人员就可以利用这种新用途来进行广告宣传。如果消费者将产品搁置不用，则表明该产品并不令人十分满意，那么在消费者中的口碑也就不会太好。总之，研究消费者对产品的使用与处置，可以帮助营销人员发现可能存在的问题或机会。

```
                                    ┌───────┐
                          ┌────────▶│ 出租  │
              ┌────────┐  │         └───────┘
        ┌────▶│ 临时摆脱│──┤         ┌───────┐
        │     └────────┘  └────────▶│ 出借  │
        │                           └───────┘
        │                                                        ┌────────┐
        │                                    ┌───────┐   ┌──────▶│ 被转卖 │
        │                          ┌────────▶│ 赠送  │───┤       └────────┘
        │                          │         └───────┘   │       ┌────────┐
┌──────┐│     ┌────────┐           │         ┌───────┐   └──────▶│ 被使用 │
│ 产品 │├────▶│ 永久摆脱│──────────┼────────▶│ 交换  │           └────────┘
└──────┘│     └────────┘           │         └───────┘
        │                          │         ┌───────┐           ┌────────┐
        │                  ┌───────┤         │ 卖掉  │──────────▶│直接卖给│
        │                  │       │         └───────┘           │ 消费者 │
        │     ┌────────┐   │       │         ┌───────┐           └────────┘
        └────▶│ 保留   │───┤       │ ┌──────▶│ 丢弃  │
              └────────┘   │       │ │       └───────┘           ┌────────┐
                           │   ┌───────┐                         │通过中间│
                           ├──▶│用于原来│                         │商卖给  │
                           │   │ 目的  │                         │ 消费者 │
                           │   └───────┘                         └────────┘
                           │   ┌───────┐
                           ├──▶│用于新  │                         ┌────────┐
                           │   │ 目的  │                         │ 卖给   │
                           │   └───────┘                         │中间商  │
                           │   ┌───────┐                         └────────┘
                           └──▶│存放起来│
                               │以后再用│
                               └───────┘
```

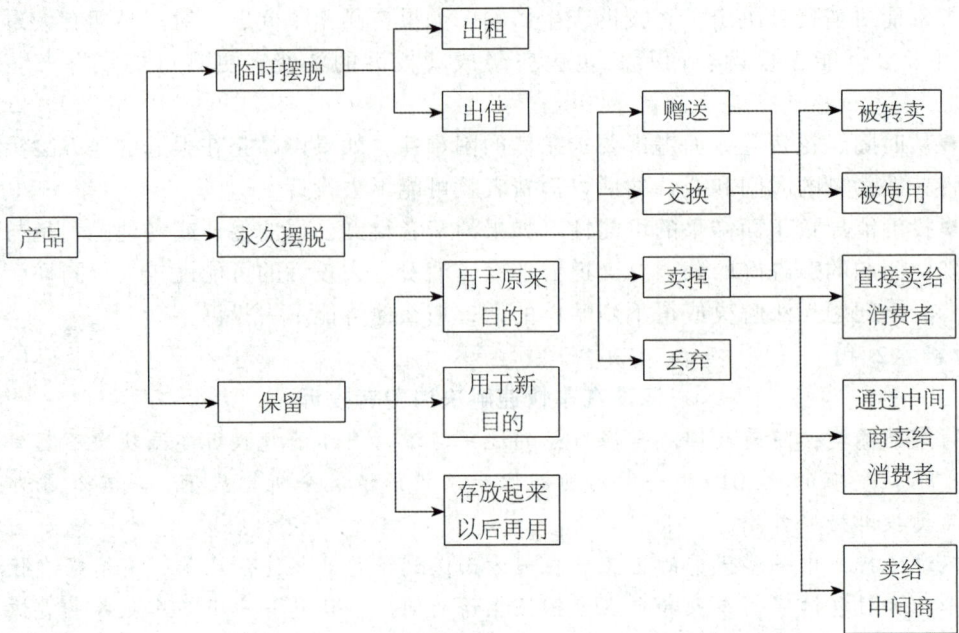

图2-3　消费者使用与处置产品的方式

2.3　消费者的非理性决策

传统经济学理论是以假设的"理性的经济人"为前提的，经济主体在经济活动中所追求的唯一目标就是自身经济利益最大化。在这一假设下，消费者在做出购买决策时是理性的，因此推导出消费者的购买决策模型，即消费者在购买时要经过五个步骤：问题确认、信息搜寻、方案评估、制定购买决策、购买后行为。在这种模型下，消费者每购买一次产品，都会严格考量各种信息，评估各种可能性，然后进行最优的决策。

这样的假设过分简化了消费者的选择行为和交易行为，而且摒弃了许多心理层面、社会层面以及其他因素的影响。在现实生活中，消费者是很难做到如上所述的完全理性的，他们更可能选择一个相对满意的答案，即所谓的有限理性决策。此外，有关消费者行为的进一步研究发现，很多消费者的购买行为并非有限理性，而是非理性的。有学者从冲动购买的角度或从购买情境刺激反应等角度对消费者的非理性购买行为进行了研究；还有一些学者从行为经济学角度出发，对非理性购买决策加工机制进行了探讨，使非理性购买决策行为的理论更加清晰，从而使人们对消费者的购买决策行为有了更完整、更真实的了解。

非理性购买行为非常普遍，但关于非理性购买决策的定义目前并没有一个统一的说法。基于规范经济学和行为经济学的对比研究，本书认为，非理性购买决策是指人们在购买过程中依靠直觉或情感、违反效用最大化、偏好不一致和非完全自利的判断与选择行为。

行为经济学是一门介于经济学与心理学之间的边缘科学，它从心理学角度揭示了人类非理性决策的现状，对传统经济学的"理性的经济人"假设发出了挑战，动摇了效用

最大化公理，更重视人的非理性行为。行为经济学发现了传统经济学模型中的漏洞，试图以新的分析框架解释消费者的非理性消费行为。我们在这里主要介绍卡尼曼的前景理论和锚定效应，以及塞勒的"心理账户"理论。

学习微平台

延伸阅读 2-1

2.3.1　卡尼曼的前景理论和锚定效应

瑞典皇家科学院于 2002 年 10 月 9 日宣布，把 2002 年诺贝尔经济学奖授予两位美国学者，其中一位就是来自美国普林斯顿大学的教授、心理学家卡尼曼。卡尼曼是第一个荣获诺贝尔经济学奖的心理学家，而其对经济学的贡献正在于他将心理学的前沿研究成果引入了经济学的研究之中。

1）前景理论

卡尼曼等人发现了人类决策的不确定性，即人类的决策常常与根据传统经济理论假设所做的预测大相径庭。1979 年，卡尼曼与特沃斯基合作，共同提出了"前景理论"（也被称作"预期理论"或"展望理论"）。**前景理论**是描述和预测人们在面临风险决策过程中表现与传统期望值理论和预期效用理论不一致的行为的理论。前景理论认为，在不同的风险预期条件下，人们的行为倾向是可以预测的。个体进行的决策实际上就是对前景的选择，这种前景也就是各种风险结果。前景选择遵循的是特殊的心理过程和规律，而不是传统经济学的预期效用理论所假设的各种偏好公理。

在现实生活中，小到个人购物消费、企业的风险决策，大到国家公共政策的制定，社会上林林总总的财富现象都与心理学有着千丝万缕的联系。比如，面对风险决策，人们是会选择躲避，还是勇往直前呢？让我们来做两个实验。一是有两个选择：A 是肯定赢 1 000 元；B 是有 50% 的可能性赢 2 000 元，有 50% 的可能性什么也得不到。你会选择哪一个呢？大部分人选择了 A，这说明人是风险规避型的。二是有另外两个选择：A 是你肯定损失 1 000 元；B 是有 50% 的可能性你损失 2 000 元，有 50% 的可能性你什么都不损失。结果，大部分人选择了 B，这说明人是风险偏好型的。由此不难得出结论：人在面临获得时，往往小心翼翼，不愿冒风险（风险规避型）；而在面对损失时，人人都成冒险家了（风险偏好型）。这就是卡尼曼前景理论的一大定律。

前景理论的另一重要定律是：人们对损失和获得的敏感程度是不同的，损失的痛苦要远远大于获得的快乐。比如，人们丢 10 元钱的痛苦要大于捡 10 元钱的快乐。

如果要让朋友戒掉抽烟的习惯，以下两种方式，哪种更有说服力？为什么？

●赶紧把烟戒了吧，万一得上什么病，你说你小女儿该怎么办？

●赶紧把烟戒了吧，这样对你身体好，多活个几年不好嘛！

根据一些烟民朋友的反馈，第一种说服方式明显力度更大，更能让人燃起戒烟的欲望。

为什么呢？因为这代表着劝说的两种不同方向。第一种方向，是指向"失去"，就是继续抽烟，你会损失什么。第二种是指向"得到"，也就是戒烟，你会得到什么。

那为什么第一种劝说方式，会显得更有力度，从而更有效呢？卡尼曼找出了答案，他将其总结为"损失规避"，也就是："大多数人对于损失，比对于收益更加敏感。"比如当你找到了一个工资更高的工作，然后很愉快地跟原公司的人事谈离职的时候，人事经常会以这种方式挽留你："你想想，虽然新公司薪水更高，但是他们的业务不稳定啊，如果到时候业务开展不顺利，那你就很被动了。另外，你也该想想能不能适应他们公司的文化，到时候如果不能适应，那你可就真没有退路了……"这种劝说方式，就是把你的思考方向引导向"损失"一方，而在这种话术之下，你本来很坚定的离职之心，也可能动摇了。所以根据这个"损失规避"的原理，与其强调"得到"，不如强调"后果"来得更有效。

【教学互动 2-2】

互动问题：根据前景理论解释股市上为什么散户老是吃亏。

互动要求：见"教学互动 1-1"的"互动要求"。

2）锚定效应

卡尼曼还认为，人们在对不确定性进行判断和估计的时候通常会设定一个初始值，然后根据反馈信息对这个初始值进行修正。这就是所谓的"锚定效应"。**锚定效应**是指人们在对某事做出判断时易受第一印象或第一信息的支配，就像沉入海底的锚一样把人们的思想固定在某处或某个点上。实验心理学表明，人们的修正往往是不完全的，他们的观念似乎"抛锚"于初始值。

在营销实践中，消费者会以广告参考价格或张贴的销售价格为锚，来调整他们的心理参考价格。锚定效应还包括促销广告用词对购买数量决策的影响。若消费者的购买数量是可以被"建议"的，商家可将购买数量锚定在一个比正常购买数量高的数值上。如果消费者在锚定购买数量上进行调整，那么就会比原先计划的购买数量买得更多。这就是促销中的"限量购买"。例如，每人限量 5 件会使消费者将购买数量锚定在初始值"5"上，并根据"5"调整购买数量。事实上，限量购买加价格折扣更能激发消费者的购买意愿。

【经典实验 2-1】

锚定效应

1974 年，卡尼曼和特沃斯基通过实验证明了锚定效应。实验要求实验者对非洲国家在联合国所占席位的百分比进行估计，因为分母为 100，所以实际上是要求实验者对分子数值进行估计。首先，实验者被要求旋转摆放在其前面的罗盘，随机地选择一个 0~100 之间的数字；然后，实验者被暗示他所选择的数字比实际值大或小；最后，实验者被要求对随机选择的数字向下或向上调整，来估计分子值。通过这个实验，卡尼曼和特沃斯基发现，当不同的小组随机确定的数字不同时，这些随机确定的数字对后面的估计值有显著的影响。例如，两个分别随机选定 10 和 65 作为开始点的小组，他们对分子值的平均估计分别为 25 和 45。由此可见，尽管实验者对随机确定的数字有所调整，但他们还是将分子值的估计锚定在这一数字的一定范围内。

锚定效应的存在说明人们在对不确定事物进行判断时是非理性的。如果初始值是有用信息造成的，则锚定效应可以说是理性的表现。但上面的实验表明，人们往往"固执"于无关的初始信息（实验中的初始值是随机选取的）。

任何一次促销活动都是一种价格的诱惑，并且在时间上对消费者都有或明或暗的影响。在物质利益的诱惑下，促销的时间限制会转换为消费者决策的时间压力，进而对消费者的促销决策行为产生极大的影响。时间压力可以激发当下的情绪反应，如焦虑等。当可利用的时间很少或对购买环境感到不悦与不耐烦时，亦即当时间压力越大时，越容易产生冲动性购买行为。一些学者研究发现了"促销截止日期效应"，即消费者会在促销结束前加速购买。这表明随着机会时间的减少，消费者被施加的"不做后悔"的强度在增加。由此可见，在促销情境下，一方面，通过时间限制，消费者放大了对有关机会丧失的预期，增加了不购买的感知机会成本；另一方面，在情感上，消费者会产生"不做后悔"与"过了这村再无这店"的感觉。

可见，消费者普遍具有锚定心理。对于卖方而言，首先制定一个较高的价格，就容易在买方心里形成一个锚定价格，在此基础上讨价还价，对卖方而言就有利得多。反之，对于消费者而言，需要克服将决策锚定在一个对短期趋势的判断上。此外，消费者要时刻警惕自己陷入锚定价格陷阱，区分不同商品的不同品质，坚持以满足自己的需求为准则。

2.3.2　塞勒的"心理账户"理论

行为经济学的一个著名理论、贯穿于塞勒研究始终的"心理账户"理论探究的是人们对待金钱的态度。同等数目的钱在传统经济学中是没有差异的，但在不同人的不同"心理账户"中，钱就产生了差异。人们在决策时，往往会做出非理性的消费行为。比如同样是1 000元钱，是工资挣来的，还是彩票赢来的，或者是路上捡来的，对于消费者来说，应该是一样的，事实却不然。一般来说，人们会把辛辛苦苦挣来的钱存起来，舍不得花；而如果是一笔意外之财，人们可能很快就花掉了。这证明了人具有有限理性的另一个方面：钱并不具备完全的替代性，虽说同样是1 000元，但在消费者的头脑中，分别为不同来路的钱建立了不同的"账户"，挣来的钱和意外之财是不一样的。这就是芝加哥大学塞勒教授所提出的"心理账户"的概念。所谓**心理账户**，是指人们在心里无意识地把财富划归不同的账户进行管理，不同的心理账户有不同的记账方式和心理运算规则。

塞勒将社会心理学引入传统的生命周期理论，将消费者的财富划分为三个"心理账户"：现期收入账户、现期资产账户和未来收入账户。他认为，在不同的账户中，消费者受到的消费诱惑是不同的：现期收入账户的消费诱惑最大，现期资产账户次之，未来收入账户的消费诱惑最小。经验研究表明，这种理论可以解释许多传统消费函数所不能解释的现象。

由于不同的"心理账户"对消费者的诱惑是不同的，所以，消费者倾向于较多地通过现期收入账户消费，而较少通过现期资产账户消费，几乎不通过未来收入账户消费。不仅不同的"心理账户"对消费者的诱惑是不同的，即使同一个"心理账户"，其中的财富余额不同，对消费者的诱惑也是不同的。财富余额越多，诱惑越大，消费者要控制在一定的消费水平上所需要的意志力也就越大。

[小资料2-1]

理查德·塞勒："离经叛道"的经济学家

2017年10月9日，瑞典皇家科学院揭晓2017年诺贝尔经济学奖，美国芝加哥大学教授理查德·塞勒（Richard H.Thaler）获此殊荣，以表彰他在行为经济学领域做出的贡献。

理查德·塞勒为芝加哥大学经济学教授，是行为经济学和行为金融学领域的重要代表人物，他研究认知限制如何影响金融市场，展示了这些人格特质如何系统地影响个人决策以及市场成果。

评委会表示，之所以将诺贝尔经济学奖授予塞勒，是看重其将心理学和经济学相结合的交叉学科研究，让经济学"更人性化"，承认其"通过探索有限理性、社会偏好和缺乏自我控制的后果，展示人脑思维特点如何系统性地影响决策和市场结果"。

在塞勒看来，"经济主体是人"，而人并非严格按照理性做出决策，外界认识到这一点非常重要。与此相呼应且颇为有趣的是，在被问及想要如何使用这笔约85万英镑的诺奖奖金时，72岁的塞勒调侃道，为了与他的研究成果保持一致，要"怎么不理性怎么来!"

塞勒的贡献在于为个人决策的经济和心理分析之间搭建了一座桥梁。他的实证研究和理论观点，帮助行为经济学创造了一个快速发展的新领域，对许多经济研究和政策领域产生了深远的影响。

■ 本章概要

□ 内容提要

● 本章主要分析了消费者的购买决策。

● 影响消费者的购买决策的五种角色类型是：首倡者、影响者、决策者、购买者、使用者。

● 所谓决策，就是人们在不同的方案之间进行评价、选择、决定的过程。而消费者的购买决策，就是消费者为了完成某一特定的购买目标，在可供选择的多种购买方案中做出选择的过程。

● 消费者的购买决策过程包括需要确认、信息搜寻、方案评价、购买决策的制定、购买后的行为五个阶段。

● 需要确认是指消费者意识到一种需求并且有一种解决问题的冲动，这是消费者决策过程的第一步。导致期望和实际状态之间产生差异的原因就是问题确认的诱因，这些诱因受到内部和外部两方面因素的影响，包括缺货、不满意、新需要、相关产品的购买、新产品、营销因素等。

● 当消费者意识到通过购买某种产品或服务就能满足他的需要的时候，他便开始寻找制定购买决策所需的信息。消费者外部信息来源可以分为以下四类：个人来源、商业来源、公共来源、经验来源。

● 在决策过程的信息搜寻阶段中获得信息后，消费者便进入选择评价的阶段。

● 在使用了产品和服务后，消费者会将其实际表现水平同期望水平进行比较，并体会满意或不满意，进而影响以后的购买行为。消费者的购买行为包括购后满意、重复购买与品牌忠诚，以及购买后失调。消费者的期望与产品绩效之间的差距越大（仅指绩效低于期望的状况），消费者购物后不满意的体验就越深刻。这种现象被称作购买后失调。

● 本章还介绍了消费者的非理性购买决策。其中着重介绍了卡尼曼的前景理论和锚定效应以及塞勒的"心理账户"理论。

□ 主要概念

有限型决策　广泛型决策　消费者卷入　品牌忠诚　购买后失调　前景理论　锚定

效应　心理账户

□ 重点实务
消费者购买决策过程

■ 基本训练

□ 知识训练

▲ 简答题

（1）消费者购买决策的主要内容有哪些？

（2）影响消费者信息搜寻范围的因素有哪些？

（3）影响消费者问题确认的因素有哪些？

（4）消费者不满意后是否投诉取决于哪些因素的影响？

（5）影响消费者卷入程度的因素有哪些？

（6）简述卡尼曼前景理论的两大定律。

▲ 填空题

（1）消费者的购买决策过程包括需要确认、（　　）、（　　）、购买决策、购买后的行为五个阶段。

（2）消费者的满意感是其对产品的期望与所感受的（　　）间相近的函数。

（3）大众媒体、消费者评比机构属于信息来源中的（　　）来源。

（4）例行型购买通常分为两种：品牌忠诚型购买和（　　）型购买。

（5）（　　）是第一个荣获诺贝尔经济学奖的心理学家，其对经济学的贡献在于他将心理学的前沿研究成果引入经济学的研究之中。

▲ 单项选择题

（1）当消费者参与购买的程度较高，并且了解品牌间的显著差异时，他们会有（　　）购买行为。

A.复杂的　　　　　　B.减少失调的　　　　C.习惯性的　　　　D.寻求变化的

（2）消费者为商品的各种属性规定了一个最低可接受水平，只有所有这些属性都达到了规定水平时，该商品才可被接受。这种决策方法是（　　）。

A.理想品牌方法　　　　　　　　B.多因素关联的决策方法

C.单因素分离方法　　　　　　　D.排除法

E.词典法

（3）那些经常购买的不十分贵重的商品或服务一般与（　　）决策类型有关。

A.例行型购买　　　B.冲动型购买　　　C.广泛型购买　　　D.有限型购买

（4）消费者外部信息的来源主要有个人来源、商业来源、经验来源和（　　）。

A.社会来源　　　B.公共来源　　　C.群体来源　　　D.他人来源

▲ 多项选择题

（1）对购买决策有影响的角色类型有（　　）。

A.首倡者　　　　　　　B.影响者　　　　　　　C.决策者

D.购买者　　　　　　　E.使用者

（2）消费者购买决策包括（　　）三种类型。

A.例行型决策　　　B.冲动型决策　　　C.广泛型决策　　　D.有限型决策

（3）消费者选择信息的过程包括（　　）。

A.选择性注意　　　B.选择性知觉　　　C.选择性曲解　　　D.选择性记忆

（4）塞勒将社会心理学引入传统的生命周期理论，将消费者的财富划分为三个心理账户：（　　）。

A.现期收入账户　　B.现期资产账户　　C.未来资产账户　　D.未来收入账户

▲ 讨论题

消费者卷入与购买决策类型有什么样的关系？各举一个实例来分析。

□ 能力训练

【训练项目】

案例分析－Ⅱ。

【相关案例】

▲ 案例分析

为什么这家店总是比那家店多卖钱？

背景与情境：一条巷子里有两家卖粥的小店。左边一家，右边一家，两家店的生意都很好，每天都是顾客盈门。可是，晚上盘点的时候，左边这家店总是比右边那家店多赚两三百块钱，而且每天都是这样，让人心生不解。细心的人终于发现了其中的秘密。如果你走进右边那家粥店，服务员微笑着把你迎进去，给你盛好一碗粥，热情地问你："您好！加不加鸡蛋？"一般情况下，喜欢吃鸡蛋的人，就会说加一个吧！于是服务员就会拿来一个鸡蛋；不喜欢吃鸡蛋的人，就会说不加，喝完粥结了账就走了。可是，如果你走进左边那家粥店，服务员同样也是微笑着把你迎进去，给你盛好一碗粥，然后热情地问你："您好！加一个鸡蛋还是加两个鸡蛋？"一般情况下，喜欢吃鸡蛋的人，就会说加两个；不喜欢吃鸡蛋的人，就会说加一个。就这样，一天下来，左边的这家粥店比右边的那家粥店要多卖出很多个鸡蛋，这就是它每天多赚两三百块钱的原因。

问题：这家店比那家店多卖钱的心理学依据是什么？

【训练要求】

同第1章"基本训练"中本题型的"训练要求"。

▲ 实训操练

【训练项目】

"基于消费者决策方法"的家用轿车营销服务。

【训练步骤】

（1）将班级学生分成若干团队，每个团队确定一人负责。

（2）各组学生结合操练项目，进行顾客与营销服务人员的角色分工与协作。其中：各协作团队的顾客角色要求采用包括理想品牌方法、多因素关联的决策方法、单因素分离方法、排除法、词典法进行方案评价与选择，营销服务人员不少于4人。

（3）各团队学生以本章"消费者决策方法"实务教学内容为业务规范，进入角色，体验本项目模拟实训的全过程。

（4）各团队学生记录本次模拟实训的情境与步骤，总结实训操练的成功经验、存在的问题及解决的办法，在此基础上撰写《"'基于消费者决策方法'的家用轿车营销服务"实训报告》。

（5）在班级讨论交流、相互点评与修订各团队的《"'基于消费者决策方法'的家用轿车营销服务"实训报告》。

（6）在校园网的本课程平台上展出经过修订并附有教师点评的各团队《"'基于消费者决策方法'的家用轿车营销服务"实训报告》，供学生相互借鉴。

□ 职业素养

【训练项目】

职业素养－Ⅱ。

【相关案例】

平安人寿贺岁片中的家国情怀

背景与情境：在2024年的春节营销大考中，含"龙"量极高。作为中国传统文化的重要元素，龙有着祥瑞安康的美好寓意，自然成为各大品牌营销创作的热门题材。平安人寿联合多家媒体共同发布的龙年贺岁短片，不仅在业内引起关注，也引发国内外网友热议。

熟悉的年夜饭场景，阖家团圆，围坐在一起看春晚，然后画面一转，一家六口轮番登场，各个活力满满，用六大场景+六个成语，很好地诠释了"群龙腾飞、昂扬热烈"的精神风貌：

爷爷：川剧老生、人生戏台叱咤风云的气魄——虎啸龙吟；

奶奶：老当益壮、越活越年轻的精气神——龙马精神；

爸爸：敢为龙头、奋发拼搏的担当——飞龙在天；

妈妈：宛若游龙、自由逐梦的魅力——龙飞凤舞；

小孙女：活力满满、蓬勃向上的生命力——生龙活虎；

大孙子：海阔凭鱼跃、C位放光芒的自信——龙腾虎跃。

全片看下来，即使不懂成语，也能感受到每个人物气势磅礴、充满活力的状态。细细品味，又能体会到品牌想传达的与家国共振的深层含义：幼有所育，少有所学，壮有所成，老有所乐，人人向着好日子走去，走得有力量、见神采、显底气！

它给了营销人一个启发：除了讲产品，讲价值观外，广告宣传片还可以讲家国情怀、民族文化等内容。这才是大品牌该有的格局、责任和担当。广告片以每个家庭成员的视角切入，在欣欣向荣的民族景象之下，细腻地洞察到普通家庭的底层需求和朴素愿望：健康，平安，团圆。正是这一细致洞察，引发了大家的共鸣，在品牌与消费者之间建立了深刻的情感链接。这也契合了平安人寿的价值主张，通过保险、健康养老等配套保障服务，让每个家庭成员都能健康、快乐、幸福，共享天伦之乐。

只要留意过平安人寿过往的营销内容，便不难发现，这已经不是它第一次尝试与消费者建立深层的情感连接。一系列的营销动作背后，是平安人寿以客户需求和高品质体验为导向，不断完善和提升产品服务，打造专业保险代理人队伍，做好科技金融、绿色金融、普惠金融、养老金融、数字金融五篇大文章。它传达给消费者一个信息：保险之外，平安人寿依托平安集团医疗健康生态圈，持续深化配套服务，打造"平安一条龙"。

资料来源　首席品牌官．家庭？非遗？平安贺岁片凭什么打动普通人［EB/OL］．［2024-02-26］．https://www.163.com/dy/article/IRS0C3M5051993MA.html.经过改编．

问题： 从职业素养的角度评价上述案例。

【训练要求】

同第1章"基本训练"中本题型的"训练要求"。

第 3 章 影响消费者行为的个人因素（上）

◆ 学习目标

通过本章学习，应该达到以下目标：

职业知识 学习和把握"影响消费者行为的个人因素（上）"的相关概念，消费者感觉的种类与特性、消费者知觉的特性、影响因素、过程和社会知觉，情绪与情感的关系、特点、分类和影响因素，消费者的需要及其对购买行为的影响，消费者动机的功能、特征、分类和激发，以及"同步业务""经典实验""小资料"和二维码链接中的理论与实务知识；能用其指导本章"同步思考"、"教学互动"和"知识训练"中各题型的认知活动，正确解答相关问题。

职业能力 运用本章知识研究相关案例，训练对特定情境下当事者行为的多元表征能力；通过收集、整理与综合关于"消费者情绪"主题的前沿知识，并依照文献综述规范撰写、讨论与交流《"消费者情绪"最新文献综述》，培养"影响消费者行为的个人因素（上）"中"自主学习"、"团队协作"和"与人交流"等通用能力。

职业素养 结合本章教学内容，依照相关规范，对"职业素养3-1"和"职业素养—Ⅲ"进行职业素养研判，激发与"'恋家'故事""食品健康"等议题相关的价值思考，借以弘扬正能量，促进健全职业人格的塑造。

三顿半：洞察消费者的需求

背景与情境：近两年，随着消费升级以及咖啡文化的兴起，中国咖啡市场的需求也在不断扩大。目前中国咖啡消费市场规模在 1 000 亿元左右，其中速溶咖啡占比72%，现磨咖啡占比18%，即饮咖啡占比10%。与欧美等一众发达国家相比，国内的咖啡消费仍处于初期发展阶段。

根据数据统计，2019年和2020年，国产品牌三顿半咖啡仅用了短短两年的时间，就将年营收从 1 000 多万元增长至 2 亿元。在电商平台更是力压雀巢、星巴克两大知名咖啡品牌，连续两年问鼎天猫"双11"咖啡品类第一。

作为成立于2015年的国产新势力，三顿半从星巴克与雀巢的左右夹击中幸存下来并突破重围的主要原因就是洞察并满足消费者的需求。

快节奏的生活和碎片化的时间让消费者对咖啡的便捷性和功能性提出了更高的要求。而外卖咖啡等待时间过长，无法满足即时需求，传统速溶咖啡又风味平淡，咖啡市场急需产品创新。三顿半看准了消费者的痛点，提出了自己的新理念："精品+速溶"，以区别于一般的商业咖啡。与以往只能通过热水冲泡的速溶咖啡不同，三顿半实现了冷水冲泡。而对于速溶咖啡一直被诟病的口感差问题，三顿半也从技术维度出发，其独创的"冷萃提取、智能冻干"超级萃技术，最大程度保留了咖啡的口感和新鲜度。此外，对于很多用户来说，廉价的1元速溶咖啡则意味着口感品质差，门店的咖啡定价则要高于10元，所以三顿半单罐5~10元的定价正好填补了这一价位咖啡的市场空白。

除了对产品本身的物质需求，消费者还希望满足更高层次的精神需求，即表达自我个性和构建理想生活。三顿半的创始团队敏锐地洞察到了消费者的需求，尝试为他们构建品质、情感与价格都亲民的"理想生活方式"。比如，在小红书等平台上，三顿半推出了"盒子变小花盆I30S教程"以及做钥匙链等的方法，让消费者觉得三顿半这样的精品速溶咖啡既好喝又让人感觉好玩。同时可爱的Mini盆栽引发了年轻消费者拍照发朋友圈的潮流，挖掘了年轻人的社交需求并实现二次传播。同时三顿半推出具有现实意义和环保价值的"返航计划"，助力产品回收。所谓"返航计划"就是号召用户在喝完咖啡之后，将咖啡盒子集中回收到对应的地方，进行二次利用。除在三顿半的门店设置"返航点"之外，三顿半还与一些特色书店、商场等线下空间合作，用户可以自行前往，回收的空罐子可以"储能"，用以兑换咖啡或者其他周边产品。消费者在参与"返航计划"的同时，也能走进城市中的大街小巷，探索咖啡艺术文化的美好。

资料来源 1.周文辉：不打广告的三顿半，是如何超越雀巢的？[EB/OL]．[2021-10-21]．https：//www.cmovip.com/detail/15133.html；2.食部尚书．三顿半为何会成为消费者的宠儿？[EB/OL]．[2021-04-12]．http：//www.yidianzixun.com/article/0To9yb0L/amp.经改编．

从上述案例可以看到，对顾客需求的敏锐洞察，是三顿半的撒手锏。可见，营销其实就是一场心理战，在这场战斗中，竞争对手是客户的需求。只要读懂了世间的变化，了解了消费者的真正需求，无论卖什么都能大卖。

上一章我们介绍了消费者的购买决策过程。从本章起，我们开始讨论影响消费者行为的各种因素，包括消费者个人因素、环境因素和营销因素。在本章和下一章，我们主要介绍消费者的心理因素，包括消费者的心理过程、需要和动机、态度、学习及消费者的个性这几个方面。当然，关于消费者心理的其他方面，如记忆、注意、想象等也都对消费者购买行为产生影响，限于篇幅，本书没有介绍这些方面的内容。

3.1 消费者的感知

3.1.1 消费者的感觉

1）感觉的概念

感觉，就是人脑对直接作用于感觉器官的刺激物的个别属性的反映。人们通过感觉，可以反映刺激物的各种不同属性，如颜色、气味、光滑、冷暖等。通过感觉，也可以反映人们自己体内所发生的变化，如身体的运动和位置、各种器官的工作状况等。例如，消费者初到商店，感受到光线明暗、色彩变化、声音背景、温度高低等。这些由感觉器官接收到的信息构成了消费者对商店印象的基础。

2）感觉的种类

（1）视觉

人们获得的感知几乎都是由光输入的，我们的各种感觉器官从客观现实中接收的信息有85%是从眼睛输入的。光以电磁波的形式和运动存在于空间中。视觉的适宜刺激物是400～760毫微米的光波。光对人类有着非常重要的意义。

视觉是人类和其他动物最为复杂、高度发展和重要的感觉。营销人员经常利用视觉刺激来沟通和传达其营销信息，以此来吸引消费者的购买。视觉上的刺激主要包括颜色、外形、大小等。据研究，在人所获取的所有信息中，85%的信息通过视觉获得，10%左右通过听觉获得，其余通过其他通道获得。可见，视觉是人类获取信息的主要途径。

颜色具有重要的感官内涵，它可以直接影响我们的情绪感受。心理学家对此曾经做过许多实验。他们发现，在红色的环境中，人的脉搏会加快，血压有所升高，情绪兴奋冲动。而在蓝色的环境中，脉搏会减缓，情绪也较沉静。冷色与暖色是依据心理错觉对色彩的物理分类，对于颜色的物质性印象，大致有冷暖两个色系。波长长的红光和橙光、黄色光，给人以暖和感；相反，波长短的紫色光、蓝色光、绿色光有寒冷的感觉。冷色与暖色除了给我们以温度上的不同感觉外，还会带来其他一些感受。比方说，暖色偏重，冷色偏轻；暖色有密度强的感觉，冷色有稀薄的感觉；暖色有逼近感，冷色有退却的感觉。有研究发现，黄色的墙壁和装潢使店内的顾客移动较快；而快餐店内的橘色装潢容易使人感到饥饿；医院内的蓝色和粉红色调则可以使病人减轻焦虑。

此外，因为文化的关系，颜色感知在不同的国家和地区之间也有所不同。一项研究发现，中国和日本的消费者将紫色与昂贵的产品相联系，而将灰色与便宜的产品相联系。这恰好与美国的消费者相反。在中国香港地区，万宝路应用了在颜色感知中的交叉文化差异。因为白色在中国文化中的重要性，万宝路就描绘了一个戴白帽子骑白马的形象。

学习微平台

图文资料3-1

【同步案例3-1】

视觉的战斗力

背景与情境：*视觉设计不仅要考虑品牌和消费者之间的沟通，也必须给自己贴上区*

别于竞争对手的"标签"。可口可乐选红色作为主色调，百事可乐则选择了蓝色，与之对抗。我爱我家的色调是黄色，链家的"绿压黄"对其进行了"视觉压制"。

无论是在信息闭塞的工业制造时代还是在品牌有意或者无意爆红的移动互联网时代，颜值永不过时。精致外观，个性造型，文艺复古抑或时尚新潮都让人眼前一亮，留给用户的是极好的第一印象。iPhone之所以备受追捧，一个重要的原因，正是在于它的"颜值"。

相信很多人对网易严选的Word广告还有印象。在这份海报里，网易严选延续了其一贯的操作风格，即"字体要大、要加粗、logo也要大"。更夸张的是，设计师连PS软件都懒得使用，整个场景非常简单、简约。但是，收到的效果却特别好！为何？一方面，放大了的"还是劝你别看广告了"字体格外醒目，立马就能够吸引路人的围观和拍照；另一方面，路人在看到文案之后，自然反应是寻找这是哪个品牌。于是，黄色字体的"网易严选"便瞬间闯入视线。实际上，网易严选这个不按套路出牌的营销活动，恰恰暴露了品牌的目的，那就是想方设法强化产品的辨识度！而强化这种辨识度最好的方式，就是通过"字体"和"Logo"。当然，也包括品牌名！为的就是让消费者即便在很远的地方，也能够立马认出来！

资料来源　作者根据相关资料整理.

问题：结合上述案例谈谈视觉营销的作用。

分析提示：该案例说明，视觉是一个足以改变商业规模的竞争工具，前提是视觉要从竞争和人类认知出发，然后再考虑美观漂亮。市场竞争日趋激烈，随着人工智能的崛起，人类认知体系面临巨大变革，商业竞争环境也会发生革命性变化，企业应尽早确立一套清晰的视觉竞争战略，视觉必然在未来商业竞争中起到越来越重要的作用。

【同步思考3-1】

资料：有间小茶馆，本来生意兴隆，店主人为进一步招徕顾客，特意将四壁装饰成浅绿色，并点缀了名人字画。不料，这间新装修的茶馆，尽管也天天座无虚席，但是月末结账时收入却少了一半。于是，老板又把房间涂成了暗红色，茶馆依旧门庭若市，收入也增加了。

问题：为什么会出现这种现象？

理解要点：因为浅绿色的房间让顾客感到惬意、雅致，无意中起到了挽留顾客的作用，顾客周转慢从而降低了上座率。而红色的房间虽然给人以热情的感觉，但时间久了让人觉得烦躁不安。

（2）听觉

空间内任何一个物体震动时，都会影响周围空气周期性的压缩，这就产生了声波。声波是听觉的适宜刺激。全部声音按照它们是否有周期性而分为乐音和噪音两类。乐音是周期性的声音振动，如音叉声、歌唱家的歌声等。噪音是非周期性的声音振动。

在对世界的体验中，我们的听觉和视觉起着相互补充的作用。人们经常在看见刺激之前就听见刺激，特别是当刺激出现在你的身后或者是不透明物体（例如墙壁）的另一侧时。营销人员常用音乐和声音来影响消费者的感知、情绪与行为。比如，广告人员频繁地使用音乐作为背景来创造对品牌的积极联系。例如，有学者通过变换餐厅内的音乐节奏，来观察其对餐厅顾客的消费金额与停留时间的影响，结果发现音乐对餐厅消费者的停留时间和消费金额有显著影响。另外，也有学者通过对卖场的音乐进行变换，来观察其对顾客的消费金额与停留时间的影响，结果发现当音乐速度较快时所引发的负面情绪较低，正面情绪则较高，在购买时间上也较短，同时单位时间购买金额也较低。

（3）嗅觉

嗅觉感受器的嗅细胞存在于鼻腔的最上端、淡黄色的嗅上皮内。嗅觉是由物体发散于空气中的物质微粒作用于鼻腔上的感受细胞而引起的，其刺激物必须是气体物质。在视觉、听觉损伤的情况下，嗅觉作为一种距离分析器具有重大意义。盲人、聋哑人运用嗅觉就像正常人运用视觉和听觉一样，他们常常根据气味来认识事物，了解周围的环境，确定自己的行动方向。

气化物靠空气扩散，因此嗅觉是距离性感觉：不必与刺激源直接接触，就能产生嗅觉。气味对化妆品和食物有特殊的重要性。在一项研究中，两种不同的香味被加入到同一种面巾纸上，消费者感知其中一种是高级的和昂贵的，而另一种被认为是在厨房中使用的。

（4）味觉

味觉的感受器是味蕾。味蕾是一种球状的感觉神经细胞，这种细胞大多分布在舌尖、舌面和舌侧三处，少数分布在口腔内部。人类的基本味觉至少有酸、甜、苦、咸四种，而四种味觉的味蕾在舌上的分布是不同的：甜在舌尖，酸、咸在舌两边，苦在舌根。

事实上，味觉并不是独立的，它常常与其他感觉相互影响。比如，吃东西的时候，经常是既有口味刺激舌头，又有气味刺激鼻孔，更有颜色刺激眼睛，即所谓的"色、香、味俱全"。

可见，口味只是产品的属性之一，很多蒙眼测试的结果都发现，在隐藏品牌的状况下，消费者对产品的感觉并没有太大差异，而当揭露品牌时，消费者却明显受到品牌偏好的影响。

（5）触觉

触觉是皮肤表面承受某物体压力或触及某物时，所产生的一种感觉。引起触觉的刺激强度，因身体各部位敏感度的不同而有很大的差异：舌尖、唇、指尖等部位比较敏感，而背、臀、腿等部位比较迟钝。对产品的触觉也能影响消费者的感知。比如，人们买衣服的时候，都要用手摸一摸，以判定衣服的质地、属性等。

3）感觉的特性

感觉的特性或者感觉的规律，主要体现在以下三个方面：

（1）感受性

对刺激强度及其变化的感觉能力叫感受性，它说明引起感觉需要一定的刺激强度。衡量感受性的强弱用"阈限"这个概念来表述。所谓"阈限"，就是门槛的意思。在日常生活中，并非所有来自外界的适宜刺激都能引起人的感觉，如落在皮肤上的灰尘、遥远处微弱的灯光、来自手腕上手表的滴答声等，这些都是感觉器官的适宜刺激，但人通常情况下无法感觉到，原因在于刺激量太小。要产生感觉，刺激物必须达到一定的强度并且要持续一定的时间。那种刚刚能引起感觉的最小刺激量，叫绝对感觉阈限。例如，人的眼睛在可见光谱（400～760毫微米）的范围内，有7～8个光量子，且持续时间在3秒以上，就可以产生光的感觉；声音的感受频率在16～200 000赫兹。这些情况说明，在一定的适宜刺激强度和范围内，才能产生感觉；达不到一定的强度，或者超过感觉器官所能承受的强度，都不能产生感觉。

能识别两个刺激之间的最小差别量，称为**差别感觉阈限**。差别感觉阈限是人们辨别两种刺激强度不同时所需要的最小差异值，也叫作最小可觉差，其数值是一个常数。如在原来声音响度的基础上，响度要增加1/10才能听出声音的变化；感受到亮度的变化需要增加1/100；而感受到音高的变化则只需提高1/330。

感觉阈限的研究对市场营销工作有一定的意义。根据绝对感觉阈限原理，商店的软硬件建设首先要立足于对消费者构成刺激，使消费者能感觉到。如果消费者感觉不到，则无异于"穿新衣，走夜路""黑暗中送媚眼"，劳而无功。差别感觉阈限原理则给我们更多的启示。比如，商店重新改造装修后如何让消费者感到焕然一新，商品的搭配、摆放如何错落有致，不同档次的同类商品之间的价格怎样有利于消费者感知等。

（2）适应性

刺激物对感觉器官持续作用，使感觉器官的敏感性发生变化的现象，叫作**感觉的适应**。我们都经历过视觉适应的两种情况——明适应和暗适应。从暗处来到明亮的地方叫作明适应。比如，我们从一个黑屋子里来到外边阳光下的时候，起初觉得光线很刺眼，什么也看不见，过几分钟就好了。从明亮的地方来到暗处叫作暗适应。比如，我们从外边的阳光下来到一个暗室里的时候，起初几乎什么都看不见，经过一段时间后，才能渐渐恢复正常。此外，嗅觉、听觉等也有适应性，正所谓"入鲍鱼之肆，久而不闻其臭""入兰芷之室，久而不闻其香"。因此，长期工作在舞厅的人，并不觉得的士高音乐的刺激性非常强烈，而刚刚走进舞厅的人则会感到音乐的强烈刺激，声音震耳欲聋；厨师对菜的各种气味和油烟味习以为常，但如果有少许气味飘进客房或大厅，就会引起客人的强烈反应。这些都是感觉的适应问题。

（3）对比性

同一感觉器官在接受不同刺激时会产生感觉的对比现象。比如，白色对象在黑色背景中要比在白色背景中容易辨出，红色对象置于绿色背景中则显得更红。因此，在广告设计或商品陈列中，亮中取暗、淡中有浓、静中有动等手法有助于吸引消费者的注意力。

【同步思考3-2】

问题： 把灰色的图形分别放在白色和黑色的背景中，会有什么不一样吗？为什么？

理解要点： 灰色的图形放在白色的背景中会显得暗些，而放在黑色的背景中会显得亮些。这是因为同一感觉器官在接受不同刺激时会产生感觉的对比现象。

【同步案例3-2】

星巴克×喜马拉雅：诗是耳畔的咖啡

背景与情境： 为了推广冷藏饮品星怡杯，2018年8月星巴克联手喜马拉雅App，首度在杯身玩起了听觉营销，推出300万个"为你读诗"特别版星怡杯，在全国各大便利店、精品超市限量发售。

购买星怡杯后，消费者只需扫描杯身二维码即可收听由陈粒、光良、黄执中等主播倾情演绎的精选诗歌。收听呈现方式为H5，文艺清新的设计风格，轻柔缓慢的背景音乐，配上主播们娓娓又深情的朗诵，营造出治愈安宁的氛围，让你一边享受馥郁的咖啡浓香，一边聆听拨人心弦的诗章，完美地诠释了"让此刻，沁人心脾"的理念。

此次跨界活动用兼具艺术与生活的方式，将诗歌具象化为一杯杯咖啡，把声音融入碎片化的时间，带来情感的联结，也顺理成章地让品牌的声音"流"进消费者的内心。

资料来源　曾永艳. 星巴克×喜马拉雅：诗是耳畔的咖啡［EB/OL］.（2018-11-01）. http：//www. cmmo.cn/article-213687-1.html.

问题： 你如何评价该案例？

分析提示： 一方面，听觉营销在解放双眼双手的同时，还能带来新的感官刺激，让咖啡的口感和声音的质感相得益彰，带给消费者更深层的体验；另一方面，星巴克和喜马拉雅App高度契合的价值观以及相似的消费群体，提高了营销的精准度，促进了品牌联动。

3.1.2　消费者的知觉

1）知觉的概念

知觉是在感觉的基础上产生的，但比感觉更为全面地认识世界的过程。确切地说，**知觉**就是个体选择、组织和解释刺激，形成一种有意义的与外部世界相一致的心理画面的过程。

心理学认为，知觉过程是一个复杂的过程，它要经过生理和心理两个历程。当一个人在感知某一事物时，首先要通过感觉器官（如眼、耳等）感知对象（生理历程），然后在头脑中形成一种印象（感觉）。这一印象形成后，又与感知者已有的认知体验结合起来，结果就形成了一个有意义的心理画面，我们把这个心理画面称为"知觉世界"。可见，世界上没有哪两个人所知觉到的世界是一模一样的，因而知觉是因人而异的。

2）影响知觉的因素

知觉是消费者对刺激物的感知过程，必然会受到刺激对象本身特点和知觉者本人特点的影响。因此，影响知觉的因素主要包括客观因素和主观因素两个方面。

（1）客观因素

作为知觉对象的客观事物本身的特点，首先决定着人的知觉选择。这种客观事物的特点包括：具有较强的特性、反复地出现、运动与变化、新奇独特、有较强的对比性等。

（2）主观因素

知觉不仅受客观因素的影响，也受知觉者自身的主观因素的影响。这些主观因素是指知觉者的心理因素。消费者是具有不同心理特征的知觉者，当他们感知相同的景观时，其各自的知觉过程和知觉印象是不同的。影响知觉的主观因素主要有：消费者的兴趣、需要与动机、个性、情绪、经验等。

3）知觉的特性

知觉的特性主要有以下几方面：

（1）知觉的选择性

作用于人的客观事物是丰富多彩、千变万化的，但人不可能对客观事物全部清楚地感知到，也不可能对所有的事物都做出反应，而总是有选择地以少数事物作为知觉的对象，对它们的知觉格外清晰，对其他事物的知觉则比较模糊，这些模糊的事物就成了背景。这种现象称为知觉的选择性。知觉的这种特性有两个价值：一是自我保护，因为人的心理承载力是有限的，人如果将感觉器官所接收到的所有信息都加以处理，那将超出其承受能力，出于自我保护，人会对来自外界的信息进行选择。二是生存价值，这种选择带有指向性，有利于个体在环境中生存。

（2）知觉的理解性

人的知觉并不是像照相机那样详细而精确地反映出刺激物的全部细节，它并不是一个被动的过程。相反，人的知觉是一个非常主动的过程，它要根据主体的知识经验，对感知的刺激物进行加工处理，并用概念的形式把它们标示出来。知觉的这种特性就叫知觉的理解性。

理解在知觉中起着重要的作用。首先，理解使知觉更为深刻。在知觉一个事物的时候，与这个事物有关的知识经验越丰富，对该事物的知觉就越富有内容，对它的认识也就越深刻。比如，对于某名胜古迹的一砖一瓦，一个有经验的考古专家要比一般人有更深刻的认识。其次，理解使知觉更为精确。例如，不懂外语的人听初学者说外语，只能听到一些音节，根本听不出他的外语讲得正确与否，而外语熟练的人不仅能听出他讲得是否正确，甚至发音的细微差异、修辞的适当与否都能辨别出来。最后，理解能提高知觉的速度。例如，我们看报纸或杂志时，如果内容简单而又熟悉，我们常可"一目十行"。

（3）知觉的整体性

知觉的对象是由刺激物的部分特征或属性组成的，但人们不把它感知为个别的、孤立的部分，而总是把它知觉为一个统一的刺激情境，甚至当刺激物的个别属性或个别部分直接作用于人的时候，也会产生这一刺激物的整体印象。

当客体具有连续、闭合趋势和共同运动方向等特点，或有较大组合的趋势时，容易知觉为一个整体（如图3-1所示）。

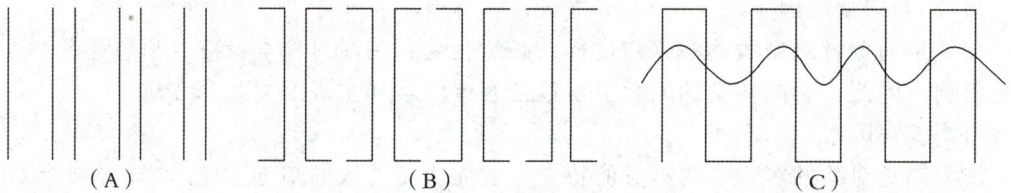

（A）　　　　　　　　　　（B）　　　　　　　　　　（C）

图3-1　知觉的整体性

知觉之所以具有整体性，一方面是因为刺激物的各个部分和它的各种属性总是作为一个整体对人发生作用；另一方面，在把刺激物的几个部分综合为一个整体知觉的过程中，过去的知识经验常常能提供补充信息。远处走来的熟人，虽然看不清他的面孔，但可以凭借身体外形、走路姿势和其他线索辨认出来。例如，消费者来到商店，不只看到商店的商品布置，装潢装饰，营业员的举止、着装和服务等某个方面，而是由此形成对商店的整体印象。

（4）知觉的恒常性

当知觉的条件在一定范围内改变了的时候，知觉的印象仍然保持相对不变，这就是知觉的恒常性。

在视知觉中，知觉的恒常性表现得特别明显。对象的大小、形状、亮度、颜色等映象与客观刺激的关系并不完全服从物理学的规律。在亮度和颜色知觉中，物体固有的亮度和颜色倾向于保持不变。比如，无论是在强光下还是在黑暗处，我们总是把煤看成是黑色的、把雪看成是白色的、把国旗看成是红色的。实际上，强光下煤的反射亮度远远大于暗光下雪的反射亮度。知觉的恒常性受到很多因素的影响，其中，主要是过去经验的作用。知觉的恒常性不是生下来就有的，而是后天学来的。

【同步思考3-3】

资料： 在非洲的刚果某地，有一族土著人住在原始丛林中，他们从来看不到超出1/4英里远的东西。有一次，当他们被带出森林后，他们竟把远处的牛说成是虫子，更不相信远处那么"小"的船能装上那么多真正的人。

问题： 这个故事说明了上述知觉的哪个特性？

理解要点： 知觉的恒常性。这说明距离超过了这些土著人的通常经验的范围后，他们没有正常人在这个距离上所具有的恒常性。

4）错觉

知觉是人对客观现实的一种反映，但并非所有的反映都一定正确。由于外部刺激物本身特点的影响，以及人感觉器官功能的限制，加之作为信息处理者——人是主动者，在三方面因素作用下，有时会导致知觉反映发生错误，这种情况称为错觉。错觉是对外界事物的不正确的知觉。在一定的条件下，人在感知事物的时候，会产生各种错觉，这些错觉包括以下几种：

（1）图形错觉

图形错觉是视错觉的一种。这种错觉的种类很多，下面仅举几例。

①垂直水平错觉：垂直线与水平线长度相等，但多数人把垂直线看得比等长的水平线要长（如图3-2（A）所示）。

②缪勒-莱依尔错觉：两条线是等长的，由于附加在两端的箭头向外或向内的不同，箭头向外的线段似乎比箭头向内的线段短些（如图3-2（B）所示）。

③线条的影响：平行线受到交叉线条的影响，仿佛改变了方向，显得不平行了（如图3-2（C）所示）。

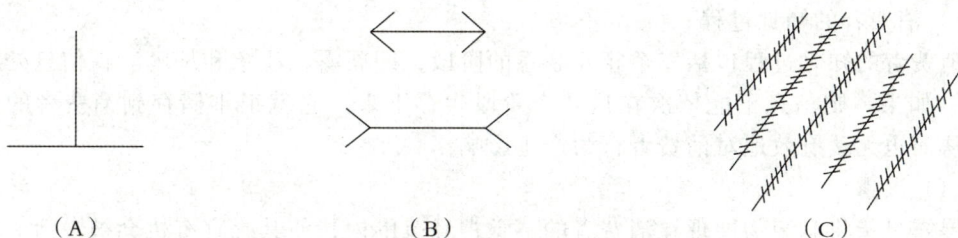

（A）   （B）   （C）

图3-2 图形错觉

④对比错觉：凡是性质相反或情况相反的各种事物，由于对比的作用，会引起错觉。

准备两杯水，一杯加一勺盐，另一杯是普通白水。先喝盐水，然后再喝白水，会发现白水非常新鲜而又好喝。

⑤对形体上下部的错觉：我们看形体时总是把它的上部知觉扩大。如果一个非专业绘图者仅凭肉眼把一条垂直线平分为两半，一定会把平分线画得太高。印刷数字3、8和英文字母K，看起来其上下部似乎相等，可倒过来看，就发现其上半部比下半部小得多。

⑥由空虚和充实引起的错觉：两个同样大小的房间，由于陈设多寡的不同，看起来大小不一样。同样道理，在生活中如果两段路程是同样距离的，一段两侧有许多建筑物或其他可供观赏之物，则使人觉得路程短；另一段路两侧是旷野就显得长。

学习微平台

图文资料3-2

（2）时间错觉

时间知觉是对客观现象的延续性和顺序性的反映，即对事物运动过程的先后和长短的知觉。

人总是通过某种衡量时间的媒介来反映时间的。这些媒介可能是自然界的周期性现象和其他客观标志，也可能是机体内部的一些生理状态。自古以来，人们就经常利用自然界的周期现象衡量时间。一天的时间是以太阳的升落为标准的，日出是早晨，日落是晚上。月亮的盈亏代表了一个月的时间，经历了四季变化就是一年。后来人们发明了计时工具，制定了日历，使人们对时间的知觉更为准确。另外，生理过程的节律性活动也是估计时间的重要依据。人的许多生理活动都是节律性的运动，如呼吸、心跳、消化等。当活动的节律性与客观事物之间形成一定的联系之后，它就可以用来感知时间的长短。

了解错觉现象对搞好市场营销工作是有价值的：一来可以知晓自己可能出现的错误，二来可以利用错觉现象。例如，对商场环境进行装潢和布置的时候，应考虑到人知觉的规律，要避免纯粹物理学意义上的设计安排，设计安排是给人看的，应该看起来优美，而不是物理意义上是否合乎规范。否则，装潢陈设就不是艺术了，而变成物理学了。

互动问题：利用颜色错觉进行包装设计很有趣。一般来说，不一样的颜色给人的感觉也不一样。如果是笨重的物体，采取什么颜色的包装好？为什么？如果是分量轻的商品，采用什么颜色的包装好？为什么？

互动要求：同"教学互动 1-1"的"互动要求"。

5）消费者的知觉过程

消费者的知觉过程包括三个相互联系的阶段，即展露、注意和理解。在信息处理过程中，如果一则信息不能依次在这几个阶段生存下来，它就很难储存到消费者的记忆中，从而也无法有效地对消费者行为产生影响。

（1）展露

展露是指将刺激物展现在消费者的感觉神经范围内，使其感官有机会被激活。展露只需把刺激对象置于与个人相关的环境之内，并不一定要求个人接收到刺激信息。比如，电视里在播放一则广告，而你正在和家人或朋友聊天没有注意到，但广告展露在你面前确是事实。

（2）注意

注意是心理活动对一定对象的指向和集中。当刺激物激活感觉神经，由此引发的感受被传送到大脑作处理时，注意就产生了。注意的本质是意识的聚焦和集中，以便有效地处理某些事物而离开其他事物。据统计，平均每个消费者每天要接触300则广告，其中绝大部分不会引起消费者的注意。注意具有选择性的事实，要求企业认真分析影响注意的各种因素，在此基础上设计出更能引起消费者注意的广告、包装、品牌等营销刺激物。

（3）理解

知觉的最后一个阶段，是个体对刺激物的理解，它是个体赋予刺激物某种含义或意义的过程。理解涉及个体依据现有知识对刺激物进行的组织分类和描述，它同样受到个体因素、刺激物因素和情境因素的制约和影响。

3.1.3 消费者的社会知觉

社会知觉就是对人的知觉，它是影响人际关系的建立和活动效果的重要因素。消费者的社会知觉主要包括对人的知觉、人际知觉、角色知觉和自我知觉。

1）对人的知觉

对人的知觉主要是指对别人的外表、言语、动机、性格等的知觉。对人的正确知觉，是建立正常的人际关系的依据，是有效开展活动的首要条件。

2）人际知觉

人际知觉就是对人与人之间相互关系的知觉。

任何一个人都与他人发生联系，形成人与人之间的不同关系，表现为接纳、拒绝、喜欢、讨厌等各种亲疏远近的状态。对这种关系的正确知觉是顺利进行人际交往的依据。

人和人之间在情感上的亲疏和远近的关系是有差别的，它有不同的层次。比如，同一团体中的人，有的只是点头之交，有的来往密切、非常友好，也有的势不两立、互相敌对，这就是人与人之间心理上的距离。心理上的距离越近，说明人们越相互吸引；心理上的距离越远，则反映双方越缺乏吸引力。

3）角色知觉

角色指人在社会上所处的地位、从事的职业、承担的责任及与此有关的一套行为模式，如导游员、游客、商人、教师等。

角色知觉主要包括两个方面：一是根据某人的行为对其职业的判定，如教师、学生、艺术家等；二是对有关角色行为的社会标准的认识，如对教师这一角色，认为他的行为标准应该是谈吐文雅、学识渊博、仪表端庄等。

对角色的知觉一般从以下几个方面着眼：一是感情或情绪，如认为一个政府官员应该情绪稳定，讲话慎重，喜怒不形于色。二是目的与动机，如导游员以热忱服务为宗旨，教师以教书育人为目的。三是对社会的贡献，如工人为国家多制造产品，农民为国家多打粮食。四是在社会上的地位，如教师是人类灵魂的工程师，导游员是游客之友。

每个人在社会上都扮演着各种角色，如经理、父亲、丈夫等。每种角色都有一定的行为标准，每个人都应当正确地知觉这些标准，并根据自己扮演的不同角色来实现行为的转换，以与环境相适应。

4）自我知觉

自我知觉是指一个人通过对自己行为的观察而对自己心理状态的认识。人不仅在知觉别人时要通过其外部特征来认识其内在的心理状态，同样也要这样来认识自己的行为动机、意图等。

自我知觉是自我意识的重要组成部分，随着个人自我意识的发展，自我知觉经历着不同的发展阶段：

① 生理的自我：个体的生理的自我主要表现为对自己的身体、衣着、自己所有物

的判断，以及家庭和父母对他的态度，从而表现出自豪或自卑的自我感情。

② 社会的自我：个体的自我评价主要表现为对自己在社会上的荣誉、地位、社会中其他人对自己的态度及自己对周围人的态度等方面的判断和评价，从而表现出自尊或自卑的自我体验。

③ 心理的自我：处于这一阶段时，个体主要表现为对自己的智慧、能力、道德水平等方面的判断和评价，从而表现出自我优越感等自我体验。

随着自我意识的发展，在社会化进程的影响下，个体的自我知觉水平一般是遵循着生理的自我—社会的自我—心理的自我这一进程的。当然，由于每个人的社会化程度的不同及各种主客观因素的影响，每个人的自我知觉水平也不完全一样。比如，有人过分注重自己的身材容貌、物质欲望的满足，有人则偏重对社会地位、名誉等方面的追求，也有人在自我评价的基础上，追求高尚的情操、自我实现的需要等。

3.2 消费者的情绪

在日常生活中，人们要面对各种不同的人和事，参与各种不同的社会生活。在这个过程中，人们不仅会产生深浅不同的认识，还会伴随着产生不同的心理体验。有的对象和现象使人产生愉快、兴奋的心理体验，有的对象和现象使人产生恐惧、痛苦的心理体验。即使是同样的客观事物，由于人们的需要不同，也可以引起不同的心理体验。比如同一首歌曲，当我们休息的时候，听起来可能很舒服；而当我们为事情忙得团团转的时候，听起来就可能觉得很厌烦。人们的这些心理体验就是情绪和情感。

情绪和情感，是人对客观世界的一种特殊的反映形式，是人对客观事物是否符合自己需要的态度的体验。

3.2.1 情绪和情感的区别和联系

情绪和情感是从不同角度来揭示人的心理体验的概念。由于人的心理体验的复杂性，对情绪和情感做出严格的区分是困难的，只能从不同的侧面对它们加以说明。

1）引起情绪和情感的需要的原因不同

情绪通常是指那种由机体的天然性需要是否得到满足而产生的心理体验。天然性需要得到满足，就产生积极的、肯定的情绪；否则，就产生消极的、否定的情绪。情感则与人在历史发展中所产生的社会需要相联系，情感的基础是和人与人之间的关系（社会关系）相联系的需要。如对社会的贡献、道德的需要、尊重的需要等，由满足这些需要而产生的责任感、荣誉感、道德感、集体感等心理体验，就是情感。这些需要和情感都是人们在社会生活条件下形成的，它具有社会历史性，情感是人类所特有的。

2）情绪和情感在稳定性上有差别

情绪带有很大的情景性、激动性和短暂性，它常常在活动中表现出来。一定的情景出现便引起一定的情绪，情景过去了，情绪也就消失了。情感则既具有情景性又具有稳定性和长期性。人与人之间在共同活动中产生的友好情感，不会因为活动的结束而消失，而会长期存在并可能得到发展，所以，情感是长期的、稳定的。

3）情绪和情感是可以转化的

情绪长期积累，就会转化为情感。而情感在一定条件下，也会以鲜明的、爆发的形式表现出来，表现为一种情绪。

3.2.2　情绪、情感的特点

情绪、情感有两极性和扩散性两种特性。

1）情绪、情感的两极性

情绪、情感的两极性包括以下五个方面：一是肯定性和否定性的两极对立。肯定性的情绪和情感有：高兴、喜欢、愉快、热爱、满意等；否定性的情绪和情感有：厌恶、悲哀、憎恨、绝望、恼怒等。二是积极（增力的）和消极（减力的）的对立。积极的情绪如愉快、热情等能增强人的活动能力，促使人去积极地行动。消极的情绪如烦恼、不满等能降低人的活动能力。三是紧张和轻松的对立。紧张和轻松一般与人所处的情境、面对的任务、对个人需要的影响等相联系。当人所处的情境直接影响个人重大需要的满足，以及面临重大任务需要完成时，人的情绪就会紧张起来；相反，则比较轻松。四是激动和平静的对立。激动的情绪表现为强烈的、短暂的、爆发式的心理体验，如激愤、狂喜、绝望。激动的产生往往与人们在生活中占重要地位、起重要作用的事件的出现有关，而且这些事件违反原来的意愿并以出乎意料的形式出现。与激动的情绪相对立的是平静的情绪。人们在大多数情况下是处于平静的状态之中的，在这种状态下，人们能从事持久的智力活动。五是强与弱的两极性。许多类别的情绪都有由弱到强的等级变化，如从微弱的不安到强烈的激动，从愉快到狂喜，从担心到恐惧等。情绪的强度越大，人自身被情绪卷入的程度就越大。情绪的强度取决于事件和活动对人的意义的大小，以及人的既定目的和动机是否能够实现。

上述每一对对立的情绪之间，都存在强度不同的中间情绪状态，如非常满意与非常不满意之间有很满意、满意、不满意、很不满意几个状态。

2）情绪、情感的扩散性

情绪、情感的扩散性有两种，一种是内扩散，另一种是外扩散。情绪在主体自身的扩散叫内扩散，它表现为主体对某一对象产生的某种情绪体验，影响主体对其他对象也产生同样的情绪体验。例如，一个人对某件事情产生了愉快的情绪，这种情绪影响这个人在看到其他事物时也感到顺意；或在某件事情引起的不愉快情绪的影响下，对其他事情也觉得不那么顺眼，这就是情绪的内扩散。后一种是消极情绪的内扩散。一个人的情绪影响到他人，使他人也产生相同的情绪，这种情况叫情绪的外扩散，通常也叫情绪的感染。一个人的情绪或心境，在与他人的交往过程中，通过言语、动作、表情等影响他人，引起情绪上的共鸣。

3.2.3　情绪、情感的分类

情绪和情感是作为对事物的一种反映形式存在的，由于世界上的事物绚丽多彩，构成了人与客观事物之间关系的丰富多样性，使情绪、情感产生了极为丰富和复杂的内容。为了便于理解和把握，根据情绪和情感的性质、状态及包含的社会内容，可以做出如下三种不同的分类。

1）依据情绪、情感的性质分类

（1）快乐

快乐是一种在追求并达到所盼望的目的时所产生的情绪体验。比如，人们在旅游中一路顺利，而且欣赏到优美的自然风光，参加了富有情趣的活动，就会产生快乐的情绪体验。快乐的程度取决于愿望的满足程度和满足的意外程度。快乐的情绪从微弱的满意到狂喜，分成一系列程度不同的级别。

（2）愤怒

愤怒是由于妨碍目的达成而造成紧张积累所产生的情绪体验。愤怒的程度取决于对妨碍达到目标的对象的意识程度。愤怒从弱到强的变化是：轻微不满—愠怒—怒—愤怒—暴怒。

（3）恐惧

恐惧是企图摆脱危险情境时产生的情绪体验。引起恐惧情绪的重要因素是缺乏处理可怕情境的能力。消除恐惧情绪要靠镇定和勇敢。

（4）悲哀

悲哀是指失去自己心爱的对象或自己所追求的愿望破灭时所产生的情绪体验。悲哀的程度取决于所失去的对象和破灭的愿望对个人或社会的价值的大小。悲哀按程度的差异表现为：失望—遗憾—难过—悲伤—哀痛。

（5）喜爱

喜爱是指对象满足需要而产生的情绪体验。喜爱表现为接近、参与、欣赏或获得。事物、活动、艺术品和人，都可以是人们所喜爱的对象，引起人们喜爱的情绪体验。

2）依据发生的强度、速度、持续时间分类

（1）心境

心境是一种比较微弱、平静且持续一定时间的情绪体验。它平静而微弱，持续而弥散。心境由于有弥散的特点，所以，某种心境在某一段时间内影响着一个人的全部生活，使人的语言、行动及全部情绪都染上了这种心境的色彩。一个人在愉快、喜悦的心境中，仿佛一切染上了"快乐的色彩"，看什么都那么顺眼，对一切都感到满意。而处在忧愁、悲伤心境中的人，在这一段时间里就表现得"无所不悲"，仿佛一切都染上了"忧伤的色彩"。心境的特点是不具有特定的对象，即不是关于某一事物的特定的体验，它是具有弥散性的情绪状态。心境分为暂时心境和主导心境两种。

由当前的情绪产生的心境，叫作暂时心境。例如，人们在欣赏艺术表演时会产生愉快的心境，当演出结束后，这种心境还会持续一段时间，但不会很长。随着其他情境和事物的出现，这种心境就会逐渐消失。

由一个人的生活道路和早期经验所形成的个人独特的、稳定的心境，叫作主导心境。主导心境是以一个人生活经验中占主导地位的情感体验的性质为转移的。主导心境决定着一个人的基本情绪面貌。一个具有良好主导心境的人，总是朝气蓬勃，具有乐观的情绪，对于这样的人，别人就比较愿意并容易和他交往。一个具有不良主导心境的人，就会经常表现为失望、忧愁和情绪消沉，别人也不太容易和他交往。但是，对主导心境不好的人，更需要给予热情的关心、帮助，并予以谅解。

（2）热情

热情是一种强有力的、稳定而深厚的情绪体验。热情有两个基本特征：第一，热情是强有力的，它影响人的整个身心，是鼓舞人去行动的巨大力量；第二，热情是深厚的、稳定而持久的，它使人长久地、坚持不懈地去从事某种活动，并对这种活动产生愉快、满意等积极肯定的情绪体验。

（3）激情

激情是一种猛烈的、迅速爆发而短暂的情绪体验，如狂喜、恐惧、绝望等都属于这种情绪状态。激情是由对人具有重大意义的强烈刺激所引起的，这种刺激的出现及出现的时间往往出人意料。激情发生时伴有内部器官的强烈变化和明显的表情动作。

3）依据情感的社会内容的性质分类

（1）道德感

道德感是人们根据一定的道德标准，评价自己和别人的言行、思想、意图时产生的情感体验。道德感是对客观对象与一个人所掌握的道德标准之间关系的心理体验。当思想、行为符合这些标准时，就产生肯定的情感体验，感到满意、愉快；反之，则痛苦不安。当某人的思想、意图和行为、举止符合这些标准时，人们就对他肃然起敬；反之，则对他产生鄙视或愤怒的情感。

（2）理智感

理智感是人们认识和追求真理的需要是否得到满足而产生的一种情感。理智感是与人的求知欲、认识兴趣、解决问题等社会需要相联系的。人在认识过程中有新的发现，会产生愉快和喜悦的情感；在不能做出判断而犹豫不决时，会产生疑惑感；在科学研究中发现未知的现象时，会产生怀疑感或惊讶感；在解决了某个问题而认为依据充分时，会产生确信感等。这些情感都属于理智感。理智感是在认识事物的过程中产生和发展起来的，它是认识活动的一种动力。热爱真理、追求真理是发展认识和科学研究的重要条件之一，所以，当一个人的科学活动与深刻的理智相联系时，往往会在科学上取得一定的成就。

（3）美感

美感是对客观现实及其在艺术中的反映进行鉴赏或评价时所产生的情感体验。美感是由一定的对象引起的，美感的对象包括自然界的事物和现象、社会生活和社会现象及各种艺术活动和艺术品。美感受对象的外在形式特点的影响，同时又受对象内容的制约，美感还受人的主观条件的影响。人们的审美需要、审美标准、审美能力不同，对同一个对象的美感体验就不同。同一个对象，有的人感觉是美的，有的人则不认为美，就是由于受审美标准和对美的鉴赏能力的影响。在日常生活中，人们穿衣戴帽各有所好，这是由每个人的审美观点所决定的。这主要是形式上的美，对一个人来说，更主要的是思想美、行为美和心灵美。

3.2.4 影响消费者情绪、情感变化的主要因素

影响消费者情绪、情感变化的因素，主要有以下几个方面：

学习微平台

延伸阅读3-1

1）购物环境的影响

人的情绪很容易受到环境的影响。如果购物环境幽雅舒适、生机盎然，会使消费者产生愉快、喜爱的积极情绪；反之，则会使消费者产生厌烦、失望的消极情绪。因此，商业企业一般都很重视店堂和门面的装修及商场内温度的控制、色彩的搭配、灯光的明暗、商品的摆放等，营造一种舒适、和谐的气氛以吸引更多的顾客。

【经典实验3-1】

温度与情绪

两位英国心理学家设计了一个实验，安排三个温度不等的房间：一个是"热室"，室温为33摄氏度，使人感到很热，浑身不舒服；第二个房间为"正常气温室"，室温为20摄氏度左右；第三个房间为"冷室"，室温为7摄氏度左右。将自愿受试者分别安置在三个房间中，然后对他们提出一系列问题，并要求他们回答。当受试回答完问题后，由一个十分"挑剔"的主考人，通过一扇大窗对他们的答案做出带有侮辱性的、讽刺性的评价。每个房间还装有一个电钮。受试被告知：按电钮"主考人"就会尝到电击的痛苦，以此可对"主考人"进行惩罚。实际上电钮只连接一架录有人的惨叫声的录音机。结果，第一个房间"热室"的人不停地按电钮，甚至不管"主考人"的话是好话还是坏话，一律不听，只是按电钮；第三个房间"冷室"的人，只对"主考人"评语中说的他认为"不公正"或"使人恼怒"的话才按电钮；第二个房间"正常气温室"的人，却没有进行任何报复行为。由此，两位心理学家认为，人的情绪与所处环境的温度有关。

2）商品的影响

商品是影响消费者情绪、情感变化的主要因素，因为消费者进入商场就是为了购买商品。因此，商品的质量、数量、价格，以及消费者认为商品符合其需要的程度，都会引起消费者的情绪和情感的变化。此外，商品命名、商品广告、商品装潢、商品造型，甚至商品的色泽，都能在不同程度上影响消费者对某种商品或某家商场的喜好，从而进一步影响消费者的购买行为。

3）服务的影响

服务的影响主要包括两个方面：一方面是现场的服务员的服务质量。如果服务员主动热情、耐心周到地为顾客服务，那么顾客就会有一种受到尊重的感觉，甚至会形成惠顾心理，经常光顾这家商场；反之，如果营业员态度冷淡、举止粗鲁，会让顾客觉得很别扭并留下恶劣的印象。即使他勉强买了商品，也会产生不愉快的情绪、情感体验。另一方面是商家或厂家的售后服务。如果商家或厂家的售后服务好，不仅会使消费者在买商品的时候比较放心，没有后顾之忧，就是在买完商品后，如果商品出现了问题，消费者也能得到及时有效的服务。在这种情况下，消费者才会心情舒畅地真正体会到什么是"顾客至上"。

3.3 消费者的需要

研究消费者行为，首先要回答人们为什么要消费，为什么要到不同的购物场所去购买不同的商品，怎样才能使消费者满意等问题，这就涉及消费者的需求和动机问题。消费者的需求和动机是消费者行为的原动力，是影响消费者行为及其心理效果的重要心理因素。不了解消费者的需求和动机便无从理解消费者的行为，更谈不上对消费者行为的预测和引导。

3.3.1 需要概述

学习微平台

同步链接 3-1

人是自然属性和社会属性的统一体，对其自身和外部生活条件有各种各样的要求。当某种生理或心理因素缺乏时，就会导致生理或心理上的匮乏状态。当这种匮乏状态达到一定程度必须进行调节时，个体就感到需要的存在，进而产生恢复平衡的要求。首先，是生理平衡。人体必须不断补充一定的物质和能量才能生存，如食物、水、热量等。这些物质与能量的吸入量由体内复杂的生理系统进行调节，维持着人的生理平衡状态。其次，是心理平衡。人的生理失调主要在于有机体内部的刺激，而心理失调主要取决于有机体外部的刺激，这种外部刺激既有物质的，又有精神的。当心理失去平衡时，个体就产生心理上的需要，如有爱的需要、求知的需要、审美的需要等。可见，**需要**是**个体缺乏某种东西时的一种主观状态，即客观需求的反映**。

1）消费者需要的特征

随着社会生产、科学技术和文化艺术的不断发展，消费者的需要也将不断被激发和被推进，呈现出五彩缤纷的态势。消费者的这些丰富多彩的需要，具有如下共同的特点：

（1）消费者需要的对象性

人们的需要总是指向某种具体的事物。换句话说，需要总是和满足需要的目标联系在一起。比如，逛街时，人饿了就要买东西吃，渴了就要买水喝。需要一旦实现，总能给人们带来生理或心理上的满足。离开了目标和对象，就无从观察和研究人是否具有某种需要。

（2）消费者需要的无限性

在消费活动中，消费者的需要是不会因暂时的满足而停滞或消失的。当旧的需要得到满足后，新的需要就会随之产生，如此周而复始，连绵不绝。因为新陈代谢的需要，消费者对食物的需要会一直维持到生命的终结。由于社会的进步，消费者消费意识的改变，过去的消费环境、服务方式不再具有满足人们求新、求美的功能，这时，消费者就会对消费环境、服务方式等提出新的要求。消费者的这种不断发展变化的心理需要，是追求美好生活的原动力，并促使商品经营者在商品质量、品种、服务手段、方式上不断创新开拓，推动着消费品市场不断向前发展。

（3）消费者需要的层次性

由于消费者在民族习俗、宗教信仰、性格气质、能力素质、文化程度、审美情趣、性别年龄、收入水平、消费目的等方面存在差异，因而在对消费品的需要及满足需要的方式等方面存在着多层次性，呈现出因人而异的现象，不同的消费者对购物条件、服务方式、服务态度有不同的要求，这就要求商场经营的档次要高、中、低档合理配套。另外，经营品种、服务项目要齐全和富有特色，接待服务方法要区别对象，不可千篇一律，以固定、僵死的模式接待所有的消费者，否则就无法满足不同层次顾客的不同需要。

（4）消费者需要的可变性

消费者需要的产生、发展和变化，同现实的生活环境、当时的消费环境有着密切的联系。消费观念的更新、社会时尚的变化、人际交往的启迪、工作环境的改变、文化艺术的熏陶、广告宣传的诱导、消费现场的刺激、服务态度的感召等，都会不同程度地使消费者的兴趣发生转移，并不断产生新的消费需要。潜在的需要会变成现实的行为，未来的消费会提前寻求实现的途径，微弱的愿望会转化为强烈的欲求。总之，消费者的消费需要是可以通过各种媒介物，运用各种方法加以启发和引导的，并最终使消费者的消费需要发生变化。

（5）消费者需要的发展性

消费者的需要随着社会生产力的发展和物质、文化生活水平的提高而不断发展。这不仅体现在消费需要的标准不断提高上，而且体现在消费需要的种类日益复杂多样上。消费者需要的发展性在现实生活中随处可见，比如，现在正在流行的某类时装，过了一段时间后就可能成为过时的商品而遭淘汰；或者人们原来的许多潜在需要，由于条件成熟，现在已经变成了现实需要，当然同时又会产生新的潜在需要。

2）消费者需要的类别

消费者的需要可以从不同的角度来加以分类：

（1）按照需要的起源不同，可以把消费者的需要分为天然性需要和社会性需要

天然性需要是人类最根本、最原始的需要，是人类为了维持有机体所必需的衣、食、住、行等方面的需要。它同生理需求是一致的。

社会性需要是指人为了维持社会生活，进行社会生产和社会交际而形成的需要。它是在人类社会历史发展过程中形成的，并且受到社会生产和社会生活条件的制约，是人类特有的高级需要。

（2）按照需要的对象不同，可以把消费者的需要分为物质需要和精神需要

物质需要是人类对衣、食、住、行及社会交往中所形成的物质产品的需要。它是人类社会的基础，也是人的最基本、最重要的需要，既包括天然性需要，也包括不断发展的社会物质生活需要。需要的满足是通过物质对象来完成的。

精神需要是人们对精神生活和社会交往中所形成的有形或无形产品的需要，它是人类所具有的心理需要，是人对其智力、道德、审美等方面条件需要的反映，如获得知识、提高技能、寻找爱情、社会交往、陶冶情操等。

（3）按照需要实现的程度不同，可以把消费者的需要分为现实需要和潜在需要

现实需要是指目前具有明确消费意识和足够支付能力的需要。一般可以理解为消费者在进入商店之前就已计划购买的商品和愿意支付的钱数。

潜在需要是指未来即将出现的消费需要。它主要表现为两种形式：第一种是具有明确的消费意识，但目前缺乏足够支付能力的那部分需要。比如，目前我国家庭对宽敞住房的需要，有相当部分的家庭已经将它列入家庭未来发展计划中，但由于购买力的限制及对自己预期收入的不确定，这部分需要就表现为潜在的消费需要。

第二种是有足够的支付能力，但由于目前消费者的消费意识不太明确或市场上还没有出现其所期望的产品，因而还没有形成现实需要的那部分需要。比如，某种新产品投入市场时，由于消费者对它不了解，再加上习惯意识的影响等，往往难以销售出去，但是如果宣传引导得当，会很快把这部分潜在需要转化为现实需要，为新产品打开销路。

3.3.2 消费需要对购买行为的影响

人们的行为活动往往是由不同的需要引起的。消费需要对消费者购买行为的影响主要表现在以下三个方面：

1）消费需要决定购买行为

消费者由于受内在或外在因素的影响，在产生某种需要时，就会形成一种紧张状态，成为其内在的驱动力，这就是购买动机，它引发人们的购买行为。当购买行为完成，需要得到满足时，动机自然消失，但新的需要又会随之产生，再形成新的购买动机，引发新的购买行为。由此可见，消费者的购买行为是在其需要的驱使下进行的。从这个意义上说，消费需要决定购买行为。

2）消费需要的强度决定购买行为实现的程度

一般情况下，需要越迫切、越强烈，则购买行为实现的可能性就越大；反之，需要不迫切、不强烈，消费者的购买行为就可能推迟，甚至不发生。例如，对一个没有鞋穿的人来说，第一双鞋对他的使用价值最大，也就是说，他对第一双鞋的需求感最强烈，也许走进一家商店，只要看到他能穿的鞋就买下来，而对鞋的式样、颜色、价格、质量等要求并不高。但当他买了鞋以后，他对鞋的需要就不那么迫切了，鞋的使用价值对他来说就不那么重要了。也许他还会产生买鞋的需要，但需要的迫切性大大降低，这时，他要考虑价格、质量、式样等各方面的因素，因而对购买行为的阻力就很大，购买行为就不易实现。

3）消费需要的水平影响消费者的购买行为

经济发达国家，消费水平相对较高，消费者购买食品的费用在整个购买费用中所占的比例比较小，而经济发展水平低的国家，情况正相反，这就是著名的恩格尔定律。其内容是：随着家庭收入的增加，人们在食品方面的支出在收入中所占的比例就变小，用于文化、娱乐、卫生、劳务等方面的费用支出所占比例就变大。

【职业素养3-1】

生活家地板：讲述消费者想听的"恋家"故事

背景与情境：2023年6月18日，生活家地板全民恋家节迎来收官。以"情感"为核心，今年的全民恋家节再次展现了生活家地板的超强共情力。在整个活动期间，品牌巧妙避免了浮夸和炫技，而是深入探索"恋家"情感，并通过温暖而感性的方式，与消费者真诚共情，讲述他们想听的"恋家"故事。

在2023年"520"的重要节点，生活家地板以"百城告白"火热拉开全民恋家节序幕，联动全国百城导购宣告"恋家节"主张，从多方内容视角表达、倾诉恋家情怀。每一句温柔的辞藻里，既有对家的表白，也是生活家对用户的深情表白，这种"表白"不仅仅是一个品牌的行为，更是一种情感的传递，拉近了品牌与用户之间的距离，建立起更加亲密的联系。

资料来源　营销与商业：创造情感共鸣的造节策略——生活家地板成功案例［EB/OL］.［2023-06-21］. https://www.jc001.cn/article/975132.html.经过改编.

问题：家是人类社会中的核心单位，与每个人有着紧密的联系。结合上述案例谈谈生活家地板为什么让消费者把购物与"恋家"结合在一起？

价值引领：我们每一个人都要拥有家国情怀，爱国就要爱家。经验表明，品牌广告内容凡涉及"情感"，往往更容易引发受众的共情。因为在生活家看来，家是人类社会中的核心单位，与每个人有着紧密的联系，更容易触发情感、记忆和联想。当人们看到、听到或回忆起与家相关的事物时，这些触发因素可以激发起强烈的情感反应。而地板，正是与居家幸福感密切相关的产品，它对于家居环境的美观性、舒适性和功能性起着重要的作用，使人们在家中感到自在和放松，提升人们对家的依恋感。

3.3.3　需要层次论

人类的需要一直是心理学家们研究的对象，并产生了有关需要的不同理论。其中马斯洛的需要层次论影响较大。

美国人本主义心理学家马斯洛（A.Maslow），在1943年出版的著作《调动人的积极性的理论》中提出了"需要层次论"。这一理论几十年来流行甚广，是国外心理学家试图解释需要规律的主要理论。

马斯洛把人类行为的动力从理论上和原则上作了系统的整理，提出了关于人类需要的最著名的理论之一——需要层次论。马斯洛把人的多种多样的需要，归纳为五大类，并按照它们发生的先后次序分为五个等级（如图3-3所示）。

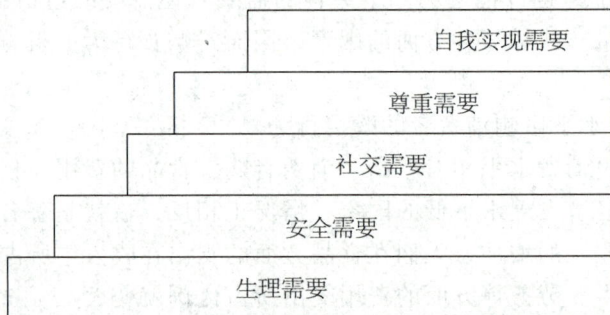

图3-3　马斯洛的需要层次论

在马斯洛看来，只有当低层次的需要满足之后，高层次的需要才能到来。但任何一种需要并不因为下一个高层次需要的出现而消失，只是在高层次需要产生后，低层次需要对行为的影响变小而已。各层次的需要呈相互依赖与重叠的关系，如图3-4所示。

马斯洛的需要层次论，对研究人类的动机和行为具有重要和普遍的意义。在消费者行为学领域内，虽不能用来解释所有消费行为的动因，但它确实为我们了解消费动机提供了重要的理论依据。

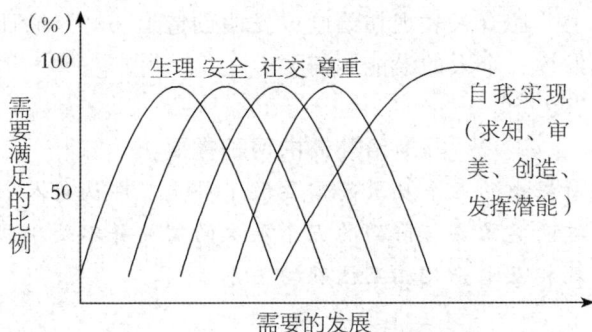

图3-4 五种层次需要的心理发展关系

①生理需要

这是人类最原始的需要，包括饥、渴、性和其他生理机能的需要，它是推动人们行动的最强大动力。马斯洛认为人的生理需要是最重要的，只要这一需要还没得到满足，他就会无视其他需要或把其他的需要搁置一边。

②安全需要

当一个人的生理需要得到满足后，就想满足安全的需要，要求获得生命和财产安全，要求避免职业病的侵袭，希望解除严酷监督的威胁，要求避免意外事件的发生等。马斯洛认为整个有机体是一个追求安全的机制，人的感受器、效应器、智能和其他能量主要是寻求安全的工具。人们的这些需要在消费活动中处处可以表现出来。比如，人们买电器时首先要看它的安全性能是否可靠，外出旅游时希望有人身保险等。

③社交需要

马斯洛的社交需要含有两方面的内容：一个是爱的需要，即人都希望伙伴之间、同事之间的关系融洽或保持友谊和忠诚，希望得到爱情，人人都希望爱别人，也渴望得到别人的爱。另一个是归属的需要，即人都有一种归属感，都有一种要求归属于一个集团或群体的感情，希望成为其中的一员并得到关心和照顾。社交需要比生理需要更细致，它和一个人的生理特性、经历、教育、宗教信仰都有关系。

④尊重需要

当社交需要得到满足后，人还有对名利的欲望，希望自己有稳定的地位，要求个人能力、成绩得到社会的承认等。马斯洛认为，尊重需要得到满足，能使人对自己充满信心，对社会抱有满腔热情。但尊重需要一旦受到挫折，就会使人产生自卑感、软弱感、无力感，会使人失去对生活的基本信心。

受尊重的需要还同个体认为自己对这个世界有用的感觉有关，也与有关事物如衣服、汽车、教育、旅游和接待重要人物等能否提升自我形象有关。一些人购买私人轿车、穿名牌衣服、住高级酒店，这些也与能够满足他们的受人尊重的需要有关。

⑤自我实现需要

自我实现需要是指实现个人的理想、抱负，发挥个人的能力于极限的需要。也就是说，人必须干称职的工作，是什么样的角色就应该干什么样的事。音乐家必须演奏音乐，画家必须绘画，诗人必须写诗，这样才会使他们得到最大的满足。马斯洛还指出："为满足自我实现的需要所采取的途径是因人而异的。有人希望成为一位理想的母亲，有人可以表现在体育上，还有人表现在绘画或发明创造上……"简而言之，自我实现的需要是指最大限度地发挥一个人的潜能的需要。

【小资料3-1】

马斯洛补充的两种需要

马斯洛对他以前所提出的五个层次的需要做了补充，即认为人们还有认知和审美的需要。马斯洛认为，这两类需要与前面的五个层次的需要并不处于同一层次发展系统之中，而是表现出一种既相互重叠又相互区别的关系。

①认知的需要

认知的需要也称认知认识和理解的需要，这是人人都具备的一种基本需要，即人们对于各种事物的好奇、学习，探究事物的原理，对事物进行实验和尝试的欲望。马斯洛从人们对安全的需要出发推论出：人们进行各种学习和探究，其最终的目的也包括获得生活和生存的安全和取得安全的方法，洞悉事物的奥秘。满足认识事物的需要是一种令人快乐和幸福的事情，学习和探究事物的奥秘也是智者自我实现的一种方式，好奇还是儿童的一种天性，儿童能从他好奇的事物中得到最大的快乐。

②审美的需要

人们对美的需要也是一种基本的需要，比如，希望行动的完美，对于事物的对称性、秩序性、闭合性等美的形式的欣赏，对美的结构和规律性的需要等，都是审美需要的表现形式。

【教学互动3-2】

互动问题：马斯洛认为，只有低层次需要获得充分满足后，才能满足高层次需要。而反过来的情况是不存在的，甚至是不正常的。你是怎么认为的？请举例说明。

互动要求：同"教学互动1-1"的"互动要求"。

3.4 消费者的动机

所谓**动机**，是指引起和维持个体的活动，并使活动朝向某一目标的心理过程或内部动力。人类的各种活动都是在动机的作用下，向着某一目标进行的。

3.4.1 动机的功能

动机具有以下三种功能：

一是激活功能，即动机会促使人开展某种活动。例如，大学生到学校来求学，是由学习知识的动机激发起来的。旅游者外出旅游是在其各种旅游动机的直接驱动下发生的。

二是指向功能，即在动机的作用下，人的行为将指向某一目标。例如，在学习动机的支配下，大学生会到图书馆去看书，到书店去买书。旅游者在旅游动机的指引下奔向旅游目的地。

三是强化功能，即当活动产生以后，动机可以维持和调整活动。当活动指向某个目标时，个体相应的动机便获得强化，因而某种活动就会持续下去，在遇到困难时能予以克服。

动机是在需要的基础上产生的，一种需要演化为哪种动机会受到环境因素的影响。无论是物质的需要还是精神的需要，只要它以意向、愿望和理想的方式指向一定的对象，并激起人的希望时就可构成行为的动机。

动机虽以需要为基础，但只有需要，并不一定产生动机。动机的产生至少应该具备两个条件：一是需要，二是具有满足需要的对象。当需要处于萌芽状态，客观上缺乏满足需要的对象时，需要只表现为一种意愿或意向。只有当需要被强化到一定的程度，在客观上又有满足的对象时，需要才转化为动机。需要、动机与行为的关系如图3-5所示。

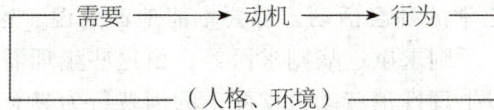

需要 ——→ 动机 ——→ 行为

（人格、环境）

图3-5　需要、动机与行为的关系

3.4.2　消费者动机的特征

消费者的动机有如下一些特征：

1）动机的原发性

个体缺乏某种东西而产生对这种东西的需求，这种需求推动个体去寻找满足需求的对象，动机就是在这种情况下产生的。也就是说，需求使个体产生动机，动机推动个体采取行动。从个体动机产生上看，动机具有原发性特征。对于消费者而言，其内在的需要，促使其产生各种消费动机。

2）动机的内隐性

个体的行为是外显的，但支配其行为的动机却是无法直接观察得到的。消费者的消费动机是通过其消费行为推断出来的。例如，消费者入住了高档饭店，我们可以作如下推断：首先，他有休息的生理性动机；其次，他可能有追求社会身份、地位，求尊重的动机。消费者的动机不是我们观察到的，而是我们根据他的行为和所掌握的知识经验推断出来的。所以说，动机具有内隐性。

3）动机的实践性

动机是行为的内在原因，动机是为行为而存在的。通过个体的行为表现，我们得以窥见动机的踪影。从动机与行为的这种关系上表现出动机的实际性特征。动机的这种特征，是我们研究它的一个重要原因，了解消费者的消费动机，从而为预测和引导消费者的消费行为提供了依据。

4）动机的变化性

个体的动机不是固定不变的。动机的形成取决于内在需要和外部环境两大方面因素，当这两种因素发生变化时，个体的动机自然会相应地发生变化，所以说动机具有变化性。由于动机的这种特点，我们就可以通过一些营销手段来影响消费者的消费动机，并继而影响消费者的消费行为。

3.4.3　动机的分类

一个人复杂多样的动机往往以其特定的相互联系构成动机系统。根据不同的标准，消费者一般消费动机可分为以下几类：

1）依据动机的性质划分

依据动机的性质，动机可分为生理性消费动机、心理性消费动机和社会性消费动机。

（1）生理性消费动机

生理性消费动机来源于人体得以生存和繁衍下去的最基本的生理需要，如对空气、水、食物、休息、性爱等的需要，由这些需要引发的动机来源于人体内部某些生理状况的先天驱动力，并非后天学习和强加来的。人们为了保证其身体健康、精力充沛、维持生命的延续，以便从事正常的社会活动，都要本能地产生温、饱、住、行等生理需要，如饥则求食、渴则求饮、乏则求歇、病则求医等。由这些生理需要引起的消费动机，就叫作生理性消费动机。在生理性消费动机支配下的消费行为具有经常性、重复性、习惯性和相对稳定性的特点。

生理性消费动机在消费者的消费行为中所起作用的大小，与消费者的收入水平及消费结构有直接的联系。在收入水平较低时，其消费活动首先要保证满足生理性需要，消费时注重商品和服务的实际效用，而不大考虑其他因素。只有当消费水平达到一定的程度时，生理性消费动机的作用才会逐渐减弱。

生理性消费动机又可以细分为生存性消费动机、享受性消费动机和发展性消费动机。

生存性消费动机是为了满足生存需要而激发的购买动机。生存需要就是人类为了维持自身生存而产生的对基本生活用品的需求。比如，人们为了满足吃、穿、住、行等基本生理需求而产生的购买动机。如果这种需求得不到满足，就会产生严重的社会问题。

享受性消费动机是由于消费者对享受资料的需求而产生的购买动机。享受资料的需求是人们为了提高生活质量、增添生活乐趣而产生的对各种娱乐、享受消费品的需求。因为人们在吃饱穿暖、有栖身之所后，还要吃得科学营养、穿得美观漂亮、住得舒适宽敞，要充分享受现代社会为人们提供的各种现代化设施和用具。比如，人们为了享受生活而产生的对彩电、化妆品、名牌服装、高档音响等商品的需求。

发展性消费动机是为满足个体的发展需求而引起的购买动机。发展需求是人们对发展自己的体力、智力，提高个人才能所必需的消费品的需求，如强身健体、提高技能、增长知识等。

（2）心理性消费动机

心理性消费动机又可分为感情动机、理智动机和信赖动机。

感情动机是指由消费者的情绪和情感变化而引起的心理性消费动机，包括情绪动机和情感动机。由消费者的喜、怒、哀、乐、惧、奇等情绪触发的动机是情绪动机。消费者的情绪往往影响着他们的消费行为。特别是在消费环境的刺激下，消费者可以在一瞬间就做出消费某物或放弃消费某物的决定。掌握了消费者的情绪动机，能为营销人员提供用武之地。情感动机是由消费者的道德感、理智感和美感等人类高级情感触发的心理性消费动机。如有的客人在餐厅设宴，是为了给远道而来的朋友接风洗尘，有的客人购买旅游纪念品，是为了馈赠亲友、增进友谊等。这些消费行为往往就是由情感动机所引起的。由情绪动机引起的消费行为往往带有冲动性、即景性和不稳定性的特点，它会随着消费者情绪的变化而变化，多表现在青年消费者身上；而由情感动机引起的消费行为，则具有相对的稳定性和深刻性，它往往反映出消费者的精神面貌。

理智动机是建立在消费者对商品或服务的客观认识的基础之上，经过分析、比较之后而产生的一种消费动机。在这种动机支配下的消费行为具有客观性、周密性和控制性的特点。

理智动机和感情动机的区别在于，前者是由物质因素引起的，后者是由精神因素引起的。受理智动机支配的消费者，一般都比较注重商品或服务的实际效用，即需要什么就消费什么，不易因受到外界因素的影响而临时扩大自己的消费支出。比如，他们要求饭店的服务收费标准适宜，服务态度热情周到，消费环境洁净优雅。通常性格稳重、具有一定文化修养、好深谋远虑的消费者，多具有此类消费动机。

信赖动机是消费者在以往消费经验的基础上，对某家商场或某种商品产生了特殊的信赖和偏好心理，从而习惯性地重复光顾的一种消费动机。这种动机也可以称为习惯性消费动机。

（3）社会性消费动机

除了生理性消费动机和心理性消费动机之外，消费者还有另外一类消费动机，这就是社会性消费动机。社会性消费动机是指消费者在进行消费时以自己的身份、地位等社会属性作为其消费的出发点的现象。比如，消费者在选择入住饭店和就餐时，除了要考虑饭店的软件、硬件和价格因素外，还要考虑饭店的档次问题。不同的饭店在经营过程中逐渐在消费者中形成了固定的形象和消费者群。对消费者而言，就餐和入住饭店不仅仅要满足生理需要或者出于自己的兴趣、偏好，还有社会功用。客人一般会选择符合自己身份、地位的饭店。人在很多时候并不是完全按照自己的意愿行事的，他的行为受到社会因素的制约。每个人都在社会上扮演着某种角色，并因而具有一定的身份和地位，其行为就要符合自己的社会角色。按照自己的社会角色做出的行为在社会心理学上叫作角色行为。

2）依据动机在行为中的作用划分

依据动机在行为中的作用，动机可分为主导动机和辅助动机。在引起复杂活动的各种不同动机中，有的动机强烈而稳定，在活动中起主导和支配作用，有的动机则起辅助作用，只是对主导动机的一种补充。

3）依据动机存在的形式划分

依据动机存在的形式，可以把动机分为显性动机和潜在动机。显性动机是指动机清晰明确，对当前的行为构成直接的影响作用。潜在动机则是不清晰明确的，在内在和外部条件成熟的时候才能浮现出来，并对行为产生影响。

4）依据具体求购类型划分

以上介绍的是消费者一般的消费动机。在消费者的实际购买活动中，还表现出以下各种不同的具体的购买动机：

（1）求实购买动机

此动机以追求商品的实用价值为主要目的，注重"实惠"和"实际"原则，强调商品的效用和质量，讲求朴实大方、经久耐用、使用便利，而不过分关心商品的外形、品牌和包装。

（2）求新购买动机

此动机以追求商品的时尚和新颖为主要目的，注重商品的"时髦"和"新奇"，讲求商品的款式和社会流行趋势。

（3）求美购买动机

此动机以追求商品的欣赏价值和艺术价值为主要目的，注重商品的颜色、款式、包装等外观因素，讲求商品的风格和个性化特征的美化及其所带来的美感享受。

（4）求利购买动机

此动机以追求商品价格低廉为主要目的，注重商品的价格变动，而对商品的款式、包装、品牌等不十分挑剔。

（5）求名购买动机

此动机以追求商品的名牌、高档为主要目的，借以显示或提高身份或地位，注重商品的社会声誉和象征意义，讲求商品与其生活水平、社会地位和个性特征的关联性。

（6）求速购买动机

此动机以商品交易活动迅速完成为主要目的，注重购买过程的时间和效率，讲求商品携带方便、易于使用，希望能快速、便捷地购买到所需要的商品。

（7）好奇购买动机

此动机是为满足自己的好奇心而产生的购买动机。好奇心是每一个人都有的一种心理现象。当人们对面前的事物不是很理解、觉得新鲜有趣或者感到奇怪时，就会产生想要了解它、尝试它的愿望，并进一步产生购买行为。

（8）从众购买动机

此动机是为保持与别人步调一致而产生的购买某些商品的动机，这种情况通常是在相关群体和社会风气的影响下产生的，有一定的盲目性和不成熟性。

（9）癖好购买动机

此动机是为满足个人特殊爱好而形成的购买动机，通过购买和消费自己偏爱的商品获得心理满足。对特定事物偏爱的形成，往往与消费者的业余爱好、专业特长和日常生活情趣密切相关，并且伴有浓厚的感情色彩。

【同步业务3-1】

大学生消费动机调查

业务要求：调查你身边的大学生，以其最近一次经历的比较大型的消费活动为例，了解他们每一项消费行为的动机是什么。

业务分析：购买动机包括一般动机和具体动机。在此项业务中，一般动机特指生理性动机和心理性动机。具体动机见本节介绍的9种动机。

业务程序：首先，设计问卷的指导语，交代本调查的目的，并对被调查者表示感谢；其次，根据上述的业务分析设计问卷题项；最后，是关于被调查者个人信息的问题，要保证问卷的匿名性。

【同步案例3-3】

5亿美金收购一面镜子？

背景与情境：近日，全球大热的运动服饰品牌露露乐檬，耗费5亿美元巨资，收购了一面镜子。这面镜子是一家科技创业公司推出的一款智能健身镜。当消费者在家健身时，智能健身镜可以播放音乐，可以显示用户的健身数据如心率、热量消耗等。尤其是消费者可以通过智能健身镜订阅购买健身课程，照着进行锻炼。智能健身镜还可配合健身者进行辅导。

事实上，当人们听说智能健身镜这个产品时，会觉得这是一款最完美的健身硬件设施，其意义远超跑步机、动感单车等健身器材，因为这些产品都有可能买完就被消费者扔在家里吃灰，或者变成阳台上的晾衣架，而健身镜以其直观的展示和反馈，更可能黏住消费者持续使用。

网络上曾流行一句话："没有自拍，不算健身。"有的人去健身房可能是"健身5分钟，自拍1小时"。大多数人健身的动机就是变得更帅更美，拥有更完美的形体。对于这一消费动机来说，没有什么产品比一面镜子更完美的了。这款智能健身镜能够给消费者提供更具沉浸感的健身体验，让用户实时看到自己形体和健身动作的反馈，提供更加个性化、更具互动性的健身方式，从而黏住用户。而且它能把露露乐檬的门店变成一个在线的健身房，为消费者直接呈现穿上健身服健身的形象和体验。这才是露露乐檬大手笔收购这款智能健身镜的逻辑。

资料来源 人人都是产品经理. 从 Lululemon 豪掷5亿美金收购一面镜子说起，消费者到底在购买什么？［EB/OL］.［2020-11-04］. https://www.cmovip.com/detail/6448.html.经改编.

问题：结合本案例，说说消费者到底在购买什么？

分析提示：消费者购买的就是那个自己想成为的样子。消费者最在意的是他是一个什么样的人，他想成为什么样的人，产品能够给自己带来什么。这就是最强大的购买动机。所以品牌建设的最大意义，就是帮助消费者实现梦想，让消费者相信，拥有了这个产品之后，他会变得更好。

3.4.4 消费者动机的激发

人类的基本需要及好奇心等是人们产生消费行为的内在动力，也可以说是主观条件，但如果不具备一定的客观条件，人们的消费行为最终也不会发生。因此，从市场营销工作的角度来讲，不仅要了解人们的消费行为产生的主观原因，还要了解影响消费者购买动机的外在因素及如何激发消费者的购买动机。

1）影响消费者购买动机的外在因素

影响消费者购买动机的外在因素很多，这里主要介绍以下三个方面：

（1）商品本身的因素

由于消费者具有不同的爱好、个性和经济条件，因此，在购买过程中所表现出来的购买动机也是多种多样的。但是，所有的动机都是在外部刺激之下产生的，并有一定的目标指向，这就是一定的商品和服务。不同特点的商品与一定的购买动机是有内在联系的，商品的功能直接决定消费者的购买动机。从消费者对商品的期望和要求可以看出他们的购买动机，同时从市场销售的各种商品的畅销程度也可以分析、判断出消费者比较集中的购买动机。商品功能的设计原则（包括核心功能、附加功能和衍生功能）就是要尽量满足目标市场上顾客的需要，受市场欢迎的商品一定与消费者的购买动机相吻合。

（2）影响消费者购买动机的社会因素

社会因素主要指一个国家或地区的经济状况、文化因素及社会风气等。

首先，一个国家或地区的消费水平同这个国家或地区的经济水平成正比。只有当整个国家或地区的经济发达时，人们才有足够的购买力。因为任何人的消费行为都需要有一定的经济基础，有支付各种费用的能力。特别是对于一些高消费活动来说，这种经济基础就显得更重要。比如，对于一个旅游爱好者来说，当他的经济收入仅能够维持其基本生活需要时，那么他就不会有更多的财力去支付旅游的开销，也就不能产生外出旅游的动机。经济越发达、国民收入越高的国家和地区，外出旅游的人数就越多；反之就越少。有关统计资料表明，当一个国家或地区的人均国内生产总值达到800美元时，国民将普遍产生国内旅游动机；达到4 000美元时，将产生国际旅游动机。

其次，文化因素可以影响消费者的购买动机。比如，消费者的文化背景不同、所受的教育程度不同，会影响人们对不同品位商品的偏好。另外，随着大众传媒在社会生活中的影响越来越大，它在指导消费、引领时尚方面时时激发着消费者的购买动机。

最后，社会风气也能影响人们的消费动机。同事、朋友、邻居的消费行为与经历往往能够相互感染，或者形成相互攀比心理，使人们产生同样的消费冲动，形成一种效仿消费行为。

此外，消费习俗、参照群体、观念定式、消费理念等社会因素都可以对消费者的购买动机产生影响。

（3）影响消费者购买动机的自然因素

在研究消费者的购买动机时，还有一个不可忽略的因素就是自然因素。自然因素包括的范围很广，既有民族和种族因素，又有地理因素、性别因素、健康因素，甚至形体因素也会对购买动机产生影响。从地理因素来说，比如，与我国北方相比，我国南方潮湿、温暖、四季变化不太明显，而北方冬季较长、比较干燥、四季变化比较明显，因此，南北方人在穿、吃、家居等消费方面存在一定的差异。再比如，健康因素也可以影响人们的购买动机。一般地说，身体健康的人或不受遗传病、地方病、职业病等威胁的人，在他们的消费结构中用于保健、安全、药品等方面的费用支出较少，他们也较少有购买这方面商品的动机；反之，体弱多病或受到一些职业病、地方病威胁的人，他们不仅在保健、药品等方面的费用支出较高，还要为此而积蓄一笔资金，以备不时之需。

2）消费者购买动机的激发

激发消费者的购买动机，就是要通过提高人们的消费积极性，刺激消费者的兴趣，以促使潜在消费者积极地参与到消费活动中去。因此，企业只有从努力开发有特色的商品、积极利用广告宣传、注重购物环境、提高服务质量等方面入手，才能有效地激发消费者的购买动机。

（1）努力开发有特色的商品

根据赫兹伯格的双因素论，当某种商品的质量、性能、价格等因素能得到满足时，消费者只能处于没有不满意的状态；而消费者真正对商品感到满意的是该商品具有的动机作用因素，如赋予商品以某种情感、设计独特、风格优雅等。因此，企业在设计与开发新产品时，要注意突出商品的个性，努力做到以人为本，以商品本身的吸引力来打动消费者。

（2）积极利用广告宣传，向消费者传递信息

广告宣传是最常用的营销手段之一，特别适用于强化企业和消费者之间的沟通，高效率地向目标顾客传递有关企业和商品的信息。因此，在现代社会生活中，广告无处不

有、无时不在。但无论广告包括什么内容，采取哪种形式，都要通过文字、图像、色彩、音乐等向消费者传递商品信息，使广告诉求引起消费者的兴趣，激发他们的购买欲望。

广告能否发挥作用、产生效果，首先，取决于它能否引起人们的注意。一般地说，强烈的声响、色彩对照鲜明或变化强烈的事物、反复不断出现的事物及诱发人感情的文字或事物，容易引起人们的注意。其次，通过商品广告激发消费者的购买欲望，要注意广告宣传的核心内容是什么。一般地说，广告宣传的核心内容主要包括产品性能、品牌形象、服务特色及价格优势等。比如，价格广告的核心是通过广告传播有关产品价格的信息，激发消费者求廉、求实的动机，提高其购买欲望。特别是针对价值较高的产品和价格心理敏感的消费群体，价格广告的促销作用十分明显。

（3）注重购物环境、提高服务质量对消费者购买动机有诱导作用

消费者都是带着一定动机和欲望走进商店的，但进商店的消费者并没有全部实现购买。据日本三越百货公司的调查，进店的顾客只有20%发生购买行为。这是因为消费者的欲望有两种：一种是"意识的欲望"（现实需求），即有明确购买目标；另一种是"潜在的欲望"（潜在需求），即没有明显意识到需要哪种商品因而没有购买计划。有潜在欲望的消费者，常常由于外界的刺激，潜在的欲望被激发，使他由一个看客变为一个购买者。据美国一家百货公司的调查，在顾客的购买行为中，有28%来自"意识的欲望"，有72%来自"潜在的欲望"。使消费者在商店里完成由潜在欲望到意识欲望的飞跃，是扩大销售、提高效益的关键。实现这一飞跃，主要和营业员的仪表、神态、语言及服务等因素有关，也和购物环境、灯光装饰、商品陈列等因素有关。

■ 本章概要

□ 内容提要

● 本章主要讨论了消费者的感知、情绪、需要和动机。

● 感觉就是人脑对直接作用于感觉器官的刺激物的个别属性的反映。感觉的特性或者感觉的规律，主要体现在以下三个方面：感受性、适应性及对比性。

● 知觉是指在感觉的基础上产生的，但比感觉更为全面地理解世界的过程。确切地说，知觉就是个体选择、组织和解释刺激，形成一种有意义的与外部世界相一致的心理画面的过程。影响知觉的因素主要包括客观因素和主观因素两个方面。客观因素主要有：具有较强的特性、反复地出现、运动与变化、新奇独特、较强的对比性等；主观因素主要有：消费者的兴趣、需要与动机、个性、情绪、经验等。

● 情绪和情感是人对客观世界的一种特殊的反映形式，是人对客观事物是否符合自己需要的态度的体验。情绪和情感有两极性和扩散性两种特性。影响消费者情绪和情感变化的因素，主要有以下几个方面：购物环境的影响、商品的影响和服务的影响。

● 所谓需要是个体缺乏某种东西时的一种主观状态，是个体对生理的和社会的需求的反映。

● 消费需要对购买行为的影响主要有：消费需要决定购买行为、消费需要的强度决定购买行为实现的程度、消费需要的水平影响消费者的购买行为。

● 消费者的需要是多种多样的，但无论什么样的需要，都具有以下共同的特点：消费者需要的对象性、消费者需要的无限性、消费者需要的层次性、消费者需要的可变

性、消费者需要的发展性。

● 在需要理论中，着重介绍了马斯洛的需要层次理论。心理学家马斯洛认为人的需要从低到高依次为生理需要、安全需要、社交需要、尊重需要和自我实现需要。

● 动机是推动个体向着一定目标前进的内在驱动力。

● 影响消费者购买动机的因素包括商品本身的因素及影响消费者购买动机的社会因素和自然因素等。

● 根据动机的性质不同，动机可分为生理性消费动机和心理性消费动机。生理性消费动机又可以细分为生存性消费动机、享受性消费动机和发展性消费动机。心理性消费动机就是由消费者的认识、情感、意志等心理活动过程而引起的消费动机。心理性消费动机又可分为感情动机、理智动机和信赖动机。

● 要激发消费者的购买动机，就必须开发有特色的商品、积极利用广告宣传、注重购物环境、提高服务质量。

□ 主要概念

感觉　差别感觉阈限　感觉的适应　知觉　情绪和情感　需要　动机

□ 重点实务

消费者的感觉、知觉　消费者的需要　消费者的动机

■ 基本训练

□ 知识训练

▲ 简答题

（1）消费需要对购买行为的影响有哪些？

（2）激发消费者购买动机的方法有哪些？

（3）消费者需要的特点有哪些？

（4）影响消费者情绪和情感变化的因素有哪些？

（5）影响知觉的客观因素有哪些？

（6）购物网站提高消费者的网站依恋度的方法有哪些？

▲ 填空题

（1）消费者的知觉过程包括三个相互联系的阶段，即展露、（　　）和（　　）。

（2）动机的产生至少应该具备两个条件，一是需要，二是具有满足需要的（　　）。

（3）（　　）是人们认识和追求真理的需要是否得到满足而产生的一种情感。

（4）（　　）是关于某一事物的特定的体验，它是具有弥散性的情绪状态。

▲ 单项选择题

（1）情绪和情感有两极性和（　　）两种特性。

A.集中性　　　　B.感染性　　　　C.扩散性　　　　D.边缘性

（2）"入鲍鱼之肆，久而不闻其臭""入兰芷之室，久而不闻其香"。这说的是感觉的（　　）现象。

A.对比　　　　　B.适应　　　　　C.整体　　　　　D.复杂

（3）（　　）是人类和其他动物最为复杂、高度发展和重要的感觉。

A.视觉　　　　　　　　B.听觉　　　　　　　　C.味觉

D.嗅觉　　　　　　　　　　E.触觉

▲ 多项选择题

（1）心理性消费动机包括（　　　）。

A.感情动机　　　　　　　　　B.生存性消费动机

C.理智动机　　　　　　　　　D.信赖动机

E.享受性消费动机

（2）知觉的特性有（　　　）。

A.可变性　　　　　　　B.选择性　　　　　　　C.理解性

D.恒常性　　　　　　　E.整体性

（3）根据情绪、情感发生的强度、速度、持续时间，可以分为（　　　）。

A.应激　　　　　　B.心境　　　　　　C.热情　　　　　　D.激情

▲ 讨论题

在营销实践中，当实现了商品的改进时，营销人员非常想满足或超过消费者的差别阈限。你怎样理解这句话的含义？请举例说明。

□ 能力训练

▲ 案例分析

【训练项目】

案例分析－Ⅲ。

【相关案例】

飘柔的情感营销

背景与情境： 前不久，飘柔推出30周年暖心巨制，反映了成长过程中女主角遇到的许多"结"：第一次上学时一个人面对新的环境，挣扎着走向人生的第一步；大学时和舍友计划毕业旅行，在讨论路线的时候发生了争吵，女主角因为害怕争吵选择忍耐；初入职场，连自我介绍都说不完整，似乎整个世界都投来质疑的目光……

随着消费不断升级，人们的消费需求越来越差异化和多样化，大众消费从功能性消费跨入了情感消费的阶段，因此产品的市场营销策略重点就从如何满足消费者的功能性需求转向了如何满足消费者的情感需求。飘柔这部短片通过深入洞察当下的社会中不同年龄段人群遇到的问题，告诉人们这世上的每个人都各有各的快乐，也各有各的困扰和烦恼。飘柔从现实生活出发，同时将情感融于营销之中，感动了无数用户，加深了消费者对品牌的好感度。比如，飘柔的广告通过一系列贴近生活的事例，将"结"这个概念，从我们熟悉的挫折、坎坷、困境、苦难、失败等延伸到了"人生没有过不去的结、飘柔顺发顺心"这一品牌内涵上。而"捋顺了，就好了"，这一看似新颖的品牌主张，其实也是为了在消费者内心深化品牌形象，同时鼓励人们面对逆境，没有过不去的结，只要坚持下去就一定可以捋顺了。

飘柔通过这次的暖心短片一方面从现实生活出发激发用户的情感需求，另一方面以情感营销的方式拉近了品牌与用户的距离，将品牌营销悄无声息地植入暖心短片中，并借助对当下社会现象的深入洞察给出了正能量的解决方法，有助于为品牌塑造良好的形象。

资料来源　广告君. 从飘柔经典广告，看品牌TVC营销该如何出众［EB/OL］.［2022-03-15］.https://www.cmovip.com/detail/18970.html. 经改编.

问题：

（1）你如何看待飘柔的情感营销？

（2）该案例给其他企业的启示是什么？

【训练要求】

同第 1 章"基本训练"中本题型的"训练要求"。

▲ 自主学习

【训练项目】

自主学习－Ⅱ。

【训练步骤】

（1）将班级同学组成若干"自主学习"训练团队，每队确定一人负责。

（2）各团队根据训练项目需要进行角色分工与协作。

（3）通过院资料室、校图书馆和互联网，查阅"文献综述格式、范文及书写规范要求"和近三年关于"消费者情绪"主题的学术文献资料。

（4）综合和整理关于"消费者情绪"主题的最新学术文献资料，依照"文献综述格式、范文及书写规范要求"，撰写《"消费者情绪"最新文献综述》。

（5）在班级交流各团队的《"消费者情绪"最新文献综述》。

（6）在校园网的本课程平台上展出经过修订并附有教师点评的各组《"消费者情绪"最新文献综述》，供学生相互借鉴。

□ 职业素养

【训练项目】

职业素养—Ⅲ。

【相关案例】

如何利用色彩让食品好看又健康？

背景与情境： 食品的颜色对于产品的创新具有非常重要的意义。用颜色来判断事物是人的本能。我们看到食品的颜色，就能知道它是否新鲜、是否已经成熟、是否已经腐化了等。正因为如此，人们往往会通过赋予食品一定的颜色，让它变得诱人，或者富含特别的意义。并且，这种行为走进人们的生活，已达上千年之久。

但总体而言，在古代，食品的颜色多是依赖于食物的本色。从任何一个地区来看，其着色方案往往是单一的。南美地区的原住民会用当地植物原料来给食物着色，比如椰子树籽。椰子树结下的种子是橙色的，当地原住民就用这种橙色来给可可着色做零食。在印度，人们也会用姜黄制作咖喱。中国的新疆所产的红花，也是着色用的。中东地区也会有一些紫胡萝卜之类的作物用于着色。

革命性的变化发生在 19 世纪。一个叫威廉·铂金斯的人在做完了实验倒掉苯胺的时候，发现瓶子外面有一圈亮紫的颜色。这就是人类发现第一种人工合成色素——苯胺紫的过程。苯胺紫的发明在英国受到了广泛的欢迎，因为紫色在当时代表上层的颜色。

随着第一款人工色素的发明，人工色素的应用变得一发不可收拾。并且随着包装食品的兴盛，形成了一个食品色彩供需两旺的时代。那个年代的人们对人造物的包容是当今人们无法理解的。

到了今天，由于整个社会形态与人们的理念都发生了极大的变化，食品在着色和原料两端，也都出现了非常重大的变化。从原料端来看，出现了非常明显的人工和天然的此消彼长的局面，天然化已是大势所趋。从运用端来看，当今社会出现两个非常明显的特征：低饱和度和多彩，就是看起来是五颜六色，但饱和度都不高的色彩。如今在美国，只通过了7种能够用于食品的人工色素，并且人工色素数量还在下降。而欧洲基本上已经完成了从人工到天然的转换。在欧洲上市的新品中，95%都已是天然着色。天然着色不光是用天然色素，很大一部分是用紫胡萝卜汁、蔬菜汁进行着色。

资料来源　王知鉴：如何利用色彩，让产品叫好又叫座？[EB/OL].［2021-08-24］. https://www.163.com/dy/article/GI6Q380T051993MA.html.

问题：党中央一直坚持以人民为中心的发展思想，把人民健康放在优先发展的战略地位，全面推进健康中国建设。结合上述案例，谈谈食品企业应该如何正确地利用色彩进行生产和营销。

【训练要求】

同第1章"基本训练"中本题型的"训练要求"。

第 **4** 章　影响消费者行为的个人因素（中）

◆　**学习目标**

通过本章学习，应该达到以下目标：

职业知识　学习和把握"影响消费者行为的个人因素（中）"的相关概念，"刺激-反应"理论，认知学习理论，态度的构成、特点和功能，消费者态度的层次，态度与消费偏好和行为的关系，消费者态度的改变，以及"同步业务"、"经典实验"、"小资料"和二维码链接中的理论与实务知识；能用其指导本章"同步思考"、"教学互动"和"知识训练"中各题型的认知活动，正确解答相关问题。

职业能力　运用本章知识研究相关案例，训练对特定情境下当事者行为的多元表征能力；通过"'基于消费者态度层次'的商场柜台接待营销服务"实训操练，训练学生的专业操作技能和"团队协作"、"解决问题"等通用能力。

职业素养　结合本章教学内容，依照相关规范，对"职业素养4-1"和"职业素养－Ⅳ"进行职业素养研判，激发与"鸿星尔克博得消费者的好感""天猫关注濒危珍稀动物"等议题相关的价值思考，借以弘扬正能量，促进健全职业人格的塑造。

白象方便面：野性消费的背后

背景与情境： 一家公司如果 1/3 都是残疾人，说明了什么？如果你是公司老板，你会雇用 300 个残疾人为自己工作吗？就是这样一家特立独行的企业，在"3·15"晚会上高调出圈：在此前抽检 69 次的记录中，抽样产品完全合格！就在大家都为"土坑酸菜"嘘声一片的时候，又是这家企业，用短短的几个字赢得了消费者的点赞：没合作，放心吃，身正不怕影子斜！

它就是白象方便面。如果不是今年冬残奥会的加持，或许很多人真的早已忘记了这个低调的企业。白象的员工 1/3 都是残疾人，不仅自己厂子里有残疾人，还赞助残奥会。此外，白象还多次出现在抢险救灾的企业名单里：2020 年，白象第一时间捐赠抗疫物资，并且还捐款 300 万元现金；2021 年郑州暴雨，白象又拿出了 500 万元，并且将库存优先供应郑州地区。因此白象食品被消费者贴上"良心企业"的标签。

通过"3·15"晚会，白象用产品质量给自己做了最好的宣传。跟随热搜而来的是"野性消费"：因为相比其他品牌纯正国货的身份，以及企业大量雇用残疾人的行为被大量讨论，大批网友涌入官方直播间，带来"7 天销售额破千万"的成绩，以至于官方不得不呼吁消费者要理性消费。

消费者之所以有这种所谓的"野性消费"，是源于他们对白象这个品牌及其一系列行为的认同：如其是四大方便面品牌中（其他三家是康师傅、今麦郎、统一）唯一拒绝日资入资的企业；如员工中有 1/3 为残疾人；如用料良心，与"土坑酸菜"毫无干系等，这些行为以及在此基础上形成的品牌声量，赋予了白象真实、努力、负责、爱心的形象。这样的形象当然引发中国消费者的巨大好感，中国人不支持这样的企业还能支持谁呢？由此而来的直播间爆买行为也就容易理解了。

资料来源 中国证券报．白象：方便面中的鸿星尔克［EB/OL］．［2022-03-29］．https：//www.shangyexinzhi.com/article/4714016.html.经改编．

此案例说明，品牌消费是一种态度，而态度是可以通过学习得来的。如今，中国消费者对国货的态度已经发生了根本的变化。在他们的心目中，"支持国货"不应该只是一句口号。中国消费者态度的这种转变，是对我国民族工业的极大支持。

本章我们就来分析消费者是如何记住产品的，如何把感觉和产品联系起来的；消费者的态度是怎样形成和转变的，转变消费者态度的策略有哪些。

4.1　消费者的学习

心理学家研究认为，几乎人类所有的行为都包括某种形式的学习。换句话说，人类行为的许多变化都要受到学习过程的影响。可见，在影响人们行为变化的诸多因素中，学习是一个非常重要的心理因素。

4.1.1　什么是学习

1）两类行为

心理学研究发现，人和动物的行为有两类：一类是本能行为，一类是习得行为。本能行为是通过遗传而获得的种族经验。例如，老鼠生来就会打洞，鸟会飞，鸭子会浮水。习得行为是动物和人类个体在后天适应环境的过程中通过学习而获得的经验。例如，老虎钻火圈、猩猩学习手势语言、大象踢球等，这些都是动物经过后天学习获得的行为。人类的学习行为更常见，人们在日常生活和工作中不断进行各种学习活动，如学习学校里的各种课程，学习骑自行车、游泳，学习外语，学习操控机器等。我们每个人从出生到年老一直都处在不断的学习过程中，因此，我们每个人对学习这件事都是非常熟悉的。

2）学习的概念

那么，什么是学习呢？从科学心理学的观点看，**学习**是一种经由练习使个体在行为上产生较为持久改变的历程。

（1）学习是一种历程

学习是指行为改变的历程，而不是指学习后行为表现的结果。如学习数学，会解答某些数学试题是学习的结果，不能称为学习。学习是指原来不会数学到后来学会了数学中间经过的全部历程。

（2）行为改变与练习

在学习历程中行为发生改变，但只有行为改变不一定就是学习，因为单是成熟因素也可以使个体的行为改变。比如，婴儿的身体活动中表现的基本动作如转身、起坐、爬行、站立等随年龄增加逐渐改变的行为，不能看成是学习，而主要是成熟的结果。所谓练习是指在同样情境下个体多次重复某种反应。例如，婴儿口中自动发出"ma……ma……"的声音，并没有呼喊他母亲的意思，但后来当他母亲出现并多次重复之后，他会意识到"ma……ma……"的声音与他"母亲"联系在一起；而且，学到之后，这种行为持久存在，不易消失。因此，"较为持久"的改变，也是学习行为的一个限制。因为有些行为的改变虽然明显，但只是暂时的，一旦原因消失立即恢复原状。比如，疲劳与药物效应等都属于这种情况。

（3）改变并无价值意义

定义中的"改变"一词可指原有行为的新变化，也可以是新的行为的产生，还可以是二者的交互作用。无论怎样改变，它都不代表任何价值的意义。从教育或是道德的观点看，行为有好坏之分，但从学习心理学的观点看，由坏变好或由好变坏同样都要经过学习。所谓"养成不良习惯"或"产生错误观念"等说法，其中"养成"与"产生"等词，实际都含有学习的意思。

关于学习的研究，这里主要介绍有代表性的两种理论："刺激–反应"理论和认知学习理论。

4.1.2 "刺激–反应"理论

"刺激–反应"理论的主要观点是，本来并不能引起个体某种反应的刺激，如果经过练习后最终引起该种反应，即表明该刺激与该反应之间形成了新的联结。这种新的联结形成的过程就是学习。简而言之，学习就是刺激与反应之间建立一种前所未有的关系的过程。

"刺激-反应"理论的代表人物很多，这里只对巴甫洛夫和斯金纳的理论作简要的介绍。

1）古典条件反射理论

古典条件反射理论是俄国生理学家巴甫洛夫在20世纪初用狗进行消化实验时发现的一种唾液反应现象。他发现，狗的唾液分泌量不仅在食物进入口中时有显著的增加，就是仅仅见到食物时，也会产生同样的增加现象。巴甫洛夫进一步实验发现，如果一种原来与唾液分泌毫无关系的刺激多次伴随食物入口时出现，这一中性刺激以后将单独引起唾液分泌的反应。巴甫洛夫把这个中性的刺激叫作条件刺激，而原来引起唾液分泌的刺激（食物）叫作非条件刺激。他曾用各种信号（如灯光、铃声等）作为条件刺激，并变换条件刺激与非条件刺激之间的关系，以探求条件反射是如何建立的。

（1）古典条件反射理论的含义

根据巴甫洛夫的理论，古典条件反射被定义为，当一个中性刺激与另一个会引起某种已知反应的刺激多次配对出现后，当该中性刺激单独出现时也会引起同样的反应。这个过程如图4-1所示。

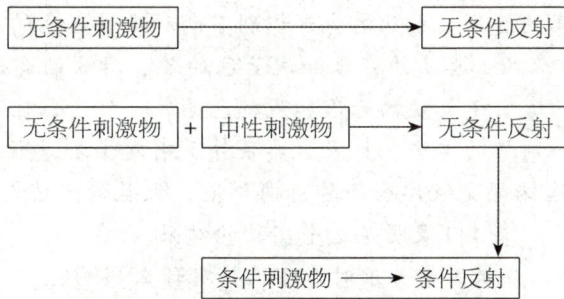

图4-1 古典条件反射过程

按照巴甫洛夫的理论，消费者可以被看作一个信息的搜寻者，他利用事物之间的逻辑联系或知觉联系，连同自己的预期，形成一个有关世界的复杂描绘。现代条件作用理论把经典条件作用看作在事件之间建立联系的学习，它不是一个反射性的行为，而被视作认知关联学习；不是获得了新的反射，而是获得了有关世界的新知识。

（2）古典条件反射理论在市场营销中的运用

古典条件反射理论对营销和消费者行为研究有重要意义，因为它能说明许多由环境刺激引起的个体反应。一个特别的刺激能引起人们积极的、消极的或中立的情感，以至于影响人们对各种产品或服务的努力获取、回避或漠不关心的态度的选择。

首先，可以利用古典条件反射作用使消费者通过联想来形成对各种品牌的有利印象和形象。许多产品通过形象广告来宣传，在这种广告里品牌同引起愉快感觉的非条件刺激放在一起表现出来。当该品牌与这种非条件刺激同时出现时，该品牌自身就成了引起同样有利反应的条件刺激。因此，广告主一般都努力将他们的产品和服务同可以激发消费者积极性反应的知觉、形象和情绪联系起来。比如，美国的一种软饮料Brita在做广告时就利用了一个清新美丽的瀑布的画面，将自己的产品与清爽感觉联系起来，其原理如图4-2所示。

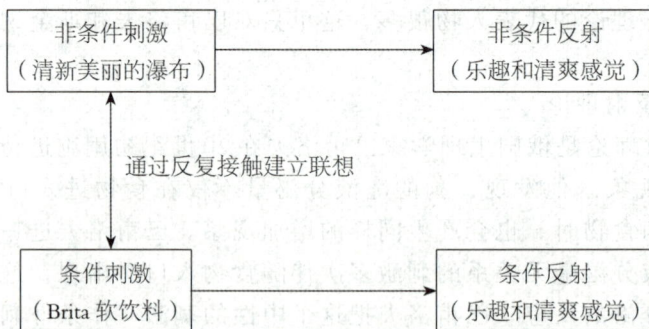

图4-2　古典条件反射的运用

其次，还可以利用古典条件反射作用将产品或服务同一种有利的情绪状态联系起来。通过这种联系，使消费者对某产品产生积极的情绪联想，从而有可能购买该产品。

【同步案例4-1】

背景音乐与产品选择

背景与情境： Gerald Gorn曾研究广告中的背景音乐如何影响产品选择。首先，他调查了消费者喜欢和讨厌的音乐，也让消费者识别了两种中性颜色的钢笔（浅蓝色和浅褐色）。这样出现了四种情况：喜欢的音乐和浅蓝色的笔、喜欢的音乐和浅褐色的笔、不喜欢的音乐和浅蓝色的笔、不喜欢的音乐和浅褐色的笔。然后，他在播放某类音乐的过程中，让消费者观看一则笔的广告。如果古典条件反射发生了，那么当配合喜欢的音乐出现时，受试者应该选择那支做广告的笔；同样地，做笔的广告时配合不喜欢的音乐，受试者则选择另外的笔。表4-1表明了这个实验的结果。

问题： 根据表4-1，分析背景音乐对产品选择有什么影响。

表4-1　　　　　　　　　**喜欢和不喜欢的音乐对笔的选择影响**

条件	选择笔的比率	
	做广告的笔	未做广告的笔
在喜欢的音乐下	79%	21%
在不喜欢的音乐下	30%	70%

分析提示： 从表中可以看出，大多数受试者被配合出现的非条件刺激（喜欢或不喜欢的音乐）和中性刺激（浅蓝色或浅褐色的笔）影响，从而导致了他们的选择行为（笔的选择）。

2）操作条件反射理论

古典条件反射作用假设个人在学习过程中不扮演积极的角色。巴甫洛夫的狗为了被条件化不必做任何事，因为这个过程在它无意识地流口水的放松中呈现出来。尽管古典条件反射确实能对人起作用，然而人们在这个过程中并不总是被动的：人（事实上，大多数高等动物也一样）能够主动地参与这样的过程。这种积极扮演角色的过程被称为操作条件反射作用。

（1）操作条件反射理论的含义

操作条件反射理论是由美国著名心理学家斯金纳（Skinner）提出来的。该理论认

为：如果一个操作或自发反应出现之后，有强化物或强化刺激相尾随，则该反应出现的概率就增加；经由条件作用强化了的反应，如果出现后不再有强化刺激尾随，该反应出现的概率就会降低，直至不再出现。

【经典实验 4-1】
学习微平台

微视频 4-1

操作条件反射的形成

操作条件反射理论是由斯金纳最早提出的。该理论认为：学习是一种反应概率上的变化，而强化是增强反应概率的手段。如果一个操作或自发反应出现之后，有强化物或强化刺激相尾随，则该反应出现的概率就增加。

斯金纳的实验工具是一个自动控制的设计，称为斯金纳箱。他在箱内装一个小杠杆，小杠杆与传递食物丸的机械装置相连，杠杆一被压动，一粒食物丸就滚进食盘。白鼠被引进迷箱，自由活动，当它踏上杠杆时，有食物丸放出，于是就有食物吃。它如果再掀压杠杆，第二粒食物丸又滚进食物盘。反复几次，这种条件反射很快形成。白鼠在箱内，持续按压杠杆，取得食物，直到吃饱。这就是操作条件反射的形成过程。

（2）古典条件反射与操作条件反射的比较

从上述的实验与分析中可以看出，古典条件反射与操作条件反射的区别主要有以下几个方面：

① 在古典条件反射学习中，总是非条件刺激在前，非条件反射在后，而且后者是由前者所引起的；但是在操作条件反射学习中，却是条件反射在前，非条件刺激在后。

② 在古典条件反射学习中，条件反射与非条件反射在性质上是相同的（都是唾液分泌）；但在操作条件反射学习中，二者不同，条件反射是压杠杆，非条件反射是吃食物。

③ 基于以上两点分析，可见古典条件反射学习实际上是一种刺激代替的历程，即条件刺激代替了非条件刺激，而引起非条件刺激原来所引起的反应。在操作条件反射中不存在刺激代替现象。

④ 在古典条件反射学习中，反应是由刺激引发的，个体处于被动地位；在操作条件反射学习中，反应乃是自发的，不是由外界任何刺激所引起的，所以个体处于主动的地位。

（3）操作条件反射作用在市场营销中的运用

操作条件反射作用可以被用于市场营销中，把这一原理应用于促销策略时，有两个密切相关而又非常重要的概念需要认识：强化和塑形。

①强化

在操作条件反射学习方法中，个人为了学习必须对情境的某些方面做出积极反应。之所以称其为操作条件反射学习，是因为个人的反应是在得到一种强化（积极的或消极的）后的结果。所谓**强化**，是指增强某种刺激与个体某种反应之间的联系，它是操作条件反射的一个重要元素。比如，一个消费者购买了一种产品并体验到一种积极性后果，该消费者再次使用这种产品的可能性会增加。如果结果是不利的，再次购买该产品的可能性会减少（如图4-3所示）。

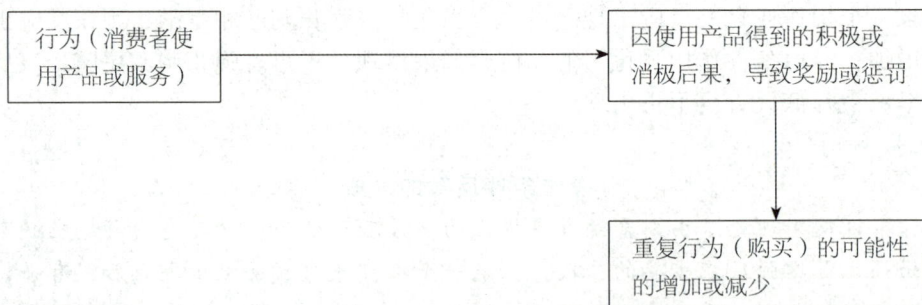

图4-3　营销过程中的操作条件反射学习

要保持或改变消费者的行为，对市场营销人员来说，至少有以下几种操作条件反射方法可供选择（见表4-2）。

表4-2　　　　　　　　　　　　　　操作条件反射方法

行为后的操作	名称	效果
表现正面结果	积极强化	增加行为发生的可能性
消除负面结果	消极强化	增加行为发生的可能性
表现负面结果	惩罚	降低行为发生的可能性
发生中性结果	衰减	降低行为发生的可能性

积极强化：当个体自发做出某种反应以后，随即呈现愉快刺激（阳性强化物），从而使此类反应在将来发生的概率增加，也称正强化。某些事件或结果可以增加特定行为重复发生的频率。例如，如果消费者在购买时给予其某种回报，如现金折扣、赠送优惠券等，就会提高购物者未来在同一商店购物的可能性。在这种情况下，这种回报提高了行为重复的概率，因此称之为积极强化。积极强化是营销人员影响消费者行为的最常使用的手段。一般来说，消费者行为发生后得到的回报量越大，而且得到的时间越早，那么这种行为就越有可能被强化，消费者就越有可能在未来重复类似的行为。

消极强化：当厌恶刺激或不愉快情境出现时，个体做出某种反应，从而避免了厌恶刺激或不愉快情境，则该反应在以后的类似情境中发生的概率便增加。这类强化也被称为逃避条件作用。如看见路上的垃圾后绕道走开，感觉屋内人声嘈杂时暂时离屋等。

惩罚：如果行为发生后，有害的或负面的事件随之而来，这种行为就不会再发生或降低发生的频率。例如，假设你进了一家商场，服务员对你的态度粗鲁，你以后就会不来或少来这家商场。

衰减：衰减就是撤销对原来可以接受的行为的强化，由于一定时期内连续不强化，这种行为将逐渐降低反应频率，以至最终消失。在操作条件作用中，无论是积极强化还是消极强化，其作用都在于增强某种反应在将来发生的概率，以达到塑造行为的目的。而衰减则不然，它是一种无强化的过程，其作用在于降低某种反应在将来发生的概率，以达到消除某种行为的目的。

【职业素养4-1】

鸿星尔克为什么能博得消费者的好感

背景与情境：在直播间里，鸿星尔克主播用蜂花洗发水洗头，喝汇源果汁，放蜜雪冰城主题曲，吃白象方便面……不仅如此，鸿星尔克还在时装周秀场上，用了"众多国货品牌汇聚起来的Logo墙"来做背景，把国货广告一夜打向国际。甚至包括谢幕也整出了"众神归位"的气势，台上工作人员们手里拿着的，全是我们国货。

不得不说，鸿星尔克能博得消费者好感是有原因的。因为它真的很会把情怀和品牌营销结合在一起，比如每次遇到灾情时的"破产式"捐款。连一个品牌都愿意放下理性，燃烧自己的爱国情怀去大数额地捐款救灾，那么作为普通消费者，冲动消费一把来支持鸿星尔克当然顺理成章。尤其这种"我买它家鞋子就等于我为灾情捐款"的情绪，和在在媒体的报道下、在互联网传播中的互相感染下，影响范围就更广了。当这种重复性的做法加深了消费者的记忆后，也引起了消费者的联想："最近想买鞋子选哪家？鸿星尔克吧，毕竟，他家总捐款，我也得出一份力啊。"

以前提起鸿星尔克，很多人的第一反应都是"不太了解，不太敢买"，而现在基本上变成了："哦～那个很爱国，格局挺大的品牌啊，我上次跟风买了，还不错～"

可见，如今国货正在逐渐走进大众视野，受到越来越多消费者的喜欢。

资料来源　江楠.79元商战只是开始，鸿星尔克的大秀给我看跪了！[EB/OL].[2023-09-22].
https://www.cmovip.com/detail/34356.html.

问题：结合本节相关内容谈谈鸿星尔克爆火的原因。

价值引领：鸿星尔克作为一个"自身难保"的品牌，愿意去帮助更多的人，这份感动在大家看来是值得称赞的。同时，全民的参与成就了品牌的热搜，在品牌帮助了更多人的时候，网友则对品牌进行回馈，引发"自来水"反应。从中也可以看出，在经历了多年的磨砺后，鸿星尔克的品牌开始走向成熟，从直播间请求消费者理性消费来看，企业的反应是积极的，所表达的也是正向观点。

[教学互动4-1]

互动问题：在你的居所或者学校周围，有没有你经常光顾的小饭馆？想一想其中是否有一些饭馆，你不经意间去过之后发现那里的菜很合自己的胃口，或者服务好、环境好，感觉自己找到宝藏了，以后到了这个地方，不会考虑别家，直奔这家饭馆，成为它的忠诚顾客。这是哪种强化方式？为什么？

互动要求：同"教学互动1-1"的"互动要求"。

②塑形

塑形即塑造行为，是指调整反射条件，改变某些行为发生的概率的过程。其目的不是取消这些行为，而是要提高行为发生的概率。通常它是通过有效强化不断接近预期反应目标的行为达到目的的。很多企业都进行了类似于塑形的营销活动。例如，有的商店设立特价商品或特价柜台来招徕顾客。一旦消费者进入商店，其购买非特价商品的概率就会比没有进入商店的概率大大提高。

塑形可以导出新的和复杂的行为。在通常情况下，没有出现的行为是无法得到奖励的，而新的、复杂的行为很少自然出现。如果唯一被奖励的行为是在最后才可能出现的比较复杂的行为，那么一个人也许要等很长时间才能碰巧出现这种行为。相反，人们可以奖励已经出现的行为，虽然这些行为可能很简单。但是随着时间的推移，会引出复杂的行为，然后再奖励这些复杂行为。这样塑造行为的过程就通过连续逼近的方法完成了。

同样，塑形过程也可以用于新产品引入阶段。比如，免费试用的做法可以使消费者更多地接触产品，亲身体验产品的特性；房地产公司为客户提供免费参观别墅所在地的旅游机会，实际上也是一种塑形战术。表4-3提供了一个免费样品和折价赠券怎样被用以介绍一种新产品，并使消费者从试用到重复购买的例子。

表4-3　　　　　　　　　　**营销中塑形过程的运用**

最终目标：重复购买行为		
逼近序列	塑形过程	运用的强化
引诱产品使用	免费样品分送；大额折价赠券	产品表现；赠券
在缺少财力约束的条件下引诱购买	折价赠券以低成本购买；含少量折扣的、有利于下次购买的赠券	产品表现；赠券
在适度财力约束下引诱购买	在适度成本下的小额折价赠券促进购买	产品表现
在完全财力约束下引诱购买	在没有赠券支持时出现了购买行为	产品表现

这里需要提醒的是，营销人员在使用塑形过程中必须谨慎：如果降低激励的手段太快，消费者也许还没有建立起满意的行为；如果过度使用激励，消费者的购买就会变得依赖于激励而不是产品或服务。这两种情况是营销人员必须事先考虑的问题。

【小资料4-1】

品牌为什么热衷于送小样呢？

社会学家阿尔文·古尔德纳认为人类的一种普遍道德准则是互惠规范，即对于那些曾帮助过我们的人，我们应当施以帮助。比如，如果一个人送给我们一件生日礼物，我们就应该记住他的生日，等到他过生日时，给他买一件礼品。

所以，由于互惠原理的影响，我们感到自己有责任在将来的某个时候回报我们曾经接受过的恩惠、礼物和邀请等。比如一些化妆品品牌如丝芙兰、毛戈平都有免费化妆服务，根据互惠原则，这些所谓的免费化妆服务，其实都不是免费的。今天你免费化的妆，明天就得用买化妆品的钱还回去。另一个互惠原则的最典型表现就是买化妆品送小样。一个现象是，许多去柜台买化妆品的女生在完成购买后，店员会送给她们一些小样。化妆品品牌为什么如此热衷于送小样呢？一方面是因为低成本大收益：相对于正装商品，小样的成本是比较低的。大牌化妆品一般包装精美，细节考究，售价也高，但小样一般包装简易，容量也很少，以5毫升左右居多。这样的小样成本对于大牌来讲几乎可以忽略不计。另一方面大牌化妆品往往单价较高，即便是爱"血拼"的女士，在买前也得掂量一下，其中可能存在的不确定性是一旦购买的化妆品不适合自己，那么付出的成本就有点高。但免费得到一个小样，无须付出任何成本，一旦小样使用满意，她很大概率会购买正装。经常听到一些用了某些小样的女生对其效果赞不绝口，下一步她就将为正装买单了。

4.1.3　认知学习理论

在人们的日常生活中，虽然许多简单行为的习得是通过古典条件反射作用或操作条件反射作用建立起来的，但并非所有的学习都仅仅是对一个刺激的自动反应。主体的认知过程在复杂的学习中起着主要的作用。认知学习理论认为，学习是个体对整个问题情境进行知觉和理解，领悟其中的各种条件之间的关系及条件和问题之间的关系，并在此基础上产生新的行为的过程。如果说刺激-反应理论是一种"吃一堑长一智"的经验上的

学习的话，那么，认知学习理论是一种类似于在头脑中形成"认知地图"的概念上的学习。因此，当考虑认知学习时，重点不在于学到了什么（根据刺激-反应理论），而在于它是怎样被学到的。认知学习理论主要强调学习过程中信息的复杂的心理加工过程。

在现代认知学习理论中，比较有代表性的两种观点就是信息加工理论和模仿学习理论。信息加工理论把消费者的学习过程同计算机的信息处理过程进行类比，认为消费者的学习过程不仅与其认知能力有关，也与所要加工的信息及其复杂程度有关。消费者一般是通过产品的品质、商标、两种品牌之间的比较或者把上述内容结合在一起进行产品的信息加工。因此，消费者的认知能力越强，他所获得的产品信息就越多，同时他对产品信息的整合加工能力也就越强。

这里主要介绍模仿学习理论。

模仿学习也被称作替代性学习或观察学习、社会学习等，是指人们因观察到别人的行为和行为结果而改变自身行为。通常，当人们看到别人的行为带来好的结果时一般会仿效，而当某种行为带来不好的结果时就会避免这种行为。

1）模仿学习的类型

模仿学习一般是通过模特或榜样的某种行为来对其他人产生影响的，其影响方式主要有三种：外在模特方式、隐喻式模特方式和口头模特方式。

（1）外在模特方式

模仿学习最常见的方式是外在模特方式，即要求消费者亲眼观察到模特。例如，一名销售人员展示一种产品，这是活人模特方式；如果通过电视广告或者在商店里播放视频展示产品，这是象征性模特方式。图4-4是对这种模特过程的描述。

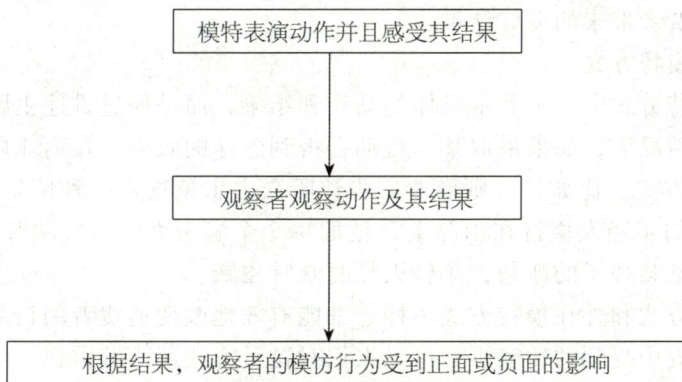

| 模特表演动作并且感受其结果 |
| 观察者观察动作及其结果 |
| 根据结果，观察者的模仿行为受到正面或负面的影响 |

图4-4　模特过程

模特在营销活动中的作用主要表现在以下几个方面：

①激发新的反应

模特方式可以激发一些消费者在过去行为中所不曾发生的新反应。比如，在许多百货商场的化妆品柜台旁，电视画面里总在播放某种化妆品的使用方法，既显示了操作程序与技巧，也展示了化妆后模特的风采，这很容易刺激那些潜在消费者产生"试一试"的欲望。特别是那些复杂的工业产品和消费品，如果消费者通过观察别人知道如何正确使用这些产品，就可能产生购买欲望。

通过模特方式激发消费者的反应，重要的是要使模特得到消费者的认同。在这个过程中，观察者的个性、模特的个性及策划者本身的个性等都能对消费者是否认同产生影响。模特在得到社会的肯定及其他方面认同的同时，也使消费者得到好处，它可以帮助消费者在市场上做出有效的选择，避免由于购买质量差的产品或使用不当而造成的损失。

②减少或阻止不受欢迎的行为

在前面的操作条件反射作用中，我们提到了惩罚，即在消极行为发生以后，给予不喜欢的甚至令人讨厌的对待，以降低该行为发生的频率。如果把这些令人讨厌的反应在模特身上尝试，而不是在消费者身上尝试的话，问题就不至于那么敏感。因此，模仿学习是降低消费者行为中不受欢迎要素发生次数的方法之一。比如，海飞丝洗发水广告展示一些模特起先在异性眼中很有魅力，但后来这些模特在梳理头发的过程中，出现了令人厌恶的头皮屑，其中一位模特通过使用本产品后头皮屑消失了，受到一位很有魅力的异性的青睐。

模特方式被普遍运用于公益广告中。一些不被社会欢迎的行为可以通过模特令人反感的行为展示而产生积极的效果。例如，香港地区曾有一个反腐败的电视公益广告，其画面是两个警察押着一个戴着脚镣的犯人缓缓走进监狱的大门，就在大门被关上的一刹那，犯人回头看了一眼站在远处泪流满面的妻女，这时响起了画外音："贪污使你妻离子散，家破人亡。"

③促进反应

当消费者已经知道产品的作用，模特方式的深层作用是通过展示正在使用该产品所带来的结果来加深消费者对产品的印象。例如，有一种催眠药品就是通过广告展示失眠的成人如何通过使用该产品而得以安然入睡。这种技巧在促销一些知名度高的产品时被广泛使用。当然，这种广告并不是为了使人们知道产品的新用途及使用方法，而是为了展示此产品给消费者带来的良好结果。

（2）隐喻式模特方式

在隐喻式模特方式中，不展示具体的动作和结果，而是通过讲述主题，使听众想象一个模特在不同情况下，如果采取某一行动会得到怎样的效果。在商业广播广告中常常使用隐喻式模特方式。比如，一则商业广告让听众去想象这样一种情景：炎炎烈日下，一群骑着自行车的年轻人疾行在山路上，他们一个个满头大汗、气喘吁吁、口干舌燥，这时有人送来了某某牌子的冰茶，年轻人顿时欢呼雀跃。

隐喻式模特方式和外在模特方式一样，都能有效地改变消费者的行为，但这种方式在消费者行为研究中提到的比较少，可见人们对这种方式还不够重视。

（3）口头模特方式

在口头模特方式中，既不展示行为，也不需要人们想象某个模特的动作，而是告诉人们，和他们类似的人群在某种特定环境下是如何行动的。这种方式试图建立一种社会行为规范，以此来影响他人的行为。

口头模特方式在上门促销时非常有效。比如，推销员可以告知潜在的买主，和他差不多情况的人已经买过某一产品、某个品牌或某一型号，在有些情况下这可能是一个有效的促销技巧。当然，如果推销员说谎或者只是使用技巧来诱导消费者买最贵的产品的话，那就是一种不道德的行为。

表4-4对三种模特方式作了一个概括，并且对媒介及其使用方式的选择进行了介绍和比较。

表4-4　　　　　　　　　　　　　三种模特方式的比较

方式	描述	案例	可用的媒介或方法
外在	消费者观察模特行为及结果	某保险公司的商业广告展示购买保险的新方法	电视；个人亲自送货上门；商场播放视频
隐喻式	消费者被诱导想象某一模特（或自己）如何行动及结果	航空公司和旅游公司的商业广告，在北方寒冷的冬天，请消费者想象"坐在海南充满阳光的沙滩上"	收音机；个人亲自送货上门；印刷品广告
口头	消费者听别人描述和他们类似的人（或有相同抱负的人）在购买和使用的情景下如何行动	"为灾区人民献爱心"的募捐者宣传邻居的捐赠行为	个人亲自送货上门；收音机；直接邮购；其他印刷品广告

2）影响模仿学习效果的因素

心理学的研究成果表明，模仿学习在改变行为方面很有效，甚至能改变动物的行为。比如，许多动物园总是把灵长类动物的幼子与动物母亲及其家庭分开，但是，当这些幼子长大后，它们当不好父母，有时甚至殴打、虐待自己的幼子。研究者认为，社会孤独感是它们虐待幼子的主要原因，为了避免这种现象的发生，必须改变其生活环境。他们把笼子加宽，使动物母亲可以与幼子们一起玩耍，并且让有经验的老母亲帮助带孩子。他们发现通过模特示范如何当好母亲及通过和幼子们一起玩耍，无经验或虐待狂式的母亲变得很像样了。

有许多因素可以提高现场模仿学习的发生率，其中最主要的因素有以下几个方面：

（1）模特个性

模特的个性能够影响观察者的模仿行为。一般地说，有魅力的模特比较容易引起别人的注意，而那些缺乏魅力的模特比较容易被人忽视。同时，那些被认为是成功的或可靠的模特比那些不成功的或不可靠的模特更有影响力。此外，模特的地位和能力对于决定模特是否成功也很重要。

另外，观察者与模特之间的共性也能影响观察者的行为。因此，在商业广告中应该使用与目标市场人群相似的模特，比如，在雇用和分配销售人员时尽量选择与顾客相似的推销员。

（2）观察者的个性

观察者的个性不同，模特对他们施加影响的程度也不同。比如，如果观察者依赖性强，缺乏自信心和自尊心，并且因模仿此行为而多次受到嘉奖，那么这些人比较容易接受成功的模特行为。但是，有洞察力和自信心的观察者只对他们认为够格的模特展示的高级行为感兴趣。

（3）对模特行为结果的认识

在模仿学习中，观察者并不直接经历其结果，其优势在于他们可以得知有效的购买和使用行为，避免不好的结果。因此，对模特行为所能带来的好的结果认识得越充分，就越能激发观察者的类似行为。

目前，人们对哪一种模特方式的结果最有效还处于探讨之中。在商业广告中，降低不受欢迎行为的模特方式在宣传吸烟有害、酗酒有害、降低儿童不合作行为等方面很有效，但是，在消费者行为的其他领域还有待进一步开发。

【同步业务4-1】

业务要求：假如你打算在学校周边开一家特色餐馆，也希望能用到消费者学习中的三种主要理论：古典条件反射理论、操作条件反射理论和模仿学习理论。请你基于三种学习理论，分别提出可以用来推广你的餐馆服务的营销方案。

业务分析：古典条件反射是一种刺激替代的过程；操作条件反射的核心是强化物的选择；模仿学习的核心是效仿行为。

业务程序：首先，确定你的餐馆的特色是什么，包括产品特色、服务特色等。其次，根据上述的业务分析，结合你的餐馆特色定位，分别制订出基于三种学习理论的营销方案。要求每个方案都要有可操作性。

4.2　消费者的态度

消费者是否购买某种产品，在很大程度上依赖于他对该产品的态度。因此，很多营销人员的努力都花在找出消费者对某产品有什么样的态度，并寻求在适当情况下改变那些态度上。

4.2.1　态度概述

1）态度及其构成

态度是指个人对某一对象所持有的评价与行为倾向。态度的对象是多方面的，其中有人、物、事件、团体、制度及代表具体事物的观念等。

从态度的构成看，主要包括三种成分，即认知成分、情感成分和行为倾向成分。认知成分是指对人和事物的认识、理解和评价，即我们通常所说的印象，它是态度形成的基础。情感成分是指对人、对事所做的情感判断，它是态度的核心，并和人们的行为紧密相联。行为倾向成分是指个人对态度对象的反应倾向，即行为的准备状态。态度的上述三种成分一般是协调一致的。比如，消费者在选购商品的过程中，如果他认为某个商场服务优、物美价廉、所处位置便利，他就会对这个商场比较满意，产生喜欢、愉快的情感，从而经常到这个商场购物。因此，态度的三种成分之间的相互一致性对我们研究消费者的态度与行为的关系是非常重要的。

【同步思考4-1】

问题：如果态度的三种成分之间出现不一致的话，那么态度的哪种成分占主导地位？

理解要点：情感成分。

2）态度的特点

人们的态度一旦形成，通常具备以下几个特点：

（1）对象性

态度必须指向一定的对象，若没有对象，就谈不上什么态度。态度是针对某一对象而产生的，具有主体和客体的相对关系。人们做任何事情，都会形成某种态度，在谈到某种态度时，就提出了态度的对象。例如，对某个商店的印象如何、对商品的价格有何感觉、对服务员有什么看法等，没有对象的态度是不存在的。

（2）社会性

态度是通过学习获得的，不是生来就有的。态度不是本能行为，虽然本能行为也有倾向性，但这是不学就会的，所有的态度都不是遗传的，而是后天获得的。比如，消费者对某商场的态度，或者是他自己在购物的过程中通过亲身体验得来的，或者是他通过广告宣传、其他客人的评价等形成的。

（3）内隐性

态度是一种内在结构。一个人究竟具有什么样的态度，我们只能从他的外显行为中加以推测。例如，一个员工在业余时间里总是抱着各种专业书在看，那么我们就可以从他的行为中推测出他对学习抱着积极的态度。

（4）稳定性与可变性

态度的稳定性是指态度形成后会保持相当长的时间而不变。态度是个性的有机组成部分，它使人在行为反应上表现出一定的规律性。比如，某消费者在某商场购买商品后，感觉很好，从而形成了对这家商场肯定的态度，以后当他再想购物时，很可能还选择这家商场。这也就是人们常说的"回头客"。回头客的多少，既反映了商场服务质量的高低与商品本身是否物有所值，也反映了顾客态度的稳定与否。当然，态度也并非一成不变，当各种主客观因素发生变化时，态度也会随之改变。就以上例来说，如果消费者在这家商场受到营业员不太礼貌的接待或发现这家商场的商品价格太高或质量不好，他就会改变原来对这家商场的积极肯定的态度，而产生消极、不满的情绪，并可能从此不再光顾这家商场。

（5）价值性

态度的核心是价值。价值是指作为态度的对象对人所具有的意义。人们对某个事物所具有的态度取决于该事物对人们的意义大小，也就是事物所具有的价值大小。

（6）调整性

态度的一个重要特点就是它具有调整功能。所谓调整就是当事人在社会奖惩或亲朋意见及榜样示范作用下改变自己态度的情况。在消费活动中最常见的就是人们根据他人或社会的奖惩来调整或改变其态度。例如，某人准备购买某高档消费品，当其同事或朋友表示了不同的看法，或看到其他消费者投诉了该商品的质量或功能后，他就很可能改变原来的态度，取消这次购买活动。

3）态度的功能

态度在帮助消费者对他们的购买行为做决定时起作用，并且可因个人的周围环境而具有其他功能。态度主要有以下四种功能，见表4-5：

表4-5 态度的功能

功能	定义	说明	举例
工具功能	个人运用态度从对象中得到满足	个人的目的是使外在奖励最大化，同时使惩罚最小化	一个人可能对一个特定的酒吧形成一种态度，是因为他的朋友去那里，并且啤酒很好喝
自我防御功能	保护个人不受内在冲突和外在危险的侵犯	保护个人不失败	一个暴徒责备警察伤害了他
价值表达功能	自我防御的反面，自我表达的驱动力	态度的表达通常与观念的方向相反	大多数激进的政治观念是正在起作用的价值评价
知识功能	寻求清楚和次序的驱动力	与理解事物是什么有关，来自这样一种信念，即如果你知道你喜欢和不喜欢什么，做决定就变得容易了	某个对音响感兴趣的人，可能阅读关于这方面的杂志；参观展览，并与朋友们讨论，从而知道最新的产品是什么

4.2.2 消费者态度的层次

态度的三种成分之间有没有关系？如果有的话，是一种什么样的关系？在特定的条件下，人们是先思考再行动，还是先行动再思考？这就涉及态度的层次问题。所谓态度的层次就是指这三种成分之间的发生顺序。

1）高度参与层次

所谓消费者参与，就是指消费者对某一商品或服务关心或感兴趣的程度，即某事物对消费者的重要程度。消费者在高度参与时，会通过积极的搜寻信息过程发展品牌信念，在此基础上评估品牌，形成明确的品牌态度，做出相应的购买决策。也就是说，消费者首先有想法，然后产生感觉，最后才付诸行动（如图4-5所示）。这里，消费者的品牌态度对其行为有显著的影响作用。对于这个层次的消费者，营销人员应当通过广告大力宣传产品的属性和利益以影响消费者的信念。

图4-5　高度参与层次

2）低度参与层次

消费者在低度参与时，不会积极地搜寻和处理信息，也没有强烈的品牌偏好，而是根据被动接受的或有限的信息做出购买决策，产生购买行为。品牌评估可能在随后才发生并且很微弱，或者根本没有发生，即购买了产品却没有形成品牌态度（品牌评估）。也就是说，消费者行动在先，然后产生感觉，最后才形成想法（如图4-6所示）。对于低度参与的消费者来说，品牌态度对行为没有明显的影响作用，或者说，品牌态度的作用小，因为明确的态度在购买之前并没有出现。但是消费者在第一次购买之后所发生的微弱的品牌评估仍然有可能影响其将来的购买行为。如果对所购产品不满意，以后购买的可能性就会减少。可见，在低度参与层次下，由于强调通过重复简单的信息来发展出与产品属性或产品利益相关的信念，营销人员应该重视商场中的店面广告与展示，或者是将产品与广告放在人流密集的地方，以便引起消费者的注意。

图4-6　低度参与层次

3）经验学习层次

经验学习层次也称情绪性层次，是指消费者并未事先了解品牌的属性和利益，而是根据自己的情感或想象来对产品做出整体评估，并据此采取购买行为，随后才形成对该品牌属性和利益的认识。也就是说，消费者先有感觉，然后产生行动，最后再思考（如图4-7所示）。在经验学习层次中，消费者对产品的形象和符号等象征意义最为敏感，持续不断地搜寻此类信息。经验学习层次表明，当某品牌被消费者感知为富有象征意义和愉悦精神的产品时，认知过程就不是形成态度的中心了，营销人员可以直接影响消费者的品牌评估或情感过程而不必影响其品牌信念，可以运用符号和形象激发对产品的积极情感。

```
┌──────────┐       ╱╲          ┌──────────┐
│   情感    │      ╱行为╲         │   认知    │
│  (感觉)   │ ───→╱(购买)╲──→    │  (想法)   │
└──────────┘    ╱────────╲      └──────────┘
```

图4-7　经验学习层次

4）行为学习层次

行为学习层次是指因为环境上或情境上的因素促使消费者在未形成情感与信念之前，就采取了行动。因此，在行为学习层次中，行为最先出现，接着根据该行为形成信念，最后才是情感（如图4-8所示）。例如，某消费者在过生日时收到朋友送的某一品牌的化妆品，她用了一段时间后感觉很适合她的皮肤，因此对这一品牌的化妆品产生了好感。

```
┌──────────┐       ╱╲          ┌──────────┐
│   行为    │      ╱认知╲         │   情感    │
│  (购买)   │ ───→╱(想法)╲──→    │  (感觉)   │
└──────────┘    ╱────────╲      └──────────┘
```

图4-8　行为学习层次

4.2.3　态度与消费偏好、消费行为

1）态度与消费偏好

消费偏好，是指人们趋向于购买某类商品或到某商场购物的心理倾向。消费偏好与消费行为之间直接相关，这也就是我们为什么还要探讨消费偏好的原因。

（1）影响消费偏好的因素

态度是偏好形成的基础，心理学研究表明，态度至少有两个特征对偏好的形成具有重要影响，这两个特征是态度的强度与态度的复杂性。

态度的强度即态度的力量，它是指个体对对象赞成或不赞成的程度。一般来说，态度强度越大，态度就越稳定，改变起来也就越困难。

态度的复杂性是指人们对态度对象所掌握的信息量和信息种类的多少，它反映了人们对态度对象的认知水平。人们对态度对象所掌握的信息量和信息种类越多，所形成的态度就越复杂。

一般说来，复杂的态度比简单的态度更难以改变。比如，对旅行支票的态度属于简单态度。如果一位旅游者之所以对旅行支票持否定态度，只是因为他并不认为这些旅行支票真的有用，那么只要向他指出一个人离家在外时丢失钱包是多么不方便，他就会改变这种态度。然而，一个对出国旅游持否定态度的人，要改变他的态度倾向就非常难，即使他相信别人所说的出国旅游的费用很合理，他可能仍然会坚持自己的否定态度，理由是文化环境陌生、饮食或传统不同等，要改变他对出国旅游的否定态度，必须改变整个态度中的许多成分。可见，态度越复杂，就越难以改变。

（2）消费偏好的形成

人们在形成消费态度的过程中，首先要权衡和评价哪个商品或哪家商场能使他有所收获。如果经过分析、评价，他认为各种收获都能满足他的需要，他就会对这一消费对象产生偏好。图4-9表明了人们对某一目的地的消费偏好形成的过程。

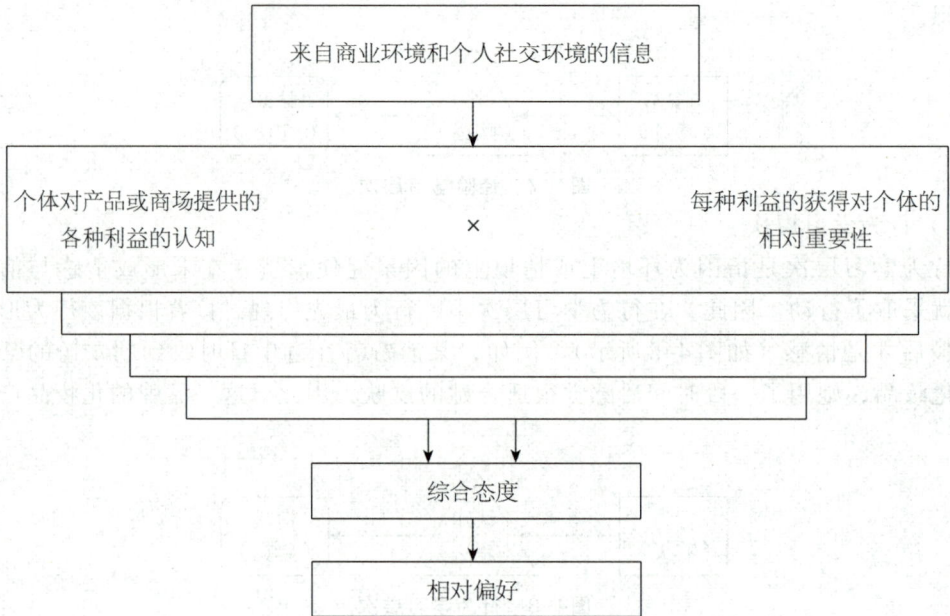

```
┌─────────────────────────────────────────┐
│        来自商业环境和个人社交环境的信息          │
└─────────────────────────────────────────┘
                      │
┌─────────────────────────────────────────┐
│  个体对产品或商场提供的              每种利益的获得对个体的  │
│    各种利益的认知        ×            相对重要性        │
└─────────────────────────────────────────┘
                      │
              ┌───────────────┐
              │    综合态度      │
              └───────────────┘
                      │
              ┌───────────────┐
              │    相对偏好      │
              └───────────────┘
```

图4-9　消费偏好的形成

图4-9表明，消费者在选择消费对象时，他会考虑各消费对象能使他获得哪些利益，即消费对象能满足他需要的程度，从而导致他对这一消费对象的相对偏好。

2）态度与消费行为

消费者态度构成中的情感因素是消费者心理活动的非理性因素，消费者对某种产品了解得越多，对产品风格越是喜欢，在消费者态度上，对那些名牌产品的存在和发展，就更为关注和敏感。由此，消费者态度与其购买行为之间存在着相当密切的联系，因此，很多学者主张把理解态度用于市场销售预测。

【同步案例4-2】

态度与消费行为

背景与情境：美国学者班克斯调查了芝加哥地区465名妇女对7种商品的偏爱商标、购买意图和实际购买的相互关系。结果表明，偏爱商标和购买意图几乎相同，被调查的465人中的96%在有购买意图的商标中包括她们最喜爱的商标。美国学者佩里曾研究过消费者的购买意图和行为能否根据对商品的态度进行预测的问题。他在对230人进行调查后发现，人们的态度与行为之间存在密切的联系，对商品的态度与消费者的购买意图有直接的关系。抱有最善意态度的消费者大都怀有明确的购买意图，抱有最恶意态度的消费者完全没有购买意图，而漠不关心的消费者对是否购买则不清楚。

问题：上述案例说明了什么？

分析提示：该案例表明，消费者态度与其购买行为之间存在着相当密切的关系，所以了解消费者对商标的偏爱程度是预测购买情况的有利因素。

4.2.4　消费者态度的改变

了解消费者的态度更主要是为了对其施加影响，从而最终影响消费者的行为，所以，了解和掌握态度改变的知识和方法则成为本章的核心。

1）影响消费者态度改变的因素

态度的改变有两种情况：一种是方向的改变，另一种是强度的改变。比如，原来不喜欢某家商场，后来变得喜欢了，这是方向的变化；原来对某商场有犹豫不决的态度，后来非常愿意到这家商场购物，这就是强度的变化。当然，方向与强度也有关系，从一个极端转变到另一个极端，既是方向的改变，又是强度的改变。

影响消费者态度改变的因素主要有以下三个方面：

（1）消费者本身的因素

消费者的需要、性格特点、智力水平、自尊心、受教育程度及社会地位等的不同，对消费者态度的改变都会产生影响。

①需要因素

态度的改变与消费者当时的需要密切相关，如果能最大限度地满足他当时的需要，则容易使其改变态度。

②性格特点因素

从性格上看，凡是依赖性强、被暗示性高或比较随和的人容易相信权威、崇拜他人，因而容易改变态度；反之，独立性强、自信心强的人则不容易被他人说服，因而不容易改变态度。

③智力水平因素

一般而言，智力水平高的人，由于具有较强的判断能力，能准确分析各种观点，不容易受他人左右；反之，智力水平低的人，难以判断是非，常常人云亦云，因而容易改变态度。

④自尊心因素

自尊心强的人，心理防卫能力较强，不容易接受他人的劝告，因而态度改变也比较难；反之，自尊心弱的人则敏感易变。

其他如受教育程度高和社会地位高的人要想改变他们的态度也比较难。

（2）态度的特点

态度的强度、态度形成因素的复杂性、态度的三种成分之间的关系、态度的价值性，以及态度改变的前后距离等都能对消费者态度的改变产生影响。

①态度的强度

态度的强度直接影响消费者态度的改变。消费者态度的强度指消费者对某一消费对象赞成或反对、喜爱或厌恶的程度。一般来说，消费者受到的刺激越强烈、越深刻，态度的强度就越大，因而形成的态度越稳固，也越不容易改变。如消费者在购物中受到营业员的人身侮辱或在超级市场寄存物品时贵重物品被损或丢失，就会产生强烈的愤怒或不满，因而对某商场或某家超级市场产生强烈的否定情绪。这种态度一经形成就难以改变。

②态度形成因素的复杂性

态度越复杂，就越不容易改变。例如，一个消费者对某商场的否定态度如果只依据一个事实，那么只要证明这个事实是纯偶然因素造成的，消费者的态度就容易改变过来。如果态度是建立在很多事实的基础上的，那么要使消费者改变态度就比较难。

③态度的三种成分之间的关系

如果认知成分、情感成分、行为倾向成分的一致性越强，态度就越不容易改变；这三者之间直接出现分歧、不一致，则态度的稳定性较差，也就比较容易改变。

④态度的价值性

态度的价值性是指态度的对象对人的价值和意义的大小。态度的价值性也对消费者的态度产生重要影响。如果态度的对象对消费者的价值很大，那么对他的影响就会很深刻，因而一旦形成某种态度后，就很难改变；反之，如果态度的对象对消费者的价值小，则他的态度就容易改变。

⑤态度改变的前后距离

消费者原先的态度与要改变的态度之间距离的大小也影响态度的改变。要转变一个人的态度取决于他原来的态度如何，如果二者差距太大，往往不仅难以改变，反而会使他更加坚持原来的态度，甚至持对立的情绪。例如，要让一个恐高症患者或在一次空难中死里逃生的人乘飞机旅行几乎是不可能的事。

（3）外界条件对态度改变的影响

除了消费者和态度本身的特点影响态度的改变以外，一些外界条件也能改变消费者的态度。这些外界条件有：

①信息的作用

从某种意义上说，消费者的态度是他们在接受各种信息的基础上形成的。消费者在购买商品前，会主动收集各种有关的信息，各种信息间的一致性越强，消费者形成的态度越稳固，因而越不容易改变。

②消费者之间态度的影响

态度具有相互影响的特点。因为消费者之间的意见交流不会被认为是出于个人的某种利益，也不会被认为是有劝说其改变态度的目的，因而不存在戒备心理。此外，由于消费者之间角色身份、目的和利益的相同或相似性，彼此的意见也容易被接受。事实证明，当一个人认为某种意见是来自与其利益一致的一方时，他就乐于接受这种意见，有时甚至主动征询他人的意见，以作为自己的参考。

③团体的影响

消费者的态度通常是与其所属团体的要求和期望相一致的。这是因为团体的规范和习惯力量会在无形中形成一种压力，影响团体内成员的态度。如果个人与所属团体内大多数人的意见相一致，他就会得到有力的支持；否则，就会感受到来自团体的压力。比如，虽然某消费者非常想买一套家庭影院，但由于他所在团体的人们都买了电脑，所以他也就打消了买家庭影院的念头，而去买了电脑。这就是所谓的群体压力下的"从众行为"。

【经典实验4-2】

团体规定有助于态度改变

美国的家庭主妇们一般都不喜欢用动物的内脏如猪心、牛肝等做菜，但第二次世界大战期间，由于食品短缺，美国政府希望能说服家庭主妇们购买那些一向不受人们欢迎的动物内脏做菜。心理学家勒温设定了两种情况：一是把上述要求作讲解与劝说；二是把上述要求作团体规定。然后观察两种情境对态度转变的影响，并加以比较。他把主妇们编成6个小组，每组13~17人，其中3个小组接受讲解与劝说，3个小组接受团体规定。前3个组的主妇听了半个小时的讲解与劝说，知道了这些食品如何美味、营养价值有多高、采用这些内脏作食品对国家何等有意义等，同时还获赠了1份烹调内脏的食谱。当时许多家庭主妇都听得津津有味，很想马上实行。后3个组的主妇们被简单地告知要求，团体规定大家今后要改用动物内脏做菜，并不解释其原因。1周以后进行检查，讲解组中仅有3%的人改变了对用动物内脏做菜的态度，而团体规定组中有32%的人改变了态度。

这个实验说明人的态度会在无形中受到团体内成员的态度的影响。在该实验中，后3个组的主妇们被简单地告知要求，她们把这看成是一种团体规定，因而态度改变比较明显。

2）改变消费者态度的策略

说服消费者是营销宣传的中心目标。在信息社会，消费者每天都会受到各种商品信息的轰炸，并逐步掌握了不少策略以维持已形成的消费态度。不过，即使消费者的态度固若金汤，还是可以有很多方法突破消费者的这种"保护机制"。

我们知道，态度有三种成分：认知、情感和意向。当这三种成分处于平衡状态时，态度因稳定而难以改变。不过，当顾客接触到新信息或当消费者经历了不愉快的购物体验时，这种刺激可能会影响其态度中认知或意向的成分，从而引起态度三种成分之间的不协调。当这三种成分之间的不协调超过特定的承受水平时，个人就会被迫采取某种精神调节，以重新达到稳定，这就产生了态度的改变。

（1）适当的信息重复

重复的真正意义是使人们获得积极的熟悉感，从而更倾向于认同和选择。不过，只有适当的重复才可以增加人们的接受性。过分的重复将产生惯性，会使消费者由于厌倦而不再注意那些信息。所以，聪明的广告商总是以丰富、变化的广告画面与创意去重复强调同一主题，而很少以广告的反复播放来获得重复效果。可口可乐就是以独具风情的广告来打开不同国度的市场的。

（2）唤起情绪的信息

大量研究表明，新信息激发的不同情绪状态对人的态度改变的效应不同。美好的事物总会唤起人们愉悦的心情，所以，化妆品的推销小姐总是靓丽逼人，其示范行为往往会引起爱美女性的注视。

（3）"登门槛效应"

这是一种常见的推销术，原意是推销员只要踏进人家的大门，就能成功地实现推销的目的。现在，"登门槛效应"泛指在提出较大要求前，先提出较小的要求，通过使别人接受较小的要求，从而改变对较大要求的态度并相应增加其接受性。假如第一次顾客能够听取你的介绍，那么过段时间再去一次，说不定他就会被你打动。

（4）"留面子效应"

这正好是与"登门槛效应"相对应的现象，是指人们拒绝了一个较大要求后，对较小要求的接受程度增加的现象。相应地，为了达到推销的最低回报，先提出一个明知别人会拒绝的较大要求，可以提高顾客接受较小要求的可能性。在日常生活中，售货人的标价和砍价就是对这种技术的应用。消费者的态度是消费者在消费活动中形成的对商品或商场的肯定或否定的心理倾向。对商品或商场持积极肯定的态度会推动消费者完成购买活动，而消极否定的态度，则会阻碍消费者完成购买活动。

（5）组织消费者参加有关活动，在积极活动中改变态度

一般地说，企业最好使其产品迎合消费者既有的态度，而不是总在企图改变人们的态度。当然，如果有必要的话或者改变态度所花费的高昂成本能够得到补偿的话，就另当别论了。为了改变消费者的某种态度，企业可以举办一些有趣的活动，吸引消费者参加。实践证明，这种方法可以有效地改变人们的态度。

【教学互动 4-2】

互动问题：假设你是一名老师，临时要给学生加一次作业，依据本章所学到的"留面子效应"，你应该怎样留这次作业？你觉得学生们会有什么样的反应？

互动要求：同"教学互动 1-1"的"互动要求"。

■ 本章概要

□ 内容提要

● 本章主要介绍了消费者的学习与态度。

● 学习是一种经由练习使个体在行为上产生较为持久改变的历程。

● 古典条件反射理论是俄国生理学家巴甫洛夫在 20 世纪初用狗进行消化实验时发现的一种唾液反应现象。古典条件反射被定义为，当一个中性刺激与另一个会引起某种已知反应的刺激多次配对出现后，当该中性刺激单独出现时也会引起同样的反应。古典条件反射理论对营销和消费者行为研究有重要意义。首先，可以利用古典条件反射作用使消费者通过联想来形成对各种品牌的有利印象和形象。其次，还可以利用古典条件反射作用将产品或服务同一种有利的情绪状态联系起来。

● 操作条件反射理论是由美国著名心理学家斯金纳提出来的。该理论认为，如果一个操作或自发反应出现之后，有强化物或强化刺激相尾随，则该反应出现的概率就增加；经由条件作用强化了的反应，如果出现后不再有强化刺激尾随，该反应出现的概率就会降低，直至不再出现。

● 强化是指增强某种刺激与个体某种反应之间的联系，它是操作条件反射的一个重要元素。强化类型有积极强化、消极强化、惩罚和衰减。

● 模仿学习也被称作替代性学习或观察学习、社会学习等，是指人们因观察到别人的行为和行为结果而改变自身行为。影响模仿学习效果的因素有：模特个性、观察者的个性及对模特行为结果的认识等。

● 态度是指个人对某一对象所持有的评价与行为倾向。态度由三种成分构成，即认知成分、情感成分、行为倾向成分。

● 态度具有以下特点：对象性、社会性、内隐性、稳定性与可变性、价值性、调

整性。

●态度是可以改变的，但这种改变依赖多种因素，比如，消费者本身的因素、态度的特点及外界条件对态度改变的影响等。

●改变消费者态度的方法有：适当的信息重复；唤起情绪的信息；"登门槛效应"；"留面子效应"；组织消费者参加有关活动，在积极活动中改变态度。

□ 主要概念

学习　强化　积极强化　消极强化　塑形　模仿学习　态度

□ 重点实务

消费者的学习　消费者的态度

■ 基本训练

□ 知识训练

▲ 简答题

(1) 影响模仿学习效果的因素有哪些？

(2) 态度的特点有哪些？

(3) 操作条件反射的学习过程是怎样的？

(4) 消费者态度有哪些层次？每一层次的营销策略是什么？

(5) 改变消费者态度的策略有哪些？

(6) 古典条件反射和操作条件反射的区别是什么？

▲ 填空题

(1) 对于学习的研究，有代表性的两种理论是刺激–反应理论和（　　　）理论。

(2) 态度的一致性主要与两个因素有关：态度的强度与（　　　）。

(3) 古典条件反射理论的主要代表人物是（　　　）。

(4) 刺激–反应理论认为，学习就是（　　　）与（　　　）之间建立一种前所未有的关系的过程。

▲ 单项选择题

(1) 消费者先有感觉，然后产生行动，最后再思考。这是消费者态度层次中的（　　　）。

A.高度参与层次　　　　　　　　B.低度参与层次

C.经验层次　　　　　　　　　　D.行为学习层次

(2) 当厌恶刺激或不愉快情境出现时，个体做出某种反应，从而避免了厌恶刺激或不愉快情境，则该反应在以后的类似情境中发生的概率便增加。这类强化是（　　　）。

A.积极强化　　　　B.惩罚　　　　C.消极强化　　　　D.衰减

(3) 操作条件反射理论的主要代表人物是（　　　）。

A.巴甫洛夫　　　　B.斯金纳　　　　C.马斯洛　　　　D.华生

▲ 多项选择题

(1) 态度的组成包括（　　　）三种成分。

A.认知成分　　　　　　B.行为成分　　　　　　C.情感成分

D.行为倾向成分　　　　E.想象成分

（2）消费者态度的层次包括（　　　　）。

A.高度参与层次　　　　　　B.低度参与层次　　　　　　C.情感层次

D.经验层次　　　　　　　　E.行为学习层次

（3）模仿学习的类型主要有（　　　）三种。

A.外在模特方式　　　　　　　　　B.隐喻式模特方式

C.内在模特方式　　　　　　　　　D.口头模特方式

▲ 讨论题

（1）企业常用累积消费的方式来作为推广手段，例如积满10个瓶盖就可以获得一个赠品。试从消费者学习的角度，来说明此种做法背后所依据的相关理论。

（2）消费者态度的层次包括四个：高度参与层次、低度参与层次、经验层次、行为学习层次。请以你自己的亲身经验来举出曾经历过的这四种效果层次的产品或消费经验。

□ 能力训练

▲ 案例分析

【训练项目】

案例分析－Ⅳ。

【相关案例】

华为的新广告

背景与情境：华为影业为华为Mate60系列拍摄的全新广告片，以一个个生活场景，展示华为Mate60系列能够连续高速抓拍的"风驰闪拍"功能，抚平错过记录美好瞬间的遗憾。比如，孩子被抱着举高高露出的笑脸，闯入聚餐现场的高贵猫咪，安慰妈妈的宝宝，告白成功的瞬间，一起钓鱼的父子……

视频内容虽然简单，但给人的感受并不简单。当普通手机营销还在画质赛道上卷生卷死时，华为已经跳出传统创意思路，以"抓拍"这一单点功能为支点，撬动整体消费需求。

广告片的视角就像我们自己拍的家庭影像，或许构图不那么完美，有些形象还很狼狈，但恰恰是对生活质感的保留，让整部片子充满鲜活的生活趣味。这也正是"风驰闪拍"功能理念的体现，捕捉到更清晰的画面、更饱满的情绪、更生动的表情、更鲜活的感受，就是保存最真实的生活记忆。

整部片子没有旁白文案，只有贯穿始终的歌曲"如果感到幸福，你就拍拍拍"，这首歌改编自脍炙人口的儿歌，与产品功能和传播基调都非常适配。旋律自带的熟悉感，以及简单的重复再重复，为产品信息的传播打下坚实锚点。一是歌词重复。"如果感到幸福，你就拍拍拍"，这句歌词反复出现，并且跟随按动快门的声音，与要记录的美好画面同步，建立起"用华为Mate60拍拍拍"的心理联结。二是情绪的重复。片中展现的场景虽然不同，但从情绪角度看，都是"美好瞬间"，也就是用快乐的情绪反复强调"记录美好"的重要性，进一步加深消费者对留住美好的渴望，强化"场景－情绪－产品"三者间的联系。三是"拍拍拍"歌词和"定格画面出现"这两者节奏同步，即节奏的重复。想要记录美好瞬间，或许可以有其他选择，但洗脑歌曲、风驰闪拍功能、美好画面呈现，就会让消费者下意识觉得这三者缺一不可。

"重复"作为学习过程的基本要素，在华为的广告片中被用到了极致。广告片以"抓拍"这一单点功能为支点，通过重复、再重复这种强化传播来占据消费者心智，达到了四两拨千斤的营销效果。

资料来源　首席营销官．华为洗脑新片，看完的人都唱起来了［EB/OL］．［2023-10-18］．https://www.cmovip.com/detail/34772.htm.

问题：试以本章的两个知识点分析上述案例。

【训练要求】

同第1章"基本训练"中本题型的"训练要求"。

▶ **实训操练**

【训练项目】

"基于消费者态度层次"的商场柜台接待营销服务。

【训练步骤】

（1）将班级学生分成若干团队，每个团队确定一人负责。

（2）各团队学生结合操练项目，进行顾客与营销服务人员的角色分工与协作。其中：每个团队顾客角色要求按购买商品的不同而划分为高度参与层次、低度参与层次、经验层次、行为学习层次这几个类型，营销服务人员不少于4人。

（3）各团队学生以本章"消费者态度的层次与服务对策"实务教学内容为业务规范，进入角色，体验本项目模拟实训的全过程。

（4）各团队学生交换角色分工，再次体验本项目模拟实训的全过程。

（5）各团队学生记录本次模拟实训的情境与步骤，总结实训操练的成功经验、存在的问题及解决的办法，在此基础上撰写《"'基于消费者态度层次'的商场柜台接待营销服务"实训报告》。

（6）在班级讨论交流、相互点评与修订各组的《"'基于消费者态度层次'的商场柜台接待营销服务"实训报告》。

（7）在校园网的本课程平台上展出经过修订并附有教师点评的各组《"'基于消费者态度层次'的商场柜台接待营销服务"实训报告》，供学生相互借鉴。

□ **职业素养**

【训练项目】

职业素养—Ⅳ。

【相关案例】

天猫：希望让更多人关注濒危珍稀动物

背景与情境：10月4日世界动物日，天猫发布了一支《动物品牌保护动物》的广告片。在短片的开始，天猫就正面回应平台上引发不少议论的问题——天猫上新了一批有错误的商品。

这些商品的包装上，不仅品牌名出错，还多了一只动物的形象。对此，天猫通过广告片表示，这背后其实是为了帮助一群正在消失的动物：中华秋沙鸭不足5 000只、野生东北虎不足600只、中国野生绿孔雀仅存500只左右……

这些很少被人们关注到的动物，正在大家的视野之外慢慢地消失。为此，天猫联合20大品牌集体更名，并在站内上线了"错版"爱心商品，希望让更多的人关注到这些正在消失的动物。

首先是线上打造出现象级事件，通过内容强覆盖与受众建立起"弱关系"。10月4日世界动物日当天，天猫微博就联合20大品牌进行了集体改名大事件。其中，天猫更名为天金猫，莉娜熊变成了莉娜北极熊，七匹狼变成了七匹草原狼，百雀羚变成了百绿孔雀羚……更重要的是，这些品牌甚至将原本的包装，也印上了动物的生存现状。

但营销的重点是改变认知、影响行为。为达成这一点，天猫在线下联合红山动物园发声，通过线下科普展建立用户的新认知。比如10月4日，当20大品牌线上更名传播得如火如荼时，天猫也在红山森林动物园举办了"珍稀动物保护展"，让动物帮助动物。

在科普展现场，不少前来游玩的市民驻足围观，拍照打卡，并获取惊喜周边纪念品。

国庆期间，来到红山森林动物园的其实大多是爱动物的人。这群人对于动物的生存现状更为关心，并更乐于传播相关的野生动物保护知识。而通过科普展，天猫直接与垂类人群建立互动，不仅让他们了解更多濒危珍稀动物的现状，更能够以这群人为裂变点影响到更多人。

资料来源　品妹：大批错版商品被上架，天猫发生了什么？［EB/OL］．［2023-10-05］．https://www.163.com/dy/article/IGAA4CB5051993MA.html?spss=dy_author

问题：结合本章相关知识点分析，天猫为什么要帮助一群正在消失的动物？

【训练要求】

同第1章"基本训练"中本题型的"训练要求"。

第5章 影响消费者行为的个人因素（下）

◆ 学习目标

通过本章学习，应该达到以下目标：

职业知识 学习和把握"影响消费者行为的个人因素（下）"的相关概念，个性的特性与理论，消费者个性的类型与服务对策，品牌个性，自我意识的特点，消费者自我意识的结构分析，生活方式的构成、测量及其与市场营销的关系，消费者性别与年龄对消费行为的影响，以及"同步业务"、"经典实验"、"小资料"和二维码链接中的理论与实务知识；能用其指导本章"同步思考"、"教学互动"和"知识训练"中各题型的认知活动，正确解答相关问题。

职业能力 运用本章知识研究相关案例，训练对特定情境下当事者行为的多元表征能力；通过收集、整理与综合关于"消费者生活方式"主题的前沿知识，并依照文献综述规范撰写、讨论与交流《"消费者生活方式"最新文献综述》，培养"影响消费者行为的个人因素（下）"中"自主学习"、"团队协作"和"与人交流"等通用能力。

职业素养 结合本章教学内容，依照相关规范，对"职业素养5-1"和"职业素养—Ⅴ"进行职业素养研判，激发与"老乡鸡创始人""给孩子的运动梦想照亮一束光"等议题相关的价值思考，借以弘扬正能量，促进健全职业人格的塑造。

消费者为什么愿意为谷爱凌买单？

背景与情境： 2022年2月20日，冬奥会圆满落下帷幕，年轻的谷爱凌场上场外的出色表现引发了大众对年轻一代的重新定义。除了运动全能、天才少女、冠军、学霸、模特等标签外，谷爱凌等奥运健儿们更代表着中国年轻一代的文化自信，这也是广大中国品牌正在探索的品牌年轻化之路。

受谷爱凌夺冠鼓舞，各大电商平台上谷爱凌同款商品销量激增。带着"谷爱凌推荐"字样的瑞幸瓦尔登滑雪拿铁和蓝丝绒飒雪拿铁，当时是一杯难求；在天猫旗舰店内，标着"谷爱凌同款"五个大字的品牌方滑雪板一天卖出平时一个月的销量；甚至在A股市场，一个名为"远望谷"的上市公司因公司名与谷爱凌沾边（远远望着谷爱凌夺冠），被股民戏称为"谷爱凌"概念股，接连收获了两个涨停板……如今在电商平台、短视频平台上，搜索"谷爱凌同款"已经有相应的联想词。

消费者为什么愿意为谷爱凌买单？从个人魅力来看，谷爱凌足够吸引年轻人的目光——年仅18岁，世界冠军、即将就读斯坦福的高材生、美女学霸，擅长多种乐器和极限运动，性格开朗又有"梗"。最难能可贵的是，她在能力和颜值之外，还有鲜明的个人风格和态度。

在赛场上，她敢于冒着失败的风险，尝试自己从未成功过的高难度动作"1620"，一举夺冠。在赛后采访时，谷爱凌表示，她不是来打败其他运动员的，而是想打破自己的界限。在赛场下，面对美媒尖锐的国籍提问，回答落落大方："我觉得体育可以团结所有人……如果有人因此不相信或者不喜欢我，那么这是他们的损失。"

实力过硬、敢于挑战、目标明确、热爱自己的国家，是谷爱凌率先得以出圈、赢得喜爱的标签，也是消费者心甘情愿为其买单的理由。

比如，FACTION的消费者以25~35岁的年轻人居多，占比达到60%~70%，更偏向寻找个性鲜明的代言人，谷爱凌就是契合的。谷爱凌的代言品类，以时尚和运动品牌居多，这就是一种风格上的契合，是借谷爱凌加深品牌某一方面的调性：运动品牌得到专业的背书、时尚品牌彰显独特的品牌个性。

用运动员代言对品牌来说并非没有挑战。和娱乐明星不同，在役运动员密集的训练和赛事，使其很难有高频率和粉丝互动的机会，退役选手不再参加比赛，其曝光度也不足以支撑其热度的长久。而且过多的代言对于超级明星来讲也存在隐忧，如占据运动员的时间、导致品牌缺乏辨识度等。不过，近两年变化也在逐渐发生——运动员不再仅仅是运动员，他们可能是"励志偶像""晒娃狂魔""喜剧人"，甚至是"段子手"，更丰富的特质、更立体的生活面展示让他们能赢得更多人的喜爱，得以让自己的商业生命周期更为长久。

资料来源　王亚琪. 野性消费，这回转到了谷爱凌［EB/OL］.［2022-02-10］. https://baijiahao.baidu.com/s?id=1724432507847845660&wfr=spider&for=pc.经改编.

消费者心理的三个方面——消费者的个性、自我意识和生活方式——是有内在联系的。在许多情况下，生活方式是一个人自我意识的外在表述。也就是说，在一定的经济条件下，一个人所选择的生活方式，很大程度上受到他的自我意识的影响。同时，生活方式又与人的个性密切相关。一方面，生活方式很大程度上受个性的影响。比如，一个具有拘谨、保守性格的消费者，其生活方式不大可能选择诸如蹦极、跳伞之类的探险活动。另一方面，生活方式关心的是人们如何生活、如何消费等外显行为，而个性侧重于从内部来描述个体，更多地反映消费者的知觉特征、情绪、情感等。可以说，二者从不同的层面来刻画个体。

本章我们主要分析影响消费者购买行为的个人因素的最后一个方面，包括消费者的个性、自我意识、生活方式、性别、年龄等。

5.1 消费者的个性

5.1.1 什么是个性

消费者在购买活动中所表现出来的千差万别的行为，主要是由消费者不同的个性心理所决定的。个性是人们在一定的生理素质的基础上，在一定的社会历史条件下，通过社会实践活动形成和发展起来的。

1）个性的含义

个性（在西方又称人格）一词源于拉丁语Persona，它有两个含义：一方面，原指演员在舞台上所戴的假面具，后引申为一个人在生命舞台上所扮演的角色；另一方面，指能独立思考、具有独特行为特征的人。由于个性结构较为复杂，因此，许多心理学者从自己研究的角度提出个性的定义，西方人格心理学家奥尔波特曾综述过几十个不同的定义。如美国心理学家吴伟士认为："人格是个体行为的全部品质。"美国人格心理学家卡特尔认为："人格是一种倾向，可借以预测一个人在给定的环境中的所作所为，它是与个体的外显与内隐行为联系在一起的。"

这里我们介绍一个比较具有综合性的定义：**个性**是个人在适应环境的过程中所表现出来的系统的、独特的反应方式。它是由个人在其遗传、环境、成熟、学习等因素交互作用下形成的，并具有很大的稳定性。

首先，这个定义强调了个性是人对环境做出的一种反应，而这种反应在不同的人之间是不同的，带有浓重的个人色彩。其次，这种独特的反应方式具有系统性、完整性和稳定性。最后，个性的形成主要受四种因素的影响，即遗传、环境、成熟、学习。婴儿出生后只是一个个体，并没有形成自己的个性，尚未成长为一个社会的人，所以，称他们为"未成年人"。随着其成长，他们的内部世界在丰富着、发展着、完善着，最后成长为一个从事社会实践活动的独立的个体，成长为完全的、现实的、具体的社会成员，形成了全面整体的个人、持久统一的自我，这时他便具备了自己的个性。

2）个性的特性

研究个性必须探讨它的特性及表现，这样才能把个性心理与其他心理现象区别开来。个性具有以下三方面特性：

（1）自然性与社会性

人的个性是在先天的自然素质的基础上，通过后天的学习、教育与环境的作用逐渐形成的。因此，个性首先具有自然性，人们与生俱来的感知器官、运动器官、神经系统和大脑在结构上与机能上的一系列特点，是个性形成的物质基础与前提条件。但人的个性并非单纯自然的产物，它总是要深深地打上社会的烙印。初生的婴儿作为一个自然的实体，还谈不上有个性。

个性又是个体在生活过程中逐渐形成的，其在很大程度上受社会文化、教育教养内容和方式的塑造。可以说，每个人的人格都打上了他所处的社会的烙印，即个体社会化结果。正如马克思所说："'特殊的人格'的本质不是人的胡子、血液、抽象的肉体本性，而是人的社会特质。"

（2）稳定性与可塑性

个性的稳定性是指个体的人格特征具有跨时间和空间的一致性。在个体生活中暂时的、偶然表现的心理特征，不能认为是一个人的个性特征。例如，一个人在某种场合偶然表现出对他人冷淡，缺乏关心，不能依此认为这个人具有自私、冷酷的个性特征。只有一贯的、在绝大多数情况下都得以表现的心理现象才是个性的反映。

尽管如此，个性或称人格绝不是一成不变的。因为现实生活非常复杂，随着社会现实和生活条件、教育条件的变化，年龄的增长，主观的努力等，个性也可能会发生某种程度的改变。特别是在生活中经过重大事件或挫折，往往会在个性上留下深刻的烙印，从而影响个性的变化，这就是个性的可塑性。当然，个性的变化比较缓慢，不可能立竿见影。

（3）独特性与共同性

个性的独特性是指人与人之间的心理和行为是各不相同的。因为构成个性的各种因素在每个人身上的侧重点和组合方式是不同的。如在认识、情感、意志、能力、气质、性格等方面反映出每个人独特的一面，有的人感知事物细致、全面，善于分析；有的人知觉事物较粗略，善于概括；有的人情感较丰富、细腻；而有的人情感较冷淡、麻木等。这如同世界上很难找到两片完全相同的叶子一样，也很难找到两个完全相同的人。

强调个性的独特性，并不排除个性的共同性。个性的共同性是指某一群体、某个阶层或某个民族在一定的群体环境、生活环境、自然环境中形成的共同的、典型的心理特点。正是个性具有的独特性和共同性才组成了一个人复杂的心理面貌。

5.1.2 个性理论

有关个性的理论很多，这里我们主要介绍在消费者行为和个性的关系研究中起着比较重要作用的几种理论。

1）卡特尔人格理论

美国心理学家卡特尔根据自己的研究，确定人格包含十六种根源特质。于是他把十六种因素在某些情况下可能产生的表现编成十六组，每组包括十几个问题的试卷。每个问题有三个答案，供被试选用。然后根据被试得分进行统计处理，找出被试的人格特质。这就是卡特尔的《十六种人格因素测验》（简称P·E）。

卡特尔的十六种人格因素特质是：（A）乐群性；（B）聪慧性；（C）情绪稳定性；（E）好强性；（F）兴奋性；（G）有恒性；（H）敢为性；（I）敏感性；（L）怀疑性；（M）幻想性；（N）世故性；（O）忧虑性；（Q1）激进性；（Q2）独立性；（Q3）自律性；（Q4）紧张性。

2）精神分析理论

在所有的人格理论中，内容最复杂而且影响最大的是弗洛伊德创立的精神分析理论

（也称心理分析理论）。弗洛伊德的精神分析理论不仅对心理学本身产生了巨大的影响，甚至可以说，20世纪人类文化的每一个方面，几乎都受到精神分析理论的影响。正因为精神分析理论的影响太大，同时也由于该理论本身的局限性，引起了很多学者的批评与研究，并形成了所谓新精神分析学派。所以后人把精神分析理论分为经典的（弗洛伊德的）精神分析理论与新精神分析理论两种。

弗洛伊德的人格理论，主要可以分为两大主题：人格结构与人格发展。这里我们主要介绍弗洛伊德的人格结构。

在弗洛伊德看来，人格是一个整体，在这个整体之内包含着彼此关联且相互作用的三个部分，分别称为本我、自我和超我。由这三个部分的交互作用而产生的内驱力，支配了个人所有的行为。

（1）本我

本我是人格结构中最原始的部分，是遗传下来的本能。本我之内包含着一些生物性的或本能性的冲动（最原始的动机），其中又以性的冲动和破坏性冲动为主，这些动机就是推动个人行为的原始动力。弗洛伊德把这种原始动力称作"里比多"。外在的或内在的刺激都有可能促使里比多增加，而里比多增加时就会增加个人的紧张与不安。为了减低紧张，本我要求立即满足需求以发泄原始的冲动。所以本我是受"快乐原则"支配的，由本我支配的行为不但不受社会规范、道德标准的约束，甚至由本我支配的一切都是潜意识的。

（2）自我

自我是个体在与环境的接触中由本我发展而来的。在本我阶段因为个体的原始性冲动需要获得满足，就必须与周围的现实世界相接触，从而形成自我适应现实环境的作用。例如，因为饥饿而使本我有原始性的求食冲动，但是哪里有食物以及如何取得食物等现实问题，必须靠自我与现实接触才能解决。因此，人格的自我部分是受"现实原则"所支配的。自我介于本我与超我之间，它的主要功能有以下几方面：一是获得基本需要的满足以维持个体的生存；二是调节本我的原始需要以符合现实环境的条件；三是管制不为超我所接受的冲动；四是调节并解决本我与超我之间的冲突。由此可见，自我是人格结构中的主要部分。

（3）超我

超我是在人格结构中居于管制地位的最高部分，是由于个人在社会化的过程中将社会规范、道德标准、价值判断等内化之后形成的结果。平常所说的良心、良知、理性等，都是超我的功能。本我寻求快乐，自我考虑到现实环境的限制，超我则明察是非善恶。所以，超我是本我与自我的监督者，它的主要功能有：管制社会所不接受的原始冲动；诱导自我使其能以合于社会规范的目标代替较低的现实目标；使个人向理想努力达成完美的人格。

本我、自我、超我三者不是完全独立的，而是彼此交互作用而构成人格整体。一个正常的人，其人格中的这三个部分经常是彼此平衡而和谐的。本我的冲动应该有机会在合于现实的条件下，并在社会规范许可的范围内，获得适当的满足。

3）自我论

自我论是20世纪50年代以来发展起来的一种个性理论。这里的"自我"，是指个体

学习微平台

微课 5-1

对自我心理现象的全部经验，它是描述性的，而不是像精神分析学说那样是动力的和解释性的。自我论的主要代表人物有罗杰斯和马斯洛。这里简单介绍一下马斯洛的观点。

马斯洛认为，心理学不应该只偏重研究挫折、冲突、焦虑、仇视等属于异常者的行为，更应该对正常人的欢愉、鼓舞、爱情、幸福等健康生活上的问题加以研究。马斯洛对人类行为持乐观的看法，他认为人类不像动物那样行为方式主要靠本能的支配，人类的行为受环境及社会文化影响而有很大的可变性。

马斯洛的个性理论，主要讨论两方面的问题，一方面讨论人类动机的发展，另一方面讨论自我实现者的个性特征。马斯洛把动机称为需要，又按需要的性质和彼此间的关系，排列为五个层次，其中自我实现的需要是最高层次的需要。

总之，强调以人为本的自我论，将个性心理学的研究带入了一个新的境界。自我论改造了特质论者的支离与精神分析论者的病态观的缺点，它重视整个的人、健康的人，使个性心理学的研究范围扩大，研究的目标更高。

4）人格状态理论

1964年加拿大临床心理医生埃里克·伯恩博士在其专著《人们玩的游戏》一书中，提出了一种新的人格结构理论。该理论把人格分成三个部分，或者说人格是由三种自我状态构成的，它们分别是"儿童自我状态"、"成人自我状态"和"父母自我状态"。

（1）儿童自我状态

一个人最初形成的自我状态就是儿童自我状态。儿童自我状态由自然的情感、思维和行为构成。一个人按他的儿童自我状态行动时，他或者想怎么干就怎么干，这叫作自然儿童自我状态；或者按他小时候所受的训练来行动，这称为顺应儿童自我状态。

儿童自我状态是一个人的人格中感受挫折、不适当、无依无靠、欢乐等情感的那一部分。此外，儿童自我状态也是好奇心、创造性、想象力、自发性、冲动性和新发现引起的激动等的源泉。儿童自我状态负责人们完全不受压抑的、表面可笑的、天真烂漫的行为以及自然的言行。

儿童自我状态是人格中主管情感和情绪的部分。人们的欲求、需要和欲望大部分也由儿童自我状态掌管。每当一个人感到自己需要什么东西时，他的儿童自我状态就表达了他的愿望。比如："我还想吃一块糖"或者"我还没玩够"。可见，儿童自我状态表现出来的多是原始的、具有动机或动力性的东西。如果一个人的儿童自我状态疲弱，那么他就是一个缺乏活力的、刻板的人。

（2）成人自我状态

成人自我状态是人格中支配理性思维和信息的客观处理的部分。成人自我状态掌管理性的、非感情用事的、较客观的行为。当一个人的成人自我状态起主导作用时，他待人接物比较冷静，处事谨慎，尊重别人。这种状态支配下的人，说话办事逻辑性强，喜欢探究为什么、怎么样等。

（3）父母自我状态

父母自我状态是人们通过模仿自己的父母或其他在其心目中具有父母一样权威的人物而获得的态度和行为方式。父母自我状态提供一个人有关观点、是非、怎么办等方面的信息。

父母自我状态以权威和优越感为标志，是一个"照章办事"的行为决策者，通常以居高临下的方式表现出来。父母自我状态具有两面性：一方面是慈母式的，如同情、安慰，另一方面是严父式的，如批评、命令。父母自我状态告诉人们应该怎样，也帮助人们分清功过是非。

在一个心理健康的人身上，这三种自我状态处在协调、平衡的关系中，三者都在发挥作用。在不同的情境中，有时是他的儿童自我状态起主导作用，有时是他的成人自我状态起主导作用，而有时是他的父母自我状态在支配着他的行为。哪种自我状态起主导作用，要视当时的具体情况而定。

【同步思考5-1】

问题：埃里克·伯恩博士的这三种自我状态大体上和本节有关人格理论的哪个理论相对应？

理解要点：埃里克·伯恩博士的这三种自我状态大体上与弗洛伊德的"超我"、"自我"和"本我"相对应。但是它们之间也有一定的区别。

5.1.3 消费者个性类型分析与服务对策

关于个性类型的划分有两种方式，一种是基于纯心理学理论研究的成果，例如，内倾或外倾、内控型或外控型等。另一种是从应用的角度划分的个性类型。

本书主要介绍从应用的角度划分的个性类型。

根据消费者在购买活动中的表现，可以把消费者划分为以下几种类型。

1）D型顾客（要求型顾客，Demanding Customer）

（1）D型顾客的特点

要求型顾客就是那种畅言无忌的顾客。当他们遇到想要的东西，便会马上买下来。但某种服务在他们看来如果不到位的话，或者如果他们遇到什么问题的话，他们会马上同你争吵。这种顾客比较好战、容易惹麻烦。

研究表明，18%的顾客属于这种类型。他们总是在驱使他人，注重事情的结果，而且希望别人也如此。他们不注意细节，而且非常容易烦躁。如果你就某个技术故障做长篇的解释，他们连听第二句的耐心都没有。他们不在意事情的原委，而只注重事情的结果，而且他们要什么，就要马上得到。

（2）D型顾客的辨认

D型顾客的爱好溢于言表。他们对自己的身份很敏感。购买商品时，他们要最好的。他们的服装体现时尚，而且价格很高。他们常富有竞争力，而且希望获胜。他们不喜欢细节，很愿意读经营方面的书。

由于具有D型特征的人把自己视为"宇宙的中心"，他们总是占据很大的空间，他们步履轻快，行为果敢，走在路上会把没有用的东西都踢开。如果D型的人执行某种任务正朝你走来，赶快闪开，否则你会被撞到一边。对于D型人来说，他们的任务或正在做的事情是唯一重要的，至少他们是这样认为的。他们总是把身体的重心放在腿上，以便随时冲出去，执行任务。

（3）如何与D型顾客交往

如果你正在为一个D型顾客服务，握手时一定要有力，正面注视着他，身体稍微靠前（但要保持应有的距离）。他们不愿意与软弱的人打交道，他们愿意与了解他们的坚强、自信的人打交道，因此在与他们接触时一定要把这点表现出来。

与D型顾客讲话时，要直截了当。声音要洪亮，表达要清楚、自信、直接。你的步履节奏要快，行动要雷厉风行，仿佛你正在采取措施和行动。

成功地与D型顾客交谈的词汇：快、马上、现在、今天、利益、底线、取胜、结果。表5-1列举了与D型顾客交往时应做的和不应做的。

表5-1　　　　　　　　　　　　与D型顾客交往时应做的和不应做的

应做的	不应做的
清楚、具体、击中实质	漫不经心，浪费时间
有所准备、安排有序	没有组织，丢三落四
抓住问题，不跑题	闲聊、传谣
提供的事实有逻辑性	模糊不清，漏洞百出
问具体问题	办事带有个人色彩
给出选择	替他们做决定

2）I型顾客（影响型顾客，Influential Customer）

（1）I型顾客的特点

影响型顾客非常健谈。他们有一种与人交往并能得到肯定的强烈愿望。因此他们非常乐观，说话有说服力，有鼓舞性，对人非常信任。他们的谈话充满热情，脸上总是带着微笑，当然希望你也这样。

（2）I型顾客的辨认

I型性格的人脸上总是带着微笑，非常健谈，也非常注重外表。I型性格的人喜欢读描写人物的书，喜欢事情正在进行时的气氛。I型性格的人很容易辨认，走路时他们会停下与人打招呼，喜欢观察所有的事情。如果他们走路时撞到你身上，那是因为他们的注意力正集中在其他的人和事情上。I型性格的人总是迟到，谈话总是跑题，不是因为他们心不在焉，而是因为他们更喜欢的是交往，而不是谈话的主题。他们打电话时喋喋不休，热情洋溢。

（3）如何与I型顾客交往

I型顾客喜欢有感染力的手势。他们讲话时，你要面带微笑，离他们近些，使他们感到你对他们的接受。由于I型顾客讲话富有表情，同他们讲话时也要富有表情，这样他们才会注意听你讲话。你的声调应该显示出你的友好、热情、精力充沛、有说服力；讲话时音调要有高低变化，语言要富有色彩；讲话时节奏要快，并多用手势。

成功地与I型顾客交谈的词汇：乐趣、我觉得、你看起来非常漂亮、最现代的、承认、最新的、太棒了、太好了。表5-2列举了与I型顾客交往时应做的和不应做的。

表5-2　　　　　　　　　　　　与I型顾客交往时应做的和不应做的

应做的	不应做的
让他们畅谈自己的想法	做事时太恪守方式，不采取行动
谈论人及他们的目标	讲话太简短，不爱讲话
询问他们的看法	注重事实、数据
告诉你的观点	不做决定
提供证据	讲话时显得高人一等
刺激他们的冒险欲望	陷入谈话的圈套，花太多时间交谈

3）S型顾客（稳定型顾客，Steady Customer）

（1）S型顾客的特点

稳定型顾客很能包容。即使是商品有问题而使他们感到很不方便，他们也不会用抱怨的方式来麻烦你。S型顾客有耐心，随和，有逻辑性和条理性。他们讨厌变化，因为他们不想让什么事打断他们最初的生活秩序。在为S型顾客服务时，一定要让他们有稳定感。

40%的顾客属于S型顾客。S型性格的人总是能努力多做工作，甚至是别人的工作。事实上，即使S型顾客不真正购买商品，他们也会为其他顾客考虑。

（2）S型顾客的辨认

他们性格随和，衣着随便，购物时喜欢去自己熟悉、觉得可靠的地方。如果不是你把事情搞糟，或是伤了他们的感情的话，他们很有可能成为你终身的客户。

（3）如何与S型顾客交往

因为S型顾客随和，不喜欢变化，站在他们面前时应该身体靠后，全身放松，手势的幅度要小，要创造一种安静的气氛。你讲话的语调应该温和、镇定，音调要低，语速要慢，行动要有节奏，就像对待一个婴儿一样温柔、体贴。

成功地与S型顾客交谈的词汇：考虑一下、别急、信任、保证、诺言、安全、可靠、保守、稳定、让我帮助你。表5-3列举了与S型顾客交往时应做的和不应做的。

表5-3　　　　　　　　　　　与S型顾客交往时应做的和不应做的

应做的	不应做的
用个人的评论开始谈话	单刀直入进入实质
表现出对他们的真诚	简单地摆事实
耐心倾听，要有反应	要求尽快答复
提出你的观点时应有逻辑性	威胁或要求
随便、非正式地提出建议	鲁莽、速度太快
避免伤害他们的感情	打断他们
对他们做出保证	把他们的接受误认为满意
给他们时间思考	强迫他们迅速做出决定

4）C型顾客（恭顺型顾客，Compliant Customer）

（1）C型顾客的特点

C型顾客是完美主义者，他们希望一切都是精确的、有条理的、准确无误的。他们天性认真，做事讲究谋略，严格认真，一丝不苟。要想使C型顾客满意，你必须掌握所有的事实和数据。C型顾客严格遵守规定，如果你在政策或做法上稍有偏误，他们马上就会让你知道。14%的顾客属于C型。

（2）C型顾客的辨认

C型顾客的脸上总是面无表情，你不知道他们在想什么。他们性格保守，这从他们的衣着就能看出。他们喜欢自己动手。

如果路上有什么挡道的话，C型性格的人极不情愿将它们搬走，最后只有经过各种解决办法的分析、推理和权衡后，他们才可能把东西搬走。站着时，他们喜欢把双臂抱在胸前，一只手放在下巴上好像在思考，事实上他们也总是在思考问题。

（3）如何与 C 型顾客交往

不要有任何身体接触，也不要挨他们太近，只需站在对面，让他们能看见你。站立时，身体重心要放在脚后跟，眼睛注视对方，少用或不用手势。

和 C 型顾客交谈，你的语调一定要控制，不要起伏太大，他们对过分的反应会起疑心。讲话时要直接而简洁，语速要慢，行动也要慢，并且显出是经过深思熟虑后采取的行动。

成功地与 C 型顾客交谈的词汇：证据、证明、保证、没有冒险、研究表明、数据表明、没有责任、这些都是事实、信息、分析、思考一下。表5-4列举了与 C 型顾客交往时应做的和不应做的。

表5-4　　　　　　　　　　　与 C 型顾客交往时应做的和不应做的

应做的	不应做的
有所准备	没有组织，乱七八糟
考虑问题的所有方面	强迫他们迅速做出决定
具体说明你所能做的事情	模糊不清
树立时间观念	许诺太多
引用名人的数字和事实	太重感情
给他们时间做决定	出其不意
留给他们空间	身体接触

【教学互动5-1】

互动问题：假设你是某商场的营业员，现在有上述四种类型的消费者要买同一个产品。

①你将怎样区分他们？

②你会怎样接待他们？

互动要求：同"教学互动1-1"的"互动要求"。

【经典实验5-1】

个性内向的人，"假装"外向会更快乐？

个性的内向与外向本无对错，但在流行文化中，与个性外向有关的形容词常常更具表扬意味，而且从心理学的角度来看，性格特征与人们的幸福感也有关系。最新研究表明，性格内向的人如果"假装"外向，会感觉更加快乐。

上述建议来自一项前所未有的研究，该研究要求人们在较长时间内像外向者那样行事。研究人员要求123名参与者在一周内，超越自我意愿参加活动，像外向者那样为人处世。另一周里，研究人员要求这群人像内向者那样行事。

加州大学里弗赛德分校的研究人员柳博米尔斯基说："研究表明，对很多人来说，改变社会行为是可以实现的目标，外向的行为方式会增进幸福感。"柳博米尔斯基是一位心理学家，也是该研究的合著者之一。"外向"在美国文化中是一种受到褒奖的个性特征，这也是该研究面临的最初挑战，即假定外向的个性特征是最好的。同外向有关的很多形容词比同内向有关的形容词更有表扬意味。相比"沉默寡言"这类词汇，大部分人更喜欢同"活力四射"等词语联系在一起。

因此，柳博米尔斯基的团队找出了一些含义最为中性的词汇。同外向相关的形容词是"健谈"、"坚定自信"和"自发"。同内向相关的形容词是"深思熟虑"、"安静"和"保守"。

接下来，研究人员告诉"表现内向"组和"表现外向"组的参与者，此前研究发现，每种行为方式对大学生都是有益的。

最后，研究人员让参与者尽可能变得"健谈"、"坚定自信"和"自发"。之后，研究人员又让同一组参与者保持"深思熟虑"、"安静"和"保守"，反之亦然。研究人员每周三次通过电子邮件提醒参与者改变行为方式。

研究人员使用多种方式衡量了参与者的幸福感，参与者在外向行为周后表示感觉更幸福，而在内向行为周后表示幸福感减少。有趣的是，假装外向的人没有报告不适或不良反应。

柳博米尔斯基说："结果表明，人为增加外向行为可以极大提升幸福感。人为操纵个性相关行为长达一周或许比过去料想得更容易，而结果可能非常给力，令人意外。"

资料来源　中国日报网. 性格内向者"假装"外向会更快乐［EB/OL］.（2019-09-20）. http://language.chinadaily.com.cn/a/201909/20/WS5d845981a310cf3e3556c9c5.html.

5.1.4　品牌个性

品牌是一个大的概念，不仅包括产品本身（名称、功能、质量、商标），还包括品牌概念（品牌核心理念、产品概念）和品牌服务（服务人员塑造、服务质量、服务项目）。比如谈到海尔，我们就会想到"真诚到永远"的海尔口号、卡通形象"海尔兄弟"、优质服务、跨国公司，如果对公司有深入了解，还会感受到创新、竞争、团队合作的企业文化。

品牌个性就是品牌的独特气质和特点，是品牌的人性化表现。品牌是由诸多要素组合而成的，消费者最初只能认识到品牌的名称、标识、口号等视觉效果的东西，当品牌进入成熟期后，产品和品牌理念都已经比较稳定，消费群体也相对稳定，这时品牌就像一个人从不成熟走向成熟一样，具有了自己的独特气质和特点，也就是品牌的个性。品牌具有了个性，也就是成熟的表现，同时也会吸引那些"臭味相投"的消费者，形成认同自己个性的消费群体，并形成忠诚度。比如年轻人都喜欢喝可口可乐，因为它代表着活力、激情，跟自己的个性比较符合；成功的商业人士都喜欢坐奔驰车，因为它代表着大气、稳重、高档、高品位。

1）品牌个性的核心价值

品牌具有价值，是企业最宝贵的无形资产。但品牌的价值从何而来？实际上，品牌的价值存在于消费者的意识里，可以说，产品是由厂商生产的，而品牌却是消费者创造的，是消费者造就了品牌。在消费者眼里品牌不仅仅代表某种产品，它实际上是其微妙的心理需求的折射。由此可见，品牌个性是品牌价值的核心，要提升品牌价值就必须塑造出鲜明的品牌个性。具体来说，品牌个性具有以下这些价值：

（1）品牌个性的人性化价值

品牌个性是品牌的人性化表现，是品牌人格化后所显示出的独特性，一个品牌如果没有人性化的含义和象征，那么这个品牌就失去了其个性。品牌个性是吸引人类意识的

主要原因，人类喜欢有人情味的东西。如果能够为品牌创造一种个性，满足消费者的情感需求，就更容易打动消费者，品牌就会成长。如同人际关系会发展一样，往往正是这种情感方面的因素，促进了消费者对品牌的忠诚。品牌个性能够与消费者的需求和价值观相契合，从而使品牌得到发展。

（2）品牌个性的购买动机价值

明晰的品牌个性可以解释人们购买这个品牌的产品的原因，也可以解释人们不购买另外品牌的产品的原因。品牌个性赋予消费者一些逼真的东西，这些东西会超越品牌定位；品牌个性也使品牌在消费者眼里活起来，这些元素能够超越产品的物理性能。正是品牌个性所传递的人性化的内容，使得消费者试着接受一种产品，下意识地把自己与一个品牌联系起来，不再选择其他品牌。品牌个性切合了消费者内心最深层次的感受，以人性化的表达触发了消费者的潜在动机，从而使他选择那些独具个性的品牌。可以说，品牌个性是消费者购买的动机触动器。

（3）品牌个性的差异化价值

品牌个性最能代表一个品牌与其他品牌的差异性。差异性是现今品牌繁杂的市场上最重要的优势来源。没有差异性，一个品牌很难在市场上脱颖而出。国内许多厂商都喜欢用产品属性来展示其差异性，但这种建立在产品上的差异性很难保持。因为产品的差异性是基于技术的，一般比较容易仿效。而由品牌个性建立起来的差异则深入到消费者的意识中，它提供了最重要、最牢固的差异化优势。个性给品牌一个脱颖而出的机会，并在消费者头脑中保留自己的位置。塑造不同的品牌个性是七喜公司营销的诀窍。几十年来，七喜建立了"非可乐"的品牌定位，但却与品牌个性不一致。后来，七喜利用了这点不一致，针对美国人逐渐不喜欢可乐作为清新饮料的情况，夺取了很大的市场份额。它宣传的主题是："您想尝尝别的味道？只有一种！"七喜"爽点"的特征，强化了它的反偶像的品牌个性，同时也发出了颇有竞争性的品牌定位提示，加强了七喜品牌的差异化价值。

2）品牌个性的来源

品牌个性作为品牌的核心价值，是构成品牌力的重要组成部分。因此塑造品牌个性就成为企业品牌管理人员的重要任务。品牌个性的形成是长期有意识培育的结果，它的形成大部分来自情感方面，少部分来自逻辑思维。因为品牌个性反映的是消费者对品牌的感觉，或者品牌带给消费者的感觉。品牌个性可以来自与品牌有关的所有方面。以下是品牌个性来源的重要方面：

（1）产品自身的表现

产品是品牌行为的最重要的载体，企业产品本身的发展随着在市场上的展开而逐渐广为人知，从而形成自身鲜明的个性。英特尔的CPU产品以极快的速度推陈出新，该公司的创新品质形成英特尔最重要的品牌个性，使得电脑用户趋之若鹜，造就了英特尔巨大的品牌价值。

（2）品牌的使用者

由于一群具有类似背景的消费者经常使用某一品牌，久而久之，这群使用者共有的个性就被附着在该品牌上，从而形成该品牌稳定的个性。

（3）品牌的创始人

由于企业的不断发展，其创始人的名声渐渐广为人知，如此，创始人的品质就会成为该品牌的个性。近年来，品牌个性化的一个趋势，是用创始人的形象来做品牌的背书。简单来说，公司和品牌本身就是创始人意志的延伸，创始人担任品牌代言人，可以把抽象的品牌转化为具象、可感的"人"的形象，拉近用户与品牌的距离。

比如，褚橙的代言人就是它的创始人——褚时健。这位往日的"中国烟草大王"，曾亲手打造红塔集团的黄金时代，也经历过被判无期徒刑的人生低谷，但他在74岁高龄毅然携妻种橙，最终创造了"褚橙"的传奇。吃一口褚橙，不仅是为了汁多皮薄的感受，更是对褚老励志精神的追求。用户在为这份精神买单的同时，潜意识里也在表明，我也是（我也想成为）这样一个不屈不挠的人。

与此同时，乔布斯追求极致的精神，让大家对苹果手机趋之若鹜；小米以雷军为代表的发烧、实惠的品牌人格，为其带来了巨大的销量；罗振宇的"有种、有料、有趣"，让更多人知道了"罗辑思维"。美国营销大师菲利普·科特勒说：一个成功的个性形象已经是最好的公关。

（4）品牌的代言人

借助于名人，也可以塑造品牌个性。通过这种方式，品牌代言人的品质可以传递给品牌。

品牌代言人之所以有用，有三个原因：一是名人本身具备某种人设，这种形象会因为粉丝爱屋及乌，形成联想迁移到品牌上，从而赋予品牌个性和性格；二是名人本身代表着信任和实力，具有背书作用，让消费者对品牌更加信赖；三是名人作为公众人物，本身就拥有庞大的粉丝群，可以为品牌输入客观的流量，转化为品牌的拥趸。

所以，品牌要选择合适的代言人，需要注意以下几点：

首先，要考虑代言人与品牌个性的匹配。代言人并不是越出名越好，还要看其人设，其与品牌是不是"同路人"。2020年，岳云鹏被老乡鸡董事长隔空求代言，岳云鹏喜乐、亲民、接地气的形象，与老乡鸡亲切、乡土、轻松的气质很好地匹配，各种土味梗海报玩得飞起，被网友称为"神仙级CP"。

其次，要考虑代言人与品牌策略的匹配。如果品牌要扩大知名度、以吸引流量为主，可以选择大众化的流量明星；如果是强化品牌内涵，可以选择那种个性明显的明星；如果老品牌需要年轻化，则可以选择潮酷的年轻明星。比如完美日记签约周迅为代言人，就是为了配合品牌向更高端升级的策略，通过周迅在高端、知性的中年女性群体中的影响力，将消费人群拓展至更大众化、年龄段更广的人群。

再次，品牌代言人不能生硬地搭配，最好与品牌进行深度的融合，从明星性格、处境乃至名字等多个角度，让代言人与品牌的个性、价值观深度融合，浑然一体。有时候，明星处于人生失意阶段，如果结合得好，也可以起到非凡的双赢效果。比如，2008年刘翔遭遇了人生巅峰后的最大挫折，因为脚伤不得不从奥运会退赛，令多家赞助商蒙受巨大损失，这给刘翔的商业前景蒙上阴影。此时此刻，可口可乐等公司发表声明支持刘翔，称与他的合作关系不会因此发生改变。同时，可口可乐在刘翔前往美国治疗脚伤之前，安排了刘翔和他的父亲一起拍摄了一组广告，在片中两人尽显父子亲情，广告内容真诚而走心，刘翔父亲在广告中说"这不过是又一个栏而已"，从另一个角度诠释了体育精神，可口可乐和刘翔的形象都得到提升。

最后，要预先考察和防范代言可能出现的风险。代言人的性格、为人、负面事件、意外情况、发展前景等因素，都可能引发不良事件，让品牌遭遇"连坐"的伤害。近年来负面艺人"翻车"现象屡见不鲜，就是活生生的例子。对此，品牌要在合作前，就认真评估代言人的性格和口碑，了解其过往的负面事件，并客观地预测其未来的发展前景。很多时候，一些突然爆红的明星，却可能在短时间内迅速过气，在其最红时高价签约，而后面商业价值可能一落千丈，这是要注意防范的。

[职业素养5-1]

老乡鸡良好的创始人形象

背景与情境： 2023年是老乡鸡品牌成立的20周年。为感谢父老乡亲的支持，老乡鸡董事长束从轩霸气放话："10月8日中午，我请全国人民吃鸡"。

据悉，这次老乡鸡请客吃午餐，是董事长束从轩想出来的点子。事实上，这并不是老乡鸡第一次请客吃饭。"请客营销"也只是老乡鸡花式营销中的一种。

不同于一般品牌，老乡鸡成功的一大特色，在于特别打造了"董事长IP"。和人们印象中的高冷总裁不同，老乡鸡创始人束从轩每每都是以亲切、接地气的形象出现在公众场合，提高了路人缘。他顺应潮流，既能唱跳Rap，一段刘畊宏减肥操也说来就来，还能一本正经地教你分辨笨鸡蛋和其他鸡蛋之间的细微差别。

资料来源　晏涛. 又被老乡鸡刷屏了！长文拆解老乡鸡的"流量密码"[EB/OL]. [2023-10-12]. https://www.163.com/dy/article/IGS7N2EG051993MA.html?spss=dy_author.经过改编.

问题： 老乡鸡是如何塑造和利用创始人的形象的？

价值引领： 打造董事长IP，可以帮助品牌塑造人格化，与消费者建立信任与亲密感。某种程度上，束从轩的董事长IP，是老乡鸡赢得路人缘的关键所在。他亲自抓各项管理、装修、服务工作，事事亲力亲为，在创业的头16年中，他只休息了13天。

5.1.5　品牌人设

在信息单一的时代，传统的营销方式成就了一个又一个品牌，比如通过大量投放电视广告就能迅速打响品牌知名度。随着互联网渗入到人们的生活中，品牌传播的成本越来越高，原来的那套营销方式好像不奏效了。如今，人们越来越认为品牌需要温度，需要故事和内容，需要可以分享的社交货币，甚至需要个性化的"人设"。

"人设"是"人物设定"的简称，这个概念来自动漫，在动漫创作中，需要首先规划设计好每个人物的大致轮廓，包括人物的基本设定：姓名、年龄、身高等，还有就是出生背景、成长背景设定以及个性、兴趣等，简单来说就是创造一个完整的人物。后来这个概念延伸到娱乐圈，被运用到偶像的制造当中，无论是新艺人还是老艺人，都必须有清晰而讨好大众的人设，比如靳东、霍建华的"老干部"人设，鹿晗的"小鲜肉"人设等。

品牌人设就是一个品牌的标签，它使品牌个性更加鲜明，更容易被消费者识别和记住，同时也能凭借人设圈粉。换句话说，打造品牌人设就是定位理论中所谓的"抢占用户心智"。

如今，打造"人设"基本上已经成为营销界的一个共识，包括许多传统品牌也开始行动起来，并且在这条路上越走越远。比如农夫山泉与故宫、网易云音乐等跨界打造的个性包装瓶，还有天猫策划的一系列"国潮行动"，吸引了老干妈、六神花露水等众多传统品牌的参与。

事实证明，具备鲜明"人设"的品牌更受消费者欢迎，也更容易在社交媒体上引发互动传播。但如何才能打造一个成功的人设呢？

首先，"人设"定位要准确有效。建立定位的好处在于当消费者产生购买需求的时候，能第一时间想到你，比如当你吃火锅上火了，会第一时间想到加多宝，因为其定位就是去火凉茶，这就是定位的好处。

其次，品牌内容化，内容人格化。定位确定之后，还需要长期输出内容，微博和微信等官方渠道要与粉丝形成互动，维持粉丝黏性，一个品牌的成功离不开长期的经营，比如江小白、杜蕾斯就是靠着长期的优质文案征服受众的。同理，人设也是一步步建立起来的，没有一劳永逸的方式。就拿太二酸菜鱼来说，品牌故事就是老板认真做鱼，因为忘记开门、甚至连店名都没想好，被顾客笑话太傻太"二"，所以才取名"太二"，这样的品牌故事不仅让品牌名深入人心，同时也利于流传，加强品牌知名度。

再次，品牌人设要从目标顾客的喜好入手，构建起独特的品牌文化。打造品牌人设的最终目的，还是迎合消费者，因此品牌营销方式应贴合目标消费者的喜好，以他们喜爱的方式做营销。比如，年轻人喜欢什么？无疑是有趣、个性、颜值高和有社交属性的产品。卫龙和暴漫跨界合作，将品牌打造成好玩、有趣、符合年轻人特性的形象，用线上互联网的玩法跟大家玩起来，扩大了品牌认知度。

最后，切不可为博眼球而打擦边球，违背主流价值观。品牌建立人设的目的是将品牌形象生动化，让用户能够迅速联想与记忆，但是最主要的还是要打造好产品，否则产品质量不过关，人设就不能立住。因此，品牌切不可为博眼球打擦边球，违背主流价值观。"三鹿"一度是民族品牌的骄傲，可是"三聚氰胺"事件让"三鹿"的口碑一下子崩了，再难扭转受众对它的印象。所以，品牌人设的经营离不开产品质量的打造。

【小资料5-1】

可口可乐和百事可乐的品牌人设

同样是可乐，在国内，可口可乐和百事可乐塑造的品牌个性形象截然不同。可口可乐在中国的广告语：

1983年：这就是可口可乐

1989年：挡不住的感觉

2003年：抓住这感觉

2006年：每一个回家的方向都有可口可乐

2007年：要爽由自己

2011年：可口可乐 爽动美味

2015年：团圆年味 就是要可口可乐

不同于可口可乐，百事可乐的目标消费主力为年轻人，品牌传播最为直观而有效的方法，就是启动新生代喜欢的超级巨星做形象代言人，品牌理念也更具差异化。百事可乐认为年轻人对所有事物都有所追求，比如音乐、运动，因此提出了"渴望无限"的广告语。此外，还提倡年轻人做出"新一代的选择"——那，就是喝百事可乐！可见百事可乐品牌塑造的是年轻、活力、激情四射的品牌人设。

可口可乐从品牌口号提炼，到邀请多位中国运动员做代言人，还有红红火火的广告品牌营销策划，一片团圆和睦，其塑造的是贴近中国的、传统的、快乐的品牌"人设"。

【同步案例 5-1】

越"二"越多人喜欢的太二酸菜鱼

背景与情境：太二酸菜鱼的老板当初认真做鱼，因为忘记开门，甚至连店名都没想好，被顾客笑话太傻太"二"，所以才取名"太二"。作为营销专家口中价值过亿的品牌名称，"太二"的价值体现于品牌名称本身吗？不是，它更大的价值体现于围绕着品牌名称不断渲染的"二"人设。

太二酸菜鱼的口号是"酸菜比鱼好吃"，店内规定，不接待 4 人以上的用餐群体；不拼桌、不加位；原本不外卖，疫情期间开通外卖了还要"限时"……网友用"奇葩""变态"等词汇"贴切"形容太二酸菜鱼。但网友口中的"奇葩""变态"用在太二身上却不是贬义词，而是一种亲切的调侃。带点自娱精神，有点"调皮"的太二酸菜鱼恰好对上了年轻人的"调调"。"二"人设的包装，"二"文化的宣传，以及消费者对于这种新奇文化的自发传播，让太二很快形成了独特的品牌调性，同时也架起了与消费者"相互调侃"的桥梁。

问题：你如何理解太二酸菜鱼的"二"人设？

分析提示：从当初太二酸菜鱼的起名到如今一系列的"二"文化，这个品牌故事成功地打造了自己的品牌人设，不仅让品牌名深入人心，利于流传，品牌知名度加强，而且更符合年轻人喜欢有趣、个性的心理，贴合年轻人的喜好。

5.2 消费者的自我意识

每个人都有自我意识，它是个体通过与父母、同伴、老师及其他重要人物的相互作用而形成的。一个人的自我意识对他自己来说是非常重要的。自我意识与生活方式有着非常密切的关系，在很多情况下，生活方式就是一个人自我意识的外在表述。换句话说，在一定的经济收入和能力条件下，一个人所选择的生活方式在很大程度上受他的自我意识的影响。

从心理学的角度来看，自我意识是隐藏在个体内心深处的心理结构，是个体意识发展的高级阶段，是人格的自我调控系统。个体正是通过自我意识来认识和调控自己，在环境中获得动态平衡，求得独特发展的。

5.2.1 自我意识的含义

自我意识是个体对有关自己一切方面的知觉、了解和感受的总和，是指自己可意识到的执行思考、感觉、判断的部分。它涉及"我是谁""我是什么样的人""我应该是什么样的人"等一些基本的价值判断，如一个人对自己身高、体重的了解，对自己个性特点的认识，对自己行为的反思和自知等。概括地说，自我意识包括个体对自身的意识和对自身与周围环境的关系的意识两个方面。

5.2.2　自我意识的特点

自我意识具有如下几个方面的特点：

（1）自我意识是习得的而不是天生的

心理学研究表明，在生命降生之初，婴儿是没有自我意识的。个体自我意识从发生、发展到成熟，大约需要20年的时间。

（2）自我意识具有相当的稳定性和持久性

人的自我意识一旦形成以后，就具有相对的稳定性和持久性，除非发生重大的生活变化，否则是很难改变的。

（3）自我意识具有一定的目的性

自我意识在很大程度上对一个人的自我起到保护和加强作用。自我意识虽然是隐藏在内心深处的心理结构，但它具有很强的自我防御功能，一旦受到侵害，就会本能地做出反应，所以，我们轻易不要攻击别人的信仰，免得自讨没趣。

（4）自我意识具有独特性

每个人的自我意识都是独特的，当然，在不同的条件下人们可能受不同的自我意识的影响。比如，在有些情况下人们主要看重生理的自我，而在另一些情况下人们对社会的自我更在意。

5.2.3　消费者自我意识结构分析

自我意识是一个具有多维度、多层次的复杂心理系统，可以从形式和内容上对它进行分析。

1）自我认识、自我体验和自我调控

从形式上看，自我意识表现为认知的、情感的、意志的三种形式，分别称为自我认识、自我体验和自我调控。

自我认识是自我意识的认知成分，指消费者对生理自我（如身高、体重）、心理自我（如思维活动、个性特征等）和社会自我（如人际关系）的认识。它包括自我感觉、自我观察、自我分析和自我评价等。

自我体验是自我意识的情感成分，在自我认识的基础上产生，反映消费者对自己所持的态度。它包括自我感受、自尊、自信、成就感、内疚、自豪感等。

自我调控是自我意识的意志成分，指消费者对自己行为与心理活动的自我作用过程。它包括自立、自主、自律、自我控制和自我教育等层次。

2）生理自我、社会自我和心理自我

从内容上，可以把消费者的自我意识分为生理自我、社会自我和心理自我。

生理自我，是指消费者对自己的生理属性的认识，包括对自己的身体、容貌等方面的认识。消费者对化妆品、服装、健身器材等的消费，就是生理自我的表现。

社会自我，是指消费者对自己的社会属性的意识，包括对自己在各种社会关系中的角色、地位、权利等方面的意识。因此，别人看待他的方式或者他认为别人看待他的方式能够对他的购买行为产生影响。

心理自我，就是消费者对自己心理属性的意识，包括对自己的人格特征、心理状态等的认识。其中，对自己人格特征的认识对消费者购买行为的影响最大。比如，常常听有的消费者这样描述其购买某某商品的原因："它符合我的风格。"

3）现实自我、投射自我和理想自我

从自我观念上看，可以把消费者的自我意识分为现实自我、投射自我和理想自我。

现实自我是消费者从自己的立场出发对现实的我的看法，也即对实在的我的认识。它是消费者对自己的现实观感。

投射自我即别人眼中的自我，是消费者想象中别人对自己的看法，如想象自己在他人心目中的形象，想象他人对自己的评价及由此而产生的自我感。但投射自我与现实自我之间往往有差距，当差距加大时，便会觉得自己不被他人所理解。

理想自我是消费者从自己的立场出发对将来的我的希望，也是个人想要达到的完善的形象和追求的目标。理想自我虽然不是现实的自我，但它对个人的认识、情绪和行为的影响很大，是个人行为的动力和参考。对于消费者来说，理想自我是促使最多地购买自我提高产品的部分。比如，书籍、化妆品、整容手术或一些高档产品等都是促使自我发展的产品。

4）延伸自我

消费者购买某些产品的目的，有时是表明自己的某些特别重要的方面。贝克尔发展了一种称为延伸自我的理论来解释这种现象。它说明了消费者有时根据自己的拥有物来界定自我。因为有些拥有物不仅是自我意识的外在显示，同时也构成了自我意识的有机组成部分。从某种意义上说，我们就是我们所拥有的。如果丧失了那些关键性的拥有物，我们将可能成为另外的个体。因此，消费者所拥有的财产或者所购买的商品常常被消费者本人看作消费者自我意识的延伸或扩展。比如，如果某消费者拥有一套豪华别墅，那他本人往往把自己看成是成功的和富足的。当然，关键性的拥有物可能是住宅或汽车这样的大件商品，也可能是网球球拍或一支钢笔等有特殊意义的小件商品。

【同步思考 5-2】

问题：所有的产品都具有象征意义吗？为什么？请举例说明。

理解要点：不是所有的产品都具有象征意义。有些产品，如食盐、肥皂等就没有什么象征意义，因为这些产品在社交中很少被人注意。一般说来，一项产品越引人注意，就越具有重大的象征意义，如汽车、服装和家具等。这些产品有助于向自己和他人证明他确实是这样或那样的一种人。

5.3　消费者的生活方式

生活方式是在人的活动、兴趣和意见方面所表现出的生活模式。或者简单地说，生活方式就是人们如何生活。它是由一个人过去的经历、已经形成的个性特征及当前的情境所决定的。

其实，生活方式可以简单地理解为人如何生活、工作、休闲和进行其他活动。人选择什么方式，用什么态度生活，就形成了生活习惯，这种规律性的生活习惯的总和就是生活方式。例如，有些人选择高效的生活，他们在工作中生活、娱乐、休闲，且追求效率，具体表现为行路匆匆、守时、工作认真而有效率、娱乐追求质量等。有些人则选择安逸轻松的生活方式，他们在生活中工作、娱乐、休闲，且追求享受，具体表现为享用美餐、上网游戏、很少加班等。每个人都有自己的生活习惯和生活方式，不管喜欢还是不喜欢，这些都是客观存在的。而每个人都有自己梦想的和追求的生活方式，理想中的生活方式没有实现，那就意味着有潜在需求。我们追求的生活方式影响着我们的需求和欲望，同时影响着我们的购买和使用行为。生活方式决定了我们很多的消费决策，而这些决策反过来强化或改变我们的生活方式。

5.3.1　生活方式的构成

生活方式的内涵由物质和意识两方面构成。生活方式的物质内涵是由带有象征意义的物品组成，这种象征物有把某人的信息向外界传达的作用。按照消费者所要突出的"形象"，他们对象征标志的需要各不相同，具体表现在对产品或服务的不同需求上，或者说生活方式相似的消费者对产品或服务具有共同的期望、态度和偏好。

在现实生活中，很少有消费者特别是日用品的消费者会以一种理性的、非激情的、经济的方式做出购买决策。恰恰相反，他们需要通过自身的行为，以参照群体为标准，来表达自己努力想成为或已成为哪类人。因此，他们这种因受外界刺激或某种未满足感驱使而采取的行为，很多是与要购买的一些产品的使用价值无关的，更多地倾向于取得或回避具有令人愉快或厌恶的心理感受。这种在心理学上被称为唤醒的作用就构成了生活方式的意识内涵。

由于生活方式具有物质内涵和意识内涵，因此，生活方式所反映的信息，一方面超越了一个人所处的社会阶层，另一方面超越了他的个性。这就可以说明为什么不同收入、不同年龄、不同地域、不同性别的人受某种广告的影响去购买同一产品或服务的行为。

5.3.2　生活方式的测量

不同的人有不同的生活方式。即使社会阶层和职业都相同的人，他们的生活方式也可能不同。影响生活方式的因素除了社会阶层和职业外，还有动机、情绪、价值观、家庭生命周期、文化和亚文化以及过去的经历等。

测量并描述生活方式的常用方法被称作心理地图。心理地图是一种工具，这种工具使用心理的、社会的以及个人的因素，借由市场中消费者的性格、态度以及他们所接触的媒体等，来决定如何进行市场细分。利用心理地图的方法，营销人员可以调整他们的营销策略，以适应各个不同细分市场的需求。

用于心理地图和生活方式方面的量表主要有 AIO 量表与价值观和生活方式（VALS）结构法两种。

1）AIO 量表

目前测量生活方式最常见的方法是 Wells & Tigert（1971）所发展的 AIO 量表，他们建议采用适当的描述语句，直接询问研究对象的活动、兴趣及意见（观点）。其中，活动（Activity）指一种具体明显的行为；兴趣（Interest）指人们对于某些事物或主体产生的兴奋程度，能够引发特殊且持续性的注意；意见（Opinion）指个人对外界环境的刺激所产生的疑问，以及所给予的口头上或文字上的回应。可见，**AIO 量表**就是通过问卷调查的方式了解消费者的活动、兴趣和意见以区分不同的生活方式类型。

研究人员从消费者中抽取大样本，以问卷的方式向被调查者提出一系列长长的问题和答案，请消费者以文字表述或选择答案的方式回答。提出的关于活动方面的问题是消费者做什么、买什么、怎样打发时间等；兴趣方面的问题是消费者的偏好和优先考虑的事物；意见方面的问题是消费者的世界观、道德观、人生观、对经济和社会事务的看法等。表5-5列出了测量消费者态度、兴趣和意见因素的主要指标以及回答者的人口统计项目。

表5-5 消费者态度、兴趣和意见测量表

态度	兴趣	意见	人口统计项目
工作	家庭	自我表现	年龄
爱好	住所	社会舆论	性别
社会活动	工作	政治	收入
度假	交际	业务	职业
文娱活动	娱乐	经济	家庭规模
俱乐部会员	时尚	教育	寓所地理区域
社交	食品	产品	教育
采购	媒介	未来	城市规模
运动	成就	文化	生命周期阶段

最后，研究人员通过分析消费者的回答，把回答相似的消费者归为一类，以此识别不同的生活方式群体，从而为不同的细分市场制定相应的营销策略。

[同步业务5-1]

基于AIO的大学生网络购买行为调查量表

业务要求： 某网站想要了解大学生的网上购物行为，要求某员工为其设计一份旨在了解大学生网络购买行为的AIO量表。

业务分析： 一份AIO量表通常由三部分组成：一是关于活动方面的问题，如消费者做什么、买什么、怎样打发时间等；二是兴趣方面的问题，如消费者有哪些偏好，对哪些事物特别关心等；三是意见方面的问题，如消费者对世界和社会事件、道德、人生、经济发展等方面的看法和感受。

业务程序： 该员工的设计程序如下：首先，设计问卷的指导语，交代本调查的目的，并对被调查者表示感谢；其次，根据上述的业务分析设计问卷题项；最后，是关于被调查者年龄、性别、文化程度、职业等方面的个人信息的问题，要保证问卷的匿名性。

2）价值观和生活方式（VALS）结构法

价值观和生活方式（Values and Lifestyles，VALS）结构法是由美国标准研究协会（SRI）的研究人员阿诺德·米歇尔开发出来的。20世纪80年代，他根据2 713名美国消费者对800多个问题的回答，设计出一个把消费者分为9个生活方式群体的系统，称为VALS类型。VALS法综合两个视角来建立生活方式群体，一是马斯洛需要层次论，二是社会学家戴维·瑞斯曼关于内在驱动者和外在驱动者的划分。内在驱动者是指从个性表达和个人品位上来判断价值的人，外在驱动者是指受他人行为和反应影响而动摇决策的人。据此，VALS类型学把人们归集到"成就者"、"社会自觉者"和"归属者"这三类，例如，"成就者"和"社会自觉者"都是富足的，但外在驱动型的"成就者"会倾向于获得"权力象征"（如拥有一间外观给人深刻印象的房子），而一个内在驱动型的"社会自觉者"更可能买一间具备有效动力装置的房子（如具备太阳能的房子）。

1989年美国标准研究协会开发了VALS2，不仅考虑消费者的内在心理因素，同时也考虑了经济、人口、产品、媒介等因素及其变化，把一般的个性理论与研究产品扩散结合起来，按照人们的心理特征和收入、教育程度、驱动力、购买愿望的迫切程度等背景材料将美国人细分为有明确差别的8个群体。

● 实现者：指成功的、复杂的、积极的、能挣会花的人。其是在许多方面都很成功的消费者，关心社会问题，对变化持开放态度。对于高档的、补缺导向的产品的购买常常表现出文化素养。

● 满足者：指成熟的、满意的、会思考的人。其非常实际，偏好耐用、功能性和有价值的产品。

● 成就者：指有成就的、职业与工作导向型的人。其偏好对风险的预测和已确定的、有威望的产品，表示自己的成功和高贵。

● 体验者：指年轻、有生气、冲动和具有反叛意识的人。其在衣着、快餐食品、音乐、电影和录像上的消费占有很大的比重。

满足者、成就者和体验者都有有效的背景材料，但各自的人生观不同。

● 有信仰者：指有很强的原则，保守，遵循习俗和传统，偏好熟悉的产品和已知的品牌的人。

● 努力争取者：指不确定的、不安全的、寻求一致的、受到资源限制的人。他们有些像成就者，但是背景材料少，关心他人的认同。

● 制造者：指行动型的、自我满足的、传统的、家庭观念重的人。这些人偏好实用性或功能性的产品，有时喜欢自己动手设计制造自己使用的产品，购买的产品如工具、汽车和捕鱼设备。

有信仰者、努力争取者和制造者只有较少的背景材料。

● 为谋生奋斗者：指处于社会底层的、受资源限制的人。这些人大多年老退休，背景材料最少，最关心目前需要的满足，是小心谨慎的购买者。

学习微平台

图文资料5-2

【同步案例5-2】

苏泊尔：众乐乐不如独乐乐

背景与情境： 一个人旅行，一个人吃饭，一个人逛街，一个人去电影院。渐渐地，一个人的时光不再弥漫孤独，而是成了当下许多年轻人享受生活的方式，这就是我们常提到的"独立乐活主义"。

为满足消费者独处的需求，越来越多的餐厅、KTV、私人影院等推出一人份服务。单人桌、迷你包厢也能让顾客更加舒适。在理解了年轻人的"独乐主义"之后，苏泊尔在9·19天猫"一人食正当红"活动中，发布了#吃独食太香了#话题，引发2.9万网友参与讨论，阅读量超2亿。借此它也趁机宣传了自家的"一人食"小厨电——苏泊尔小猪系列COCO锅、懒人电火锅和迷你电饭煲，用"忙碌回家，为自己亲手做一餐美食，享受吃独食的幸福感。吃独食，不孤独"的广告文案将理解和鼓励传递给年轻人。

苏泊尔作为中国厨房小家电领导品牌，以"小"为核心定位，瞄准当下年轻人生活潮流，通过传达"独食"的概念，号召消费者享受"一人食光"。它通过与天猫合作引爆话题，迅速将热度转化成线上小厨电的销量，并传递出了品牌价值和品牌态度。

资料来源　新浪财经．苏泊尔×天猫：众乐乐不如独乐乐［EB/OL］．［2019-10-29］．https：//finance.sina.com.cn/stock/relnews/cn/2019-10-30/doc-iicezuev5875255.shtml.

问题：你如何理解苏泊尔的"众乐乐不如独乐乐"？

分析提示：众乐乐与独乐乐（前一个"乐"是音乐的乐，后一个"乐"是快乐的乐）来自古代的一个典故——《孟子　梁惠王下》。原意为"独乐乐不如众乐乐"，就是说自己奏乐自己高兴不如大家一起奏乐一起高兴，进一步可以引申为自己高兴不如大家一起高兴。而在本案例中，随着社会的发展，人们的生活方式已经发生了翻天覆地的变化，特别是对于今天的年轻人来说，一个人的时光不再只是孤独，"众乐乐不如独乐乐"，这样的观念有时甚至成了他们享受生活的方式。所以，苏泊尔等品牌以"小"为核心定位，顺应当下年轻人的生活潮流，传递出了自己的品牌态度。

5.3.3　生活方式与市场营销

学习微平台

同步链接5-1

生活方式是影响消费者购买行为的一个重要因素。在西方国家，有越来越多的企业按照消费者的生活方式来细分消费者市场，并且按照生活方式不同的消费者群来设计不同的产品和安排市场营销组合。例如，大众汽车公司把消费者划分为"循规蹈矩的公民"和"汽车爱好者"；而一家女性时装公司则根据生活方式的不同将年轻女性分为"纯朴女性"、"时髦女郎"和"男子气的女士"三大类。对于这些生活方式不同的消费者群，不仅产品的设计有所不同，而且产品价格、经销商店、广告宣传等也有所不同。许多企业都从生活方式细分中得到了更多的、有吸引力的市场机会。

了解消费者的生活方式，对市场营销人员的价值主要表现在以下几个方面：

首先，根据对消费者生活方式的了解，可以预测消费者的行为。例如，有一个"绿色"价值观的人喜欢亲近大自然的生活方式，换句话说，这个人将更喜欢去购买自行车而不是汽车，更喜欢成为一个素食者而不是吃大鱼大肉的人。因此，通过知道一个人的基本生活方式，就能够对他的购买行为、购买产品的类型和对这个人最具有吸引力的宣传做出预测。

其次，了解消费者的生活方式，有助于选择目标消费者，进行恰当的市场定位。例如，瑞士帝豪手表是定位于高速运动中精确计时的手表。因此，这家手表商的全球广告口号是"压力之下，毫不屈服"，并赞助了中国澳门汽车大奖赛、香港赛马等赛事。然而，并非所有的亚洲国家和地区的消费者都有这种与精确、运动有关的生活方式。这家手表商发现中国内地的企业家没有亚洲其他地区的企业家那么爱好体育，并感觉到他们的国际广告活动对中国内地消费者来说可能运动感太强，于是这家手表商为中国内地制作了专门的广告，淡化了运动感，表达也更为直接。

最后，了解消费者的生活方式，有助于更为准确地把握和引导消费者的行为。例如，它可以使原先单靠人口统计指标、地理指标等难以划分的市场，如艺术、娱乐、旅游等，变得更能准确地被把握。了解消费者的生活方式甚至可以用在百货商店、购物中心、超级市场中的商品摆放上。商品的传统摆放法已让位于有组织、有创意的摆放方法，商品可以不再根据其类型摆放，而是按照生活方式进行摆放。

5.4 消费者的人口统计变量

如前所述，消费者的购买行为受到个人特征的影响，除了需要和动机、态度、个性、自我意识与生活方式等以外，消费者本人的一些其他方面的情况如性别、年龄、职业等人口统计变量也能对消费者的购买行为产生影响。

5.4.1 消费者的性别对消费行为的影响

从性别的角度，可以把消费者分为男性消费者和女性消费者。

1）男性消费者的消费行为

与女性消费者相比，男性消费者的购买行为具有以下几方面的特点：

（1）购买行为的目的性与理智性

与女性相比，男性很少去"逛"商店，他们常常在面临缺货的情况下才产生购买动机，所以他们购买的目的性很强，往往是为了补充缺货，而且是到了目的地（商店）后买完就走，很少在不同的商店之间反复比较和选择。另外，男性比女性更善于控制自己的情绪，在购买活动中心境变化比女性小，因而更具有理智性。特别是在购买一些高档或大型商品方面，男性消费者的购买决策过程不易受感情支配，他们更注重商品的性能、质量、品牌及维修等。

（2）购买动机形成的迅速性与被动性

从个性的角度来说，男性比女性更具果断性。因而，男性消费者一旦认识到了某种需要，就能很快转化为购买动机，并进而产生购买行为，而且，即使处在比较复杂的情况下，如几种购买动机发生矛盾的时候，也能比较果断地处理并迅速做出决策。男性购买动机的被动性主要体现在购买动机的形成往往是由于外界因素的作用，如家人的嘱咐，同事、朋友的委托等。男性消费者的这种被动性购买主要与他们缺乏购买经验及承担的家务劳动较少有关。

（3）购买过程的独立性与缺乏耐性

对熟悉的商品或已经决定了要购买的商品，男性消费者在购买时表现出更多的自信，不易受外界的影响。与此同时，他们在购买过程中缺乏耐性，表现为对商品挑选不仔细、不愿意讨价还价、不愿意在商店或柜台之间进行比较权衡等。

2）女性消费者的消费行为

在我国，绝大部分女性有自己的工作，而且因为她们承担了大部分家务（也包括购买活动），所以已婚女性在家庭中有很高的经济地位，有很强的购买力。据统计，世界上大部分国家女性所拥有的购买力几乎相当于该国全年度的国家预算。

【小资料 5-2】

4 亿女性撑起 10 万亿消费

埃森哲报告显示，中国 20～60 岁女性消费者有近 4 亿，她们每年掌控着高达 10 万亿人民币的消费支出。2021 年，我国新增注册的"她经济"相关企业就超过 130 万家，同比增长 21.8%。而回看过去 5 年里，这个数据是近 370 万家，占到了全国存量的 75%。而在天猫头部新品牌中，80% 聚焦女性消费需求；新品牌易感人群中 70% 为女性。玩转"她经济"，似乎正在成为品牌抓住新增量的关键。

女性消费者构建起的"她经济"，还有一个其他经济不可比拟的优势，即 75% 的中国家庭总消费是由女性来决策的，50% 的男性定位产品由女性来购买。

阿里数据显示，女性决策家庭消费的比重为服饰消费占 89%，母婴产品消费占 87%，化妆品消费占 83%，家居用品消费占 78%……

资料来源　深氪新消费. 4 亿女性撑起 10 万亿消费，新锐品牌如何玩转她经济？［EB/OL］.［2022-03-29］. https://www.sohu.com/a/532599439_120717947.

与男性消费者相比，女性消费者的购买行为具有以下几方面的特点：

（1）购买行为的主动性与灵活性

女性较多地进行购买活动的原因是多方面的：有的是迫于客观需要，如操持家务；有的则是满足自己的需要；有的把购物作为一种乐趣或消遣等。所以，女性的购买动机具有较强的主动性、灵活性。动机的灵活性也时常体现在购买具体的商品上，如原打算购买某种商品，但商店无货，这时男性往往放弃购买，而女性会寻找其他适合的替代品，实现购买。

（2）购买行为的情绪性

女性的心理特征之一是感情丰富、细腻，心境变化剧烈，富于幻想、联想，因此，她们的购买动机带有强烈的感情色彩。如女性消费者看到某种儿童服装新颖漂亮，马上会联想到自己孩子穿上这套服装是什么样子，从而引起积极的心理活动，产生喜欢、偏爱等感情，从而引发购买动机。

（3）消费倾向的多样化和个性化

当今中国的女性，在经济收入增多和家庭地位提高的同时，自我意识也不断增强。越来越多的女性开始关注自己的社会形象，希望自己与众不同，特别是在穿着打扮方面，既希望跟上社会潮流，又不愿意与别人雷同，年轻的职业女性更是如此。最常见的就是其本来在商店里看好了一套衣服，在决定购买之前突然想到本单位的某同事也有一套这样的衣服，这时大多数女性都会放弃购买。当然反过来也是一样，如果看到本单位的某人穿着和自己一样的衣服，她很可能把这套衣服"打入冷宫"。特别是休闲装，女性更愿意穿出自己的独特风格，以表现自己的品位与气质。

（4）悦己化消费行为崛起

《2022 年女性消费趋势报告》显示，2021 年女性悦己消费占比显著提升，悦己消费金额超过家庭型消费，占比达到 54%，成交金额同比增长近三成。近几年无钢圈内衣、运动内衣、中性宽松男友风女装等悦己化产品的销量，都出现了爆发性增长。在这个市场的相互参考中，更多的悦己活动来自社交。她们更乐于分享自己的生活，渴望产品拿出去有面子，发朋友圈有人点赞。很多女性对颜值的要求放在首位，认为"好看"是最美妙的体验之一。因此颜值成为"她经济"产品的必备因素。在小红书上，不少女生晒出了 Ubras 的开箱体验，这个以舒适、无束缚为卖点的内衣，因颜色高级、日系风、极简主义等被奉为颜值代表。绽家也因简洁、大气的高颜值包装设计，被众多小红书博主评为精致女孩必备、生活礼仪的美学标准。

5.4.2　消费者的年龄对消费行为的影响

消费者的年龄不同，其生理机能和心理活动也不同，因而其购买行为也表现出不同的特点。按照一般的分类方法，消费者在年龄段上被分成以下四类：少年儿童、青年、中年和老年。

1）少年儿童消费者的消费行为

少年儿童时期是人的心理发展的重要阶段，这一年龄阶段的消费者属于未成年消费者。在传统上，把少年儿童的年龄界定为 0 ~ 17 岁。其中，又可以细分为乳婴期（0 ~ 3 岁）、幼儿期（3 ~ 6 岁）、儿童期（6 ~ 12 岁）和少年期（12 ~ 17 岁）。为了简便起见，这里粗略地划分为儿童期（12 岁之前）和少年期（12 ~ 17 岁）。

（1）儿童消费者的心理特征与消费行为

在人的一生中，儿童时期无论在生理上还是在心理上，都是一个迅速发展的时期。儿童期的心理发展变化是同生理成熟趋于一致的，并且是一个呈现一定阶段性与连续性的过程。主要表现：在生理上，从完全依靠别人照顾到自己照顾自己并能帮助他人做事情；在心理上，有了一定的分析问题和解决问题的能力，并形成了最初的个性倾向；在行为上，逐渐地由被动变为主动。

儿童消费者的心理特征与消费行为主要表现在以下几个方面：

①从纯生理性需要逐渐向带有社会内容的需要发展

儿童在婴幼儿时期的需要主要是生理性需要，以满足生理性需要为其消费的欲望和目的。随着年龄的增长，不断接触到外界环境的各种刺激，消费需求开始逐渐向带有社会内容的需要发展。虽然这一时期的儿童主要是商品的使用者而非购买者（他们有时也购买一些小食品等相对简单的商品），但他们逐渐会把自己的意愿告诉父母并影响父母的购买决策。

②从模仿性消费逐步向带有个性特点的消费发展

模仿是儿童的天性，特别是学龄前的儿童，在言谈举止、穿着打扮等方面都爱模仿成人或其他同龄的小朋友。随着年龄的增长和自我意识的不断提高，儿童的模仿性消费逐渐被有个性特点的消费所代替，"与众不同"的意识或"比别人强"的意识常常影响他们的消费行为。

③消费情绪从不稳定发展到比较稳定

在儿童时期的初期，在模仿心理的作用下，儿童的消费心理很不稳定，今天喜欢这个，明天又会喜欢那个。随着年龄的增长，儿童控制自己情感的能力不断增强，而且儿童的偏好逐渐显露出来，因而其消费情绪逐渐稳定下来。

④儿童消费品中娱乐用品的消费比重比较大

玩耍是儿童的天性之一。为了满足儿童的这一生理和心理需要，家长们毫不吝啬地为孩子们买各种玩具、具有娱乐性和知识性的少年儿童读物，以及带孩子光顾各种有助于儿童身心发展的少年儿童娱乐场所。可以说，在各年龄阶段中，儿童消费者用于娱乐消费的比重最大。

（2）少年消费者的心理特征与消费行为

从年龄上来说，少年时期一般指的是 12～17 岁的年龄段。在我国，这一群体其实差不多指的就是整个中学时期（包括初中和高中）。当然，高中阶段或高中阶段后期实际上已经属于青年前期，但由于这一时期他们在经济上还没有独立，在心理上也还没有完全成熟，所以这里指的少年期也包括了这一部分人。

少年期是由儿童期向青年期过渡的时期，不仅生理上发育得比较快、变化比较大，心理上也变化非常大，是处于依赖与独立、成熟与幼稚、自觉性与被动性交织在一起的比较特殊的时期。他们的消费心理特征与行为表现可以从以下几方面反映出来：

①把自己当成成年人心理

由于少年期自我意识的发展变化迅速，他们在主观上认为自己已经长大成人，应该有像成年人一样的权利和地位，渴望像成年人那样独立地处理自己的生活，不希望家长过多地干涉。因此，少年消费者在消费品的选择上存在着把自己当成成年人的心理，希望按照自己的个性和爱好来购买商品。

②从受家庭的影响逐步转向受社会群体的影响

儿童消费心理主要受家庭的影响，尤其是父母的消费观念和消费行为对他们的影响很大。但到了少年期以后，由于自我意识和自理能力的提高，他们有了一定的独立性，特别是在集体学习和集体活动中，通过与其他人的经常接触，他们的消费观念和消费行为不断由受家庭影响逐渐转向受集体或群体的影响。

③购买的倾向性开始确立，购买行为趋向稳定

处于少年期的消费者，知识不断丰富，对社会环境的认识不断加深，兴趣趋向稳定，有意识的思维与行为增多。随着购买活动次数的增加，感知经验越来越丰富，对消费品具备了初步的判断、分析、概括能力，购买行为趋于习惯化、稳定化，购买的倾向性也开始确立，购买动机与现实条件的吻合度有所提高。

2）青年消费者的消费行为

从心理学角度来说，青年期通常是指 18～35 岁这一年龄段。由于青年消费者人口众多，消费能力和购买潜力都很大，青年消费者在整个消费活动中处于重要的位置。因此，了解青年消费者的购买行为特点，对市场营销人员来说是非常重要的。

青年消费者消费行为的特点表现为：

（1）追求新颖、追求时尚的消费趋向

青年消费者好奇心强，对新事物比较敏感，因此，他们对市场上出现的新产品最感兴趣，希望自己购买的商品能符合潮流的发展，跟上时代的步伐。所以，青年往往是新商品、新的消费行为的追求者、尝试者和推广者，并逐渐影响更多的消费者。在他们的带领下，出现一轮又一轮的消费时尚。总之，一种新的消费趋势总与青年分不开，时尚

的特征也在青年消费者身上最充分地表现出来。

（2）购买行为中有较强的感情色彩

与中老年人相比，青年人尤其是青年初期、中期的消费者，生活经验还不丰富，对事物的分析和判断能力还没有达到成熟阶段，他们的思想感情、兴趣爱好、性格特征还没完全稳定，因而往往容易感情用事、爱冲动。在购买商品的过程中，特别看重商品的外观、款式、品牌、颜色等，而对于内在质量、价格等考虑得较少。因此，他们常常在买完某商品以后，才发现当初的决策欠考虑。可见，青年人对商品的选择往往以感情和直觉为基础，冲动性购买比较多见。

（3）具有较强的购买力和较广的购买范围

我们这里所讲的青年消费者，主要是指具有独立购买能力的青年人。他们有一定的经济来源，而且经济负担又不太重，特别是现在的青年人，大多没体验过苦日子，因此花起钱来比较大方，显示出较强的购买力。另外，他们的消费观念也比中老年人更开放，追求现代化的生活方式，注重享受和娱乐。因此，凡是能满足他们这方面需求的商品都能引起他们的兴趣，促发其购买动机。新婚青年的购买力更是其他任何年龄阶段的消费者不能比的。对于很多中国的传统家庭来说，往往是父母积攒了大半辈子的钱就为了操办儿女的婚事。

（4）追求个性，表现自我

青年消费者的自我意识已经达到了一定的水平，他们追求独立自主，每一种行为都力求表现出"我"的内涵，因此，体现个性和表现自我成了青年消费者较强烈的心理需求。在购买行为上，表现为消费倾向由不成熟向成熟过渡，对能表现自己个性的商品更感兴趣。

3）中年消费者的消费行为

中年人一般是指35～60岁的人。中年人是社会的中坚，他们阅历广，生活经验丰富，成熟稳重。但中年人的社会负担和家庭负担都比较重，如工作上要出成果，要做好青年人的表率；家里上有老下有小，家庭消费支出比较大等。在消费行为方面主要表现出以下特点：

（1）理智性购买多于冲动性购买

中年人经验丰富，比较理智，会控制自己的情绪，很少感情用事，表现在购买活动中，从购买欲望的形成到购买行为的实施，都是经过深思熟虑的，很少出现像年轻人那样毛手毛脚地买回家后又后悔的情况。

（2）计划性购买多于盲目性购买

大多数中年人既要赡养老人，又要负担子女的生活和教育费用，因此家庭经济负担比较重，特别是近几年来我国家庭用于子女教育的费用不断提高，子女受教育的费用已经成了很多家庭一笔不小的开支。因此，很多中年人不得不精打细算，量入为出，在实施购买行为前就要计划好所购买商品的价格、数量、质量、用途等。计划外购买和即兴购买的现象要比青年人少得多。

（3）注重商品的实用性与便利性

由于经济条件的限制及繁重的工作压力，中年消费者在购买商品时更注重商品的实用性与便利性，他们对华而不实的商品不感兴趣，因此，他们选择商品时着重考虑其内在质量（特别是功能、使用寿命及操作的方便性等）和价格，然后才是款式和颜色等。就拿服装来说，中年人不会像年轻人那样追新猎奇、招摇高调，但对服装的质量、质地等比较挑剔，希望穿得体面，穿出尊严。

4）老年消费者的消费行为

一般地说，60岁以上的人称为老年人。在我国，老年人占总人口的比例在一段时期内将显著增加，老龄化问题日益突出。另外，我国城市的退休职工有着稳定的退休工资或社会保障金，而且大多数人都会有一定数量的储蓄金，因此，城市老年人的经济状况和消费能力都要好于农村的老年人。在身心方面，老年消费者的生理和心理都发生了重大的变化。

中国正在步入老龄化社会。据国家统计局统计，"十四五"期间，我国老年人口将突破3亿，迈入中度老龄化阶段；预计到2050年前后将达到4.87亿，约占总人口的1/3。

国家统计局进行的人口变动抽样调查显示，我国老年人收入的主要来源为子女或亲属供养、老年人离退休金和劳动收入及社会保险和救济。虽然这些来源的比重随着时间的推移会有所变动，但就总体水平而言，将会随着整个社会经济的发展而不断提高，从而使我国的老年市场成为新兴的潜力巨大的市场。与之相对应，他们对消费品的需求及表现出的消费行为有以下几方面的特点：

（1）对消费品的种类和结构有特殊的需求

老年人对消费品的种类有特殊的需求，具体表现在：在吃的方面，要求食品松软易消化，并富有营养价值；在穿的方面，要求穿着舒适、保温及穿脱方便。在需求结构方面，老年人支出的大部分用于食品和医疗及保健用品上，而穿和用的支出相对减少。

（2）有比较稳定的消费习惯和品牌忠诚

老年人已经形成一定的生活习惯，而且不容易改变，比较留恋过去的生活方式，对消费有一定的怀旧心理和保守心理。因此，老年消费者的消费兴趣和爱好比较稳定，对老牌子产品有特殊感情，而培养新的习惯和嗜好相对较难。

（3）购买商品讲求方便

一般来说，老年人的体力和精力都有不同程度的减弱，行动也变得不方便，所以老年消费者希望能提供方便、良好的购物环境。比如，购物场所交通便利、店内有供消费者休息的设施、商品陈列便于挑选、购买程序比较简单等。

（4）一部分老年消费者具有补偿性的消费行为

现在的老年人大多是在物质和精神生活相对贫乏的20世纪五六十年代度过他们的青春年华，一直没有机会满足人皆有之的各种生活追求。因此，当他们从繁忙的工作和家庭负担中解脱出来后，就会爆发出强烈的补偿要求，希望自己的老年生活能过得幸福、洒脱。这部分消费者大多同意这样的提法："退休才是新生活的开始"，解脱了工作负担并完成了养儿育女的任务以后，他们更愿意"换一种活法"，以享受生命、享受生活。因此，这部分老年人是很有潜力的消费者，尤其在旅游、健身、购买保健品和营养品方面是企业不可忽视的一个日益重要的消费者群体。

（5）大部分老年人没有跟上智能时代生活的节奏

据中国互联网络信息中心（CNNIC）统计，截至2021年12月，我国网民规模达10.32亿人，互联网普及率达73.0%。同时，我国60岁及以上老年网民规模达1.19亿人，互联网普及率达43.2%。这意味着中国还有很大一部分老年群体没有跟上智能时代生活的节奏，即便他们开始学着适应智能时代的生活，也需要子女手把手地引导和帮助。在信息化高速发展的今天，如果没有年轻一代的支持和引导，这些老年人将与时代脱节，甚至成为互联网的"遗忘者"。

学习微平台

微视频5-1

5）Z世代消费者

Z世代是源于欧美国家的流行用语，意指在1995—2009年间出生的人，是受到互联网、即时通信、短讯、MP3、智能手机和平板电脑等科技产物影响很大的一代人。每个时代总有每个时代的消费者。伴随着Z世代消费力量的崛起，整体消费呈现多元化的趋势，单身经济、种草经济、懒人经济、夜经济、他经济等都是伴随着Z世代而产生的消费形态。

有数据显示，Z世代已经成为全球人口最多的群体，人数高达19亿，占全球总人口的25%，仅中国就有大约2.65亿。美国著名的波士顿企业管理咨询公司曾做过预测，未来中国的消费市场一半以上的消费额将由95后创造。他们是移动互联网的原住民。他们快速接受海量信息，但丧失兴趣的速度也一样快。勇于表达对社会的观点是Z世代的普遍价值观。成长于信息时代的他们，受到全方位多元文化的熏陶，有着独特而又个性的身份标签，多面的身份是Z世代的专属"人设"：二次元、颜值主义、易种草体质、兴趣会友等都成为他们的身份标签。

伴随着Z世代逐步迈入社会，围绕于Z世代的商业机遇便不断涌现，作为新消费人群的Z世代消费能力毫不逊色。数据显示，在中国，当前Z世代的开支达4万亿人民币，占全国家庭总开支的13%。

作为新新人类，他们以兴趣划分圈层，在互联网的助力下，他们对各自的圈层有着强归属感和高参与度，由圈层文化带来的相关消费潜力正不断释放。无论是电竞、二次元、模玩手办还是国风，Z世代都是其中绝对的消费力量。

面对Z世代，如果单纯把他们当成一个群体来看的话，品牌很难找到一个非常合适的方向。各种各样的爱好与职业，在Z世代"不设限"的人生中都能找到合适的成长空间。反映到消费市场，便是Z世代有着非常强烈的求异需求，个性化的、独具特色的、体验炫酷的、相对稀缺的产品和品牌更易受到他们的追捧。

学习微平台

图文资料5-3

未来，消费市场将会逐渐被Z世代主宰，品牌唯有打入不同圈层的Z世代群体，方能找到制胜之道。

■ 本章概要

□ 内容提要

● 本章介绍了消费者的个性、自我意识、生活方式，以及消费者的人口统计变量。

● 个性是个人在适应环境的过程中所表现出来的系统的、独特的反应方式。它是由个人在其遗传、环境、成熟、学习等因素交互作用下形成的，并具有很大的稳定性。

●有关个性的理论很多，这里我们只简单介绍了以下几种：一是卡特尔的人格理论。二是弗洛伊德的精神分析理论。在弗洛伊德看来，个性是一个整体，在这个整体之内包含着彼此关联且相互作用的三个部分，分别称为本我、自我和超我。三是罗杰斯和马斯洛的自我论。四是伯恩的人格状态理论。

●品牌个性就是品牌的独特气质和特点，是品牌的人性化表现。品牌个性的核心价值有：品牌个性的人性化价值、品牌个性的购买动机价值、品牌个性的差异化价值。品牌个性的来源有：产品自身的表现、品牌的使用者、品牌的代言人、品牌的创始人。

●自我意识是个体对有关自己一切方面的知觉、了解和感受的总和，是指自己可意识到的执行思考、感觉、判断的部分。自我意识具有如下几个方面的特点：自我意识是习得的而不是天生的；自我意识具有相当的稳定性和持久性；自我意识具有一定的目的性，在很大程度上对一个人的自我起到保护和加强作用；自我意识具有独特性。

●生活方式就是人们如何生活。它是由一个人过去的经历、已经形成的个性特征及当前的情境所决定的。了解消费者的生活方式，可以预测消费者的行为，有助于选择目标消费者，进行恰当的市场定位，也有助于更为准确地把握和引导消费者的行为。

●男性消费者的购买行为具有以下几方面的特点：购买行为的目的性与理智性；购买动机形成的迅速性与被动性；购买过程的独立性与缺乏耐性。

●女性消费者的购买行为具有以下几方面的特点：购买行为的主动性与灵活性；购买行为的情绪性；消费倾向的多样化和个性化；悦己化消费行为崛起。

●儿童消费者的心理特征与消费行为主要表现在以下几个方面：从纯生理性需要逐渐向带有社会内容的需要发展；从模仿性消费逐步向带有个性特点的消费发展；消费情绪从不稳定发展到比较稳定；儿童消费品中娱乐用品的消费比重比较大。

●青年消费者消费行为的特点表现在：追求新颖、追求时尚的消费趋向；购买行为中有较强的感情色彩；具有较强的购买力和较广的购买范围；追求个性，表现自我。

●中年消费者消费行为的特点：理智性购买多于冲动性购买；计划性购买多于盲目性购买；注重商品的实用性与便利性。

●老年消费者消费行为的特点：对消费品的种类和结构有特殊的需求；有比较稳定的消费习惯和品牌忠诚度；购买商品讲求方便；一部分老年消费者具有补偿性的消费行为。

□ 主要概念

个性　品牌个性　品牌人设　自我意识　AIO量表

□ 重点实务

消费者个性类型分析与服务对策　消费者自我意识结构分析　消费者生活方式测量与市场细分　消费者人口统计变量对购买行为的影响

□ 知识训练

▲ 简答题

（1）个性的特点有哪些？

（2）简述塑造品牌个性的原则。

（3）自我意识的特点有哪些？

（4）营销人员了解消费者的生活方式有什么意义？

（5）女性消费者购买行为的特点主要表现在哪几个方面？

▲ 填空题

（1）弗洛伊德认为，人格是一个整体，在这个整体之内包括彼此关联且相互作用的三个部分，分别称为本我、（　　　）和（　　　）。

（2）从形式上，自我意识表现为认知的、情感的、意志的三种形式，分别称为自我认识、（　　　）和（　　　）。

（3）（　　　）型顾客是完美主义者。

▲ 单项选择题

（1）"工作"属于 AIO 量表中的（　　　）方面。

A.活动　　　　　　　B.兴趣　　　　　　　C.意见

（2）40%的顾客属于（　　　）顾客。

A.要求型　　　　B.影响型　　　C.稳定型　　　D.恭顺型

（3）（　　　）状态提供一个人有关观点、是非、怎么办等方面的信息。

A.儿童自我　　　　B.成人自我　　　　C.父母自我

（4）（　　　）是人们对职业地位的主观评价。

A.职业　　　　B.地位　　　C.职业声望　　　D.社会阶层

（5）"我就是我所拥有的"，这句话指的是（　　　）。

A.现实自我　　　B.延伸自我　　　C.投射自我　　　D.社会自我

▲ 多项选择题

（1）人格的形成主要受四种因素的影响，即（　　　）。

A.环境　　　　　　　B.能力　　　　　　　C.遗传

D.成熟　　　　　　　E.学习

（2）从自我观念上，可以把消费者的自我意识分为（　　　）。

A.心理自我　　　B.现实自我　　　C.投射自我　　　D.理想自我

（3）从内容上，可以把消费者的自我意识分为（　　　）。

A.生理自我　　　B.社会自我　　　C.投射自我　　　D.心理自我

▲ 讨论题

（1）自我意识与品牌选择有怎样的关系？请举例说明。

（2）你是怎样理解品牌人设的？请举例说明。

□ 能力训练

▲ 案例分析

【训练项目】

案例分析－V。

【相关案例】

消费者到底在购买什么？

背景与情境： BBDO 首席创意官菲尔·杜森伯曾经接到过一份来自英国国民健康局的创意任务，希望通过广告传播推动年轻人反吸烟，尤其是预防那些十几岁的女生抽烟。

但大家都知道，单纯地宣传"吸烟有害健康"根本没有什么用处，即便是恐吓消费者吸烟有危害也无济于事。"健康"虽然重要，却不是年轻人会时刻关注的话题。只有生了病，他们才会意识到健康的重要，产生对健康的需求。

为了研究女生们到底在关心什么，BBDO 的广告人在市中心的一家咖啡馆里一连坐了几天，偷听四周座位上女孩子的谈话内容，并将她们关心的话题记录下来。答案显而易见，女生们谈论最多的话题就是她们自己，关于她们的容貌和体型，关于化妆、减肥、买衣服、做头发……她们最关心的就是自己看起来怎么样。

于是 BBDO 将广告主题设定为"吸烟损害容貌"，香烟会让你皮肤黯淡、牙齿发黄、眼角生纹……这场公益广告因此成功。

可见，消费者最关心的是产品能够给自己带来什么。所以品牌建设的最大意义，就是成为消费者梦想的化身，让消费者相信，拥有了品牌之后，他会变得更好，变得更美、更帅、更成功、更强壮、更有品位、更有魅力……

比如 SK-II，原本的核心价值是"改变肌肤"，2015 年 SK-II 在全球发起了新的品牌核心价值传播——"改写命运"。SK-II 强调，当你自信、勇敢地做自己时，你就能掌控自己的人生、改写自己的命运。当然，也是在暗示当你拥有了更美的肌肤和容颜之后你就能改写命运。在这里，SK-II 清晰地呈现了品牌能够为消费者做些什么，那就是不仅帮助她们拥有更好的肌肤，也鼓励她们做更好的自己。

此外，一个品牌的形象与个性应该聚焦于打造人设。这个人设，代表着消费者渴望拥有的身份，代表着消费者的理想自我形象。

人设的存在，让消费者相信，购买了产品之后，他就可以成为自己想成为的样子。比如大名鼎鼎的"万宝路牛仔"，它将万宝路这个原来销量平平的女士烟，摇身一变成为世界上销量最大的烟草品牌。"万宝路牛仔"的秘密，就在于它击中了消费者的内心密码，满足了广大男士内心深处的渴望：英雄、豪迈、男子气概。

资料来源　人人都是产品经理. 从 Lululemon 豪掷 5 亿美金收购一面镜子说起，消费者到底在购买什么？［EB/OL］.［2020-11-04］. https：//www.cmovip.com/detail/6448.html. 经改编.

问题：

（1）上述案例涉及本章的哪些知识点？

（2）结合本章的相关内容分析案例中的消费者到底在购买什么。

【训练要求】

同第 1 章"基本训练"之本题型的"训练要求"。

▲ 自主学习

【训练项目】

自主学习-Ⅲ。

【训练步骤】

（1）将班级同学组成若干"自主学习"训练团队，每队确定一人负责。

（2）各团队根据训练项目需要进行角色分工与协作。

（3）通过院资料室、校图书馆和互联网，查阅"文献综述格式、范文及书写规范要求"和近三年关于"消费者生活方式"主题的学术文献资料。

（4）综合和整理关于"消费者生活方式"主题的最新学术文献资料，依照"文献综述格式、范文及书写规范要求"，撰写《"消费者生活方式"最新文献综述》。

（5）在班级交流各团队的《"消费者生活方式"最新文献综述》。

（6）在校园网的本课程平台上展出经过修订并附有教师点评的各组《"消费者生活方式"最新文献综述》，供学生相互借鉴。

□ 职业素养

【训练项目】

职业素养－Ⅴ。

【相关案例】

给孩子的运动梦想照亮一束光

背景与情境： 腾讯成长守护出品了一档真实记录乡村少年逐梦故事的公益纪录片《闪耀吧！少年》。除了在运动场上奔赴梦想的孩子们，还有一群同样热爱运动的孩子因为各种原因只能当"场外观众"，游戏化运动工具就成为他们参与运动、快乐上场的新场地。而这背后是腾讯成长守护启动的"智体双百"公益计划所给予的梦想助力。

有的孩子，他们身处大山深处，热爱运动、奔跑、踢球，但是囿于学校操场环境，难以完美释放自己的运动天性；还有的孩子，他们对运动有着满满的热忱与冲劲，梦想通过踢球踢上更大的舞台，然而囿于教育资源等各方面原因，他们缺少更专业化的指引和精神层面的激励和鼓舞，在实现梦想的路上充满荆棘。

腾讯成长守护在了解到这一情况后，在硬件设施、专业指引、技术产品等多方面力挺乡村青少年的梦想，让"成长守护"力量成为孩子们追逐运动梦想的底气。在节目最后的公益短片里，记录了腿疾少年周子维（化名）的故事，他特别喜欢打篮球，却只能在旁边观看同学们打篮球，回家后也只能坐在轮椅上一遍又一遍地重复纸团投进垃圾桶的动作。了解到周子维的故事后，腾讯成长守护开发了一款坐着就能玩的运动游戏，周子维面对手机屏幕也能畅快投球。还有短道速滑、排球等游戏化运动工具，适用于所有人。周子维终于和同学们来了一场公平的投球比赛，在享受快乐运动的过程中，身体机能也充分地调动起来，增强了体魄。

作为未成年人保护工作的一项全新探索，腾讯成长守护在"智体双百"计划的推进落地中，还充分发挥自身技术优势，推出游戏化运动产品，让孩子在玩游戏的过程中也能感受到科技的魅力，运动的快乐，寻找手机屏幕外的无限可能。

资料来源　韶关教育信息. 给孩子的运动梦想照亮一束光！腾讯成长守护解锁社会价值传播新思路［EB/OL］.［2024-02-28］. https://www.cmovip.com/detail/37194.html.经过改编.

·141·

问题：在"健康中国"和"体育强国"的战略目标下，腾讯成长为那些有特殊需要的青少年都做了哪些工作？其社会意义是什么？

　　【训练要求】

　　同第1章"基本训练"之本题型的"训练要求"。

第**6**章 环境因素与消费者行为（上）

◆ 学习目标

通过本章的学习，应该达到以下目标：

职业知识　学习和把握"环境因素与消费者行为（上）"的相关概念，文化的特点，跨文化消费者，营销组合要素与跨文化营销，社会阶层的特点、构成、决定因素及对其营销策略，参照群体的类型、对成员行为方式的影响、其影响力的影响因素，观念领导者的特征与对其营销策略，口碑营销，家庭决策类型，影响家庭购买角色变化的因素，家庭生命周期，消费流行的特点与周期，影响消费流行的因素，以及"同步业务"、"经典实验"、"小资料"和二维码链接等理论与实务知识；能用其指导本章"同步思考"、"教学互动"和"知识训练"中各题型的认知活动，正确解答相关问题。

职业能力　运用本章知识研究相关案例，训练对"环境因素与消费者行为（上）"特定情境下当事者行为的多元表征能力；通过"'基于消费者社会阶层'的房地产营销服务"实训操练，训练学生的专业操作技能和"团队协作""解决问题"等通用能力。

职业素养　结合本章教学内容，依照相关规范，对"职业素养6-1"和"职业素养—Ⅵ"进行职业素养研判，激发与"'每天欢聚1小时'的公益倡导""让绿色低碳引领生活方式"等议题相关的价值思考，借以弘扬正能量，促进健全职业人格的塑造。

李宁：国潮兴起正当时

背景与情境： 最近几年，国产品牌在国内得到了越来越多消费者的认可，过去被大家热衷的"洋品牌"反而没那么吃香了，国潮崛起之势愈演愈烈。百度发布的国潮搜索大数据显示，在2021年品牌的关注度方面，国货为"洋货"的3倍。

李宁是首个将"国潮"概念引入服装产业，并且受到追捧的第一家企业，后来安踏、361度等才相继跟上，出现了百花齐放的现象。那么，李宁是如何和国潮一同崛起的，其核心逻辑是什么？

曾经，李宁想从时尚入手，结果转型失败，不仅没能获得年轻人的关注，反倒流失了大量的老客户。还因为时尚感不足被媒体和网友嘲讽批评，李宁迷失在品牌定位的迷雾中。后来，李宁在渠道、零售以及供应链管理上逐渐向互联网和数字化靠拢，营收才逐渐稳定下来。真正让李宁振翅高飞、市值3年翻了12倍的原因，还是2018年李宁在海外时装周的一炮而红，彻底将李宁和国潮划上了等号。

在时装周上，李宁首次将"中国李宁"四个汉字作为设计元素运用在服装上，并且以"专业运动+运动时尚"为方向，定位明确，又兼顾了时尚潮流的属性，彻底打响了中国李宁这个品牌。尝到甜头的李宁又和人民日报、红旗、敦煌这些具有强烈中国标识的品牌合作，彻底稳固了李宁"国潮一哥"的身份。

当然，李宁和国潮能够高速发展，除了产品的质量得到认可、国产企业品牌意识觉醒以及国产企业的营销手段升级外，也离不开经济发展带来的认同感、民族自信的增强以及年轻消费者群体的涌现等因素的加持。

首先是经济发展带来的认同感与民族自信心。当经济发展之后，人们的物质生活水平也得到了最基本的保障，这个时候民众就有了对物质生产的认同，乃至对国家的朴素认同就会被进一步强化，由此带来的具体行为反映在消费倾向上，就是更愿意接受属于自己文化内的产品。如今，爱国已经成为新的财富密码和消费认知。其次，年轻人是品牌关注度的主力军和主要消费者。人民网的数据显示，20～29岁年龄段的人群对中国品牌关注度最高，对比10年前明显提升。年轻人是目前支撑国潮绝对的核心力量，他们用实实在在的消费，引导着市场风向。

资料来源 单仁行. 让李宁市值3年翻12倍的国潮，核心逻辑是什么？[EB/OL].［2021-11-02］. https：//www.shichangbu.com/know_info/60099.html.

上述案例说明，随着新技术创造的新渠道和新形式的形成，传统文化有了可以和消费者亲密接触的契机。比如，现在流行的汉服文化，本质上是因为线上渠道的便利与社交网络的传播，品牌以"古风+社交"共同完成了一次对传统文化的翻新，也实现了营销的成功。

可见，在经济全球化的今天，企业的营销决策必须考虑诸如社会文化、社会阶层及社会流行等影响消费者行为的因素。本章我们就来分析这些社会环境因素对消费者行为及企业营销决策的影响。

6.1　社会文化与消费者行为

6.1.1　社会文化

1）文化的含义

文化的含义十分广泛，人类社会所创造的一切成果和人类生活的各个方面都可以纳入文化的范畴。

一般说来，文化有广义和狭义之分。广义的文化是指人类在长期的历史发展中共同创造并赖以生存的物质与精神存在的总和。对此应从三个方面来理解：首先，广义的文化是与人类及人类的创造活动相联系，是以人为中心的；其次，广义的文化涵盖人类历史全过程，具有传承性、发展性；最后，广义的文化的外延涵盖了物质创造和精神创造的全部。

狭义的文化是指人类的精神创造，是某一社会集体（民族或阶层）在长期历史发展中经传承而自然累积的、共有的人文精神及其物质体现的总体体系。这个定义也要把握三点：首先，狭义的文化不但以人为中心，而且以人的精神活动为中心；其次，狭义的文化关注的不是个别人的精神活动，而是经传承而累积的、共有的成体系的人文精神；最后，狭义的文化关注的不仅是全人类的普遍共性，而且更注重不同民族阶层、集体人文精神的特点。

在这里我们给出一个比较权威的文化的定义。1982年，世界文化大会在"总报告"和"宣言"中，对文化的含义做了如下描述："<u>**文化**是体现出一个社会或一个社会群体特点的那些精神的、物质的、理智的和感情的特征的完整复合体</u>。文化不仅包括艺术和文学，而且包括生活方式、基本人权、价值体系、传统和信仰。"

2）文化的特点

文化具有以下特点：

（1）文化是后天习得的

文化是一种习得行为，它不包括遗传性或本能性反应。人类个体在很小的时候，就从自己周围的社会环境中学到了一整套的信念、价值观、习惯等。文化的习得方式：一是正式学习。在这种学习方式中，大人教孩子"如何去做"。二是非正式学习。在这种学习方式中，儿童主要是通过模仿别人的行为而获得经验。三是专门学习。在这种学习方式中，教师在专门的教学环境中告诉学生为什么要做及怎样去做等。

（2）文化的影响是无形的

文化是无形的、看不见的，它对人的影响也是潜移默化的，所以在大多数情况下，我们根本意识不到文化对我们的影响。人们总是与同一文化下的其他人一样行动、思考、感受，这样一种状态似乎是天经地义的。只有当我们被暴露在另一个有不同文化价值观或者习惯的人的面前时（当我们到另一个不同的地区或国家做客时），我们才会意识到自己所特有的这种文化已经塑造了我们自己的行为。

（3）文化既有稳定性，又有可变性

文化是在一定的社会环境中形成的，所以具有相对的稳定性。一种文化一旦形成，便会在一定时期内发挥作用，并通过各种形式传递下去。同时，文化又是动态的，它会随着时间的变化而缓慢地演变。特别是由于科技的进步和社会生产力的发展，会出现新的生活方式，同时价值观和习惯等也会发生变化。所以，对市场营销人员来说，不仅应该了解目标市场现在的文化价值观，还要了解正在出现的新的文化价值观。

（4）文化的规范性

现代社会越来越复杂，文化不可能规定人的一举一动，只能为大多数人提供行为和思想的边界。这种"边界"的设置有时比较宽松，通过影响家庭、大众媒体等的功能而发挥作用。

文化对个人行为设置的"边界"，即我们通常所说的社会规范。社会规范是群体共享的行为和思想方面的理想模式，是关于特定情境下人们应当或不应当做出某些行为的规则。当实际行为与规范发生背离时，就要受到惩罚。惩罚方式多种多样，从轻微的不认同到被整个群体所抛弃等。所以，社会规范对个人的影响更多的不是让你做什么，而是不能做什么。只有在孩提时代或学习一种新文化的过程中，遵循规范才会获得公开的赞许。在其他情况下，按文化方式行事被认为是理所当然的，而不一定伴随赞许或奖赏。

6.1.2 亚文化

根据人口特征、地理位置、政治信仰、宗教信仰、国家和伦理背景等，可以将一种文化分成几种亚文化。所谓**亚文化**，是指某一文化群体所属次级群体的成员共有的独特信念、价值观和生活习惯。每一种亚文化都会影响其所在的社会群体中大多数人的主要的文化信念、价值观和行为模式。同时，每一种文化都包含着能为其成员提供更为具体的认同感和社会化的较小的亚文化。在亚文化内部，人们的态度、价值观和购买决策等比较相似。一种文化内，亚文化的差异可能导致在购买什么、怎样购买、何时购买、在什么地方购买等方面产生明显的差异。

尽管有些亚文化群与主流社会或其他亚文化群的某些文化含义会有相同之处，但是该亚文化群的文化含义一定是有特色的。这些特色包括年龄、宗教、收入水平及性别、职业等（见表6-1）。

表6-1 　　　　　　　　　　　　　　　　亚文化的类型

人口统计指标	亚文化举例
年龄	少年儿童、青年、中年、老年
宗教信仰	佛教、天主教、伊斯兰教
民族	汉族、满族、回族、维吾尔族、白族
收入水平	富裕水平、小康水平、温饱水平、贫困水平
性别	男人、女人
家庭类型	单亲家庭、离异无子女家庭、双亲有子女家庭
职业	工人、农民、教师、会计
地理位置	东南沿海、西北地区、中原一带
社区	农村、小城市、大城市、郊区

每个国家都有多种多样的亚文化，因此精明的营销者正在主动寻求市场中日益增长的多样性所带来的机会。比如，克莱斯勒为它的"纽约人"车做广告时，向整个市场强调其安全性，向非洲裔美国人强调款式，向拉美人强调激情和成就。总之，在向不同的亚文化群体开展市场营销活动时，必须对每个群体的态度和价值观有一个透彻的了解。

【同步思考6-1】

问题：一个人可以同时属于几个亚文化群吗？

理解要点：可以。比如，一个人可以同时属于青年、男人、满族、小康水平等几个亚文化群。

6.1.3 跨文化的消费者分析

在不同文化的商业活动中，营销的最重要因素就是理解消费者的观念、价值观和社会需求的差异。由于营销本身是基于满足客户需求的，当这个需求在很大程度上以文化为基础时，成功的营销应该努力去理解所要开拓的市场的文化规范。如果产品不被接受是因为产品蕴含的价值观或习惯没有充分满足人们的需求，或者没有充分满足特定社会文化的价值观，公司的生产部门就必须调整和重新制定生产程序。在此，我们必须了解是什么构成了文化之间的差异。

企业在跨文化营销中应该注意的文化和心理因素有：

1）教育水平

教育水平是指消费者受教育的程度。一个国家、一个地区的教育水平与经济发展水平往往是一致的，不同的文化修养表现出不同的审美观，购买商品的选择原则和方式也不同。一般来讲，教育水平高的地区，消费者对商品的鉴别力强，容易接受广告宣传和接受新产品，购买的理性程度高。因此，教育水平的高低会影响消费者的消费心理、消费结构，会影响企业营销组织策略的选取以及销售推广方式的采用。例如，在文盲率高的国家，用文字形式做广告，难以收到好效果，而运用电视、广播和当场示范等形式，才容易被人们所接受。又如，在教育水平低的国家，适合操作使用、维修保养都较简单的产品，而在教育水平高的国家，则需要先进、精密、功能多、品质好的产品。因此，在设计产品和制定产品策略时，应考虑当地的教育水平，使产品的复杂程度、技术性能与之相适应。

2）语言文字

语言文字是人类交流的工具，它是文化的核心组成部分之一。不同国家、不同民族往往都有自己独特的语言文字，即使同一国家，也可能有多种不同的语言文字。即使语言文字相同，也可能表达和交流的方式不同。

语言文字的不同对企业的营销活动有巨大的影响。一些企业由于其产品命名与产品销售地区的语言等相悖，给企业带来巨大损失。

3）价值观

价值观指的是在同一文化下被大多数人所信奉和倡导的信念。这种信念反映了人们对某一类事物的总的看法和评价，并通过某种特定的规范来影响人们的行为。在不同的文化背景下，人们的价值观的差别是很大的，而消费者对商品的需求和购买行为深受其价值观的影响。

【小资料6-1】

对待劫匪要像对待顾客一样

在澳大利亚7-11便利店的店员培训课程中，有这样一个经典案例：一位售货员在店中遇到抢劫，他把收银机里的钱快速拿出，交给劫匪之前还问了这样一句："用袋子给您装上好吗？"劫匪点头，他便麻利地把钱装进塑料袋中，交给劫匪。确信劫匪跑得无影无踪后，他才打电话报警。

培训官在总结时说，对待劫匪要像对待顾客一样带着春天般的温暖，要什么给什么，绝对不能与劫匪发生争执，更不能反抗，并且要牢记两个单词："Smoothly"和"Quickly"。就是说给劫匪拿钱、递钱要爽快、麻利，不要有多余的动作。

培训官为什么这样要求学员？因为从犯罪心理学的角度来看，抢劫的人神经往往高度紧张，为了避免情绪失控而可能导致的过激行为，作为店员以及店内的顾客一定注意不要造成歹徒惊慌。在澳大利亚，见义勇为的员工不但得不到鲜花和掌声鼓励，反而可能被公司辞退甚至司法指控，因为其行为是将店员自身以及在场顾客的生命置于危险环境而不顾。可以看到，这与东方文化所崇尚的价值标准与处世准则有着根本性的不同。

资料来源　佚名. 对待劫匪要像对待顾客一样［EB/OL］.［2014-09-28］. http://www.doc88.com/p-4167046042429.html.

4）宗教信仰

世界上的宗教种类有很多，其中世界三大宗教是指佛教、基督教和伊斯兰教。不同的宗教，其信仰和禁忌也不一样。这些信仰和禁忌限制了教徒的消费行为。各种宗教对教徒都有特别的规定，而教徒一般都必须严格遵守。比如，虔诚的佛教徒是禁止食用肉类食品的，伊斯兰教徒是禁止食用与猪有关的食品的，两教的教徒都不允许饮酒，而饮茶则是他们的一种日常习惯。

很多节日也都与宗教信仰有关。例如，开斋节、古尔邦节是伊斯兰教的盛大节日；基督教的盛大节日是圣诞节，特别是在以基督教为主的国家，圣诞节前后是一次大的购物高潮，许多消费愿望会在圣诞节期间实现。

某些国家和地区的宗教组织对教徒的购买决策有重大影响。一种新产品出现，宗教组织有时会提出限制或禁止使用，认为该商品与该宗教信仰相冲突；相反，有的新产品出现，得到宗教组织的赞同和支持，它就会号召教徒购买、使用，起到一种特殊的推广作用。因此，企业应充分了解不同地区、不同民族、不同消费者的宗教信仰，生产适合其要求的产品，制定适合其特点的营销策略；否则，会触犯宗教禁忌，失去市场机会。这说明了解和尊重消费者的宗教信仰，对企业营销活动具有重要意义。

5）审美观

审美观通常是指人们对事物的好坏、美丑、善恶的评价。不同的国家、民族、宗教、阶层和个人，往往因社会文化背景不同，其审美标准也不尽一致。有的以"胖"为美，有的以"瘦"为美，有的以"高"为美，有的则以"矮"为美，不一而足。例如，缅甸的巴洞人以妇女长脖为美；非洲的一些民族则以纹身为美等。因审美观的不同形成的消费差异更是多种多样。

6）风俗习惯

风俗习惯是人们根据自己的生活内容、生活方式和自然环境，在一定的社会物质生产条件下长期形成，并世代相袭而成的风尚和由于重复、练习而巩固下来并变成需要的行动方式等的总称。不同的国家、民族有不同的风俗习惯，对消费者的消费嗜好、消费模式、消费行为等具有重要的影响。例如，不同的国家、民族对图案、颜色、数字、动植物等都有不同的喜好和不同的使用习惯，像中东地区严禁带六角形的包装，英国忌用大象、山羊做商品装潢图案。可以说，了解不同国家和地区的风土人情，是企业做好市场营销尤其是国际经营的重要条件。如果不重视各个国家、民族之间的文化和风俗习惯的差异，就可能造成难以挽回的损失。

7）民族性格

民族性格是指一个民族大多数成员共同具有的、反复出现的心理特征和性格特点的总和。每个民族都有自己的民族性格。例如，中国人的典型性格是含蓄、沉稳、谦让、克制；美国人的典型性格则是热情、冲动、活泼、比较外露。民族性格不同，反映在消费观念和消费行为上就有所差别。比如，对中国人来说，勤劳、节俭是一种美德。这种民族传统反映在消费行为上就是重储蓄和计划性，在购买商品时追求商品的耐用性与实用性；而美国人比较倡导自由与个人主义，他们希望购买到能够表现自我的产品。

【同步案例6-1】

欧莱雅宣布删除护肤品中"美白"等字眼

背景与情境：当地时间6月27日，法国化妆品巨头欧莱雅宣布将删去旗下护肤品中"美白"之类的字眼。此举是在反种族歧视的全球抗议浪潮背景下做出的决定，在此之前，其他一些品牌也受到抗议浪潮的推动进行商品整改。

欧莱雅在当天发布的声明中表示，该公司已经决定从其所有晚间护肤产品中删除"美白""白皙""亮白"等字眼。

此前，欧莱雅通过社交媒体表示声援黑人社区："巴黎欧莱雅与黑人社区站在一起，反对任何形式的不公正。"不过仍有外界评论认为该公司的商业模式和广告主要针对白人消费者，也有网民批评欧莱雅在支持反种族歧视抗议浪潮的同时继续推销美白产品。

除了欧莱雅外，其他多家化妆品企业也做出相似决定。联合利华的印度和盂加拉国分支机构决定考虑重新命名一些护肤品品牌，以表明产品适用于"所有肤色"。强生公司也表示将停止销售一些针对亚洲和中东地区的护肤美白霜。

针对社会广泛呼吁保障黑人群体实际利益的声音，雅诗兰黛也表示将在未来五年内，雇用更多黑人员工，且让更多黑人成员进入品牌创意团队，品牌产品的色度选择范围也将更广。

资料来源 丁洁芸. 反种族歧视浪潮下，欧莱雅宣布删除护肤品中"美白"等字眼［EB/OL］.
［2020-06-29］. https://www.cmovip.com/article/top/.

问题：根据相关知识评析该案例。

分析提示：在全球范围内，一些品牌被要求在热门议题上保持"正确"的观点。该案例表明，在反种族歧视的浪潮以及公众压力下，不少品牌选择政治正确而不是利润。人们希望品牌能够表达反种族歧视的观点，然后根据他们对品牌的反应来购买商品。

6.1.4 营销组合要素与跨文化营销

在一个国家内有效的营销组合策略是否在另一个国家也有效？在多数情况下，跨国营销人员对这个问题可能不太清楚。

1）产品

产品被认为是在各个营销组合要素中最直接体现其跨文化价值的，因此跨国营销人员应该随时注意改变产品以满足地方性的习俗和口味。例如，全世界最大的快餐连锁店麦当劳曾在 2002 年出现创业以来的首度亏损，这对于以品牌形象为荣的麦当劳打击很大，于是内部开始反省。其面包配料和重量等菜单标准为全球通用，但无法满足地区性口味。因此现在它们对各地市场不再完全实行标准化，而是针对各地市场的特性制定符合当地需求的快餐策略。例如，在中国市场推出米饭食品等。

2）广告

广告是仅次于产品的第二重要的跨文化营销要素。广告在跨文化营销中的地位和作用比在单一市场的营销活动中更为重要，广告一方面通过突出文化共性，强调产品共性，并且充分考虑当地文化的特点，避免与当地文化、宗教禁忌等相冲突，成为文化适应的工具；另一方面它又是文化改造的武器，即积极主动地运用文化策略，通过消费者教育充分发挥广告策略的作用，改变消费者群体中的革新者与观念领导者的态度及价值观，使其成为主流文化的引导者，从而为企业营销开辟新的空间。

3）价格和渠道

关于价格，在国际市场营销中有两个现象是值得注意的：一是在没有民族主义影响和不触犯东道国反倾销法规的情况下，以低廉的价格销售产品会给消费者带来经济利益，也可以冲破由于文化差异而形成的市场进入壁垒；二是在全球营销中要做到统一产品价格是十分困难的，各国使用的货币不同，国民收入不同，关税、运费不同，使企业无法在国际市场上以同一价格出售产品。因此，定价总是根据消费者心理、竞争对手的反应来加以考虑的，这个过程包含着复杂的文化因素。

分销渠道是进入一个市场必须打通的营销环节。跨国公司想在进入一个国外市场的拓展阶段就建立自己的销售渠道是不现实的，或者说，只能借助当地市场的营销网络来销售。另外，统一的渠道策略虽然有助于企业的市场形象更具一致性，但不同国家和地区由于传统观念的影响，购买行为和选择购买场所及途径都已形成固有的习惯，这同样需要纳入跨文化营销的策略之中。

6.2　社会阶层与消费者行为

任何社会都有社会等级，因而可以据此把社会分为不同的阶层。对社会阶层的划分虽然不那么简单，但确实很有价值，因为可以从不同方面来了解并预测消费者的行为。

6.2.1　社会阶层的含义与特点

社会阶层指的是某一社会中根据社会地位或受尊重程度的不同而划分的社会等级。显然，存在于社会中的各个社会阶层是一个连续的系统，而且划分这个系统的标准不是唯一的。也就是说，一个人位于哪个社会阶层不是单一地由某个因素决定的，而是由几个因素决定的。这些因素包括受教育程度、职业、经济收入、家庭背景、社会技能，甚至住房档次及居住的地理位置等。其中，受教育程度、职业和经济收入是尤为重要的。

当然，在不同的社会里，上述各因素的相对重要性可能有差异。比如，对中国人来说，经济收入和父母的社会地位相对比较重要，而对英国人来说，他们可能更看重世袭成分在社会地位中的作用。

社会阶层的特点及所起的作用主要表现在：

1）社会阶层使社会出现了等级

社会阶层具有从地位高到地位低的纵向等级体系，人们可能并不知道划分这些等级的所有依据，但任何人都能知道这种等级的存在，并确定自己处在哪个社会等级。同时，通过对他人社会阶层的认识来决定与其交往的方式。

2）社会阶层对社会成员的行为具有约束作用

在同一社会阶层内，人们在价值观、态度和行为模式等方面存在一致性，而在不同社会阶层之间又有着差异性。因此，在现实生活中，常常可以发现同一社会阶层内人们之间的交往要多于不同阶层之间人们的交往，当然同一社会阶层内人们行为的相互影响也要大一些。

3）社会阶层的多维性

社会阶层并不是单纯由某一个变量如收入或职业所决定的，而是由包括这些变量在内的多个因素共同决定的。正如后面所要讲到的，决定社会阶层的因素既有经济层面的因素，也有政治和社会层面的因素。在众多的决定因素中，某些因素较另一些因素起着更大的作用。收入常被认为是决定个体处于哪个社会阶层的重要变量，但很多情况下它可能具有误导性。

4）社会阶层的同质性

社会阶层的同质性是指同一阶层的社会成员在价值观和行为模式上具有共同点和类似性。这种同质性很大程度上是由他们的共同的社会经济地位所决定的，也和他们彼此之间更频繁的互动有关。对营销者来说，同质性意味着处于同一社会阶层的消费者会订阅相同或类似的报纸、观看类似的电视节目、购买类似的产品、到类似的商店购物，这为企业根据社会阶层进行市场细分提供了依据和基础。

5）社会阶层的动态性

一个人的社会阶层是会发生变化的。尽管这种变化一般来说不是突然发生的，但很多人并不是一生中都属于一个阶层。导致一个人社会阶层发生变化的原因主要有两个方面：一方面是个人因素，如由于个人的努力或自甘堕落、生活变迁等原因，他的社会阶层发生变化；另一方面是社会因素，如社会制度的变革改变了人们的生活方式或价值观念，或者由于某种原因剥夺了某些人的权利，从而导致个人社会阶层的变化。

【同步思考6-2】

问题：一个人的一生只能属于一个阶层吗？请举例说明。

理解要点：由于社会阶层的动态性，一个人的社会阶层是会发生变化的。比如，一个瓦工显然应该划归为工人阶层。然而，如果这个瓦工积累了一些资本，并建立了自己的企业，他最终可能成为一个富裕的开发商，因此成了中产阶层。

6.2.2 社会阶层的构成

某个社会可以被划分为多少个社会等级或社会阶层，要依划分标准的不同、社会等级之间差距的大小以及研究者的不同而不同。

美国商业心理学家和社会学家把社会阶层划分为六个，这六个社会阶层及消费特点如下：

1）约占美国人口总数1%的上上层

这一阶层的人大都拥有显赫的家世，拥有巨额资产。他们是名贵珠宝、古董、绘画作品的主要购买者及高档消遣、娱乐方式的主要顾客。他们处于社会消费的最高层次，因而对其他阶层的消费者常具有示范消费的作用。

2）约占人口总数的2%的上下层

这一阶层的消费者主要是那些享受高薪或经营特殊行业而发家致富的人。他们大都是通过自己的艰苦奋斗而由中产阶级进入到上流社会的，因而有强烈的凸显自我的欲望，渴望在社会中及公共事务中显示其地位、身份。比起其他阶层的消费者，他们更讲究排场并追求豪华的生活，因而豪华、昂贵的商品最能满足他们的心理需要。他们是私人别墅、游艇、游泳池及名牌轿车的主要消费群体。

3）约占人口总数的12%的中上层

这一阶层的消费者大都受过良好的教育并拥有令人羡慕的职业，如医生、律师、大学教授、科学研究人员等。他们非常重视教育的作用，重视家庭教育投资。他们偏爱高品质的商品，因为这与他们的身份相称。他们大都拥有高档住宅、高级时装、高级家具等。

4）约占人口总数的30%的中下层

这一阶层的消费者尊重传统，具有良好的公共道德，遵纪守法，喜欢购买大众化、普及性的商品，不太看重商品是否时髦。"白领阶层"是这一阶层的主体。

5）约占人口总数的35%的下上层

这一阶层消费者的受教育程度大都较低，因而属于低薪收入阶层。为了生计，整天忙碌于工作与生活，很少有精力和兴趣去关心社会时尚的变化，消费上多是习惯型的购买者，喜欢购买实用价廉的商品。

6）约占人口总数的20%的下下层

这一阶层属于贫困阶层，几乎没有受过什么教育，收入处于社会最低层，没有固定的购买模式，购买行为常具有冲动性。他们是低档商品的主要购买者。

学习微平台

延伸阅读6-1

6.2.3 社会阶层的决定因素

一个人的社会阶层和他特定的社会地位是相联系的。处于较高社会阶层的人，必定是拥有较多的社会资源、在社会生活中具有较高社会地位的人。社会阶层并不单纯由某一个变量如收入或职业所决定，而是由包括这些变量在内的多个因素共同决定的。

1）教育

人的受教育程度直接影响着他的能力、知识、技术、价值观、审美观等，而且随着社会的发展，它在划分社会阶层中所起的作用越来越大。一般情况下，一个人所受的教育程度越高，他的社会地位就越高。

2）职业

职业地位是人们在现代社会中的主要社会地位。其中，职业声望是人们对职业地位的一种主观评价。一般来说，职业声望越高，职业地位越高，社会名声越大，所处的社会阶层越高。

3）收入

收入一直被用来衡量人们的购买力和社会地位，因为没有收入就谈不上消费。收入与人们的消费方式、生活习惯等有着密切的关系。一般来说，收入高的人比收入低的人的社会地位高。因此，很多人认为应该按收入来划分社会阶层，但也有人不同意这种观点。比如，我国前几年出现的"脑体倒挂""搞导弹的不如卖茶叶蛋的"等说法，就说明了收入与社会地位之间的关系的不一致。

4）权力

权力意味着一个人在群体和社会中向别人施加影响的能力。

5）个人业绩

一个人的社会地位与他的个人成就密切相关。同是大学教授，如果你比别人干得更出色，你就会获得更多的荣誉和尊重。

6）阶层意识

阶层意识是指某一社会阶层的人意识到自己属于一个具有共同政治和经济利益的独特群体的程度。人们越具有阶层或群体意识，就越可能组织政治团体、工会来推进和维护其利益。从某种意义上来说，一个人所处的社会阶层是由他在多大程度上认为他属于此阶层所决定的。一般而言，处于较低阶层的个体会意识到社会阶层的现实性，但对于具体的阶层差别并不十分敏感。

6.2.4 社会阶层与市场营销策略

对于营销人员来说，知道和了解每个社会阶层的总体特征是很有必要的。调查表明，不同社会阶层消费者的行为差异主要表现在以下方面：

首先，由于人们的社会阶层不同，他们对商品和品牌的偏好也不一样。比如，受教育程度往往影响人们对艺术品的消费；收入低的人一般不会购买奢侈品，如进口轿车等。

其次，社会阶层也可能告诉营销人员他们一般在什么样的购物场所消费。富有的上层购买者经常出入高档的商场或其他地点，而这些地点可能会让其他阶层的人感到不舒服。

再次，社会阶层会影响人们对休闲活动的选择。社会阶层从很多方面影响个体的休闲活动。一个人所偏爱的休闲活动通常是同一阶层或临近阶层的其他个体所从事的某类活动，他采用新的休闲活动往往也是受到同一阶层或较高阶层成员的影响。虽然在不同阶层中，用于休闲的支出占家庭总支出的比重相差无几，但休闲活动的类型却差别颇大。

最后，社会阶层还能决定广告媒体的使用。社会阶层不同，对媒体的喜好也不同。比如，上层消费者更喜爱杂志和书籍，而下层消费者更喜爱电视。即便是观看电视，不同阶层的人对不同节目的喜好也不同。

总之，社会阶层与人的消费行为的确有着比较密切的关系。但是，应该看到，由于越来越强的社会流动性和财富集中程度的稳定下降及越来越多的人通过各种方式能够接受高等教育，各社会阶层之间的差别正在缩小。所以，市场营销人员在以社会阶层来分析消费者的行为时要注意到这一情况。

6.3　参照群体与消费者行为

无论是在一个社会、一个亚文化群还是一个社会阶层中，参照群体对文化含义的传达都具有重要作用。

6.3.1　参照群体的概念与类型

群体是指由两个或两个以上的人为达到某种目标而组成的相互影响、相互作用的人群结合体。根据这一定义，群体不能太大，因为太大的群体中的成员无法意识到对方的存在，也不可能彼此都有交互作用。此外，在马路上一起围观车祸的一群人，或自由买票而进入同一电影院观看电影的一群人，也不能算是群体。

什么是参照群体呢？所谓**参照群体**，是指对个人的行为、态度、价值观等有直接影响的群体。虽然个体并不一定是该群体的实际成员，但是它对个体行为的影响很大。

从消费者行为学的观点来看，所有影响消费者购买行为的正式和非正式群体都是人们的参照群体。消费者可以使用产品或品牌来认同某一群体或成为其中的一员。他们通过观察参照群体成员的消费方式来学习，并在他们自己的消费决策中使用同样的标准。

参照群体首先可以分为直接的参照群体和间接的参照群体（如图6-1所示）。直接的参照群体是直接接触到人们生活的面对面的成员群体。他们可以是主要成员群体或次要成员群体。主要成员群体包括人们以非正式的面对面的方式经常相互影响形成的所有群体，如家庭、朋友或同事；相反，人们与次要成员群体的交往是非持续而且是更正式的，这些群体如俱乐部、宗教团体等。

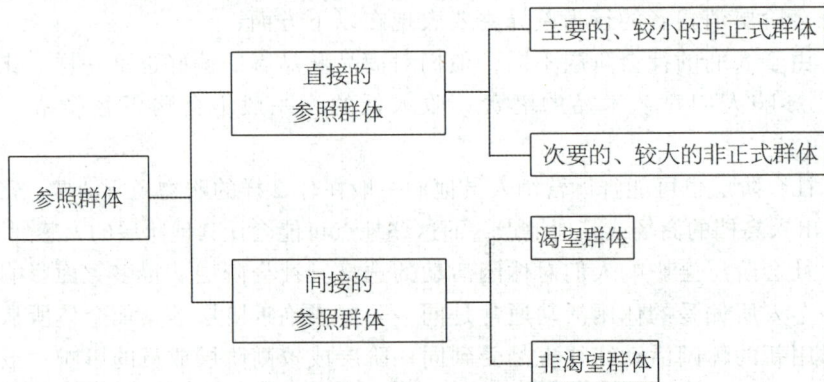

图6-1　参照群体的类型

间接的非成员群体包括渴望参照群体和非渴望参照群体。渴望参照群体是人们渴望加入的群体，非渴望参照群体是人们试图与其保持距离、避免与其有关的群体。

6.3.2　参照群体对成员行为方式的影响

大多数人都会选择一些群体作为参照群体，那么参照群体是怎样影响消费者的情感、认知和行为的呢？

1）规范性影响

群体规范是指群体所确立的、每个成员必须遵守的行为准则。每个群体都有特定的行为准则。这种准则，有的是明文规定的，有的是约定俗成的，但都有约束和指导成员行为的效力。如果群体成员的态度和行为符合群体规范，就会受到群体的肯定；如果成员偏离或破坏其准则，群体就会运用各种方法加以纠正。当然，群体规范不是一成不变的。随着形势的变化，它也会发生变化。而且，参照群体对成员行为的影响既可以是主动的，也可以是被迫的。也就是说，成员既可以主动模仿别人的行为，也可能在群体压力下不得不采取某种行为。后一种现象在社会心理学中又被称为从众现象。所谓**社会从众**，是指群体成员放弃自己的判断而采取与大多数人一致的行为。

学习微平台

微视频6-1

【经典实验6-1】

阿希的从众实验

美国社会心理学家阿希曾做过一个著名的从众实验。该实验以大学生为受试者。实验材料是十八套卡片，每套两张，每次向受试者出示一套卡片。其中，一张卡片上有一根标准垂直线，另一张卡片上有三根长短不等的垂直线，里边只有一条垂直线与标准线等长。实验者要求受试者从A、B、C三条垂直线中选出一条与X标准线等长的垂直线。见图6-2。

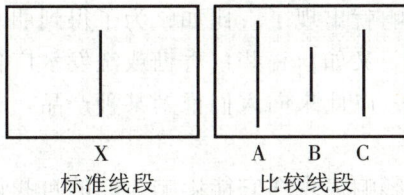

X
标准线段

A B C
比较线段

图6-2 阿希从众实验

实验设置了特殊的情境。每次实验有一名受试者参加，让几个实验者冒充受试者，让他们说假话。实验时用一张圆桌，真假受试者围桌而坐，实验者每拿出一套卡片，受试者就逐一回答，但是规定好由前面几个假受试者——口头回答，真受试者总是被安排在最后第二个回答。18套卡片呈现18次，第一次至第六次，假受试者都做出了正确的选择，当然真受试者也做出了正确的反应。从第七次开始，假受试者都故意做出了错误的选择，实验者观察真受试者的选择是从众还是独立。

实验结果发现：第一，大约有1/4~1/3的真受试者保持了独立性，每次的选择反应无一次从众行为；第二，约有15%的真受试者做出了总数的3/4次的从众反应，即从众行为平均四次中有一次；第三，所有真受试者做出了总数的1/3次的从众反应，即三次中有一次从众。

【同步案例6-2】

从众心理对消费行为的影响

背景与情境：曾有心理学家对消费者行为中的从众性和依赖性进行过实验研究。实验的受试者是某大学管理系的144名学生。有A、B、C三套不同质量的男用西服，要求学生们就式样、色彩和尺寸等进行综合考虑，从中挑选出一套自认为最好的服装。实验在三种条件下进行：一是控制条件；二是从众条件；三是对抗或诱导条件。控制条件是让个人在没有集体影响的情况下任意挑选。其余两种实验条件下个人都处于小集体当中。这个小集体只有4人，3人是协助实验者的工作人员，他们名义上也是受试者，但真正的受试者只有1人，他并不了解这种安排，以为他们和自己一样。在从众的条件下，名义的受试者事先由实验者指定，一致认为B是最好的服装。在宣布各自的评选结果时，先由名义受试者依次发言，都说B是最好的服装。实验结果表明，在从众条件下，受试者选择B为最好服装的比率最高。

问题：试对上述现象进行分析。

分析提示：在群体压力下，人们很容易出现这种所谓的"随大溜"现象。本案例就是一个典型的社会从众的实验，说明了消费者行为同样具有从众性。

2）信息性影响

参照群体对信息的影响是将关于消费者本人、他人、物质环境等方面的有用信息传达给消费者。对消费者来说，信息既可以直接获得，也可以通过间接的观察而得到。而且，消费者对信息的获得，既可以是他有意识地主动寻求的，也可以是他在偶然的情况下或不经意间听到的，还可以是参照群体成员的热心推荐或劝说的。

3）功利性影响

消费者为了获得赞赏或避免惩罚而采取的消费行为，就是受到所谓的功利性影响。当消费者认为参照群体能够控制奖励和惩罚并且他们本人也希望得到相应的奖励或避免某种惩罚时，这种功利性影响就出现了。比如，为了得到朋友们的赞同，你会专门购买某一品牌的化妆品或摩托车。又如，一些口香糖或洗发水广告中显示人们会不喜欢别人身上的异味或肩上的头皮屑，以此来向人们推销某种产品。

4）价值表达的影响

参照群体对价值表达的影响表现在它能影响人们的自我认同感，这是以个人对群体价值观和群体规范的内化为前提的。在这种情况下，即使没有外在的奖励与惩罚，个人也会按照群体规范来行事，因为群体的价值观已经成了个体自身的价值观。

6.3.3 影响参照群体影响力的因素

参照群体不会对消费者的每个购买决策都施加影响，即使在群体影响确实起作用的情况下，消费者也会受到其他变量的影响。因此，在不同情况下，参照群体对消费者购买行为的影响程度是不一样的。也就是说，参照群体对消费者行为的作用力的大小是不一样的。其影响因素主要有：

1）产品的明显程度

参照群体对不同产品的影响程度是不同的。这种不同的影响至少体现在两个方面：第一个方面是这种产品是必需品还是非必需品。必需品是每个人都必须拥有的东西，非必需品是特定阶层的人或在特定情况下才拥有的东西。第二个方面是他人对这种产品的认识程度，即公众的还是私人的。公众产品是指那些当自己拥有和使用时能引起其他人重视的东西。私人产品是指那些在家里使用的、别人无法注意到的东西。这两个方面结合起来就构成了表6-2那样的组合。一般来说，一件产品的必需程度越低，参照群体的影响程度越大；产品的公众性越强，即产品的使用可见性越高，群体影响力越大。

表6-2　　　　　　　　　　　　　　参照群体与产品和品牌

	必需品	非必需品
公众的	公众必需品 参照群体对产品的影响力：弱 参照群体对品牌的影响力：强	公众奢侈品 参照群体对产品的影响力：强 参照群体对品牌的影响力：强
私人的	私人必需品 参照群体对产品的影响力：弱 参照群体对品牌的影响力：强	私人奢侈品 参照群体对产品的影响力：强 参照群体对品牌的影响力：弱

2）个人与参照群体的关系

一般来说，个人对参照群体越忠诚，他就越会遵守群体规范，参照群体对他的影响就越大。比如，当一个人要参加一个渴望群体的活动时，他就会非常重视自己的穿着打扮。而当他要参加一个非渴望群体的活动时，他的穿着打扮就会显得很随意。

3）个人特征

个人在购买中的自信程度越低，他越容易求助于参照群体成员，参照群体对他的影响就越大，特别在购买他不太熟悉的产品或重要的产品（如汽车、保险等）时更是这样。此外，个性、安全感、地位等也对个体是否遵从起重要作用。个人在群体中的地位能影响他对群体规范遵守的程度。一般来说，一个人在群体中越受欢迎，或在群体中的地位越高，越能够自觉地遵守群体规范，与群体保持一致。

4）参照群体的特征

群体特征指的是影响个体遵从的参照群体的特征。群体影响个体的能力随着群体规模的大小、凝聚力的高低以及领导力的强弱而不同。群体人数越多，越难以达成一致，因而其影响力就会越小；群体凝聚力或领导力越强，其影响力就越大。

6.3.4　观念领导者

参照群体中经常包括观念领导者（或称为意见领袖），这是指那些经常能影响他人的态度或意见的人。从营销的角度来看，**观念领导者**就是指在非正式的产品沟通中，就某一特定的产品或服务能够提供建议与信息的一群人。显然，说服这些人购买产品或服务对营销人员来说是非常重要的。很多在今天成为人们生活一部分的产品或服务最初就是受到了这些有影响力的观念领导者或意见领袖的推动。

1）观念领导者的特征

观念领导者一般有以下特征：

（1）人格特征

观念领导者通常是最早出于纯粹的好奇心而试用新产品和服务的人。他们通常是社区的活跃分子，不甘寂寞。而且，观念领导者一般都比较率性，具有公开的独特的个性，这让他们更可能以与众不同的方式去尝试那些未知的而又让人感兴趣的产品和服务。此外，观念领导者通常具有高度的自信心，可能比一般人更健谈与合群，因而他们更具有影响力。

（2）独特的产品知识

观念领导者最大的也是最明显的特征，就是对某一类产品比群体中的其他人有着更为长期和深入的介入。由于某些原因，有的人对某类产品或活动有更多的知识和经验，因此在其他人看来，他在这方面更有权威。所以，观念领导者通常是与特定的产品或活动相联系的。

一位资深IT记者说："尽管我一年到头也不会买一台电脑，但每年找我推荐买哪种电脑的人却数不胜数！"这样的情况并不特殊，如果把这种观念领导者仅仅当作一个普通的用户来看待，那他的传播价值很低，但如果考虑到他对采购的影响，他的传播价值可能是普通用户的千倍、万倍。

（3）丰富的市场知识

虽然观念领导者通常是和某种产品或活动相联系的，但是也有这样一些人，他们似乎了解许多产品、购物场所和市场的其他方面的信息。他们一般也愿意与人讨论产品或购物，主动向他人介绍关于产品的大量信息。

2）如何发现与寻找观念领导者

对营销人员而言，由于观念领导者对其目标消费者具有强大的影响力，因此如何发现观念领导者便是一个相当重要的工作。但是，观念领导者通常并不显眼，因此要定位观念领导者并不容易。于是，营销人员经常试图"创造"观念领导者。比如，很多企业用影星、体育明星或其他社会名流来宣传其产品。用知名人士做宣传的效果在很大程度上取决于该代言人的可信性与吸引力以及人们对他或她的熟悉程度。如果在代言人与产品之间能够建立起联系，用知名人士做宣传就可能获得成功。

某些产品领域有职业性的观念领导者。比如，计算机行业的从业人员对计算机品牌的意见、理发师或美容师对护发品或美容品的意见对其他消费者的影响确实很重要。

此外，观念领导者可以通过社会学技术测量出来。比如，可以通过大众媒体的使用情况来确定观念领导者。又如，耐克公司推测《跑步者世界》的订阅者可能是散步鞋和跑鞋等产品的观念领导者。另外，也可以通过设计调查问卷的形式来确认观念领导者（见表6-3）。

表6-3   观念领导者调查表

提示：这是关于_____（产品类别）的一份简短的调查表。请仔细阅读每个句子。对于每个句子，请写出一个数字表明你对句中意见的看法。这些数字从1到7，数字越大，表明同意程度越高。

1.我对_____的意见好像与别人都不一样。

2.当我考虑购买_____时，我向别人征求意见。

3.当别人选择_____时，他们不向我征求意见。

4.在我购买_____之前，不需要和别人商讨。

5.别人向我征求购买_____的意见。

6.我很少问别人应购买哪种_____。

7.我认识的人根据我告诉他们的信息选择_____。

8.我在购买_____之前，喜欢征求别人的意见。

9.我常常劝说他人购买我喜欢的_____。

10.当我征求别人的意见后，我购买_____感觉更好。

寻找观念领导者（意见领袖）

业务问题： 假设你是一家电脑公司的营销人员，想在大学生中推销个人电脑，你打算采取怎样的方法寻找观念领导者？

业务分析： 在大学生中寻找观念领导者（意见领袖），最好的办法之一就是通过调查问卷的方式。问卷的题项可以参照表6-3进行设计。

业务程序： 首先，设计问卷的指导语，交代本调查的目的，并对被调查者表示感谢；其次，根据上述的业务分析设计问卷题项；最后，是关于被调查者年龄、性别、文化程度、职业等方面的个人信息的问题，要保证问卷的匿名性。

3）观念领导者与营销策略

市场营销人员应该认识到，观念领导者并不普遍适用于所有的领域。一个人可能在某个领域扮演观念领导者的角色，但在另一个领域则不是。可见，观念领导者的重要性在不同的产品或不同的目标市场上存在很大的区别。因此，对于不同的产品或品牌应该寻找不同的观念领导者。在采用观念领导者策略时应该注意以下方面：

（1）广告模特的使用

广告在使用模特时，应力图使消费者模仿观念领导者。因此，模特的选择是很重要的。观察现今的市场营销策略，有许多企业采用影视明星、运动明星等名人来推广产品，就是希望借由这些名人在该产品上所具有的观念领导性来推广产品。这种利用名人名誉担保的推广手法能否取得成功，还受到很多因素的影响，如名人的可信度、消费者对名人的熟悉度等。此外，企业在决定由谁来进行名誉担保时，还要考虑这个名誉担保者是否具有某些特质使他适合担任该产品的代言人。例如，有些名人同时担任很多产品的代言人，这是否会引起消费者识别或记忆方面的混乱或冲突；如果代言的名人在事后发生了一些绯闻或丑闻，就可能对产品造成严重的负面影响。

一般来说，在营销或广告上利用名人的方式有以下四种：一是证言，主要是基于强调名人自身对该产品的实际使用，而由名人来证实该产品的品质与功效。二是名誉担保，即名人用他的名誉来保证产品的质量与功效。三是演员，即名人纯粹以广告演员的身份出现在产品的广告中。在这种情况下，名人单纯只是扮演广告片中的一个角色而已，并没有任何推荐或担保的意思。四是代言人，即名人长期担任某一产品或某一公司的代表性人物。

（2）样品的赠送

赠送样品时不能随机地以任何消费者作为样本，而应该尽量将产品送到可能成为观念领导者的人手里。比如，克莱斯勒公司为了推出它的某款新车，向6 000名可能的观念领导者提供新车，让他们免费使用一个周末。这些人包括经理和社区首脑，也包括经常提供意见却不受瞩目的人，如理发师。随后的市场调查发现，有3 200多人驾驶或乘坐了这种汽车，而其口头赞誉则流传更广。所以，如果营销人员能够辨认出观念领导者，提供给他们产品（像上述那样借给他们使用）是完全值得的。

（3）正确处理顾客的抱怨或投诉

因为某些消费者会同其他消费者谈论他们有关产品、商店和服务的经历，而观念领导者的谈论要比一般人的影响更大。所以，当顾客的期望未被满足时，企业必须及时妥当地处理他们的抱怨或投诉，甚至在有些情况下，企业应当鼓励消费者去抱怨，因为这样能增加抱怨者对产品的忠诚度。

6.3.5　口碑营销

随着互联网的兴起，口碑营销不再局限于传统意义上的口耳相传，越来越多的消费者通过微信、微博、博客、电商网站、论坛、产品讨论区、贴吧等发布和传播关于企业的各种评价，影响范围和传播的速度远远超过面对面的传统口碑。

口碑被认为是影响消费者对品牌的态度和行为的重要因素，著名社会学家卡茨和拉扎斯菲尔德发现，在促使消费者态度由否定、中立到肯定的转变过程中，口碑传播所起的作用是广告的9倍。对企业而言，口碑是最经济、最有力的营销方式。

在信息爆炸的今天，人们越来越反感简单粗暴的广告，一味按照传统方法和观念执行、砸入重金的广告效果愈渐差劲。而口碑传播是建立于用户个体之间，关于产品与服务看法的非正式传播，可看作一种C2C的新模式，其中口碑是方法，营销是目的，而产品则是基石。

口碑营销的第一个特征是可信度高。因为在一般情况下，口碑传播都发生在朋友、亲戚、同事、同学等关系较为密切的群体之间，在口碑传播过程之前，他们之间已经建立了一种长期稳定的关系。口碑传播相对于纯粹的广告、促销、公关、商家推荐等，可信度要更高。这个特征是口碑传播的核心，也是开展口碑营销的一个最佳理由。

口碑营销的第二个特征就是宣传费用低。自媒体时代，只要你的产品足够好，UGC（用户原创内容）宣传强大，人人都可以为你背书，成为你的"代言人"，而且其效果远远优于直截了当的各类广告宣传。

口碑营销的第三个特征是消费导向成交率高。人们在买手机、挑饭店或者选汽车的时候，都特别爱从亲戚朋友那里了解产品的使用感受和体验，因为对于消费者来说，亲戚朋友这样不带利益驱使的反馈意见最真实、最具参考价值。而亲戚朋友们的真知灼见往往也能最终左右自己的选择结果。

6.4　家庭与消费者行为

学习微平台

延伸阅读 6-2

每个人的一生都离不开家庭。家庭是以婚姻、血缘或有收养关系的成员为基础组成的一种社会生活组织形式或社会单位。父母、子女是家庭的基本成员。

最基本的家庭类型是核心家庭，即由父母和子女构成的家庭。核心家庭在每种文化中都非常重要。此外，还有扩展家庭，即包括核心家庭和其他亲属在内的家庭，最常见的是包括一方或双方祖父母在内的大家庭。随着社会的变迁，这种扩展家庭的数目越来越少，而一种比较特殊的核心家庭——单亲家庭相对地越来越多。

6.4.1　家庭决策类型

一个家庭成员在家庭购买决策中可以扮演不同的角色，起不同的作用。在不同的家庭中，决策者的角色可以是由不同的人来完成的。据此，可以把家庭决策类型

分为：

①妻子主导型：家庭中的决定主要是由妻子做出的，丈夫的意见只起参考作用。

②丈夫主导型：丈夫在决策中担任主角，而妻子的意见只起参考作用。

③混合型或民主型：家庭决策一般是由夫妻双方共同做出的。

④各自做主型：决策完全由一方独立做出，夫妻双方互不干涉。

通常，在各项消费品的购买决策中，房子、汽车等大件消费品及其他耐用消费品一般由丈夫主导决策，而妻子则在家庭日用品的购买决策中居主导地位。

以往对于家庭决策类型的研究一般都忽略了家庭决策中的一个重要参与者——孩子。在我国，虽然人口出生率持续走低，但是子女作为消费者的重要性并没有下降，甚至随着子女在家庭中地位的提高，儿童市场更加庞大，而且是相当重要的。不管是学龄前儿童还是青少年，他们对家庭的购买决策都有着非常重要的影响。

6.4.2 影响家庭购买角色变化的因素

家庭决策类型不是一成不变的。某些因素的变化，也会影响家庭购买角色的变化。影响家庭购买角色变化的因素有：

1）商品因素

商品因素包括商品的价格、商品的重要性以及商品是否具有可分享的使用性等。如果商品的价格很高，甚至能影响到家庭其他项目的开销，大多数家庭成员都会以某种方式加入决策。对于一些不太重要的商品如卫生纸等几乎用不着家庭统一决策。另外，当商品具有可分享的使用性时（如家用轿车、假期），集体决策的可能性也越大；相反，当商品主要由家庭的某一成员使用时，这一决策的制定就主要由这个成员来完成。

2）社会阶层

不同的社会阶层可能产生不同的决策模式。一般来说，高层次和低层次的家庭倾向于采用自主的或独立的决策风格，而处于中间层次的家庭，则倾向于平等或共同的决策。当然，随着财富的不断增长和受教育水平的提高，这些社会阶层的区别也在逐渐缩小以至消失。

3）家庭生命周期

在家庭生命周期的不同阶段，人们决策的方式会有所不同。特别是随着子女在家庭决策中参与程度的不同，会进一步影响家庭决策的制定。

4）角色分配

家庭成员在购买决策中都扮演一定的角色，而且角色分配得越具体，家庭成员在与他们的角色有关的方面越容易做出自主的决策。比如，妻子经常在喂养孩子方面承担着专门的角色，因此她们在购买孩子的服装和食品方面有更大的自主权。

5）个人特征

消费者的个人特征会影响某在家庭购买决策中的作用。这些个人特征包括具有的相对权力的大小、对产品领域的介入程度以及受教育的程度等。夫妻中的一方比另一方更有权力时（主要与经济能力有关），这一方通常就有更大的决策权。另外，家庭中的某一成员对某一产品介入的程度越深，在这个产品领域里进行购买时，他或她就越有可能影响其他家庭成员。

顾家×乐高："每天欢聚1小时"的公益倡导

背景与情境： 迫于生活压力，很多人为了追求"面包"投身于忙碌的工作，而忽视了对家人的陪伴。为了重视这一问题，各大品牌和媒体费了不少心思。近期顾家家居与乐高的合作别出心裁，用拼搭出的"18年"沙发向大家发出"每天欢聚1小时"的公益倡导。

广告选取了孩子迈出第1步、生日等"陪伴缺失"的日常来引发父母思考，它还将孩子的成长时间输出为一个陪伴公式："365天×24小时×18岁=157 680小时"。乍一看觉得时间很长，但将这157 680小时化成一块块乐高积木，并通过乐高专业认证大师之手拼成艺术作品后，你就会恍然大悟：原来孩子成长的18年历程，不过只是一张彩虹沙发大小。

资料来源　参考网．顾家×乐高：以积木沙发倡导"每天一小时"[EB/OL]．[2020-01-14]．http：//www.cmmo.cn/．

问题： 你如何评价顾家家居与乐高这一别出心裁的合作？

价值引领： 乐高利用沙发的彩虹色告诉父母，孩子的七彩人生需要父母一同绘制。如今我们仅靠情感牌已经很难引起共鸣并引发思考，但此次顾家家居和乐高通过运用积木拼搭彩虹沙发的艺术手段，让孩子的成长时间有了具象并有了关联性的载体，在呼吁人们的同时，也更加多了一份提醒：生命有限，亲情最重要，有时间多陪陪孩子。

6.4.3　家庭生命周期

家庭生命周期是一个家庭在建立和发展过程中经历的阶段。它是由婚姻状况、家庭成员年龄、家庭规模及主人的工作状况等因素综合而成的。

关于家庭生命周期各阶段的划分，不同的学者划分的阶段不完全一样。本书把家庭生命周期划分为五个阶段，即单身期、初婚期、满巢期、空巢期和解体期。当然，这只是一个模式，并不是所有的家庭都一定完全按照这个顺序建立和发展。但对家庭生命周期中的每一个大致的阶段来说，都有着许多共同的、明显的消费行为特征。

1）单身期

单身期主要是指已经成年但尚未结婚者所处的时期。在国外，很多青年在有了独立生活的能力以后就离开父母独闯天下。在我国，随着大学生就业人数的增多和进城务工者的日益增加，这部分人数也在逐渐增多。在这一时期，由于单身消费者没有什么经济负担，因此有较多的可支配收入，而且他们的消费心理多以自我为中心。在消费内容上，由于有更时尚的娱乐导向，他们把钱大多花在服装、音乐、餐饮、度假、约会等方面。

2）初婚期

这个时期指的是人们结婚以后还没有生育的这一段时间。随着人们工作、生活节奏的加快及观念的改变，这个时期在整个家庭生命周期中所占的时间比例有增大的趋势。由于夫妻双方都有工作，又没有孩子的负担，因此这一时期比较富裕。其消费心理与行为主要以夫妻为中心，即以规划和发展小家庭为核心，主要购买一些日常用品及进行比较浪漫的休闲、度假等。

3）满巢期

这是一个比较长的阶段，是指从第一个孩子出生到最小的孩子也已长大成人的这段时间。孩子带来了新的需求，从而改变了消费模式：婴儿阶段主要是购买玩具、食品等；学龄阶段主要是各种学习和教育费用，而且随着年级的升高，各种费用也越来越高，在高中阶段和大学阶段，仅仅学费对父母来说就是一笔很大的开销，尤其对工薪阶层来说，在孩子上中学以后一直到大学毕业参加工作之前，其家庭消费主要以孩子为中心，而自己常常比较节俭，尽可能地压缩其他各种消费。对大多数家庭来说，孩子在毕业参加工作以后到结婚组成新的家庭之前的这一段时间，是消费的高峰期。家庭的主要支出是一些高档的消费品，如更换家具、家用电器及举家外出旅游等。同时，中国的大部分家庭还要为子女的婚事做一些储备。

学习微平台

延伸阅读 6-3

4）空巢期

子女组成了新的家庭以后，成为另一个消费单位，只剩下父母，这一时期属于家庭生命周期的空巢期。

在空巢期，因为没有子女的拖累，父母的经济负担已经大大减轻，他们已经具备充分享受消费的条件。而且，这一时期大部分家庭的夫妻已经到了离退休的年龄，有更多的闲暇时间供自己支配。因此，对那些经济收入较高、有一定积蓄的家庭来说，他们还有一种"补偿消费"的心理，弥补过去由于经济条件、时间、精力等各方面的限制而没有充分消费的缺憾，最常见的就是夫妻双双外出旅游。同时，由于年纪越来越大，他们逐渐以身体健康为消费导向，如购买有助于睡眠的设施、各种健身器材、保健用品等。

5）解体期

自然法则决定着家庭的最终走向。家庭生命周期的最后一个阶段是夫妻中的一人去世或生活能力快速下降不得不转向投靠子女的时期。由于老年人自身活动能力的减弱，其消费能力也相应下降，这时的消费基本上以吃和保健为主。如果这一时期老年人年老多病，在医药方面的花销也不小。

【同步业务 6-2】

业务要求：假如你是一家旅行社的业务员，请你以家庭生命周期为线索，为不同类型家庭的黄金周旅游做一份推介计划。

业务分析：家庭生命周期可划分为五个阶段，即单身期、初婚期、满巢期、空巢期和解体期。每个家庭都有不同的成员构成状况，这使得不同的家庭在旅游行为上呈现出不同的特点。但对家庭生命周期中每一个大致的阶段来说，都有着许多共同的、明显的消费行为特征。

业务程序：首先，根据本节的相关内容，确定家庭生命周期不同阶段人们的主要消费特点；其次，通过网上调研等方式，确定不同家庭生命周期人们的收入水平及支付能力等；最后，为生命周期各个阶段的家庭制订一份旅游计划，要求该计划具有可操作性。

6.5　消费流行与消费者行为

社会心理学的研究表明，在分散的社会大众中由于人们之间的相互作用，会出现从众、模仿等现象，从而为社会流行奠定了心理基础。所谓社会流行，是指社会上相当多的人在较短时间内，由于追求某种行为方式而愿意一起行动的心理强制。社会流行的范围十分广泛，包括物质产品的流行、语言行动的流行及思想观念的流行等。这里我们主要介绍消费流行。

6.5.1　消费流行的含义与特点

消费流行是指人们在消费活动中，对某些商品或服务所形成的传播迅速、形成潮流的消费模式。消费流行反映在市场需求上，即表现为市场流行。消费流行具有以下特点：

1）骤发性与短暂性

消费流行往往体现为消费者对某种商品或服务的需求急剧膨胀，在短期内爆发、扩展、蔓延，如海潮般呼啸而来，汹涌而去。虽然流行周期没有固定的时间界限，但是相对来说，流行意味着时间比较短暂。

2）周期性与循环性

消费流行也如同社会上的其他事物一样，具有发生、发展的自身规律性，这就是流行周期。一般来说，商品的流行周期包括介绍期、发展期、盛行期和衰退期。有的商品的流行周期还具有循环性。也就是说，有时候人们所偏爱的商品，往往供不应求、炙手可热。但是，一旦"消费热"过去，这种曾经风靡一时的商品就会无人问津。然而，过了一段时间以后，那些早已被人们遗忘了的东西，又可能在市场上重新出现和流行。

3）地域性与梯度性

消费流行既有一定的地域性，又呈现出一定的梯度性。地域性指的是消费流行常常是在一定地理范围内发生的，因此在 A 地流行的商品在 B 地就不一定流行。但是，由于消费流行具有扩散性，于是在不同的地区间、时间上就形成了流行梯度，即流行的地域时间差。这种流行的地域时间差使得流行的商品或服务在不同的时空范围内处于流行周期的不同阶段。

4）新奇性与反传统性

流行商品的突出特点就是它的新奇性。新奇可以表现在商品的各个方面，如款式、色彩、包装、功能、质量等。消费者常因好奇而产生对某些消费品的注意，进而在从众心理和模仿心理的推动下产生购买动机。与此相关的另一个特征是流行的反传统性，因为在某些情况下，传统意味着守旧，而流行意味着新奇与时尚。

6.5.2　消费流行周期

如前所述，消费流行是具有周期性的。具体地说，消费流行的周期包括四个阶段：

学习微平台

同步链接 6-1

1）介绍期

介绍期是指一种新产品刚刚投放到市场，少数消费者即将对其产生需求的阶段。这一阶段的需求量很小，只有少数的"带头人"首先消费，而多数人对产品是陌生的。在这一阶段，企业应该充分发挥媒介的权威作用，宣传报道有关流行趋势的一些问题，也可以利用影视明星、时装模特等进行广告宣传，引起消费者的注意。

2）发展期

发展期是指消费者由于对某种流行商品有所认识，开始接受，由羡慕、欣赏进而模仿消费，产生大量需求的阶段。这时企业开始大量生产，竞争者纷纷加入，产品开始推广普及。这时的购买者一般是比较喜欢赶时髦的年轻人，他们具有较强的社交能力和较广泛的信息来源，往往能首先注意到流行商品的出现。

3）盛行期

盛行期是指某种商品的产量和需求量进一步加大，该商品在市场中普遍流行的阶段。在这一阶段，流行商品被消费者普遍接受，前期的多数观望者也加入到购买者的行列。这时，市场销售量达到最高峰，消费流行的速度达到了顶点，价格已经下降，流行商品已经成为大众化商品，除十分保守的人以外，在有支付能力的消费者中，普及率非常高。因此，这时的市场已经趋于饱和。

4）衰退期

当一种商品已经达到盛行期时，表明该商品将要走下坡路。衰退期指的是对该商品的需要已经满足，市场已经饱和，人们对商品的新奇感已经消失。当初的"带头人"早已放弃这种商品，转而去追求另一种流行样式。商品价格进一步下降，甚至采取大甩卖的方式来处理那些已经过时的商品。因此，销售额和利润大幅度下降，商品开始退出市场。

【教学互动6-1】

互动问题：消费流行周期与产品的市场生命周期是一回事吗？如果不是，它们之间有怎样的关系？

互动要求：同"教学互动1-1"的"互动要求"。

6.5.3 影响消费流行的主要因素

消费流行作为一种社会现象，不是凭空产生的，而是有其深刻的社会根源和心理根源的。影响消费流行的因素主要有：

1）社会生产力发展水平

社会生产力发展水平的高低及由此决定的人们物质生活条件的丰裕程度和人们的消费水平，是影响消费流行的最基本条件。虽然消费流行在历史上很早就出现了，但是由于生产力发展水平低下，流行的发展变化十分缓慢。只有在社会化大生产的条件下，企业才能够大规模地组织生产并生产出大批量的产品，这使得商品的价格比较低，普通民众也能消费得起，并加入到流行消费的行列中；否则，如果商品供不应求，消费流行就会受到抑制。另外，当物质生活很窘迫，人们不得不为解决温饱问题而奔波的时候，就不会去追逐时尚。

2）社会文化因素

社会文化对消费观念和消费行为的影响在本章的第一节已经有了详细的阐述。对消费流行来说，社会文化的影响也是很广泛的。其中，消费者的价值观、宗教信仰、受教育水平和审美能力等都能影响到消费流行的内容与形式。

3）社会心理因素

流行是人们追求个性意识的产物，是人们渴求变化、追求新奇的社会表现。同时，流行也与人们的从众心理和模仿心理密切相关。人们为了与众不同、表现自我而去追新猎奇，为了赶上潮流而去模仿那些比自己更新潮的人。正是这些社会心理因素，使得消费流行有了一定的社会基础。试想，如果每个人都安于现状而不愿改变，每个人都我行我素而互不影响，那么社会上就不会有任何商品、服务、语言、思想观念等的流行了。

4）宣传因素

在一定条件下，通过各种媒介的宣传，是产生消费流行的主要方法之一。特别是大众传播媒介（如电视、互联网等）的独特作用，使得有关商品或服务的信息能够在最短的时间内到达目标受众，这就为消费流行提供了一定的条件。

■ 本章概要

□ 内容提要

●本章主要分析了影响消费心理的社会因素，其中包括社会文化和亚文化、社会阶层、参照群体、家庭及消费流行。

●文化是体现出一个社会或一个社会群体特点的那些精神的、物质的、理智的和感情的特征的完整复合体。文化具有以下特点：文化是后天习得的；文化的影响是无形的；文化既有稳定性，又有可变性；文化的规范性。

●亚文化是指某一文化群体所属次级群体的成员共有的独特信念、价值观和生活习惯。

●社会阶层指的是某一社会中根据社会地位或受尊重程度的不同而划分的社会等级。社会阶层的特点及所起的作用主要表现在：社会阶层使社会出现了等级；社会阶层对社会成员的行为具有约束作用；社会阶层具有多维性、同质性、动态性。

●社会阶层的决定因素有教育、职业、收入、权力、个人业绩及阶层意识等。

●参照群体是指对个人的行为、态度、价值观等有直接影响的群体。

●家庭决策类型分为妻子主导型、丈夫主导型、混合型或民主型、各自做主型。

●消费流行是指人们在消费活动中，对某些商品或服务所形成的传播迅速、形成潮流的消费模式。消费流行具有以下特点：骤发性与短暂性、周期性与循环性、地域性与梯度性、新奇性与反传统性。消费流行是具有周期性的。具体地说，消费流行的周期包括介绍期、发展期、盛行期、衰退期。影响消费流行的因素主要有社会生产力发展水平、社会文化因素、社会心理因素、宣传因素。

□ 主要概念

文化　亚文化　社会阶层　参照群体　社会从众　观念领导者　消费流行

□ 重点实务

社会文化与消费者行为　参照群体与消费者行为　社会阶层与消费者行为　家庭与

消费者行为　消费流行与消费者行为

■ 基本训练

□ 知识训练

▲ 简答题

（1）文化的特点有哪些？

（2）影响消费流行的因素主要有哪些？

（3）影响参照群体影响力的因素有哪些？

（4）影响家庭购买角色变化的因素有哪些？

（5）不同社会阶层消费者的行为差异主要表现在哪些方面？

▲ 填空题

（1）社会阶层的（　　）性是指同一阶层的社会成员在价值观和行为模式上具有共同点和类似性。

（2）在营销或广告上利用名人的方式大概有以下四种：证言、（　　）、（　　）、代言人。

（3）家庭生命周期一般划分为五个阶段：单身期、初婚期、（　　）、（　　）和解体期。

▲ 单项选择题

（1）一个人的社会阶层是会发生变化的。这指的是社会阶层的（　　）。

A.约束性　　　　　　B.同质性　　　　　　C.动态性　　　　　　D.多维性

（2）根据美国商业心理学家和社会学家对社会阶层的划分，"白领阶层"是（　　）阶层的主体。

A.上下层　　　　　　B.中上层　　　　　　C.中下层　　　　　　D.下上层

▲ 多项选择题

（1）世界上的宗教种类有很多，其中比较著名的三大宗教是指（　　）。

A.佛教　　　　　　　B.基督教　　　　　　C.道教　　　　　　　D.伊斯兰教

（2）消费流行的周期包括（　　）。

A.介绍期　　　　　　B.发展期　　　　　　C.盛行期　　　　　　D.衰退期

（3）下列因素中可以作为划分亚文化标准的有（　　）。

A.年龄　　　　　　　B.宗教信仰　　　　　　C.民族

D.收入水平　　　　　E.性别

（4）参照群体对成员行为方式的影响主要表现为（　　）。

A.规范性　　　　　　B.信息性　　　　　　C.功利性

D.同质性　　　　　　E.价值表达性

▲ 讨论题

从两部不同的电视剧中选出两个家庭，首先按照本章中社会阶层的分类方法确定他们的社会阶层，然后分析这两个家庭的生活方式和消费行为。如果他们分属不同的社会阶层，请对他们进行比较。

□ 能力训练

▲ 案例分析

【训练项目】

案例分析—VI。

【相关案例】

如何面对单身经济的崛起？

背景与情境： 在现代社会，人与人之间的关系不再像从前那样联系紧密且稳定，独居人口大规模增长，随之而来的是"单身经济"热潮。据民政局统计，截至2018年年底，中国单身成年人口已经达到2.4亿人。

为了应对单身人群的需求，不少品牌已经开始发力，推出"一人"产品，如一人食、一人租、一人旅行、迷你小家电、小户型公寓等。

显然，这种单人的"自我乐活模式"正引领着一场全新生活方式的变革。那么，面对这样的消费群体，究竟什么样的营销方式可以打动他们？

过去一个人外出就餐，往往或多或少都会有些尴尬，点少了不好意思，点多了又怕吃不掉。而现在"一个人也要好好吃饭"正演变成一种普遍趋势。不仅如此，随着"独立乐活主义"的兴起，各个领域中这种"一个人的快乐"及其带来的全新的生活方式正式开启。其中，"外卖""便利店"或许就成了两个最为受益的产业。基于新一代单身消费人群的悦己型消费、性价比追求和颜值经济等消费特性，"单身经济"已经应运而生，而这也造就了万亿级的商业机会。

不仅是一人份的单身式消费，许多品牌紧抓单身经济，用"孤独"话题做传播，而这种活动总是能引发人们的主动传播，获得不错的营销效果。比如，江小白就是孤独营销的一把好手，在寂寞、冷清、"文青"调调的文案中，用看似轻描淡写的口吻说出了无数社畜青年的内心痛处，其实就是在扮演"孤独患者"的知心好友。这就是江小白能迅速打入文青内部，在小众群体中迅速崛起的原因。还有如今大火的Soul App的营销理念就是"互瞒身份，匹配聊天，寻找懂你的那个TA""跟孤独的自己告别""还孤单一个人吗，快来Soul银河寻找那个TA"，这种帮助受众找知己的方式得到了消费者的欢迎。

当孤独成了一种自保方式，这时品牌需要做的就是成为消费者的一个知心好友，打通两个寂寞心灵的桥梁，告诉消费者"我懂你的孤独"。

资料来源 徐立.单身经济崛起，品牌如何赶上这个风口？[EB/OL].[2020-09-28]. https://www.cmovip.com/article.

问题：

（1）单身经济崛起给市场带来哪些新变化？

（2）针对这些变化，相关企业应该采取怎样的营销策略？

【训练要求】

同第1章"基本训练"之本题型的"训练要求"。

▲ 实训操练

【训练项目】

基于"消费者社会阶层"的商场柜台接待营销服务。

【训练步骤】

（1）将班级学生分成若干团队，每组确定一人负责。

（2）各团队学生结合操练项目，进行商场柜台顾客与接待营销服务人员的角色分工与协作。其中，每个团队中顾客角色要求包括4个社会阶层类型（上下层、中上层、中下层、下上层），营销服务人员不少于2人。

（3）各团队学生以本章"社会阶层的构成及社会阶层与市场营销"实务教学内容为业务规范，进入角色，体验本项目模拟实训的全过程。

（4）各团队学生交换角色分工，再次体验本项目模拟实训的全过程。

（5）各团队学生记录本次模拟实训的情境与步骤，总结实训操练的成功经验、存在的问题及解决的办法，在此基础上撰写《"基于'消费者社会阶层'的商场柜台接待营销服务"实训报告》。

（6）在班级讨论交流、相互点评与修订各团队的《"基于'消费者社会阶层'的商场柜台接待营销服务"实训报告》。

（7）在校园网的本课程平台上展出经过修订并附有教师点评的各团队《"基于'消费者社会阶层'的商场柜台接待营销服务"实训报告》，供同学们相互借鉴。

□ 职业素养

【训练项目】

职业素养—Ⅵ。

【相关案例】

闲鱼：让绿色低碳引领生活方式

背景与情境：新一轮中央财经委员会会议中提倡的"消费品以旧换新"和"回收循环利用"成为会议关键词，被赋予促进投资和消费的重要使命，受到社会各界的广泛关注。而在闲鱼上身体力行、用闲置流通践行绿色消费的年轻人当之无愧成为引领消费新潮流的弄潮儿。

2024年新年返工之际，闲鱼开启了"闲鱼富苏季"主题活动，将"富苏"这个朴素的愿望融会贯通，鼓励用户在闲鱼出清闲置，进行断舍离，开春赚头彩讨吉利，用一笔小生意开张，实现新的一年钱包富苏、生活富苏、快乐富苏。通过这场立体有新意的全域大事件，一方面，闲鱼紧紧抓住当代年轻人渴望"富苏"的普遍情绪，满足了消费者闲置清空、及时回血的生活刚需，为新年开工奠定一个好的开始；另一方面，不仅强化了闲鱼作为生活方式平台和闲置交易社区的双重价值和属性，也实现了与年轻消费群体的同频共振。

全球性的低碳行动已经融入我们生活的方方面面，小到一杯咖啡、一粒电池，大到一件电器、一处家居空间……2024年中央财经委员会第四次会议强调，推动大规模回收循环利用，加强"换新+回收"物流体系和新模式发展。

闲鱼身处绿色经济赛道，天然具备这个基因，相比于购买新的产品，闲置交易可以直接避免产生新的资源消耗，从而实现个人消费端的碳减排。这让消费者在处理闲置的同时，还能帮地球减碳。2023年杭州亚运会期间，闲鱼举办闲置运动会，呼吁所有人一起加入闲置流通的低碳实践，共同享受绿色低碳的成果与喜悦。闲鱼让绿色低碳成为年轻人的生活方式，也为企业如何实现商业与公益的平衡，提供了一个很好的案例。

资料来源　李东阳. Z世代消费的底层逻辑，正在闲鱼上重塑［EB/OL］.［2024-03-26］. https://www.cmovip.com/detail/37993.html.经过改编.

问题：循环经济成为不可避免的时尚潮流之一。作为年轻人，你认为闲鱼这次成功的平台活动为用户、为社会提供了哪些价值？

【训练要求】

同第 1 章"基本训练"之本题型的"训练要求"。

第7章 环境因素与消费者行为（下）

◆ 学习目标

通过本章的学习，应该达到以下目标：

职业知识　学习和把握"环境因素与消费者行为（下）"的相关概念、商店布局、商品陈列、购物网站设计、情境的构成因素、消费行为分析、场景营销的意义与实施，以及"同步业务"、"经典实验"、"小资料"和二维码链接等理论与实务知识；能用其指导本章"同步思考"、"教学互动"和"知识训练"中各题型的认知活动，正确解答相关问题。

职业能力　运用本章知识研究相关案例，训练对其特定情境下当事者行为的多元表征能力；通过收集、整理与综合关于"场景营销"主题的前沿知识，并依照文献综述规范撰写、讨论与交流《"场景营销"最新文献综述》，培养"环境因素与消费者行为（下）"中"自主学习"、"团队协作"和"与人交流"等通用能力。

职业素养　结合本章教学内容，依照相关规范，对"职业素养 7-1"和"职业素养—Ⅶ"职业素养研判，激发与"以动物为本的南京红山森林动物园""伊利'全民亚运皆尽欢'"等议题相关的价值思考，借以弘扬正能量，促进健全职业人格的塑造。

日本小酒馆的生存之道

背景与情境：日本的小酒馆文化非常浓厚，很多日本人在下班后，不着急回家，而是三五结队先到小酒馆喝上几杯酒。而且他们一旦去过某家酒馆，一般情况下很少换成其他的酒馆。

这些小酒馆出售的商品以酒水为主，吃的东西不多，很少有炒菜或烧烤一类商品。日本人去小酒馆就是去喝酒而不是去吃菜的，他们很多时候一小盘毛豆就能把一顿酒喝完。餐食的味道对于一家小酒馆的经营并不起决定性作用。

除了在市区那些商业区喧嚣的酒馆外，大部分的小酒馆都背靠社区。在远郊居住的人晚上如果想喝点酒，那么一定会选择这些背靠社区的小酒馆。这些处在各个街道、背靠社区的小酒馆，常来光顾的顾客往往比较固定，周边的社区常来的客人其实把酒馆当成了社交聚集地。虽然酒馆不大，一般只能容纳10个左右顾客，但是因为常来的人就那么几十个，几乎每天都会光顾，因此酒馆生意非常稳健。

可见，这其实是一个熟人生意，来喝酒的顾客基本跟老板都是熟人。因此酒馆的老板跟这些顾客是有除了交易之外的情感纽带的。前来喝酒的人，除了喝酒，更主要的目的是跟酒馆里的其他邻居以及老板聊天。

日本小酒馆作为一种实体店商业形态，并没有受到互联网的冲击，反而凭借自己的独特特点稳健经营，成为日本一种独特的商业形态。日本的小酒馆很多都能实现长期经营，有的甚至存在几十年。比如，大阪一家有名的河豚店，客人吃完饭后，店内主厨会出来鞠躬感谢，那是一位近70岁的老奶奶，而这家店也已经经营近百年了。

日本小酒馆的稳健经营不是个例，虽然互联网蓬勃发展，但是日本的实体经济并没有被摧毁，反而持续绽放生机。从本质上来说，日本实体店的成功与小酒馆的成功的原因是相似的。因此，知乎上有一个问题是："为什么在日本是实体店干掉电商，在中国却是电商干掉实体店？"

资料来源　寻空的营销启示录．日本小酒馆是如何做私域流量的？［EB/OL］．［2020-10-14］. http：//www.woshipm.com/operate/4187119.html.

上述案例表明，日本那些背靠社区的小酒馆或实体店并不是单纯卖货的性质，其社交中心和情感联系的因素更大，因而其对人的吸引力也更强。可见，消费场所必须结合产品的特点以及人性化的设计等元素来打造消费环境，营造出能够让顾客感觉亲和、舒适、放松的消费体验。本章我们主要介绍物质环境和情境因素对消费者行为的影响。

7.1　物质环境与消费者行为

物质环境可以包括很多方面，这里的物质环境主要是指与消费者购买行为有关的商店布局与商品陈列两个方面。

7.1.1　商店布局

商店布局指的是商店内外的布置和设计。商店的地理位置、招牌名称、店面设计及橱窗布置等都能对消费者产生或大或小的影响。

1）商店的地理位置

俗话说："一步差三市。"与其他行业相比，商业企业的地理位置对企业的繁荣昌盛起着至关重要的作用。

（1）商圈分析

商圈是指店铺吸引顾客的地理区域，是店铺的辐射范围，由核心商圈、次级商圈和边缘商圈构成。核心商圈的顾客占到店铺顾客总数的55%~70%，是离店铺最近、顾客密度最高的区域；次级商圈的顾客占到店铺顾客总数的15%~25%，位于核心商圈的外围，顾客较为分散；边缘商圈包括了所有余下来的顾客，顾客最为分散（如图7-1所示）。

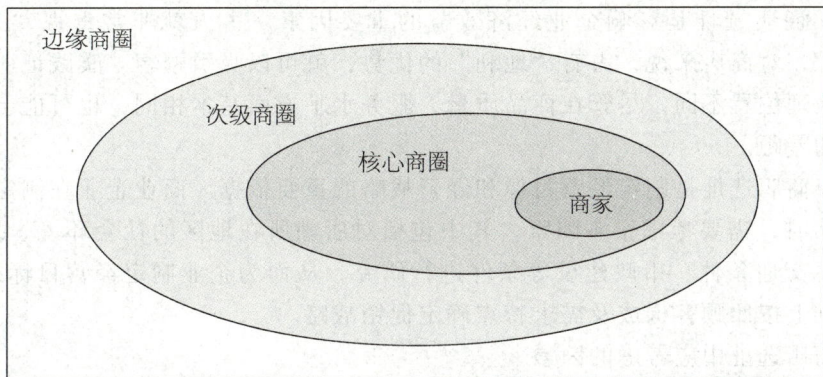

图7-1 不同商圈的顾客分布

另外，商圈也可以按照顾客来店所需的时间来划分。按照这种方式，我们可以把商圈分为徒步圈、骑车圈、乘车圈和开车圈。徒步圈是指走路可忍受的范围或距离，一般来说，单程以10分钟为限，距离在500米以内，我们称之为第一商圈；骑车圈是指骑车所能及的范围或距离，一般来说，单程以15分钟为限，距离在2 000米以内，我们称之为第二商圈；乘车圈是指公共汽车所能及的范围或距离，乘车10分钟左右，距离在5 000米以内，我们称之为第三商圈；开车圈是指开车经过普通公路、高速公路来此消费的顾客群（一般是回头客或慕名而来的顾客）所能及的范围或距离，我们称之为第四商圈。

学习微平台

同步链接 7-1

【教学互动7-1】

互动问题：以你学校附近的最大一家商场为例，按照上述商圈分析的方法回答下列问题：

①核心商圈的顾客有哪些？

②次级商圈的顾客有哪些？

③边缘商圈的顾客有哪些？

互动要求：同"教学互动1-1"的"互动要求"。

（2）商圈分析的步骤

商圈分析的第一步是确定资料来源，包括销售记录分析、邮政编码分析、调查等；第二步是确定调查的内容，包括平均购买数量、顾客集中程度等；第三步是对商圈的三个组成部分进行确定；第四步是确定商圈内居民人口特征的资料来源；第五步是确定商圈内居民的特征；第六步是对竞争对手与市场其他情况的分析；第七步是根据上述分析，确定是否在该商圈内营业；第八步是确定商店的区域和具体地点。

（3）商店选址

商店选址是指在组建商店之前对店铺的地址进行论证和决策的过程。它包括两层含义：首先是指店铺设置的区域及区域的环境和应达到的基本要求；其次是指店铺设在具体哪个地点、哪个方位。

商店选址的意义非常重大。这是因为：

首先，商店选址是一项长期性投资，相对于其他因素来说，它具有长期性、固定性的特点。当外部环境发生变化时，其他经营因素都可以随之进行相应调整，以适应外部环境的变化，而店址一经确定就难以变动，店址选得好，企业可以长期受益。

其次，商店选址是影响企业经济效益的重要因素。古人就非常重视"天时""地利""人和"，对商店来说，占有"地利"的优势，就可以吸引顾客。实践证明，由于商店所处的地理位置不同，尽管在商品质量、服务水平方面基本相同，也可能会导致经济效益方面的差距。

最后，商店选址是制定经营目标和经营战略的重要依据。商业企业在制定经营目标和经营战略时，需要考虑很多因素，其中包括对店铺所在地区的社会环境、地理环境、人口状况、交通条件、市政建设等条件进行研究，从而为企业制定经营目标提供依据，并在此基础上按照顾客构成及需求特点确定促销战略。

（4）商店选址中应考虑的因素

在商店选址的过程中，必须对所选定的潜在地址的相关因素进行详细的分析。影响商店地址选择的因素主要有：

①地区经济。

一般来说，当人们的收入增加时，人们愿意购买更高价值的产品和服务，尤其在商品消费的质量和档次上会有所提高。因此，大型商店一般应选择在经济繁荣、经济发展速度较快的地区。

②区域规划。

在确定商店地址之前，要向当地有关部门咨询潜在地点的区域建筑规划，了解和掌握哪些地区被分别规划为商业区、文化区、旅游区、交通中心、居民区、工业区等。因为区域规划往往会涉及建筑物的拆迁和重建，如果事先没有了解，盲目地选址开业，就有可能在成本收回之前就遭遇拆迁，使企业蒙受巨大的经济损失或者失去原有的地理优势。

③社会文化环境。

文化教育、民族习惯、宗教信仰、社会风尚、社会价值观念及文化氛围等因素构成了一个地区的社会文化环境。这些因素影响了人们的消费行为和消费模式，决定了人们收入的分配方向。比如，文化素质高的人，对消费环境、档次的要求比文化素质低的人要高。

④消费时尚。

一段时期的流行时尚往往能在很大程度上影响消费者的消费方式和方向。比如，随着人们消费水平的提高、卫生观念的增强，人们在餐饮消费上越来越关注就餐的环境卫生，外表装修美观、舒适、洁净的饭店或餐馆就越来越为人们所接受。

⑤商店的可见度和形象特征。

商店的可见度是指商店位置的明显程度。也就是说，无论顾客从哪个角度看，都可以获得对商店的感知。商店的可见度是由从各地往来的车辆和徒步旅行人员的视角来进行评估的，其中，具有鲜明特征的商店形象容易引起人们的注意并给人留下深刻的印象。

（5）商店选址的原则

商店是经营者与消费者的接触点，是具体体现企业经营方针的场所。商店选址应注意以下原则：

①最短时间原则。

商店应位于人流集散最方便的区位。商业的服务对象是顾客，其商业行为是产品和服务与顾客在时间和地域上的结合。所以，商店的位置应位于人流集散最方便的地区，一般以吸引行车10~20分钟到达的人流最为理想。

②易达性原则。

易达性原则，即进入性原则。商业企业的地点应分布在交通最便捷的区位，即最容易进入的区位。

③接近购买力原则。

商业企业的利润是建立在消费者购买力基础上的，而购买力水平取决于消费者的消费水平。一般来说，商业企业的存在是以服务一定的人口为前提的，这种维持一个商业企业存在的最低服务人口数量被称为该企业的"人口门槛"。因而，商业企业选址时必须考虑该区域的人口密度和人口数量。人口是购买力的基本因素，它只有与一定的消费水平相结合才能形成现实的购买力。

④适应消费者需求的原则。

适应消费者需求是一切商业行为都必须遵守的原则。要根据消费者的收入水平、消费态度、职业、年龄等特征来决定商品结构、商品价格和促销活动等。

⑤接近中央商业中心的原则。

商业活动有扩延效应，一旦一个商业中心形成，在其附近布局的商业企业就会有利可图，正所谓"人多好集市"。中央商业中心具有极大的繁华度，是城市人流、物流、资金流的中心，是城市商业活动的焦点。在这个中心附近取得一席之地，从事商业经营，能取得较大的利润。

【小资料7-1】

肯德基选址

生活中，时常看见有肯德基的地方就会有麦当劳。其实很多时候在选址时都是麦当劳在蹭肯德基的"流量"。

肯德基对快餐店选址非常重视，选址决策一般是两级审批制，须经过两个委员会的同意：一个是地方公司；另一个是总部。其选址成功率几乎是百分之百，这已成为肯德基的核心竞争力之一。正是看到肯德基调查的精确性，麦当劳钻了一个空子：肯德基开到哪里，它就跟到哪里。

在进入每个城市之前，肯德基往往通过有关部门或专业调查公司收集这个地区的资料，然后根据这些资料开始划分商圈。商圈规划采取的是记分的方法，如有无大型商场、商场营业额达多少万元的级别、有多少条公交线路、有无地铁线路等，这些因素被赋予不同的分值，这些分值标准多年积累下来，就成为一个较准确的经验值。

在商圈确定下来之后，调查人员接着要考察这个商圈内最主要的人群聚集点在哪里。比如，北京的王府井，它是热闹的商业区，但并不是王府井的每一个地点都会是聚客点。肯德基所追求的目标，就是力争在人群最集中的地方开店。地点确定下来后，调查人员还要搞清楚这一区域人的流动线路是怎样的。比如，在地铁口，人们出来后都会向哪些方向走，每个方向的人流量是多少，调查人员都要如实地掐表测量，得到数据后，再将采集到的数据输入到专用的计算机软件，这样就可以测算出在此开店的前景及最高投资额是多少了。

以这样的市场调查为基础，极少失误。

资料来源 深圳直线管理咨询. 肯德基赢了麦当劳的关键：谋定而后动［EB/OL］.［2018-10-12］. http://mini.eastday.com/a/181012111659655.html.有删减.

2）招牌名称与门面设计

（1）招牌名称与设计

招牌是一个商店的标志，也是商店的"名片"。它包含商店的名称与标志。一个好的店名招牌，往往能激发消费者的联想和想象，引起消费者的兴趣和注意。

具体地说，能吸引消费者的店名招牌，有以下几种不同类型：

首先，反映经营项目和服务项目，方便消费者了解的店名。有些商店的招牌能够附有行业属性，标示出主要服务项目，使消费者一目了然，这样消费者无须进店就可从招牌上了解到商店的经营范围，如"大光明眼镜店""圣邦牛仔世界"等。

其次，引发注意，吸引消费者好奇心的店名。一些招牌命名独特、别开生面，富有艺术性和形象性，往往会引起消费者的注意。

再次，利用传统字号，反映经营特色和服务传统的店名。一些历史悠久的老牌商店、传统的字号，不仅能以浓郁的民族风格引起消费者的兴趣，还能引起消费者对商店的历史、特色及传统的联想，从而产生敬慕、信任之感，如"同仁堂""全聚德"等。

最后，名称简练，便于记忆和传播的店名。招牌也是一种广告形式，因此商店在起名字的时候，也应力求简洁，便于记忆和传播。

商店的招牌主要是对店名和经营的产品做出昭示，因此在招牌的设计上应该醒目、鲜明、新颖，给人以呼之欲出之感，有强烈的时代气息和艺术欣赏价值。招牌的形式一般有文字型、文图型、形象型和实物型等。招牌材料的选择，除要求强烈的质感对比外，还要考虑它的耐腐蚀、耐污染能力。制作招牌底基的常用材料有硬质木料、水泥、瓷砖、大理石和金属材料等。

（2）门面设计

商店的门面主要指的是商店的进出口通道及外部设施，包括上面介绍的招牌、店门、橱窗及霓虹灯等能引起消费者注意的外观结构。

①店门设计及门面设计的类型。

商店店门是商店的入口，因此店门的设计要考虑方便顾客的出入。一般来说，店门要尽量设在靠街的一面，而且要尽量显眼，并注意店门大小与招牌、橱窗的比例关系，让人感觉舒适、不别扭。店门结构要简单、方便，易于开关。

根据商店类型的不同，门面设计可以有以下几种形式：一是经营贵重商品的商店应采取"两小一大"的总体设计，即小店门、小橱窗、大招牌；二是经营日用品的百货商场一类的大型零售商店，在门面装饰上应采取"三大"的总体设计，即大招牌、大店门、大橱窗；三是对于农副产品、副食品、水产、禽蛋类商店，一般来说，消费者对门面的装饰并不看重，因而应突出的是实用性；四是对专业店来说，一般这类商店比较小，在装潢上要着重突出商品特色和经营特色，店门不宜过大；五是对超级市场和自选商场来说，门面应该采取"两大一小"的总体设计，即大招牌、大橱窗、小店门。当然，商店门面的设计并不仅限于以上几种，而且在具体设计的过程中还要考虑很多其他因素，如气候、地理位置等。

②门面设计的基本要求。

门面是一种装饰性、广告性很强的立面造型，它的形象不像一般建筑物那样由建筑师一次性设计完成，往往是根据不同性质的商店的特殊要求，在建筑形象的基础上，由装潢设计师设计完成。

门面的设计应遵循以下基本要求：

●门面设计要与商店经营的产品品种和特色相适应。

●门面设计要与目标顾客的购买心理相适应。

●门面设计要与整个建筑物甚至整条商业街建筑群的风格特点相适应。

●门面设计要注意提高外观形象的能见度，要突出个性，在顾客心目中树立起特有的外观形象。

③橱窗布置。

橱窗既是商店门面总体装饰的组成部分，也是商店的第一展厅。它是以所售商品为主体，以布景、道具和画面装饰为衬托，配合适当的灯光、色彩和文字说明，进行商品展示和宣传。

橱窗是整个商店建筑结构的一部分，零售商业企业的橱窗宣传是一种特殊的商品宣传方式。通过临近街道的橱窗，形象地反映本企业的经营范围和经营特点，向消费者展示商品，吸引购买兴趣，指导消费。同时，它又是与消费者天天见面的街头艺术，起到美化市容的作用。

在营销活动中，橱窗既是一种重要的广告形式，也是装饰商店店面的重要手段，它把商店经营的重要商品巧妙地排列成富有装饰性和整体性的货样群。橱窗对消费者购买行为的影响主要表现在以下几个方面：一是吸引注意，激发兴趣。橱窗内陈列的琳琅满目的商品，可以直接刺激消费者的视觉器官，引起消费者的注意；排列巧妙的货样群使商品生动、真实，让消费者产生新鲜感。二是激发联想，增强消费者的购买欲。橱窗的装饰艺术和时代气息及巧妙的虚实结合、动静结合，构成完整协调的立体画面，使顾客产生丰富的联想，激发购买情绪，从而产生购买行为。三是利用暗示心理，增强购买信心。暗示是指在无对抗态度条件下，用含蓄间接的方式对人们的心理和行为产生影响。这种心理影响表现为人们按照一定的方式行动或接受一定的信念。橱窗展示是使消费者接受某种销售暗示的有效途径，消费者在销售暗示的影响下会增强购买信心。

可见，橱窗布置是商店门面设计的重要组成部分。因此，在布置橱窗时，一定要显

示商品并突出商品，以适应消费者的选购心理。同时，必须根据陈列商品的性质、用途和特点，考虑商品的摆放位置和展示形式，并注意橱窗布局的视觉效果，以吸引消费者的注意并引发他们的兴趣。

7.1.2 商品陈列

商品陈列指的是商品在货位、货架和柜台内的摆放、排列等。从促销的角度来看，商品陈列可以作为最直接的实物广告对消费者产生影响。

1）商品陈列的作用

国外有关调查报告指出：在对5 000名顾客的调查中，有82%的人在逛商店时，起码看过两件陈列品；40%的人认为他们利用陈列品来指导购买决策；有33%的人至少购买过一件陈列品。可见，在营销活动中，商品陈列在吸引消费者进入商店挑选商品、达成交易上起着重要的作用，具体表现在以下几个方面：

首先，商品在店内通过不同形式的排列，可以充分地展示其形态美与时尚美等，从而引发消费者的购买欲。

其次，商品陈列本身就是向顾客推荐商品，特别是新的商品品种和流行商品，会对消费者的购买产生引导作用。

再次，对于那些积压滞销的商品，通过利用商品陈列进行巧妙的搭配组合，使其再度引起消费者的注意和兴趣。

最后，通过便于顾客比较和选购的商品陈列，既可促进企业间的竞争，又能反映出商品受消费者欢迎的程度，从而帮助企业生产出满足消费者需要的产品。

总之，商品陈列的主要目的就是促进商品销售，方便消费者购买。因此，商品陈列时首先要考虑的就是如何适应消费者的一般心理愿望。比如，商品陈列时间的长短、空间上的高低分布等。

【小资料7-2】

商品摆放位置与消费心理

瑞士学者塔尔乃教授的研究表明，顾客进店后无意环视的高度为0.7~1.7米，上下幅度为1米左右，同时，与人的视线本身大约成30度角以内摆放的商品最容易被顾客感知到。因此，可以认为以一般人的身高为标准，从腹部到头部的范围内，是商品摆放的最理想高度。

在营业现场顾客直接可视的范围内，人的视场与所视物的距离有如下的对应关系（见表7-1）：

表7-1 　　　　　　　　　　　　**人的视场与所视物的距离关系**

距离（米）	1	2	5	8
平均视场（米）	1.64	3.3	8.2	16.4

由表7-1可知，商品摆放不仅在高度上要与顾客的一般环视高度相对应，同时要根据顾客与可视物的距离来确定商品摆放的合适位置，以提高顾客对商品无意环视时的可视程度，使顾客能较快、较清晰地感受到商品的形象。

意外的惊喜

背景与情境：曾经有这样一个故事：一位女大学生在7-11便利店打工，由于粗心大意，在进行酸奶订货时多写了一个零，使原来每天只需3瓶酸奶变成了30瓶，按规定应由这位大学生自己承担损失——意味着她一周的打工收入将付诸东流。这逼着她想方设法把这些酸奶赶快卖出去，冥思苦想的大学生灵机一动，把销售酸奶的冷柜移到盒饭销售柜旁边，并制作了一张POP，写上"酸奶有助健康"。令她喜出望外的是，第二天早晨，30瓶酸奶不仅销售一空，而且出现了断货。谁也没想到这个大学生的戏剧性实践带来了7-11便利店新的销售增长。从此，在7-11便利店中酸奶的冷藏柜便同盒饭销售柜摆在了一起。

问题：上述案例说明了什么？

分析提示：该案例说明了商品摆放的重要性。如果我们能时刻有这样的压力去思考货品的陈列助销问题，那么销售会常常给我们带来意外的惊喜。

2）商品陈列的方法

在营销实践中，商品陈列的方法是多种多样的。这里仅从考虑消费者一般心理的角度，介绍几种商品陈列的方法。

（1）分类陈列法

分类陈列法，即根据商品的档次、性能、特点等分类排列，展示某类商品有代表性的特点。这种方法有利于消费者比较和挑选商品。有时，对于已经分类的商品，可以继续采取某种方法来进行细分。比如，对于同类商品可以采取垂直陈列的方法，即按照型号或价格把同类商品按由上到下或由下到上的垂直方式排列。

（2）组合陈列法

组合陈列法是指把相关的一类商品排列在一起的方法。所谓相关商品，指的是互补性商品、替代性商品、连带性商品等。这种排列方法既方便了消费者购买，也扩大了销售。

（3）逆时针陈列法

有关的调查显示，大部分顾客逛商店时总是有意无意地按逆时针方向行走。根据这一习惯，商店在摆放商品时，应该尽可能按照商品的主次沿逆时针方向排列。特别是一些大型的百货商店，经营品种较多，如果按照这种方式排列，更能方便消费者购买。

（4）专题陈列法

专题陈列法也称主题陈列法，即结合某一事件或节日，集中陈列有关的系列商品，以渲染气氛，营造一种特定的环境，有利于某类商品的销售。如奥运会申办成功，企业集中推出一系列与"申奥"有关的产品，既渲染气氛，又给企业带来利润。

（5）特写陈列法

特写陈列法也称醒目陈列法，即通过各种形式，采用烘托、对比等方法，突出宣传陈列某种商品。因为大部分商店都有成百上千种甚至更多种类的商品，要使消费者在同一时间内对所有的商品都给予同样的关注是不可能的。因而，对于需要特别宣传的商品或有特殊意义的商品，采用这种醒目的排列方法，既有利于陈列商品的销售，也有可能带动其他商品的销售。

【同步思考7-1】

问题：贵重商品与一般商品相比，在柜台摆放上应该有区别吗？

理解要点：应该有区别。一般来说，贵重商品应该摆放在高层或商店深处；一般商品应摆放在商店低层或方便的地方。如果按方便商品、选购商品和贵重商品划分，摆放顺序应该是：方便商品在底层，选购商品在中层，贵重商品在高层。

7.1.3　购物网站设计

随着互联网技术的迅速发展，购物网站越来越受到人们的青睐。而网站页面设计是用户对网站的第一印象，也是影响用户体验的一个重要因素。不论是从商家盈利的角度还是从用户需求的角度出发，对购物网站页面视觉设计的研究和探索都显得十分重要。此外，随着时代的不断进步，人们的审美要求也在不断提高，对购物网站页面设计的艺术性需求也越来越高。这就要求商家在兼顾网站转化率的同时，要注重网站给予用户更高层次的沉浸体验。

1）购物网站的含义与类型

购物网站是指以互联网为主要营销传播渠道，通过向消费者直接销售商品或服务来获取利润而建立的虚拟商店。这种网站本质上是一个电子版的商店目录商，通过精心设计的文字和图片来描述商店所提供的商品或服务，并利用网络交易系统进行市场营销活动。

购物网站一般由两部分构成：前台经营部分和后台管理部分。前台经营部分是显示在计算机屏幕上的各种描述符号，是消费者可以接触的部分。它具体包括消费者在网站中挑选商品，放入虚拟购物车中，然后核实下单，进行结账、选择付款方式、确定配送方式及时间等一系列操作。后台管理部分一般包括网站的日常维护与更新、订单管理、配送管理、电子支付平台管理、库存管理和客户关系管理等。

根据交易双方性质的不同，购物网站可以分为企业对企业（B2B）、企业对顾客（B2C）、顾客对顾客（C2C）等形式。

B2B网站的交易双方都是企业，它是指供应商通过互联网为商业客户提供成品或半成品的产业营销市场。它具体包括两种基本形式：一种是企业之间直接进行的电子商务，另一种是通过第三方电子商务平台（如阿里巴巴）进行的商务活动。

B2C网站的交易双方是企业和消费者，网站的所有者直接面向消费者出售产品和服务，以网络零售商店为主，如淘宝商城（天猫）、当当网、亚马逊等。

C2C网站的交易双方都是个人，它是指个人通过电子商务平台而进行的商品交易活动，易趣网和拍拍网等提供了这样的电子商务平台。

2）购物网站设计的要素

购物网站（网店）不同于实体店铺，从目前的网络技术发展水平来看，客户对网上商品主要还是通过文字描述和图片展示来了解，而不能像在实体店铺里一样与商品进行"亲密接触"。因此，网店的引力"磁场"主要通过色彩、图像、文字、布局在店铺"装修"和商品描述中的合理运用来打造。而店铺"装修"主要涉及色彩、店铺招牌、商品分类、促销设置等重要内容，商品描述主要是关于内容和布局。

（1）色彩

色彩是视觉营销在店铺"装修"中的重要运用，色彩在网店视觉形象传递中起着关键作用。因为色彩是有语言的，能唤起人类的心灵感知，如红色代表着热情奔放，粉色代表着温柔甜美，绿色代表着清新活力，所以在确定网店主题色调时，应该与商品特性相符合，或者与目标消费群体的特性相符合。如果网店主营女性时尚产品，那么比较适合的主题色就是偏粉色、红色的柔和浪漫色系。如果网店主营手机、单反相机等数码类产品，那么蓝色、黑色或灰色系往往会给顾客理智、高贵、沉稳的感觉。

（2）店铺招牌

店铺招牌就是显示在网店最上面的横幅，它通常也会显示在每个商品页面的最上面，是传达店铺信息、展示店铺形象的最重要部分。如果招牌设置合理，既能"传情达意"，又让客户"赏心悦目"，就会给客户留下美好的第一印象，并且有可能让客户继续停留在网店里浏览、选择商品。反之，可能会给客户不专业的感觉，从而会降低客户对店铺和商品的信任度，结果导致客户不敢轻易下单。因此，店铺招牌要真正发挥招揽客户的作用，在设置时须遵循"明了、美观、统一"的原则。明了就是要把主营商品用文字、图像明确地告知顾客，而不是过于含蓄或故弄玄虚；美观主要是指图片、色彩、文字的搭配要合理，要符合大众审美观；统一就是招牌要与整个网店的风格一致。

（3）商品分类

商品分类，顾名思义就是把网店里的商品按一定标准进行分类，就像超市里有食品区、日用品区、家电区一样。对网店来说，合理的分类一方面便于顾客查找，另一方面有利于卖家促销。合理分类的主要原则是标准统一。例如，女性饰品店，可按商品属性（如发夹、项链、戒指等）来分类；化妆品店可按使用效果（如美白系列、祛痘系列、抗皱系列等）来分类。此外，在分类排列时，可把新品、特价等较易引起顾客兴趣的重要信息放在相对高的位置，这样更容易引起顾客的关注。

（4）网店促销

网店促销是指以免费、低价或包邮等形式出现的商品促销活动，它对提升人气、推广商品、拉动销售有一定的促进作用。但在现实中，卖家的商品促销活动没有有效投射给顾客的现象并不少见。究其原因，主要还是在于"卖点"不够凸现，没有吸引顾客的眼球。因此，为了能让顾客及时了解到网店的促销活动，可以运用强烈的对比色或突兀的字体在网店首页最引人注目的区域把顾客利益"呐喊"出来。

（5）商品描述

完整的商品描述通常包括介绍商品的文字、商品图片、售后服务、交易条款、联系方式等内容。在网络上，商品描述是顾客详细了解一件商品的最主要方式，因为网店与实体店铺不同，在实体店里，顾客若对某件商品感兴趣，他可以用眼睛去看，用手去摸，用鼻子去闻，而网店里的商品具有虚拟性。因此，为了能全面地传达商品信息，商品描述在内容上应尽可能详细，在表现手段上除了常用的文字、图片外，还可使用声音、视频等。

3）移动电子商务网站

随着手机 App、平板电脑等移动端的发展，中国移动电子商务迅速崛起，移动端成为网络零售的主要入口。统计数据显示，截至 2021 年 12 月，我国网民规模达 10.32 亿人，互联网普及率达73.0%。其中，我国网民使用手机上网的比例达99.7%，手机仍是上网的最主要设备。移动端已超过PC端成为网购市场最主要的消费场景，标志着移动电商时代正式到来。可见，由于传统电子商务网站的定位，相对地没有移动端网站那么方便，因此企业开辟手机网站建设非常必要。

手机电商网站的移动端优势看来是不可逆转的，因为智能手机用户覆盖率高，用户基数大。手机电商网站的优势主要有：

① 制作手机电商网站的成本较低，制作速度快。

② 手机网站能够方便地访问，用户能够通过多个渠道获取企业信息。

③ 用户无须下载，直接输入手机网站的网址或名称就能进入并访问。另外，还可以通过扫描二维码，即刻访问手机电商网站。

④ 推广渠道更广。只要是智能手机，都能分享到微信、微博、论坛等多种社交应用平台，提高市场占有率。

⑤ 手机屏幕大小适中，文字、图片等信息能更加清晰地显示，导航快捷，突出重点，更强调企业的品牌形象。

4）提升消费者在线购物的体验

在电子商务发展的初期，低廉的价格和丰富的产品是商家占领市场、赢得顾客的主要手段，而随着线上市场的不断成熟，各类企业纷纷开拓线上市场，竞争愈加激烈。而顾客对网购的诉求也从最初的追求低价变得越来越与线下趋同，完美、个性化的购物体验依然是顾客最终的需求所在。因此，优化顾客体验，就成为购物网站营销举足轻重的部分，而服务细节则直接决定了能够给顾客怎样的购物体验。

（1）提升视觉体验

简洁至美。页面轮廓要清晰，主次分明，只需展示顾客最急需了解的产品信息。只有符合了顾客需求，网站的设计才有价值。

（2）加强商品的易搜索性

通过强大的搜索和导航功能让顾客快速、方便地找到自己所需的产品。建立好的导航和搜索系统有助于商家的定位。通过不同的商品类别和基于用户使用习惯的标签设置来建立清晰的导航系统，有助于用户浏览网站的其他页面。

（3）设置"顾问型"客服专员

和顾客的网上交流，仅仅是服务顾客的第一步。一个有着专业知识和良好沟通技巧的客服，可以给顾客提供更多的购物建议，更完善地解答顾客的疑问，更快速地对买家售后问题给予反馈，成为顾客的"购物顾问"。

（4）物流配送信息及时跟进

电子商务购物流程的复杂和相对漫长决定了售后服务的过程要长于线下。从顾客选购好商品完成付款开始，即开始售后服务流程。漫长的等待货物到手的过程很容易让顾客心理产生变化。从货物发出后每一环节都应该通知到顾客，让顾客在这一流程中掌握每一个环节的信息，对自己购买的商品能跟踪到，从而使顾客跟卖家的联系更加紧密，更能够感受到卖家对顾客的关心和关注。

（5）建立稳定的购物车系统

顾客放弃购物车中商品的原因有很多，但大多数可以通过改善购物体验来避免。比如，可以将购物车置于页面明显处，保持随时可访问状态，并显示购物车中的项目摘要，保证点击即可退出。虽然这看上去是很基础性的工作，但是在一些网站上，顾客仍然不能直接进入到购物车，除非他们添加某些商品。有一个稳定的购物车系统是很重要的。当那些没有完成购买就暂时离开网站的用户再次返回页面时，要保证他们可以看到自己购物车中的商品。

其实，提升消费者网站购物的体验还有许多地方是可以改进的。比如，很多消费者对运费很在乎，企业必须对此做出回应。京东商城专门为 PLUS 会员提供了免运费功能，即会员缴纳固定的年费就可以享受一定数量的免费送货服务，而不必像一般的消费者那样只有达到了一定的购买金额才可以免运费。

【教学互动7-2】

互动问题：调查你身边的 5 个同学，了解他们网上购物时是否放弃过购物车中的商品，放弃的原因有哪些？

互动要求：同"教学互动 1-1"的"互动要求"。

7.2 情境与消费者行为

行为总是在一定的情境下或背景中发生的，因此从广义上来说，除了消费者本人的特征与产品本身的特征以外的环境因素（包括社会环境和物质环境），都是影响消费者行为的情境因素。但是，"情境"是一个心理学术语，它应该是以环境因素为基础的、加入了人的情感和认知成分的一种比较特殊的环境。所以，本书对情境的理解是：**情境既不单纯是客观的社会环境，也不单纯是可见的物质环境，而是与二者有关的独立于消费者和商品本身属性以外的一系列因素的组合。**

7.2.1 情境的构成因素

根据上述对情境的定义，情境的构成因素主要包括：

1）物理环境

物理环境实际上指的是不占据空间的物质环境，它常常表现为无形的或不可见的物理因素。

（1）颜色

在购物现场，色彩的有效使用具有普遍意义。因为色彩与环境、商品搭配得是否协调，对顾客的购买行为有重要影响。不同的色彩能引起人的不同联想，产生不同的心理感受。因此，在商场环境布局中，应注意运用色彩变化及顾客视觉反应的一般规律。比如，红色有助于吸引消费者的注意和兴趣，然而在有些情况下它也令人感到紧张和反感；较柔和的颜色（如蓝色）虽然有较少的吸引力和刺激性，但能使人平静、凉爽，并给人正面的感觉。另外，在不同的季节和不同的地区，要恰当使用不同的颜色。比如，在炎热的夏季，商店的色调应以淡蓝色、淡绿色为主体，给顾客以凉爽、舒适的感觉；在冬季，应以暖色调为主体，给人以温暖如春的感觉。

（2）气味

在现代商业环境条件下，商场中的气味对顾客的影响一般是正向的、积极的，大多不会形成负面影响。而且，越来越多的证据表明，气味能对消费者的购买行为产生正面的影响。比如，国外的一项研究发现，有香味的环境会使消费者产生再次造访该店的愿望，会提高对某些商品的购买意愿并减少费时购买的感觉。还有的超市会用带有新烤面包香味的空气喷雾器，来营造一种温暖安全的感觉，从而促进超市中面包的销售。

当然，气味有时也有消极的一面。这不仅包括商场装修中各种材料的不良气味，也包括各种香味混合后产生的某种怪味，甚至包括不同的人有不同的香味偏好。比如，对某人是令人愉快的香味而对其他人来说却令其厌恶。因此，在商店的布局中要充分考虑到这一点。

（3）声音

与气味一样，声音在商场中对消费者购买行为的影响既有积极的一面，也有消极的一面。其积极性的方面主要指的是背景音乐可以提高人的购买情趣，而噪声会对顾客心理产生消极的影响。

在购物环境中，适当的背景音乐可以调节顾客的情绪，活跃购物气氛，有时还可以缓解一些顾客排队等待的急躁心情，因此很多商业场所都播放一些背景音乐。但是，有关人员对所播放的音乐要有所选择，要考虑到购物环境的档次、主要的目标消费者群等。另外，既然是以音乐作背景，音量就不能过大，一般情况下也最好不播放节奏太强劲的音乐（如摇滚乐），以免对一些不喜欢这种音乐的人尤其是老年人产生不利的影响。

来自商店外部的声音干扰、店内广播所播放的广告信息、店内人员的说话声及物品在柜台上发出的各种声响等就构成了噪声。心理学的研究表明，噪声音量超过80分贝时，对人的注意力有严重的干扰，并容易使人产生烦躁的情绪。现在，在大型商场里，通过隔音或消音设备能有效地控制90%以上的外来噪声干扰，而小型商场对这种噪声的控制水平较低。店内广播在播放广告信息时除了应该控制音量外，还要注意播放的频率。短时间内反复的重播，会引起顾客的反感。

（4）照明

商场中照明使用的光源一般可分为三类：自然光源、灯光照明光源和装饰陪衬光源。其中，商店中的基本照明应该尽量利用自然光源，这样既可降低费用，又能使商品在自然光下保持原色。灯光照明光源是商店的基本照明光源，起着保持整个商场基本亮度的作用，它一般安装在屋顶天花板或墙壁上，多以日光灯等单色白光为主。这类光源一般不会对顾客形成直接的心理反应，但如果整体亮度太暗，则容易使人产生沉闷压抑的感觉，难以形成活跃的购物气氛。装饰陪衬光源是指商店内以装饰或陪衬商品为主、兼作局部照明用的光源，主要起美化店内环境、宣传商品、营造购物气氛的作用。在使用这类光源时，要注意与商场内的基本灯光照明相协调，同时要注意与所装饰的商品相协调。

【经典实验7-1】

背景音乐与购买行为

美国学者 Ronald E.Milliman 研究了音乐的一个方面——节拍对超市顾客行为的影响。他进行了三种处理：没有音乐、慢节奏音乐和快节奏音乐。研究的基本假设是这三

种状态将对以下三个方面产生不同的影响：一是超市顾客在商场内的流动速度；二是消费者的日购买总量；三是顾客离开超市后，表示对超市的背景音乐有印象的人数。

研究发现，背景音乐的节奏影响着消费者行为。商场内顾客流动的速度在慢节奏音乐中最慢，而且选择慢节奏音乐可以提高销售额，而在快节奏音乐环境中顾客流动速度则最快。有趣的是，购物后的询问调查表明，很多消费者根本没有留意商场中所播放的音乐。

这是为什么呢？因为在慢节奏音乐环境中，消费者在商场内徘徊浏览的时间加长了，所以就有可能购买更多的商品。而很多消费者根本没有留意商场中所播放的音乐，表明音乐很可能是在消费者没有意识到的情况下对消费者的购买行为产生影响的。

2) 人际环境

人际环境是指购买过程中对消费者购买行为产生影响的其他人，包括同伴与营业员两大方面。一般来说，上街购物为消费者提供了一种家庭之外的社会体验，如结交新朋友、联络老朋友。同时，有些人在购物中体验到一种权威感和受尊重感，因为营业员或服务员的工作就是为客人提供服务。因此，很多消费者在购物的同时，也体验到各种人际环境。

（1）同伴的影响

人们逛商店的原因有很多。比如，有人把购物看作一种社交方式，以此来建立与他人的良好关系，或者把购物看作一种展示自我的方式，如展示自己的经济地位、鉴赏能力或讨价还价能力等。因此，很多人愿意结伴去购物。

购物过程及很多在公众场合使用的商品或品牌，都是高度可见的，因而消费者不可避免地受到包括购买同伴在内的社会环境的制约。对某种消费来说，同伴的影响起着更大的作用。比如，在就餐的情况下，如果是你请客，你就必须考虑同伴的口味、特点及食品的档次等。

同伴的作用还体现在对消费者的购买决策的影响方面。在信息的收集、商品的选择等各个方面，同伴的影响都是不可忽视的（具体的分析在本书的其他部分已有论述）。

（2）营业员的影响

营业员与顾客在柜台的交易过程中，实现了商品与货款交换的同时，也反映出了营业员的交际能力与技巧，而这种交际能力与技巧对消费者的购买行为会产生一定的影响。

3) 时间

时间也在很大的程度上影响消费者的行为。这里所指的时间主要包括两个方面：一方面是指自然界客观的时间概念，如一天中的某段时间、一周中的星期几、一年中的某个月份等。人们一般都有过这样的经验，即中午时商店和餐馆里的人都比较多，而星期一和星期二餐馆和商店里的人相对较少，春节或圣诞节是商店的销售高峰期等。另一方面指的是人们的时间感对其购买行为的影响。比如，在时间紧迫的情况下，消费者就不会花很多时间来收集信息和选择商品，因而购买后常有不满意感。

[同步思考7-2]

问题：从情境的角度分析，越来越多的设在居民区的便利店（或小型连锁超市）成功的原因是什么？

　　理解要点：便利店的成功实际上就是利用了人们时间观念方面的因素。因为随着工作和生活节奏的加快，很多消费者感到时间压力很大，没有时间逛大型的百货商场，而便利店就是针对那些匆匆忙忙或在常规购物时间之外购物的消费者。

　　4）人员密度

　　人员密度是指顾客与营业面积之间的对比关系，它反映了商场内人们之间的拥挤状态，也是构成商场环境气氛的重要因素。没有人愿意在非常拥挤的商店中买东西，因为在那样的环境中人们既没有安全感，也会有一种压抑感。人们改变这种处境的基本办法就是减少待在商店内的时间，同时买得更少、决策更快或更少运用店内可以利用的信息。其后果是：顾客满意度降低、购物经历不愉快、再次光顾的可能性降低。所以，在设计商店卖场时，要考虑到客流量与营业面积之间的关系，应尽量减少顾客的拥挤感。

　　5）购买任务

　　购买任务是指消费者当时所有的特定的购买目的和目标，即购买某商品是为了自己使用、与家人共用还是送人。比如，家庭主妇在为家人购买节日礼物时的方式与为自己购买商品时的方式肯定有所不同。如果是送给别人的礼物，那么这种区别就更大，因为礼品一般包含了多种象征意义：礼品的价值可以衡量送礼者对受礼者的尊重程度或受礼者对送礼者的重要程度；礼品的形象与功能隐含着送礼者对受礼者形象和个性的印象；礼品的性质表明了送礼者希望与受礼者建立的关系类型等。因此，即使是购买同样的商品，由于购买目的和目标的不同，消费者采用的购物策略和选择标准也可能完全不同。

　　6）心境

　　心境是一种平静、微弱而持续一定时间的情绪体验，它具有弥散的特点。心境作为一种情绪，没有激情和热情那么强烈，也不如激情和热情那样对正在进行的行为产生那么大的影响，但它能影响个人行为的所有方面，而且能够在个体没有意识的情况下产生。人们描述心境的词汇一般有高兴、平和、消沉、压抑、忧伤等。

　　消费者的心境是消费者带到购物现场的暂时的情绪状态，它既影响消费过程，又受消费过程的影响。比如，人们在愉悦的情绪状态下看什么都顺眼，不易与人发生冲突，因而能保证购买过程的顺利进行；相反，如果消费过程不顺利，如没有买到称心如意的商品，消费者就会感到沮丧、不开心。

　　心境还能影响消费者的购买决策及对不同商品的购买与消费。正面、积极的心境与冲动性购买和"举债消费"相联系。当然，负面的心境也会增加某些类型消费者的冲动性购买。另外，心境还影响对服务和等待时间的感知。一般情况下，心情好的时候对质量一般的服务也能接受，而且排队等待的时候也不会觉得时间过得太慢而倍感烦躁。

7.2.2　消费情境分析

　　以上我们分析了消费情境的构成因素，下面我们来看一下在不同的消费情境中消费者的行为方式。

1）信息获取情境

信息获取情境是指对消费者购买行为产生影响的诸如商品或商店有关信息的获取或交流的情境。对消费者来说，有些信息是无意中偶然得到的，而有些信息是通过自己有意识的搜寻而得到的。据统计，在零售商店中约有2/3的购买决定是消费者到商店后才做出的，因此营销人员应尽可能地营造便于消费者获取各种信息的环境。比如，在商店的橱窗前或柜台前放上醒目的标志，或者把产品说明书直接邮寄给消费者等。本书第2章较详细地分析了消费者在购买决策过程中是如何获取信息的。

2）购买情境

购买情境指的是消费者在购买过程中所接触到的各种物理的、社会的及其他各方面的环境。不同的购买情境会影响人们的消费内容和消费方式。比如，与孩子一起购物时的购买决策，就比没有孩子在场时更易受到孩子的影响。此外，人员的拥挤状况、时间的充裕与否及当时的情绪状态等都能对购买行为产生影响。试想一下，如果看到某超市的收款处排着长龙，你还愿意进去买东西吗？

影响购买情境的因素有很多，除了营业员的服务、同伴的影响以及商店里的人员密集度等社会因素外，还有两个比较重要的因素：商店接触和商品接触。

（1）商店接触

商店接触的核心问题是如何将消费者吸引到商店里来。这一方面涉及商店的位置，另一方面涉及消费者对商店形象和商店品牌的认知。

商店位置指的是商店坐落于哪个区段、交通是否便利等。在其他条件差不多的情况下，消费者一般会选择离家较近的、交通比较方便的商店。

所谓商店形象，是指消费者对商店所有特点的整体印象。这些特点包括商店所能提供的商品（包括质量、价格、品种等）、服务（包括营业员的态度、付款方式以及售后服务等）、硬件设施（如自动扶梯、卫生间）、商店气氛（如温馨、有趣、舒适）以及商店声誉等。从某种意义上来说，商店本身就是一个品牌。传统上，零售商只使用制造商的品牌，近年来，许多商店开始发展高质量的自有品牌，如沃尔玛、西尔斯等。它们或者使用商店的名字，或者使用独立名称。这种自有品牌不仅为商店带来了可观的利润，如果品牌发展得当，它们还可以成为商店的重要特色，成为吸引消费者到该商店购物的原因之一。

商店品牌获得成功的关键因素是产品的高质量。只有让消费者体验到在这个商店购买的商品物有所值，消费者才会对该商店产生积极的、肯定的态度。

（2）商品接触

商店内的商品陈列及商店氛围对消费者的商品接触有较大的影响。商店氛围主要是指商店的物理环境，它可以使消费者很乐于在商店中逗留，也可能使消费者觉得郁闷，想尽快结束购物。一项研究表明，当背景音乐节奏慢时，消费者一般会在商店里多逗留一些时间，多花一些钱。

3）消费情境

消费情境是围绕着产品的实际使用或消费的情境。首先，在不同的消费情境中人们会有不同的消费体验。比如，在一个服务周到、整洁优雅的快餐店里就餐，人们的消费会变得很愉快。其次，不同的产品可能会适用于不同的情境。比如，结婚典礼上收到的礼物与生日聚会上收到的礼物就很可能不一样。最后，对营销人员来说，有些产品营销人员能直接控制消费情境。比如，在服务业（如酒店），消费者购买的主要产品和服务就是消费环境本身。而有些产品营销人员就无法控制其消费情境，因为对有些产品来说，消费行为可能进行很长时间（如电冰箱可能消费10年或更长的时间）。

4）处置情境

处置情境是指消费者在产品使用前或使用后如何处理产品或产品包装的情形。消费者必须经常处置产品或产品的包装，而这种处置情境与某些行业高度相关，如旧车市场、旧的服装商店等。政府和环境保护组织为了鼓励对社会负责的处置决定，也需要了解这方面的知识。对经销商来说，为了发展更为有效的并且符合伦理的产品与营销计划，就必须了解情境因素是如何影响消费者的处置决定的。

消费者对产品的处置可能因产品的不同及消费者本人特点的不同而有所差异。比如，在一些情况下，某些产品只是简单地被扔掉；在另一些情况下，消费者可能把产品送给慈善机构；也有的人把不想要的东西卖到跳蚤市场等。

需要指出的是，随着人们环保意识的增强及国家有关政策的出台，越来越多的经销商感到有责任来保证产品不会污染环境或危害健康。例如，快餐店正在使用可降解的塑料快餐盒；在购物中心多设置一些垃圾箱等。

[同步业务 7-1]

消费者的处置情境调查

业务要求：设计一个简单的问卷，访问至少10名大学生，就5种不同类型的商品进行提问，了解他们使用不同的商品后是如何处置的。

业务分析：

①消费者对产品或产品包装的处置可能因产品的不同以及消费者本人特点的不同而有所差异。

②选择的5种商品要具有一定的代表性。

业务程序：首先，设计问卷的指导语，交代调查的目的，并对被调查者表示感谢；其次，根据上述的业务分析设计问卷题项；最后，是关于被调查者年龄、性别、文化程度、职业等方面的个人信息的问题，要保证问卷的匿名性。

7.3　场景营销

自人类社会进入信息时代以来，传统的营销形式便一再被打破。而移动互联网的出现更是彻底颠覆了人类对于营销概念的固有认知。随着互联网行业不断向纵深方向发展，人们的购物习惯也在以前所未有的速度发生着更迭。时间的碎片化、信息的碎片化时刻促使着消费场景向更加多元化的方向迈进，场景营销一词也开始高频出现在人们面前。

7.3.1　场景营销的含义

场景营销是指针对消费者在具体的现实场景中所具有的心理状态或需求进行的营销

行为，从而有效地达到企业的目标。场景营销的核心是具体场景中消费者所具有的心理状态和需求，而场景只不过是唤醒消费者某种心理状态或需求的手段。场景营销追求的是"在对的时间、对的地点、对的场景下推介对的产品或服务信息"，以触发消费者的购买欲望，进而完成消费行为。

场景营销从来没有一个固有标准，不同的时代背景下，场景营销的表现形式也有着诸多差异。新时代的消费群体更加注重服务体验，场景的碎片化和平台的多样化使得消费者喜欢利用多个不同渠道获取产品相关信息，这迫使场景营销的定义以及覆盖面再次被延伸。

作为现阶段最为高效的营销模式，场景营销备受推崇，然而其核心并不在于营销，而在于场景。这里所说的场景，并非指一个地点或一个画面，而是企业基于消费者本身的价值观和生活理念而构建出的"产品+生活主张"的综合概念输出。这种综合概念使得产品有了更为人性化的附加价值。比如，家居产品的卖点不再局限于家居产品本身的材质、设计等客观因素，而是扩展为营造温馨、舒适的家居生活。

7.3.2　场景营销的意义

营销的核心是对需求的管理，包括需求的洞察、识别、刺激、满足等。而以往我们在对营销进行管理时，囿于技术手段的缺乏，而只能通过性别、爱好、地域、年龄、收入等这些人口统计学上的指标。通过这些指标将目标消费者进行细分，然后选择出我们的目标消费人群，进而对其展开营销行为。然而，对一项具体的需求而言，这其中的任何一项指标都太过间接且宏观了，对于需求界定的准确性太低了。即便是我们综合使用多项指标也只能抽象出一个模糊的数理意义上的人影，无助于我们真正有效识别和刺激消费者的需求。除了维持生命的生理性需求之外，人的需求都是对环境的应激反应。比如，当你要去参加一场酒会时，你才会应激于"酒会"这一外在环境，而产生对一件漂亮的晚礼服的需求。这种需求并不是由我们的生理需求所产生的，更和年龄、性别、爱好、地域、收入等没有强关联，而是由"酒会"这一场景所直接激发的。

具体地说，场景营销的意义主要包括：

1）提高产品体验

场景化营销除了能够满足用户基本需求外，还带有一定的附加值，用户会认为这个活动体验做得非常到位，进而觉得办活动的产品体验也好。比如，当你排队付款时，看到收银台有活动提示："××宝付款，随机立减10元，最高免单"。你会觉得××宝这活动体验挺好的。本来你就是要来买东西的，用××宝付款可以挣10元，为什么不参加呢？

2）提高用户黏度

体验好了，黏度也就增加了。上面提到的用××宝付款立减活动，如果觉得你在那个场景下正好有需求，而××宝满足了你的需求，你用完以后觉得体验不错，以后自然会多关注××宝活动和使用××宝应用。

数字化时代，人们很多时间都花费在虚拟世界里。除了微信、微博、活动网站外，用户在网络上的每一个痛点都可以成为供营销人员利用的场景。在地铁、公交站，满满都是拿着手机看资讯的年轻人，可是时常出现信号不好的情况，对着离线页面只能无奈。新加坡的一个图书出版商利用这个场景，把图书中的段落植入到这些离线页面中，当用户访问网站遭遇断网时，就会看到这些段落和售卖书店的地址，既能帮用户打发时间，又能给书店带来生意。

3）提高用户转化率

在用户有需求的场景下推送相关的活动，解决了用户的问题，不仅能提高活动精准度，还能提高用户转化率。人的某些需求，要在特定的场景下才会被激发，找到这些场景，就找到了机会。香港的季风气候让人头疼，少见晴天，多是阴雨，让人心情持续低落。宿务航空却抓住"下雨"这个场景，吸引大家到阳光明媚的地方旅游。雨代码，即利用防水喷漆在大街上喷二维码广告，平时隐形，一下雨就冒出来诱惑人——"下雨太烦人？快扫二维码，来菲律宾跟阳光玩游戏！"

4）激发用户需求

在合适的时机，为用户建立一个恰当的场景，打动他的内心情感，可以激发用户需求。

人的大部分需求其实都是和具体的场景所直接相关的。不同的场景会激发出消费者不同的心理状态，让消费者表现出不同的自我，进而产生不同的需求动机。

当我们进行场景化营销时，其实是在进行一种维度的转变。当我们从年龄、性别、爱好、地域、收入等指标去把握消费者的需求时，我们关注的是消费者的自身；而当我们通过具体的场景去把握消费者的需求时，我们关注的是客观的环境。

可见，场景销售的最动人之处就在于它不仅仅是在出售冷冰冰毫无生气的商品，更是在出售一种现代的生活方式，传播新的生活观念，塑造新的消费态度。这既是对消费者的教育，也是对消费者的引导。它从一个更高、更深的层次与消费者沟通交流，建立相互的信任感和满意度。

【同步案例7-2】

星巴克的场景营销

背景与情境：星巴克给人的品牌印象是小资、时尚，这些品牌印象的背后，是用户对星巴克经营理念的高度认可和赞同。星巴克将咖啡厅打造成社交场所，去星巴克的人往往是为了能够实现社交。作为工作和办公的第三空间，成功吸引了年轻消费者，助力品牌成为行业巨头。星巴克这个曾经打动无数用户的卖点，最近被星巴克自己打破了，其开辟了另一种营销模式。也就是说，在星巴克办公要收费了，一杯咖啡蹭一天的时代要结束了。

2020年3月，星巴克尝试用便利店、小店的逻辑做共享办公，在日本推出第一家付费办公咖啡厅——「SMART LOUNGE」概念店。该店由星巴克日本公司与JR East铁路运营商合作开设，位于新干线车站，占地185平方米，以商务用途为主。

为了满足多样化的办公需求，「SMART LOUNGE」划分出不同形式的工作区域：单人座位区、个人隐私包厢、付费私人包厢以及可供多人商谈的共享会议桌——这便是这家店最大的特色。

全封闭式共享办公空间，具有更好的隔音以及私密效果，以15分钟为单位收费，价格在每15分钟250日元（约15元人民币），用JR East交通卡付费。办公套配也很齐全：USB充电孔、电源插座、挂钩、LED灯、移动电源、WIFI。

通过「SMART LOUNGE」付费办公概念店的打造，星巴克为消费者提供了一个智能又舒适的体验，并且与人们的生活相融合，打造出一个前所未有的未来城市，成为一个可以与人们一起创作的场所和基地。

星巴克在日本的场景创新——为商务人群带来首个"办公咖啡店"，说明品牌正在积极主动地通过场景创新为细分人群提供更优体验，从而"一针见血"戳中痛点，"一举俘获"消费口碑，让自身的品牌价值刻入消费者的认知中。

资料来源　王晖. 星巴克办公收费，一杯咖啡蹭一天的时代要结束了！[EB/OL]. [2020-06-12]. https://www.cmovip.com/article/top/.

问题：星巴克为什么要做出这样的改变？该案例对你的启示是什么？

分析提示：现代年轻用户群体对空间体验需求的升级，催生了星巴克品牌全新付费办公营销模式。随着社会快速发展，异地办公的压力与动力增强，对空间质量的需求也随之升级。星巴克的这种付费办公营销模式是顺应消费市场需要，以人群细分，优化场景空间体验，满足品牌多样性发展的举措。由此可见，对品牌而言，消费升级是第一驱动力，消费者更愿意为卓越品质、超凡性能以及情感体验买单。

7.3.3　如何做好场景营销

做好场景营销的关键是对消费者心理状态的把握，企业需要清楚地知道自己的产品所满足的消费者需求是什么，这种需求背后的心理动机是什么，而这种心理动机又是在何种消费者的心理状态下产生的。在此基础上企业可以利用现实的场景或自己制造场景对消费者进行刺激，让消费者进入某种心理状态，从而启动消费者的行为链条。

具体而言，我们可以通过以下四步来实施场景营销：

1）洞察用户需求

明确自己的产品满足的消费者需求是什么，这种需求是由何种心理动机产生的，而要产生这种心理动机需要消费者具有怎样的心理状态。心理洞察是场景化营销实施的起点也是核心所在。

不论盒马模式、还是江小白，企业的营销变革都是在新的市场环境下，更加精准地重新定位目标消费者的消费需求。比如，王老吉提炼了"不上火"这个单一的卖点，通过"吃火锅"这个大家非常熟悉的场景不断强化这个卖点。"上火"其实是大家吃火锅解馋时候有点顾虑的，王老吉和火锅联手以后，让消费者进入火锅店消费时，自然而然就想到了王老吉。

2）设置相关场景

在对消费者心理洞察的基础之上，进行场景的设置或选择，通过场景将消费者带入到营销所需要的心理状态。而场景设置的重点是场景中的互动设置，通过互动才能让消费者真正进入到该场景当中，并给予消费者及时的心理反馈，才能更有效地对消费者的心理进行刺激。

（1）消费者生活场景

消费者生活场景主要包括以下几个方面：家庭生活场景、办公室场景、运动场景、旅游及户外场景、交通场景。目前的消费者不是在家里，就是在办公室，不是在办公室，就是在去往目的地的路上。汽车、公共交通、高铁占据了人更多的时间。

（2）打造线下线上两大场景

在到家需求已经成为更多人的基本生活方式，以及当前的全渠道零售市场的环境下，必须要结合线上线下不同需求特点，打造不同的需求场景。

3）激发消费动机

要消费者进入某种心理状态，就要激发他的某种消费动机。在打造场景营销的过程中，除了场景设计的激发作用，必须要结合目标消费需求的实际，用有效的方法，激发消费者的动机。

4）进行行为引导

在成功将消费者带入到某种心理状态后，即可启动消费者的行为链条。而此时就需要进行消费者行为的引导，来实现企业的营销目标。

首先，针对不同的用户推送不同的活动。精准的用户画像可以帮助运营制定最具有价值的营销决策，在活动运营方面就体现为精准营销——针对不同的用户行为、属性触发不同活动。

其次，针对不同的用户行为推送不同的活动。每一个用户的每一个消费行为本身就带有一定的场景暗示。例如，每位刚下载安装外卖App的用户接下来会做什么呢？浏览店铺、选择菜品、加入购物车、下单、收到外卖、确定收货、评价……这是用户使用外卖App的基本流程和会出现的场景。在这些不同的场景中，用户会有不同的需求，如果要切入到用户场景去做活动，建议针对不同的用户行为触发不同的活动。例如，饿了么App对进来的用户触发"天降红包"活动，对下完单的用户推送"分享得红包"活动。

最后，针对不同的用户属性推送不同的活动。就像世界上没有两个完全相似的人一样，用户属性（如性别、年龄、地域、星座、圈子、职业、收入、婚姻状态等）不同，用户兴趣以及用户对活动的期待也不同。针对用户属性触发不同的活动不仅可以提高营销的有效性、精准度和转化率，还可以给用户带来差异化的活动体验。

[职业素养7-1]

以动物为本的南京红山森林动物园：场景营销的典范

背景与情境： 如果问国内动物园天花板是哪家，那么南京红山森林动物园必须榜上有名。

它是全国第一个取消动物表演的公益性动物园，并且只用了3年时间，就从亏损3 000万元到频频火出圈的"顶流"，被誉为"中国最好的动物园"。园长沈志军说："这里不是人类运营的动物场馆，而是动物的家。"

除了用手写的俏皮文案捕获了一大批游客的芳心，南京红山森林动物园还开设了社会公益爱心认养，一些"七匹狼认领狼、盒马鲜生认领河马"的套娃故事就此展开。

南京红山森林动物园因拒绝动物表演、开放动物认养等超前理念而走红网络，生动俏皮、活灵活现的认养文案击中了许多网友内心深处柔软之地。春节期间，它更是推出了一项引起全网热议的活动——让游客扮成动物进行表演。据悉，这是南京红山森林动物园春节期间的限时特别活动，既让游客们玩得尽兴、增强了参与感，也通过"人类给动物表演节目"的活动创意进一步彰显了南京红山森林动物园所倡导的人文关怀和办园理念。

小熊猫干饭、大熊猫拉屎、老虎空中撒尿、鸬鹚抢树枝、猴子划船……南京红山森林动物园的原生态动物"表演"既真实又可爱，漫步在幸福感满满的动物家园中的游客，很容易就能被这些大自然中的精灵们治愈身心。

总而言之，以动物为本的南京红山森林动物园，注重口碑营销和情感联结，通过创意十足的场景营销与互动环节提高游客的环保意识和动物保护意识。

资料来源　广告人．让游客扮成动物表演，南京红山森林动物园真会玩［EB/OL］．［2024-03-01］．https://www.cmovip.com/detail/37273.html.

问题：南京红山森林动物园如何通过场景营销来提高动物保护意识？

价值引领：人们之所以热爱南京红山森林动物园，是因为它佐证了每一个鲜活的生命都值得被尊重。在尊重与爱护下成长的动物通常都更"亲人"，也更能在观众面前展示出自己可爱的一面。可以说，南京红山森林动物园给全国的动物园树立了一个优秀的范本，其经营理念值得全行业参考与借鉴。

■ 本章概要

□ 内容提要

- 本章主要分析了影响消费者行为的物质环境因素和情境因素。
- 物质环境主要是指与消费者购买行为有关的商店布局与商品陈列两个方面。
- 商店选址是指在组建商店之前对店铺的地址进行论证和决策的过程。商店选址的原则：最短时间原则、易达性原则、接近购买力原则、适应消费者需求原则、接近中央商业中心原则。
- 商店布局指的是商店内外的布局和设计。商店的地理位置、店面的设计、招牌名称及橱窗布置等都能对消费者产生或大或小的影响。
- 商圈是指店铺吸引顾客的地理区域，是店铺的辐射范围。商圈分析的步骤包括确定资料来源、确定调查的内容、确定商圈的组成部分、确定商圈内居民人口特征的资料来源、确定商圈内居民的特征、分析竞争对手与市场的其他情况等。
- 商品陈列指的是商品在货位、货架和柜台内的摆放、排列等。商品陈列的方法有分类陈列法、组合陈列法、逆时针陈列法、专题陈列法、特写陈列法等。
- 提升消费者在线购物体验的策略有提升视觉体验、加强商品的易搜索性、设置"顾问型"客服专员、物流配送信息及时跟进、建立稳定的购物车系统。
- 情境既不单纯是客观的社会环境，也不单纯是可见的物质环境，而是与二者有关的独立于消费者和商品本身属性以外的一系列因素的组合。
- 情境的构成要素包括物理环境、人际环境、时间、人员密度、购买任务、心境。
- 场景营销是指针对消费者在具体的现实场景中所具有的心理状态或需求进行的营销行为，从而有效地达到企业的目标。场景营销的意义：提高产品体验、提高用户黏度、提高用户转化率、激发用户需求。如何做好场景营销：洞察用户需求、设置相关场景、激发消费动机、进行行为引导。

□ 主要概念

商圈　商店选址　商品陈列　购物网站　情境　人际环境　处置情境　场景营销

□ 重点实务

物质环境与消费者行为　情境与消费者行为

■ **基本训练**

□ **知识训练**

▲ **简答题**

(1) 消费购买活动中的情境类型有哪些？

(2) 时间观怎样影响消费者的行为？

(3) 商店选址的意义是什么？

(4) 商店选址中应考虑哪些因素？

(5) 商品陈列的作用具体表现在哪几个方面？

▲ **填空题**

(1) 人际环境是指购买过程中对消费者购买行为产生影响的其他人，包括同伴与（　　）两大方面。

(2) 消费者本人的特征与（　　）的特征都是影响消费者行为的情境因素。

(3) 有关的调查显示，大部分顾客逛商店时总是有意无意地按（　　）时针方向行走。

▲ **单项选择题**

(1) 通过各种形式，采用烘托、对比等方法，突出宣传陈列某种商品的方法是（　　）。

A.分类陈列法　　　　　　B.组合陈列法　　　　　　C.逆时针陈列法

D.专题陈列法　　　　　　E.特写陈列法

(2) "一步差三市"指的是（　　）的重要性。

A.商圈　　　　　B.商店选址　　　　C.橱窗设计　　　　D.店门设计

▲ **多项选择题**

(1) 商场中照明使用的光源一般可分为（　　）三类。

A.日光灯光源　　B.自然光源　　　C.灯光照明光源　　D.装饰陪衬光源

(2) 对于经营日用品的百货商场一类的大型零售商店，在门面装饰上应采取"三大"的总体设计，即（　　）。

A.大招牌　　　　B.大柜台　　　　C.大店门　　　　D.大橱窗

(3) 商圈是指店铺吸引顾客的地理区域，是店铺的辐射范围，由（　　）构成。

A.核心商圈　　　B.外周商圈　　　C.次级商圈　　　D.边缘商圈

▲ **讨论题**

访问你身边的5位同学，分别就下面的两个问题进行分析：

(1) 购买自用品和礼品时的购物行为和选购标准是否存在差异？为什么？

(2) 自己单独购物和有同伴陪着购物时的行为是否有差异？为什么？

□ **能力训练**

▲ **案例分析**

【训练项目】

案例分析—Ⅶ。

【相关案例】

五菱的"四轮自媒体"场景营销

背景与情境：最近，五菱宝骏与迪士尼合作推出了一款草莓熊主题的电动车，整个车都是肉眼可见的毛绒质感，车身还有一个 3D 立体的熊头，就连车内装饰也带绒边，少女心满满。官方对这辆车的定位是"一台实用便捷、成本低且安全的代步工具来满足上下班代步、接送小孩、购物买菜及个人休闲出行等多种需求"。这句话读起来拗口，却非常精准地描述了用车场景。

购买成本低、拥有成本也低，降低了宏光 MINIEV 的使用门槛，甚至使很多人的购车计划提前了。无论是一二线城市的"90后"白领，还是三四线城市的小镇青年，没有太多的预算买车、养车，同时又有出行的需求，这无疑是一个福音。上汽通用五菱的数据显示，宏光 MINIEV 马卡龙的"90后"用户占到75%。

那么宏光 MINIEV 是靠什么受到年轻消费者的青睐呢？

一是出其不意，把自己当 IP。五菱不仅携手《ELLE世界时装之苑》杂志一起给车拍可爱的硬照，和国潮乐园方特一起做 IP 线下聚会、互动聚会等，还根据用户画像，衍生出一个用户 IP 形象——五菱少女，在网红城市长沙，联合完美日记做了一场"五菱少女潮妆派对"。这是一种全然不同的营销思路，不是一个以纯粹单品为主导的营销，而是开始转变为以"IP"为主导的营销。这样一来，宏光 MINIEV 就被打上了"会玩""有趣"的标签，消费者看到越多类似的品牌关联，五菱的属性就越被强化。

二是让用户共创，产生持续的参与感。3 万块钱的车买回来，可以随便开、随便停，甚至可以随便改造。有了这个心态，用户开始对宏光 MINIEV 进行了神仙脑洞 DIY：涡轮蒸鸭、东北大花袄、融化的马卡龙、蜡笔小新、皮卡丘……只有你想不到的，没有车主做不到的。五菱 MINIEV 还专门推出了一本《车贴指南》，鼓励用户自己去个性化改造车身。如此，路上一辆辆形象各异的车，变成了一个个移动的广告牌，逐渐形成了"买得越多卖得越多，卖得越多买得越多"的良性循环，这也让五菱宏光 MINIEV 成为了一款真正意义上的 UGC 产品。

三是线下闭环，把体验店融入生活。仅在 200 天内，五菱就在 185 座城市建成了 215 家新能源体验店。不同于传统 4S 店，体验中心摆脱了单一的购物功能，集产品首发、产品展示、休闲娱乐等为一体，将品牌深度融入消费者的生活中，让门店成为潮流坐标、网红打卡地，更代表了一种新型生活方式。

资料来源 销售与市场传媒. 五菱造的不是车，是"四轮自媒体" [EB/OL]. [2022-04-14]. https://www.163.com/dy/article/H4TGRJ550519AU4N.html.

问题： 五菱是如何进行场景营销的？结合本案例，为五菱设计两个实施场景营销的具体活动（活动方式不限）。

【训练要求】
同第 1 章"基本训练"之本题型的"训练要求"。

▲ 自主学习

【训练项目】
自主学习-Ⅳ。

【训练步骤】
（1）将班级同学组成若干"自主学习"训练团队，每队确定一人负责。
（2）各团队根据训练项目需要进行角色分工与协作。
（3）通过学院资料室、校图书馆和互联网，查阅"文献综述格式、范文及书写规范要求"和近三年关于"场景营销"主题的学术文献资料。

（4）综合和整理关于"场景营销"主题的最新学术文献资料，依照"文献综述格式、范文及书写规范要求"，撰写《"场景营销"最新文献综述》。

（5）在班级交流各团队的《"场景营销"最新文献综述》。

（6）在校园网的本课程平台上展出经过修订并附有教师点评的各组《"场景营销"最新文献综述》，供同学们相互借鉴。

□ 职业素养

【训练项目】

职业素养－Ⅶ。

【相关案例】

伊利"全民亚运皆尽欢"的沉浸式场景营销

背景与情境：亚运会进入倒计时，场内的亚运"薪火"激情传递，场外的借势营销同样热闹非凡。比如伊利须尽欢品牌发起的围绕主题"全民亚运皆尽欢"的借势传播就极具看点。

品牌跳出了常规赛事叙事框架，以百姓视角讲述烟火气的亚运故事，通过一场别出心裁的线下"民间亚运快闪活动"与民间运动员共同欢庆。这不仅增强了用户的参与感，还将品牌"人生此刻须尽欢"的核心理念植入应用场景中，有效提升了品牌知名度，引发消费者情感共鸣与互动，同时也让须尽欢冰淇淋快速打入运动健身消费人群，为突围亚运营销提供了新的示范。

此次杭州亚运会，作为一场在"家门口"举办的国际性赛事，大众的期待感、自豪感和参与感都空前强烈。对于品牌而言，传递正向情绪至关重要。

此次须尽欢亚运快闪活动，以其独特的创意和丰富的互动体验，吸引了众多市民和游客的关注。在活动现场，须尽欢冰淇淋车化身杭州向导，带来一场特别的"city ride"，在街头发起中国象棋、乒乓球、霹雳舞三场亚运项目的民间挑战赛。这次活动不仅提升了须尽欢品牌的知名度和影响力，也为杭州亚运会增色添彩。更重要的是，它传递出了须尽欢品牌对生活、对运动、对挑战的态度。通过丰富多样的线下活动，为消费者创造沉浸式的线下体验、强互动的社交场景，让更多的消费者对须尽欢品牌产生了好感，进一步提升了品牌的美誉度和忠诚度。

资料来源 首席营销官. 杭州亚运倒计时，看伊利须尽欢全民互动沉浸式场景营销［EB/OL］.［2023-09-18］. https://www.cmovip.com/detail/34280.html.

问题：从职业素养的角度评析伊利须尽欢品牌的这次亚运场景营销活动。

【训练要求】

同第1章"基本训练"之本题型的"训练要求"。

第 8 章 营销因素与消费者行为（上）

◆ 学习目标
8.1 商品名称、商标、商品包装与消费者行为
8.2 价格与消费者行为
8.3 促销组合与消费者行为
◆ 本章概要
◆ 基本训练
◆ 能力训练
◆ 职业素养

◆ **学习目标**

通过本章的学习，应该达到以下目标：

职业知识 学习和把握"营销因素与消费者行为（上）"的相关概念，商品的名称、包装、商标与消费者行为，价格的作用和心理功能，影响消费者价格心理的因素，消费心理与定价策略，广告、营业推广、人员推销和公共关系等促销组合与消费者行为，以及"同步业务"、"经典实验"、"小资料"和二维码链接等理论与实务知识；能用其指导本章"同步思考"、"教学互动"和"知识训练"中各题型的认知活动，正确解答相关问题。

职业能力 运用本章知识研究相关案例，训练对其特定情境下当事者行为的多元表征能力；通过"基于人员推销的'十一'黄金周大学生旅游促销活动"实训操练，训练学生的专业操作技能和"团队协作"、"解决问题"等通用能力。

职业素养 结合本章教学内容，依照相关规范，对"职业素养8-1"和"职业素养—Ⅷ"进行职业素养研判，激发与"广州地铁的反腐倡廉广告""胖东来，真诚得人心"等议题相关的价值思考，借以弘扬正能量，促进健全职业人格的塑造。

农夫山泉的广告与包装

背景与情境： 不少人对农夫山泉最有印象的记忆是两句广告语，一句是"农夫山泉有点甜"，另一句是"我们不生产水，我们只是大自然的搬运工"。这两句广告语朗朗上口，且诉求明确，属于非常成功的广告，它们对农夫山泉的营销起到了巨大的作用。

"农夫山泉有点甜"，农夫山泉甜吗？甜就怪了。但是这句广告词给了人一种心理暗示，喝一口会觉得有甜味。同时，这句广告语与采自千岛湖的天然水资源相得益彰，为农夫山泉"天然水"的定位建立了竞争壁垒。

"我们不生产水，我们只是大自然的搬运工。"在中国人的印象中，天然的是不添加任何人工成分的，因此一直是最好的。其实农夫山泉的水基本都来自地表水，如河流湖泊，再加工成瓶装水。但这句广告词给人的印象是农夫山泉是直接从大自然（如千岛湖）灌的水，这种水是纯天然，无任何加工的。

2018年，农夫山泉组建了一支全球顶级的野外纪录片团队到产品的水源地长白山拍了一部60秒的纪录片。片中展示了长白山的自然生态，麋鹿、鸳鸯、老虎等动物在优美的环境中怡然自得，"什么样的水源，孕育什么样的生命"道出了农夫山泉水源的优质。这部短片被称为农夫山泉"最美广告片"流传甚广。

在这个"颜值经济"时代，消费者越来越注重商品的包装，人们很多时候购买产品，不是冲着味道多么好，而是单纯为了"包装好看"。近几年，有趣的产品包装设计已经成为营销的一种有效方式。可口可乐昵称瓶、星巴克猫爪杯都是包装设计即营销的体现。农夫山泉在这方面做得同样非常出色。2015年，农夫山泉宣布了三款新产品问世，分别是玻璃瓶装、运动盖装和婴幼儿版本饮用水。比如，农夫山泉玻璃瓶天然矿泉水的设计以自然为灵感，全透明的四个包装选取了长白山的典型天气和植物：雪花、山楂海棠、蕨类植物和红松果实。再如，农夫山泉瓶身的设计充满传统中国艺术色彩，同时体现了其水源地的自然生态，阐明了什么叫"大自然的搬运工"。2017年，农夫山泉与网易云音乐合作推出农夫山泉乐瓶，这个合作可能受到了昵称瓶的启发，它是一次特别的包装设计，也是一次跨界营销。可见，农夫山泉也是一个非常善于在包装设计上做文章的品牌，作为一个擅长营销的公司，其明白每一次包装设计，每卖出去一瓶水，都是一次营销机会。

凭借有着广泛传播力的广告语和带有金句文案的包装，农夫山泉不断将品牌形象打入受众心智，不仅奠定了其行业大佬的地位，还被网友戏称为"一家被卖水耽误的广告公司""一家被卖水耽搁的设计公司"。

资料来源 寻空的营销启示录. 农夫山泉上市，一个被卖水耽误的广告公司［EB/OL］.［2020-09-09］. https://www.shangyexinzhi.com/article/2369593.html.

在以前的各章中，我们分析了影响消费者决策的个人因素和环境因素。接下来，我们着重讨论影响消费者行为的营销因素。企业营销工作的成败，可以直接从消费者的购买行为中体现出来。影响消费者购买行为的营销因素有很多，本章我们主要分析商品命名、商标、商品包装、定价和促销等。

8.1 商品名称、商标、商品包装与消费者行为

商品本身的因素，如商品名称、商标、包装等，不仅具有认识、识别及保护商品的作用，还能对消费者的行为产生影响，具有刺激或抑制消费者购买欲望的作用。

8.1.1 商品名称与消费者行为

商品名称就是企业为产品取的名字，是运用语言文字对商品的主要特性概括反映的称号。

由于商品种类繁多，形态和功能各异，因此商品的名字也千差万别、多种多样。虽然商品的名称与商品质量等重要属性无关，但一个庸俗难记、没有个性的名称不仅不会引起人们的注意和兴趣，相反会引起人们的反感，抑制消费者的购买欲望。

1）商品命名的方法

在企业的经营活动中，给商品命名的方法有很多，这里主要介绍以下几种：

（1）根据商品的效用命名

根据商品的主要性能和用途命名，便于消费者在较短时间内了解商品的主要功效。很多工业品和药品都采用这种方法来给商品命名，如缝纫机、衣领净、感冒通等。

（2）根据商品的主要成分命名

根据商品的主要构成成分来命名，有助于消费者了解商品的使用价值和用途，并增加对商品的信任度，如"蜂王浆""芝麻糊""橙子汁"等。

（3）根据商品的产地命名

以商品的产地命名，使人觉得产品正宗、历史悠久、具有浓郁的地方特色。一般多用于各地的土特产品和名优产品，如"龙井茶""青岛啤酒""北京烤鸭"等。

（4）根据人名命名

以历史人物、传说人物、影视或体育明星、产品创始人等名字命名，将特定人物与特定商品相联系，利用消费者对名人的仰慕心理来激起他们的购买欲望，如"杜康酒""羽西化妆品""李宁牌运动服"等。1909年，法国的西蒙家族买下了库瓦瑟白兰地公司，生产白兰地酒。他们使用了拿破仑名人商标，把酒命名为"拿破仑白兰地"。醇厚的酒质加上名人效应很快就产生了广泛的影响，"拿破仑白兰地"渐渐成为质量和精品的永恒标志，成为欧美各国一致推崇的酒中极品。时至今日，享誉国际的"拿破仑干邑白兰地"已风行全球160多个国家，而"拿破仑VSOP"于1983年获法国政府颁发的优质产品荣誉奖，是唯一获此殊荣的法国VSOP干邑白兰地。

（5）根据外文译音命名

对从国外进口的商品和近些年来在国内生产的合资企业的产品来说，根据商品的外文发音直接作为商品的名字，既克服了外来语翻译上的困难，又满足了消费者求新、求异的心理需要，如"阿司匹林""可口可乐""三明治"等。

除了以上几种常见的命名方法外，还可以以商品的形状、制作工艺、厂名等方式命名。

2）商品命名的原则

在为商品命名时，要注意以下五个方面：

（1）商品的名称要简单，易记忆，激发兴趣

一般来说，商品或品牌名称的字数越少越好，两三个字为最佳。雀巢、联想、万科、海尔、格力、携程、肯德基、必胜客、海飞丝、饿了么、家乐福等，这些耳熟能详的品牌名都是两三个字。两三个字从传播学的角度来看，最易传播且最容易被记忆，因为我们人类从出生接受记忆就是从两三个字开始的，如爸爸、妈妈、舅舅、外公、外婆、老师，然后就是相对应的两三个字的名字。

（2）商品的名称要与商品本身的特性或基本效用相符合

这样有助于消费者迅速地掌握商品的主要性能。有一些商品，人们可以从它的名称判断出它属于什么类型的产品，如脑白金、五粮液、雪碧、创可贴等。劲量用于电池，恰当地表达了产品持久强劲的特点；固特异用于轮胎，准确地展现了产品坚固耐用的属性。它们中的一些品牌，甚至已经成为同类产品的代名词，让后来者难以下手。

（3）商品的名称要有较强的传播力

不管给产品取一个什么样的名字，最重要的还是要能最大限度地让品牌传播出去，要能够使目标消费者记得住、想得起来是什么品牌。比如，脑白金就是一个传播力非常强的品牌名。"脑白金"这三个字朗朗上口、通俗易记，在传播的同时将产品的信息传递给了消费者，使人们在听到或者看到"脑白金"这个品牌名时，就自然而然联想到品牌的两个属性：一个是产品作用的部位，一个是产品的价值。

（4）商品的名称要有较强的亲和力

名称的亲和力取决于商品名称用词的风格、特征、倾向等因素。比如，"舒肤佳"这一名词首先给人的感觉是倾向于中性化的用语，它不但更广泛地贴合了目标消费者的偏好，而且通过强调"舒"和"佳"两大焦点，给人以使用后会全身舒爽的联想，因此其亲和力很强。

（5）商品的名称要启发消费者联想

商品的名称要富有寓意，能让消费者产生丰富、愉快、积极的联想。例如，百果园这一名称起得很好，一听就能联想到有好多好多水果，听着就想吃；饿了么，一听肚子就饿，饿了就想点外卖了；依云，这水从天上来，自带白云的纯净，大家都想喝，贵点也没关系；星巴克，神奇的仙子或女巫，才会有这么美味的咖啡。人是感性的，商品名称要给人以美好的联想，这样就会对品牌有更好的第一印象。

8.1.2　商标与消费心理

商品仅仅有名称是不够的，因为市场上的很多产品都叫同一个名称，如电冰箱、洗衣机等。为了区别不同生产经营者生产和销售的商品之间的差异，并在需要的时候能得到法律保护，就需要有商标。**商标就是商品的标记，是对一个品牌或品牌的一部分的专用权，其他人未经允许不得使用**。商标一般用文字、图形或二者的结合形式来表示。经过向市场监督管理部门注册登记后，商标就具有使用专利并具有法律效力。

企业在打算引进新品牌、新商标或新包装时，一定要仔细检查以确保没有对他人构成侵权，并尽量使自己的包装与众不同。企业在开发出新产品并打算投放到市场之前，

一定要先到市场监督管理部门去注册登记，否则别人就可能捷足先登，钻了你的空子，给企业带来巨大的损失。在注册登记完商标以后，一定要注意保护你的商标。因为企业如果不能保护好自己的商标，其产品名称就有可能变成通用的风险，像大家熟知的阿司匹林就是最好的例子。

1）商标的心理功能

商标是商品的一种特定标记。对商家和消费者来说，它在心理方面的功能主要表现在：

（1）保护功能

如前所述，商标一经注册登记后，就具有了法律保护的使用专利，这就可以防止其他制造商或经销商生产或经营同种产品。这样不仅可以保护企业的合法权益，也可以使消费者免受假冒商品的损害。

（2）识别功能

商标是某一产品区别于其他产品的标志，它既具有鲜明的形象，又具有相对的稳定性。因此，它有助于消费者辨别、记忆，并在同类产品中进行比较。如果消费者使用了他认为满意的某品牌产品，他在以后的消费行为中就会以此作为购买导向，产生重复购买进而形成品牌忠诚。

（3）促销功能

商标作为某一具体商品质量、性能、价格和特点等的标志和保证，长期积累之后就成为产品的信用象征，获得消费者的认同，成为消费者选择商品的依据。特别是著名商标（名牌），由于其品牌知名度较高，企业具有完善的售后服务体系，顾客满意度较高，因此更能吸引消费者。

（4）标准统一功能

商标是产品质量和企业信誉的体现，同一商标的商品代表一定的质量标准和技术要求。消费者对商品或品牌的信赖与忠诚，正是建立在此基础上的。比如，一提起海尔电器，无论是电冰箱还是热水器，人们都会联想到高质量的产品与服务。

2）商标设计的心理策略

商标一般由名称、词汇、符号、图案等组合而成。为了使商标能在目标市场上具有鲜明的形象并有助于消费者的记忆与辨认，在构思和设计商标时要注意以下问题：

（1）所设计的商标要容易记忆和辨认

商标的名称或符号等要尽可能简洁明快，才不容易与其他产品发生混淆。如"海尔""小鸭"等，其形象非常鲜明，容易记忆，消费者能在很多的商品品牌中一眼就认出来。

（2）商标的图案要别致、有个性并能引起人们的联想

商标的图案要富有美感，有个性，这不仅便于消费者识记，也能引起人们的联想，刺激人们的购买欲望。例如，可口可乐的包装设计就很有个性，十分醒目。

（3）商标与商品本身的性质应该和谐统一

商标与所代表的商品之间要有内在的联系，二者要名实相符，这样消费者就可以根据商标来推测商品及其性能，帮助消费者产生联想，如"精工"表和"健力宝"饮料等。

（4）商标的设计应避免引起法律纠纷

商标的设计要独特，不能照搬别人的创意，涉及有关宗教、习俗等民族或文化禁忌时更要小心谨慎，一定要避免引起法律纠纷。

在商标设计中，除了要考虑上述具体的设计方案、设计准则以外，更主要的是考虑采取什么样的商标策略。商标策略指的是企业在生产经营活动中是否采用商标、采用自己的商标还是他人的商标、采用单独商标还是采用统一商标等。企业要根据产品的特点、本企业的实力及竞争对手的情况等，采取下列商标策略中的一种或几种：统一商标策略、分类商标策略、多重商标策略、商标与企业名称统一的策略及无商标策略等。

3）商标名称与消费心理

不管从心理学还是从营销学的角度讲，商标名称对消费大众的心理都有着直接或间接的影响。常言道"爱美之心，人皆有之"，一个名称听起来十分美好的商标，消费者一般都是乐于接受的。所以，从这个意义上来说，人们是先接受了商标，然后才接受其商品的。

此外，一个驰名世界的品牌必须考虑到行销地区人们的语言、文化、消费心理及审美情趣，即必须跨越文化障碍，以文化认同贴近消费者的消费心理。商标"Coca-Cola"中的"可可"并不能唤起中国普通百姓的美好心理情绪，又"可口"又"可乐"就能激发中国人的味觉和愉快的联想。

因此，商标名称设计也要注重消费心理，针对不同地区、不同消费群体的心理喜好，赋予商标相应的名称，以赢得消费者的喜爱。

8.1.3 商品包装与消费者行为

除了极少数产品以外，市场上的大多数产品在从生产领域转移到消费领域的过程中，都需要有适当的包装。所谓**包装**，是指用于盛装、裹束、保护商品的容器或包扎物，以及用于装饰商品的装饰物。随着市场竞争的日趋激烈，消费者生活方式和生活习惯的变化及包装新工艺、新材料的应用和包装技术的提高，包装已不仅仅是原始的保护和储存商品的一种工具，更是美化商品、推销商品的主要手段。

俗语说："佛要金装，人要衣装。"同样，商品也需要包装。商品再好，也可能因其包装不合适而卖不出好价钱。据统计，产品竞争力的30%来自包装。随着人们生活水平的提高，精神享受的要求也越来越高，在商品竞争中，包装对商品销售的影响越来越明显。

1）商品包装的心理功能

包装是整个商品的有机组成部分，是影响产品质量和市场营销的重要因素。虽然消费者评价商品的根本依据还是商品本身的质量，而不仅仅靠外表的包装，但事实上，包装的确能影响消费者对商品的选择。"买椟还珠""货卖一张皮"的说法都说明了商品包装的重要性。

商品包装的心理功能主要表现在：

（1）便利功能

便利功能指的是商品的包装要方便消费者的携带和使用。现代企业强调"以人为本"，就是要处处为消费者着想，要根据产品的性质、形状和用途等设计包装的结构、形状、材料、规格及开启方式等，以方便消费者选购、携带、运输、保管和使用。

（2）展示功能

为了便于消费者了解商品的属性，应通过包装上的文字或图案等向消费者传递有关信息，如商品的性质、质量、用途、组成成分、生产厂家、保质期、使用方法及注意事项等。比如，不同的包装可以表明不同的产品质量或档次，即高档商品在外包装材料的选择和设计上都要精美一些，而一些日用品用相对简单的包装就可以了。

（3）美化功能

包装常常和装潢结合在一起，称为包装装潢。而装潢的含义就是指商品外包装上的装饰。因此，商品包装装潢的心理功能之一就是对商品的美化作用，即通过包装的造型、色彩的搭配等，给消费者以美的享受。特别是艺术品、儿童用品等，商品的包装装潢就更为重要，甚至会出现这样的情况，就是消费者购买某商品的目的，仅仅是因为它的艺术性的包装。

（4）刺激与促销功能

产品的包装具有增加产品特色的广告作用，它有助于表明竞争产品之间的差异，默默地起着无声推销的作用。国外对消费者行为的研究表明，有60%的人在选购商品时，是受包装装潢的吸引而购买的。因此，独特、精美的包装可以引起消费者的兴趣，激发消费者的购买欲望。

谭木匠在包装上采用分类包装的方法，高档木梳采用礼品盒包装，普通木梳的外包装是黑色或蓝底白花的中式小布口袋，非常富有中国传统特色。礼品袋、礼品盒的设计使谭木匠的产品不仅有实用价值，还成为馈赠佳品，给消费者留下了高档的品牌印象。

2）商品包装设计的心理要求

（1）满足求实心理

包装的设计必须能够满足消费者的核心需求，即必须有实在的价值。虽然对于同质量的商品，包装较精美的比起包装较普通的更能引起消费者的购买欲望，但若过度强调包装的作用，以致包装超过质量，对长远的商品销售是绝对不利的。例如，在所有年龄的消费群体中老年人最讲求质朴、实在，但是现在五花八门的老年人健康滋补品普遍是"形式大于内容"的过度包装。这些产品即使能够吸引到偶然的礼品购买，也难以赢得消费者的忠诚，缺乏长远发展的动力。

（2）满足求信心理

在产品包装上突出厂名、商标，有助于减轻购买者对产品质量的怀疑心理，特别是有一定知名度的企业，这样做对产品和企业的宣传一举两得。美国百威公司的银冰啤酒的包装上有一个企鹅和厂牌图案组成的品质标志，只有当啤酒冷藏温度最适宜的时候，活泼的小企鹅才会显示出来，向消费者保证是货真价实、风味最佳，以满足他们的求信心理。

（3）满足求美心理

商品的包装设计是装饰艺术的结晶。精美的包装能激起消费者高层次的社会性需求，深具艺术魅力的包装对购买者而言是一种美的享受，是促使潜在消费者变为显在消费者，进而变为长久型、习惯型消费者的驱动力量。大凡是世界名酒，其包装都十分考究，从瓶到盒都焕发着艺术的光彩——这是一种优雅且成功的包装促销。

3）商品包装的心理策略

据统计，消费者在购买商品时，有80%是在现场做出决定的，其中商品包装起着重要的作用。因此，为了提高商品的市场竞争力，就要根据消费者的心理因素，采取适当的包装策略。商品包装的心理策略主要有：

（1）便利包装

这类商品包装是以方便消费者选购、携带和使用为原则所进行的包装。比如，使用透明的包装材料，可以让消费者直接观察商品；铁盒罐头采用拉环式的开启方法让消费者感到很方便。

（2）习惯包装

习惯包装就是根据消费者不同的生活习惯来进行产品的包装，包括惯用包装（如用透明的玻璃瓶装酒）、分量包装（如适应不同规模家庭用的大包装和小包装等）、等级包装（按产品质量等级的不同采取不同的包装以适应不同消费水平的消费者）等。另外，因为不同文化下人们的消费习俗不一样，所以在产品包装时要充分考虑到这一点。

（3）多用途包装

多用途包装即复用包装策略，指的是包装内产品使用完以后，包装物本身可以被顾客用作他途。这种包装的实用性和艺术性很强，能给消费者带来实惠和方便。因此，这个策略的目的在于通过给顾客额外的利益来扩大销售。

（4）附赠品包装

在包装内附赠奖券或实物，以吸引顾客购买。比如，在儿童用品中附赠小玩具。但要注意的是，所附赠的实物必须是卫生、安全的。

（5）错觉包装

这种包装指的是利用人们的视觉误差来设计产品的包装，特别是容器的容积大小、形状与色彩等。比如，两个同样容量的洗发精，扁形的看起来要比圆柱形的显得多一些。

【教学互动8-1】

互动问题：根据你日常的观察，还有哪些包装策略？请举例说明。

互动要求：同"教学互动1-1"的"互动要求"。

4）包装要谨防走入误区

优美、精致的包装可以为商品增色添辉，为商品的销售鸣锣开道，但在实施包装策略的过程中要注意避免两个误区：

（1）光讲究包装，忽视产品质量

时下商战激烈，很多企业不仅重视包装问题，而且通过发掘"包装功能"，取得了显著的经济效益，商品包装五花八门，让人眼花缭乱，外观很是精美。但是，一些企业不适当地运用包装策略，片面追求商品的"包装效果"，以此误导消费者，而忽视产品本身的问题，使一些伪劣商品得以在精美的包装外衣下大行其道，极大地侵害了消费者的利益。从商品包装与商品本体之间的关系来说，包装只是辅助手段，是矛盾的次要方面。在市场竞争中，商品本体仍是第一位的，不断提高质量，开发新产品，紧跟市场的需求，始终应该是企业关注的头等大事。虽然包装具有重要作用，但不能本末倒置，走向另一个极端。优质商品加上成功的包装，才是市场竞争中永远的强者。如果商品质量欠佳，而包装精美，消费者发现上当后，以后就不会再购买，而且在消费者中的口碑就会变坏，从而最终失去市场。所以，商家在实施包装策略时，一定要摆正包装与商品的关系，切忌用"金玉其外，败絮其中"的欺骗性包装。

（2）包装过度

这种情况是指商品包装超过了所需的程度，形成了不必要的包装保护。其表现形式是耗用材料过多、分量过重、体积过大、用料过档、装潢过华、成本过高等，大大超过了保护、美化商品的需求，让消费者产生一种名不副实的感觉。

总之，包装设计要以市场为基础，"美"不是衡量优秀包装的唯一标准。一个包装的好坏，应客观地进行评价，应以其与产品的适合性为准，不能抛开其市场状态，完全以个人的审美观来决定。材料的高档与否并不能决定设计的品位，华美的包装未必适合所有产品，过分张扬包装的价值，往往不能得到消费者的认可。只有根据不同的阶段、不同区域、不同年龄层次的消费人群，做出有销售针对性的包装，才是优秀的包装设计。

【同步案例8-1】

百威啤酒20万罐身独一无二

背景与情境： 在2016年的Mad Decent Block Party Festival（狂欢节）期间，百威淡啤利用惠普的数字打印技术，将20万个啤酒罐的罐身，都印上了充满节日色彩的图案，以庆祝这个节日。百威淡啤也成为美国首个利用数字打印技术包装罐身的啤酒品牌。百威淡啤把31种设计转换成超过3 100万种可能的图形，并最终创造出20万个个性化罐身，每一个都独一无二。这些个性罐在节日期间，在美国和加拿大两地进行销售，主要针对更为年轻的、追求个性的消费者。百威集团创新副总裁Valerie Toothman表示，如今的消费者都在追求独特、个性化的体验。消费者在今年的Mad Decent Block Party Festival上，对这种个性化包装的啤酒十分感兴趣，并在社交媒体上对这种罐有数千次分享。消费者对百威淡啤限量罐的反应，也说明个性化包装的确是一个提升消费者品牌体验的好方法。

资料来源　苏落. 快消品包装的"脑洞"还能开多大？［J］. 2017（2）. 有删减.

问题： 上述案例对你有什么启示？

分析提示： 随着人们生活水平的提高，企业应该越来越意识到包装的重要性，并努力打造出富有个性和审美习惯的包装。当然，如果考虑到成本问题，百威淡啤制作20万个独一无二、各不相同的罐身，也确实需要一定的勇气。

8.2　价格与消费者行为

在现实生活中，每个人都不得不经常与价格打交道。比如，为了满足基本的生活需要，人们要买米、买菜、买衣服，以及支付房费、交通费、保险费、医疗费等。可以说，在现代生活中，价格无处不在。

8.2.1　价格的作用

从最简单的意义上理解，价格是买卖双方谈判的结果。也就是说，卖方出一个价位（当然比他自己预期的要稍高一些），而买方还一个价位（同样要比他自己希望的低一些），然后双方经过讨价还价，最终达成交易。那么，对买卖双方来说，价格的作用是什么呢？

1）价格是企业利润的基本来源

对企业来说，价格是影响营业收入的重要因素，而营业收入又是企业利润的关键。因此，为了获得利润，营销人员必须为产品制定一个合理的价格。所谓合理的价格，就是要符合目标市场消费者预期价值的价格。这个价格既不能过高，也不能过低。因为如果消费者认为价格过高，预期的价值低于成本，企业就会丧失销售机会；相反，如果价格过低，消费者可能会预期其价值比较低，企业也会失去本应该获得的利润，而且定价过低也不一定总是能吸引更多的顾客。

2）企业定价对消费者有着更重要的意义

对消费者来说，商品的价格代表着商品的成本，消费者当然希望商品的成本越低越好，这样他们就可以用既定的货币换回更多的商品。因此，从历史上来看，价格一直是影响消费者购买决策的主要因素，特别是在较贫穷的国家和较贫穷的群体中，情况就更是这样。当然，随着经济的发展和人们生活水平的提高，在最近几十年里，非价格因素对消费者起着越来越大的作用，这一点是毋庸置疑的。

8.2.2 商品价格的心理功能

价格对消费者的作用当然不仅仅限于上述一点，否则营销人员就没有必要花费那么大的气力去研究它了。研究和营销实践都表明，商品价格在影响消费者购买行为方面具有某些普遍性的心理功能。具体地说，商品价格的心理功能主要体现在三个方面：

1）衡量商品价值的功能

根据经济学的理论，价格是价值的货币表现，商品价格是围绕商品价值上下波动的。也就是说，商品的价值是确定商品价格的基础。但在当今社会，消费者面对种类繁多、质地各异的商品，很难分清它们的内在品质，无法实际了解它们的真正价值。因此，消费者宁愿以价格来衡量商品的价值，相信"一分钱，一分货"。

2）调节消费需求的功能

商品价格的一个重要功能就是对消费需求有调节作用。在一般情况下，商品价格的涨跌会影响到商品需求的增减。也就是说，在其他条件不变的情况下，当商品的价格上涨时，消费需求量就会减少；当商品的价格下跌时，消费需求量就会增加。

3）自我意识的比拟功能

对消费者来说，商品的价格不仅能衡量商品的价值，而且可以通过联想，把商品的价格高低同个人的愿望、情感、个性、心理特征等联系起来，进行有意或无意的比拟，以满足个人的某种欲望和需求，价格所具有的这种心理功能被称为自我意识的比拟功能。

价格的自我意识比拟主要有以下形式：

（1）社会经济地位比拟

有些消费者只到高档、大型百货店或专卖店购买"名、特、优、新"商品，以显示自己的社会地位和经济地位。有些消费者则是大众商店、低档摊位的常客，专门购买折价、过季降价、清仓处理的廉价商品。假使这两类人的行为发生了错位，则第一种消费者会为去低档次的场所购物而感到不安，认为有损自己的社会形象；而第二种消费者去高档次购物场所购物，则会产生局促不安、自卑压抑的感觉。

（2）文化修养比拟

有的消费者尽管对书法字画缺乏鉴赏能力，却要花费大笔支出购买名人字画挂在家中，希望通过昂贵的名人字画来显示自己具有很高的文化修养，从而得到心理上的慰藉。还有一些消费者本身并不怎么喜欢看书，却要购置大量精装豪华的书，以显示自己的博学及高品位。

（3）生活情趣比拟

有些消费者既缺乏音乐素养，又没有特殊兴趣，却购置钢琴或高档音响设备，或者亲身实地去欣赏体验自己听不懂的高雅音乐会，以期得到别人给予"生活情趣高雅"的评价，获得心理上的平衡。

（4）观念更新比拟

一些消费者怕别人说自己落伍，跟不上潮流，即使不会使用电脑，也要花一大笔钱购置一台先进的电脑作为摆设，希望能够以此获得"与时代发展同步"的心理安慰。还有一些消费者受广告的影响，萌发追赶科技潮流的冲动。例如，"商务通"掌上电脑的电视广告"呼机、手机、商务通，一样都不能少"，曾经引发了一批中高收入阶层消费者的购买热情。很多人购买掌上电脑并无多大实际用处，其潜在心理是树立自己观念前卫的形象。

8.2.3 影响消费者价格心理的因素

影响消费者价格心理的因素是多方面的，如消费者的经济状况、市场竞争状况、国家的宏观政策、消费者的时间与行为努力情况等。在此，我们仅对消费者的需求、过去经验、参与程度的高低及商店信誉方面进行简单的分析。

1）消费者的需求

需求是一定时间内，以各种价格在市场中可能销售的商品数量。一般说来，人们购买商品的数量取决于该商品的价格。如前所述，商品价格越高，消费者的需求量越少；反之，价格越低，消费者的需求量越大。这就是**消费需求弹性**，即消费者对价格变化的敏感性。需求富有弹性是指价格变化时，消费者会购买更多或更少的商品；相反，需求缺乏弹性，则意味着价格的上升或下降不会对消费需求产生很大的影响。

2）消费者的过去经验

在对价格信息的认知过程中，消费者会把某一商品的标价与他们头脑中已经形成的这一商品的价格或价格范围做一个比较。消费者在头脑中为进行这些比较而形成的价格被称为内部参照价格。这一内部参照价格在消费者看来或许是一个公平的价格，对消费者的购买行为起着导向的作用。例如，某一消费者可能认为2元钱是一瓶罐装饮料的合适价格。当街头小店出售的饮料价格是4元钱时，消费者头脑中的内部参照价格可能会阻止消费者购买，因为他认为价格太高了。

3）消费者参与程度的高低

一般来说，消费者参与程度较低的商品或购买过程，价格对消费者的购买行为影响很小，甚至没有影响。比如，对经常使用某种品牌牙膏的消费者来说，他甚至都说不出该牙膏的具体价格是多少。而那些消费者参与程度较高的商品或购买过程，商品价格对消费行为的影响就可能大一些。

4）商店信誉

有时消费者会对其经常去购物的商店的价格信誉形成依赖，因此不会认真地比较分析价格信息。比如，经常去沃尔玛购物的人，他常常只管往购物车里装东西，而不认真比较商品的价格。如果这时你问消费者购物车里的某商品是多少钱，有很多人确实答不上来。

8.2.4 消费心理与定价策略

价格的独特作用及影响价格的因素的复杂性，决定了企业在为产品定价的时候不能仅仅采取最原始的那种成本加利润的定价方法与策略，而是要更加注重消费者的需要，迎合消费者的心理，才能达到促进商品销售、提高市场占有率的目的。

在营销实践中，根据消费者心理和市场竞争状况采取的定价策略主要有：

1）新产品定价策略

新产品的定价是营销策略中一个十分重要的问题。它关系到新产品能否顺利地进入市场，能否站稳脚跟，能否获得较大的经济效益。

（1）撇脂定价

"撇脂定价"一词来自短语"从顶端撇去奶油"，是企业在为那些有独特优势的新产品定价时通常使用的一种高价策略，其价格一般高于竞争产品的价格。当顾客愿意以高出市场平均水平的价格购买产品时，撇脂定价是最合适的定价方法。

企业在向市场投放新产品时，一般先以高价来试探市场，如果销量太低就降价。所以，撇脂定价最通常的含义是先高价后低价。比如，在一种产品经历生命周期的过程中，企业可以通过降低价格来扩大市场份额，但是并不是所有的企业都能这样做或愿意这样做。

（2）渗透定价

渗透定价是与撇脂定价相对的定价策略，即制定相对较低的价格以便进入大众市场，然后再慢慢地提高价位。这种定价方法可以迅速占领和扩大市场，适用于选择性不大、消费量多、短时间内可以打开销路的产品。

（3）竞争定价

竞争定价，即随行就市定价，是指在新产品刚进入市场时，使用与竞争者相同或相近的价格。这种方法比较简便易行，但有可能在定价时忽视消费者的需求或产品成本中的某个或全部因素。但是，对规模相对较小的企业来说，根据竞争对手定价可能是企业长期发展过程中的最安全的策略。

2）心理定价策略

心理定价策略是针对消费者的不同消费心理，制定相应的商品价格，以满足不同类型消费者需求的策略。心理定价策略一般包括招徕定价、尾数定价、整数定价、组合定价、声望定价、习惯性定价和吉利数字定价等。

（1）招徕定价

零售商利用人们在购买中的求廉心理，特意将某种或某几种商品的价格定得较低以吸引顾客。还有的商店随机推出一些降价商品，每天、每小时都有一两种商品降价出售，吸引顾客经常来购买廉价商品，同时选购其他正常价格的商品。

采用招徕定价时，必须注意以下几点：第一，降价的商品应是消费者常用的，最好是适合于每一个家庭使用的物品，否则没有吸引力。第二，降价的幅度要大，一般应接近成本或者低于成本。只有这样，才能引起消费者的注意和兴趣，才能激起消费者的购买动机。第三，降价商品的数量要适当。降价商品数量太多，商店亏损太大；降价商品数量太少，容易引起消费者的反感。第四，降价商品应与因破损而削价的商品明显区别开来。

（2）尾数定价

尾数定价是利用消费者对数字认识的某种心理来制定尾数价格，使消费者产生价格较低的感觉，而且也容易使消费者产生信任感。

心理学的研究表明，价格尾数的微小差别能够明显影响消费者的购买行为。一般认为，5元以下的商品，末位数为9最受欢迎；5元以上的商品，末位数为95效果最佳；100元以上的商品，末位数为98、99最为畅销。尾数定价会给消费者一种经过精确计算的、最低价格的感觉，有时也可以给消费者一种原价打了折扣、商品便宜的感觉。同时，顾客在等候找零期间，也可能会发现和选购其他商品。

（3）整数定价

整数定价与尾数定价相反，针对的是消费者的求名、求方便心理，将商品价格有意定为整数。由于同类型产品生产者众多、花色品种各异，在许多交易中，消费者往往只能将价格作为判别产品质量、性能的"指示器"。同时，在众多尾数定价的商品中，整数能给人一种方便、简洁的印象。

（4）组合定价

组合定价是指企业生产两种或两种以上相互关联的商品时，对关联商品采取的相互补充的定价策略。它具体包括两种方法：一种是对关联商品有目的地将消费者购买次数较少或对价格较为敏感的商品定价定得低些，而将消费者购买次数较多或对价格不太敏感的商品定价定得高些，以此来取得企业的整体利益；另一种是对既可单独使用又可配套使用的商品，可实行成套购买价格优惠或赠送配套小商品的策略，以此来刺激消费者购买。

（5）声望定价

对于名牌商品或名牌商店，消费者会产生信任感，企业可以利用这个优势，将商品价格定得略高于竞争企业的同类商品，消费者不会因此而减少购买，反而认为这是应该的、合理的。但是，这种定价策略只适用于著名企业和名牌产品的价格制定。例如，金利来领带，一上市就以优质、高价定位，对有质量问题的领带他们绝不上市销售，更不会降价处理。这会给消费者这样的信息，即金利来领带绝不会有质量问题，低价销售的金利来绝非真正的金利来产品，从而极好地维护了金利来的形象和地位。

（6）习惯性定价

某些商品需要经常、重复地购买，因此这类商品的价格在消费者的心理已经"定格"，成为一种习惯性的价格。许多商品尤其是家庭生活日常用品，在市场上已经形成了一个习惯价格。当消费者已经习惯于消费这类商品时，会愿意付出相应的代价，如买一块肥皂、一瓶洗涤灵等。对这些商品的定价，一般应依照习惯确定，不要随便改变价格，以免引起顾客的反感。

(7) 吉利数字定价

"8"与"发"虽毫不相干，但宁可信其有，不可信其无，满足消费者的心理需求总是对的。国外的市场调查发现，在生意兴隆的商场、超级市场中商品定价时所用的数字，按其使用的频率排序，依次是5、8、0、3、6、9、2、4、7、1。这种现象不是偶然出现的，究其根源是顾客消费心理的作用。带有弧形线条的数字，如5、8、0、3、6等似乎不带有刺激感，易为顾客所接受；而不带有弧形线条的数字，如1、7、4等比较而言就不大受欢迎。所以，在商场、超级市场的商品销售价格中，8、5等数字最常出现，而1、4、7出现次数则少得多。

在价格的数字应用上，应结合我国国情。很多人喜欢8这个数字，并认为它会给自己带来发财的好运；4这个数字，因为与"死"谐音，被人忌讳；7这个数字，人们一般感觉不舒心；6这个数字，因中国老百姓有六六大顺的说法，所以比较受欢迎。

【同步思考8-1】

问题： 日本有家"创意药房"，在将一瓶200元的补药以80元的超低价出售时，每天都有大批人涌进店中抢购。按说如此下去肯定赔本，但财务账目显示盈余逐月激增。为什么？这符合上述的哪种心理定价策略？

理解要点： 其原因就在于很少有人来店里只买一种药。人们看到补药便宜，就会联想到"其他药也一定便宜"。这是一种典型的招徕定价策略。

3）行为定价策略

行为定价来源于行为经济学。传统经济学认为消费者都是理性的，他们知道自己需要什么，但实际上消费者在消费过程中会简化消费行为，更多地利用价格参照，这其实是不理性的。把消费者不理性的现象运用到商业定价中，就是行为定价。所以，在行为定价中，不是只改变一个产品的价格，而是需要设定一种情境。例如，增加一个价格选择，消费者可能就会受到商家引导，选择价格相对较高的产品。

消费者对价格的感知，往往并不取决于理性计算，而是取决于购买过程中的心理感受。比如，第一种情况：消费者要买一个价格300元的闹钟，但有人告诉他，两公里以外另一个商场里，同样的产品只需要200元。第二种情况：消费者要买一台价格10 000元的笔记本电脑，两公里外另一个商场里有同样商品，只需9 900元。实验结果是：第一种情况下，大多数人愿意去另一家更远的商场购买；而第二种情况下，有少数人愿意去远处购买。以上两种情况节省的都是100元，如果消费者是理性算经济账应该采取同样的行动，但为什么会有这样的差异？分析发现：第一种情况下，100元相对于总价300元来说是个不小数字，价差33%；而第二种情况下，100元相对于10 000元来说微不足道，价差只有1%。由此可见，消费者对价格的感受与基础价格水平有关，消费者对价格变化的感受更多取决于价格变化的百分比，而不是变化的绝对值。

总之，行为定价策略是一个复杂的体系。要根据商家面临的问题和想要达到的目标进行综合性考虑，确定应该采用什么样的策略：是优化产品组合的价格，还是优化某一种产品的价格或者其他方式，来帮助商家提升产品销量和利润。

【经典实验 8-1】

我们能控制自己的决定吗？

美国的丹·艾瑞里曾做过一次著名的演讲：我们能控制自己的决定吗？演讲中谈到一则《经济学人》杂志订阅的定价案例：第一，电子订阅：59 美元；第二，纸质订阅：125 美元；第三，电子和纸质订阅：125 美元。

订阅电子和纸质杂志的价格和只订阅纸质杂志的价格一样，他们为什么如此定价？

为了弄明白这个问题，丹·艾瑞里做了一个小实验：他给 100 名麻省理工学院的学生提供了上述价格表，询问他们购买的选择。

当三个选项都在时，所有学生都选择了混合订阅；当去掉 125 美元的纸质订阅选项时，大多数学生选择了电子订阅。

这个实验说明中间选项并不是错误的、无用的，它给买家提供了一个参照，他们通过对比会发现混合订阅非常划算，从而刺激他们花更多的钱订阅杂志。可见，对于任何一个产品，买家对它的价值感知大都来自对比，相对的便宜比绝对的便宜更容易产生激发购买的诱惑力。

【教学互动 8-2】

互动问题：行为定价与差别定价是一回事吗？为什么？

互动要求：同"教学互动 1-1"的"互动要求"。

【同步业务 8-1】

业务要求：某企业新开发了一种以大学生为目标市场的平板电脑，请你为该企业做一个合适的定价策划。

业务分析：新产品定价策略一般包括撇脂定价策略、渗透定价策略和竞争定价策略。考虑到目前市场上的平板电脑种类已经很多，如果该企业规模不是很大，则应该首先考虑竞争定价策略。

业务程序：首先，竞争定价策略就是随行就市定价，所以先要了解目前市场上平板电脑的一般价格（可以通过网络查询）；其次，分析影响该平板电脑定价的因素；最后，根据上述的分析设计一个具体的定价方案。

8.3 促销组合与消费者行为

企业为了取得经营活动的成功，就要采取适当的方式促进产品的销售。所谓促销，就是企业通过与消费者的信息交流来引起他们的兴趣并说服他们使用其产品的活动。这是企业销售中的关键领域，也是试图介入消费者决策过程的最积极的一个领域。

促销主要有两类：人员促销和非人员促销。人员促销主要是指派出推销员进行推销活动；在非人员促销中，又分为广告、营业推广和公共关系等多种方式。所谓促销组合，就是指这几种方式的最佳选择和运用。

8.3.1 广告

商品广告作为联结企业和消费者之间关系的一条重要的纽带，其作用越来越大。可以说，在所有的促销工具中，它的影响面最广、渗透力最强。对消费者来说，大概每个人都不可避免地受到它的影响。

广告即广而告之，它是一种传播信息的方式。**商品广告**就是企业以付费的方式利用各种传播媒体向目标市场的公众传递商品或服务信息的经济活动。

【小资料8-1】
宜家把"时间本来就是金钱"变成了现实

由于大型卖场的零售模式，宜家门店通常位于地皮租金较低的郊区，但远离居民生活区的选址也相应增加了消费者购物的时间成本与精力成本。如何激励顾客不惜"长途跋涉"前来消费呢？近日，迪拜宜家发起了一场"时间兑换"的促销活动，与谷歌地图合作，为消费者在前往门店的路程中所耗时间赋予货币价值。

迪拜宜家内所有的商品都被贴上一张专门的"时间价格"标签，路程时长与产品售价成正比。例如，49分钟路程可以兑换一张边桌，近2小时的路程则能拥有一个书架，甚至2分钟的路程都能免费获得一个宜家购物袋。顾客只要在结算时出示谷歌地图的出行时长记录，就能换取等价"时间单位"的商品。"时间"成了宜家的通行货币，而宜家也形象地诠释了"时间就是金钱"这一智语。

相比折扣券、礼品卡等直接的促销工具，宜家的"时间货币"策略则更能迎合消费者的购前心理：顾客在权衡购物的各项预算时，宜家用基于时间的"等价交换"来减少顾客损失，弥补顾客最顾虑的时间成本，宜家门店位置的劣势从而也被巧妙地转化为新的销售刺激。

资料来源 TOPYS. 宜家：时间本来就是金钱［EB/OL］.［2020-04-16］. https：//www.360kuai.com/pc/97ca2c70467431250?cota=3&kuai_so=1&sign=360_57c3bbd1&refer_scene=so_1.

1）商品广告的心理功能

商品广告的心理功能指的是商品广告对消费者心理和行为的作用和影响。其具体表现在：

（1）传播功能

广告是一种十分有效的信息传播方式，无论对于已经成功的品牌（如可口可乐），还是对于刚刚面市的新产品（如一种高品质的儿童食品），通过广告宣传，对消费者都可以起到提醒、说服或通知的作用。

（2）诱导功能

随着现代传播媒体的普及和发展，人们每天都接触到各种类型的成百上千的广告。虽然广告难以改变消费者根深蒂固的价值观和态度，但是它可以将人们对某种产品的否定态度转变为肯定态度，从而影响消费者的购买决策并诱导新的消费需求。

（3）便利功能

通过各种媒体反复地传递某一商品信息，使消费者在众多的商品中可以用较少的时间收集或选择到适合自己需要的商品或信息。

（4）促销功能

广告作为一种重要的促销工具，它的最基本职能就是要有助于商品的销售。这也就是那么多企业不惜斥巨资来做广告的原因。比如，美国的宝洁公司和通用汽车公司每年都花费大量的资金用于做广告。

汉堡王：最"无用"的指路牌

背景与情境： 在我们的认知当中，一般的指路牌通常会告诉你附近的门店路线，但现在它们还可以告诉你附近没有门店。最近，汉堡王在法国小镇街头就竖起了这样一块块指路牌。

"左前方180米，没有我们的餐厅""前方过转盘后200米，没有我们的餐厅""地下三楼，没有我们的餐厅"，乍一看这样的指路牌滑稽、无用，不过你只需仔细查看就可发现，实际指路牌的重点是在宣传汉堡王的外卖服务，即"虽然附近没有餐厅，但是现在我们可以外送"。

在法国，汉堡王只有328家门店，因为数量较少，所以汉堡王就创意地将其转化为宣传外卖的卖点。同时，这次活动似乎也是对三年前麦当劳嘲讽的回应，当时麦当劳在法国小镇上立了两块指路牌，一块是前方5公里处就有麦当劳，另一块是你得"翻山越岭"258公里才能到达汉堡王。

资料来源　王卓慧. 汉堡王：最"无用"的指路牌［EB/OL］.［2020-01-15］. http: //www.113x.com/yingxiaoxue/99648.html.

问题： 请评析上述案例。

分析提示： 一直以来，汉堡王都是营销的高手，这次在指路牌上做文章，采用反常规的方式，利用了消费者的注意原理，让指路牌瞬间有了新意。如此大胆又极具创意的广告，不仅收割了消费者的广泛注意，而且在社交媒体平台上也实现了良好的传播效果。

2）广告诉求

广告诉求反映出人们购买某商品的原因。好的广告诉求通常能激发消费者的情感或反映消费者的需求。广告宣传可侧重一个或多个广告诉求，表8-1列举了几种可能的广告诉求。

表8-1 常见的广告诉求

利益	让消费者知道商品是否能使他们省钱、赚钱或不浪费钱
健康	吸引那些注意身体或期望健康的人
爱与浪漫	通常用于化妆品的广告中
消除恐惧	集中在社交尴尬、变老或失去健康方面，这种作用要求广告商在表述中运用关心的情感
羡慕与钦佩	这就是名人经常作为代言人被用于广告之中的原因
方便	通常用于宣传快餐店或超市
趣味与愉快	是做度假、啤酒、公园、游乐场等广告的关键
虚荣与自我	常用于宣传昂贵或引人注目的商品
对环境的关注和觉悟	围绕环境保护和为社区着想

资料来源　小兰姆，等. 营销学精要［M］. 杨洁，等译. 大连：东北财经大学出版社，2000.

成功的广告诉求应该做到以下三点：

（1）确定诉求对象

广告是商品促销的一个手段，它的目的十分明确，就是促进商品销售，广告的一切活动都应该围绕商品销售而展开。商品的目标市场在哪里，目标消费者是谁，广告的诉求对象就应该是谁，这是广告策划的首要问题。如果这一点没搞清楚，那么广告策划就成了无源之水、无本之木。

（2）找准广告诉求点

一个产品具有许多不同的属性，譬如家具，既能放置衣物，也能美化家居，有时还能垫脚攀高等，我们就应该分析这种产品最能满足目标消费者需求的是哪一方面的属性，进一步还要分析这种产品还有什么其他属性，目标消费者最关心的是什么。能够打动消费者心灵的才是我们要找的广告诉求点。

（3）确定诉求方式

这里首先要根据广告诉求对象的不同，采取不同的诉求方式。消费者的地域、民族不同，性别、年龄、职业不同等，他们的喜好、欣赏习惯会有很大差别，应该采取不同的诉求方式、语气。例如，对成人的广告诉求语气是"味道好极了"，对儿童的广告诉求语气则是"今天，你喝了没有？"确定了不同的诉求方式、语气后，还要用目标消费者喜闻乐见的形式来表现，如儿童喜欢卡通形象，成人喜欢小品、幽默，以这些形式来表现的广告对目标消费者就更有吸引力、更易于接受，就更能达到好的广告效果。

【职业素养8-1】

广州地铁的反腐倡廉广告

背景与情境：一直以来，地铁广告都深受广告主青睐。广州地铁的广告文案又火了一把。广州地铁猎德站的廉政广告，宣传图被设计成"廉记"菜单的样子，乍一看是餐饮广告，仔细一看才发现原来是反腐倡廉广告。廉洁的格言警句借助一系列广州特色美食呈献，让人眼前一亮。

岭南饮食文化源远流长，口味丰富的美食吸引着众多人前去打卡。广州地铁广告根据每道特色菜，延伸出为官做人的廉政之道。比如一盘廉记白切鸡的广告词：身世清白，切记廉洁。白切鸡谐音"切记"，用白切鸡的白，比喻从政清白，坚持本真。廉记萝卜糕：外受煎熬，内保本色。廉记海鲜：食在广州，腐不入食。廉记凉茶：降贪欲之火……

这些文案的巧妙之处在于，将广州美食的特征，巧妙地与廉洁品格关联，一语双关。让人一时分不清是讲廉政还是讲饮食。

此外还有各种民俗艺术，完美呼应廉政文化。比如地标特色篇选取了猎德牌坊、猎德炮台、李氏大宗祠等本土文化符号，深度探寻古村民俗与廉洁文化的契合点，达到宣传廉洁文化的目的。

将廉政宣传融入生活，更加有人情味，能塑造亲民形象，拉近和大众的距离。这些富有创意的反腐广告文案赢得了大家一致点赞。

资料来源　欧阳睿. 广州地铁的反腐倡廉广告，给人看饿了〔EB/OL〕.〔2024-02-06〕. https://www.cmovip.com/detail/36876.html. 经过改编.

问题：对于广州地铁的创意廉政文化广告，你怎么看？

价值引领：原本严肃正经的廉政宣传文案，通过结合岭南饮食文化和城市地标，不仅趣味十足，还更加生动形象。相比传统的喊口号式宣传，这种接地气的广告更能吸引行人目光，实现有效宣传。

8.3.2　营业推广

营业推广是通过提供信息引导顾客接近产品，并直接诱导其发生购买行为的活动。营业推广通常是刺激需求迅速增长的短期工具，它能起到暂时增加产品销售的目的。随着市场竞争的加剧，营业推广已经成为营销人员整体营销沟通方案的一个重要组成部分。而且，虽然电视广告是最有魅力的促销工具，但是越来越多的资金还是被用于营业推广。

1）消费者类型与营业推广目标

营业推广的主要目标是最终消费者、中间商等。因此，要根据目标消费者的普遍行为制订营业推广计划。比如，对于忠诚的顾客和竞争者的顾客，就应该使用不同的营业推广工具（见表8-2）。

表8-2　　　　　　　　　　消费者类型与营业推广目标

消费者类型	预期的结果	营业推广示例
忠诚的顾客 经常或一贯购买你的产品的顾客	强化这种行为，增加消费，改变购买的时间间隔	•加强顾客忠诚度的营销方案，如频繁购买者方案 •激励顾客积累奖励点数或提高购买奖励
竞争者的顾客 经常或一贯购买竞争者产品的顾客	削弱对竞争者的忠诚，说服顾客开始购买你的产品	•发送样品，说明你的产品质量比竞争者的好 •利用抽奖、竞赛等方式使顾客对产品产生兴趣
多品牌购买者 购买产品目录中各种产品的顾客	说服顾客经常购买你的品牌产品	•降低产品价格的任何促销方法，如优惠券、打折包装、奖励包装等 •比竞争者供货更及时
价格购买者 一贯购买最便宜品牌的顾客	用低价格吸引顾客或提供附加价值来弱化价格的重要性	•优惠券、打折包装、退货承诺、降低产品价格

2）营业推广的类型

营业推广的类型有很多，常见的方式包括优惠券、发送样品、奖励、频繁购买者方案、竞赛和抽奖等。

（1）优惠券

优惠券是送给消费者的一种购物券，使其在购买某种商品时可以获得价格减让的证明。优惠券可以直接邮寄给消费者，也可附在其他产品或广告中。优惠券是鼓励消费者试用产品和重复购买的一直比较有效的方式。

（2）发送样品

发送样品是通过向消费者赠送免费试用的样品，使其了解产品效果以争取扩大销售量。发送样品的主要原因是消费者通常认为购买新产品有一定的风险，很多人担心购买了他们不喜欢的东西或担心花了不少钱却没有得到相应的利益。样品可以通过向消费者直接邮寄、登门或其他产品包装中附带的方式进行发送。一般分量不必太大，否则成本太高，如可以用一两次的小包装的洗发精。

（3）奖励

奖励是作为购买某促销产品回报的额外奖赏，它能强化消费者的购买决策，增加消费，并说服不使用该产品的顾客改变品牌。比如，在消费者购买化妆品的时候，可以获得雨伞之类的奖励；购买银行服务的时候，可以得到手机或手表的奖励等。这种奖励也可以通过改变包装而直接让消费者受惠。例如，"高乐高"的"买500克送125克"，由于其加量不加价，因此受到了消费者的欢迎。

（4）频繁购买者方案

频繁购买者方案，是指对忠诚顾客的多次购买给予奖励。20世纪80年代中期，国外的很多航空公司通过频繁飞行者活动使这种营销方案受到欢迎，该活动的目的是从已经忠诚于某产品或企业的顾客身上获得更多的利益（与此同时，消费者也获得利益）。一项研究表明，如果企业每年能增加5%的顾客，利润将至少增加25%，而且仅提高消费者重购率的2%就可以使成本降低10%。

（5）竞赛和抽奖

竞赛和抽奖的目的就是吸引消费者对产品或服务的兴趣，有时也鼓励消费者改变购买的品牌。消费者竞赛可以有很多种形式，通常是让消费者回答有关产品的某些问题、写一篇文章或为某产品取名字等。抽奖或有奖销售的方式也很多，这主要取决于机会和运气。比如，有的商场在搞促销活动期间，凡是购买满多少金额就可以参加现场抽奖。有的商场更是别出心裁，打出的广告是"免费购物半小时"，即在当天的某半个小时内（这个时段是通过某种方式随机产生的），消费者根据购买商品的发票和电脑小票，可以得到商场的退款。

【同步思考8-2】

资料：美国弗吉尼亚科技大学的研究者曾经做过一个实验，他们准备出售iPod，现在有两个方案：一个方案是卖一台iPod；另一个方案是卖一台iPod的同时，赠送一首歌。结果发现，一般消费者愿意花108.41美元买一台iPod，奇怪的是，不愿意花86.16美元买一台iPod+一首歌（明明这个方案东西更多却让人感觉更不值钱）。

问题：这个现象说明了什么？你认为赠品应该怎样送？

理解要点：这个现象表明，商家提供的赠品越多，消费者对商品的估价越低，认为其越不值钱。当然其前提是商家赠送的是不痛不痒的赠品。赠品也应该注重质量且与自己的产品相关性高；或者送优惠券等能够提升复购率的东西；或者根据用户特点，实施差异化赠送。

8.3.3 人员推销

人员推销是推销人员与潜在的消费者之间直接地沟通和交流，力图在买卖交易中对彼此产生影响。 比如，通过讨价还价，买方希望物美价廉，而卖方希望获得收益和利润的最大化。

从某种意义上说，所有的商务人员都是推销人员。对一个企业来说，任何的经理、工程师甚至电话接线员，他在承担某种职责的同时，也是一个推销员。他不仅要为企业推销产品，也时时在"推销"他自己。比如，最早在应聘的时候他就把自己"推销"给该企业；为了得到提升，他还要把某些想法"推销"给同事、下级和上级；为了有利于企业和自己本身的发展，他还必须将自己及其思想"推销"给有业务关系或没有业务关系的那些人等。可见，"推销"一词是个含义比较广泛的概念。

某些传统意义上的消费品，如人寿保险、汽车和房产等是通过人员推销的。而对于肥皂这样的日用品，采用广告或营业推广的方式就比较好（见表8-3）。

表8-3　　　　　　　　　　　　人员推销与广告/营业推广的比较

以下情况中人员推销效果较好	以下情况中广告/营业推广效果较好
●产品价值高	●产品价值低
●是定制的产品	●是标准化产品
●顾客数量很少	●顾客数量很多
●产品技术复杂程度高	●产品容易被理解
●顾客分布集中	●顾客分布分散

此外，无论是通过面对面的拜访销售还是通过电话达成交易，传统的人员推销方式总是试图劝说消费者接受某一观点或采取某种行动。一旦发现消费者有被说动的迹象，推销人员就采用一系列技巧促使顾客进行购买。通常，推销人员的目标是以牺牲购买者的利益为代价的，产生一种仅有一方获利的结局。这也就是很多人并不太喜欢这种营销方式（尤其是上门推销）的原因之一。而现代的营销观点重视建立推销人员和购买者之间的长期、互利、合作的关系，即所谓的关系营销。这种营销方式采取的是"双赢"的策略，产生双方都获利的结局。

8.3.4　公共关系

公共关系，也称公众关系，英文原词是 Public Relations，简称PR。与其他的促销组合要素一样，公共关系也是市场营销的重要工具。具体地说，公共关系在评估公众的态度、识别可能引发公众关注的事件、执行可赢得公众理解和认可的方案等方面起着重要的作用。

很多企业把公共关系工作人员当成可有可无的，甚至干脆当成了"消防队员"，只有许多重要促销计划制订以后或者出现了问题时才想到他们。其实，公共关系有助于企业与消费者、新闻界、政府官员、股东及内部员工等进行沟通。利用公共关系，营销人员不但可以维护企业的良好形象，还可以让公众了解企业的近期和远期目标、介绍新产品及对销售活动提供支持。具体地说，公共关系的基本职能包括：

（1）塑造形象

企业形象是指社会公众（包括企业内部员工）对企业总的印象和评价，是企业内、外部公众长期感知和记忆而形成的对企业特色的反映。

塑造企业形象是公共关系的重要职能之一。公共关系人员要经常和长期开展形象塑造运动。所谓形象塑造运动，是指企业为确立其在社会公众中的形象而采取的一系列有计划、有声势的行动。企业形象主要通过企业的知名度和美誉度这两个指标表现出来。知名度是指社会公众对一个企业知道和了解的程度。美誉度是表示社会公众对企业信任和赞许的程度。把知名度和美誉度结合起来，就可以反映一个社会组织在社会公众心目中的大致形象。

（2）信息沟通与传播

公共关系活动的一项重要内容，就是通过双向沟通有效地实现社会组织与公众的信息交流，以促进双方的了解与合作。这种信息沟通与交流是利用各种传播媒介进行的。常用的传播媒介有新闻稿、广告、板报、演讲、记者招待会、刊物、视听材料等。

（3）协调关系

公共关系的一个重要功能就是可以使组织内部和外部的各方面因素相互协调，调动各方面的积极因素。公共关系人员的协调功能主要体现在内、外两大方面。首先，要协调好内部各种关系，包括协调领导与员工之间的关系和协调各部门之间的关系。其次，是协调好组织内部与外部各种关系，包括与新闻媒介的关系、与政府主管部门的关系、与所在社区的关系、与消费者的关系、与股东的关系及与竞争对手的关系等。

（4）危机管理

俗话说："天有不测风云。"在激烈的市场竞争条件下，对企业来说，突发事件和危机的发生在所难免。

所谓突发事件，是指给企业带来重大损失、给企业形象造成严重损害、影响企业公共关系的事件。例如，重大工伤事故、重大生产失误、火灾、食物中毒、产品质量问题、企业内部出现重大纠纷等。某些突发事件的发生会严重影响企业生产经营活动的正常进行，甚至对企业的生存构成威胁。企业为改变危机局面所采取的公关策略与措施称为危机管理。

对于企业出现的各种各样的突发事件，公关人员应及时、妥善地处理。从处理程序上来说，一般分为两大阶段：一是要掌握情况，公共关系人员首先要在目击者协助下查明事故的基本情况，如事故发生、发现的时间和地点、原因；事故的后果和影响，包括伤亡人数与程度、设施损坏的程度和范围、损失造成的社会影响等；事故的现状与发展情况、采取措施后的效果等。二是要采取对策，包括立即设立处理事故的专门机构，制定处理事故的基本方针；与上级主管部门取得联系，以取得他们的支持和帮助；把事故及对策告知员工，以使大家同心协力、共渡难关；接触、抚慰受害者，耐心听取受害者的意见和要求；要特别处理好与新闻媒介之间的关系，对新闻记者既要采取主动、合作的态度，又要在事实没有完全明了之前持谨慎的态度，最好在事先统一认识、统一口径，并由专人负责发布消息。

公共关系人员使用较多的促销工具或方法主要有：

（1）新产品宣传报道

为了推出企业的新产品或新服务，可以通过宣传报道来发表新闻消息或肯定的评价，以帮助企业解释新产品的新颖之处。把有新闻价值的信息通过新闻媒介进行传播，这种免费的促销手段不仅比广告节省开支，而且由于新闻报道的客观公正性，也比广告可信度高，最大限度地避开了"王婆卖瓜"之嫌。因此，营销人员应该多与新闻界的人交朋友。

（2）举办专题活动

企业可以借助、制造一些特殊事件来吸引消费者对新产品或企业其他事务的关注。

这包括新闻发布会、产品展览会、竞赛和比赛、获奖、周年纪念、为体育和文化事业提供赞助等。

（3）消费者教育

一般认为，受过教育的消费者是更好、更忠实的顾客。所谓消费者教育，实际上就是消费引导，它与一般的产品宣传不同。这种教育是从社会效益和经济效益的结合上、从产品生产直至经营过程上对消费者权益的尊重和负责。比如，通过举办免费讲座向消费者介绍有关产品的使用或保养方面的知识等。

（4）公众服务活动

企业通过为慈善事业做贡献可以提升公众的好感，或者通过赞助顾客赞许的事业来吸引公众的注意和偏好。国外很多大企业经常将销售额或利润的一定百分比捐给目标市场消费者支持的公益事业。

（5）互联网网站

作为公共关系工具的互联网网站是营销领域中的一个新事物。通过互联网网站进行企业的新闻发布、技术文献及产品信息的发表，有助于新闻界、消费者、行业分析家、股东及其他人了解企业的产品和服务。网站也是新产品构想、产品改进的公开论坛，并可以获得访问者的反馈信息。同时，网站可以为消费者提供常见的问题及答案，为顾客提供支持和满意的服务。

8.3.5 促销沟通的方式与目标

促销策略与沟通过程紧密相关，没有沟通的促销是不可想象的。因此，**促销沟通**指的就是促销领域的交流，以在某种程度上形成或改变消费者的行为和看法。

1）促销沟通的方式

促销沟通的最终任务就是使消费者产生购买行为。但对企业来说，由于产品处于生命周期的不同阶段，因此在整个促销过程中，与消费者进行沟通的方式也有所不同。为了实现企业的促销目标，促销沟通的方式通常有：

（1）通知式促销

通知式促销可以将消费者的现实需求转化为购买欲望或引发消费者对新产品的兴趣。这种促销方式一般适用于产品生命周期的投入期。因为在通常情况下，人们只有在了解了某种产品或服务及它们能给自己带来什么样的利益之后，才会决定是否购买该产品或服务。特别是对于购买像计算机这样复杂的技术产品，通知的信息就更为重要。

（2）说服式促销

当产品进入生命周期的成长期以后，说服式促销就成为主要的促销方式。因为这时的消费者对某类产品已经有了一定的了解，并知道该产品将如何满足需要。因此，促销的任务也就从通知消费者某种产品种类的存在转向说服消费者购买本企业的某种品牌的产品，而不购买竞争者的产品。在这种情况下，有关的促销信息应该强调产品真正的、可感觉到的差异化优势，这些差异化优势能吸引某些高层次上的需要，如爱、归属、自我实现等。

（3）提醒式促销

当产品进入生命周期的成熟期以后，应该采取提醒式促销来保持消费者心目中产品和品牌的形象。它假设目标市场的消费者已经被说服并认可了某种产品和服务的优点，它的目的仅仅是引发和保持消费者的记忆。

2）促销沟通的目标结构

营销人员必须通过促销沟通使消费者在心理和行为方面产生一系列的变化。这些变化按照顺序可以表现为不同的层次或水平。

（1）刺激消费者对某产品种类或产品形式的需求

在消费者做出购买某品牌产品的决定之前，他们必须认识到对产品种类或产品形式的需求。一般情况下，消费者是基于他们的需求及购物的态度和社会上别人认为他们应该买什么，才产生购买某种品牌产品的意图的。因此，营销人员需要创造关于购买和使用某种产品类别或形式的正面购买信念，来刺激消费者的某种需求。比如，对爱美的女士来说，过于肥胖的体形是难以容忍的。某些减肥健美药品或器材的广告，通过肯定产品的作用及可能给消费者带来的正面影响来刺激人们的需求。

（2）使消费者知晓某种品牌

促销沟通的基本目的就是建立品牌的知名度。通过创立品牌知名度，营销人员希望每当消费者产生某类需求时，在记忆中就会出现有关这一品牌的形象。广告、公关宣传、营业推广和人员推销等都有助于建立品牌知名度。

（3）使消费者产生肯定某种品牌的态度

知名度本身是一个中性词，因为无论是对一个人来说，还是对一个企业甚至一个品牌而言，既可以是"有口皆碑"，也可能是"臭名远扬"。因此，营销人员的任务就是使消费者产生肯定某种品牌的态度。具体地说，对一种新的或陌生的品牌，促销沟通的目的就是创造肯定的品牌态度；对一种已经流行的品牌，营销人员可以维持现存的品牌态度优势；对中性的或不大有利的品牌，营销人员应该通过某些促销活动来使消费者改善或改变现实的品牌态度。

（4）使消费者产生购买某种品牌产品的意图

使消费者形成某种品牌态度的目的，是提高消费者购买该品牌产品的可能性，即产生购买某品牌产品的意图。营销人员应该弄清楚的是，消费者不一定在有关品牌的广告信息一出现时就立刻形成购买意图。只有消费者产生了某类需求并在市场上积极寻购这种产品时，才有可能在一个广告宣传某种品牌时，形成品牌购买意图。

（5）使消费者产生完成购买某种品牌产品的各种行为

电子商务的繁荣，使得消费者足不出户就可以完成购买行为，但在大多数情况下，消费者的购买行为还是在商店里完成的。因此，营销人员可以通过各种促销因素及其有效的组合，使消费者产生实际的购买行为，而不仅仅是停留在具有肯定的态度或产生购买意图上。比如，很多消费者是在逛商场的时候发现某品牌的产品并产生购买行为的，特别是那些不太昂贵的商品（如糖果）往往使消费者产生冲动购买行为（环境暗示引起的购买行为）。有调查显示，大约85%的糖果、83%的快餐、45%的软饮料都是在商店里基于冲动购买的。

当然，并不是所有的促销战略都旨在使消费者产生实际的购买行为，因为消费者有时必须完成几个其他行为，才能完成一次品牌采购。而且像公共关系这样的促销手段，主要是希望在消费者心目中树立一种良好的品牌形象，而不在意消费者是否立刻产生购买行为。

■ **本章概要**

□ 内容提要

● 本章主要分析了商品名称、商标、商品包装、价格和促销组合对消费者心理和行为的影响。

● 商品名称就是企业为产品取的名字，是运用语言文字对商品的主要特性概括反映的称号。常见的商品命名的方法有根据商品的效用命名、根据商品的主要成分命名、根据商品的产地命名、根据人名命名、根据外文译音命名。商品命名的原则有：商品的名称首先要简单、易记忆，激发兴趣；商品的名称要与商品本身的特性或基本效用相符合；商品的名称要有较强的传播力和较强的亲和力；商品名称要启发消费者联想。

● 商标就是商品的标记，是对一个品牌或品牌的一部分的专用权，其他人未经允许不得使用。商标的心理功能主要表现在：保护功能、识别功能、促销功能、标准统一功能。商标设计的心理策略有：所设计的商标要容易记忆和辨认；商标的图案要别致、有个性并能引起人们的联想；商标与产品本身的性质应该和谐统一；商标的设计应避免引起法律纠纷。

● 商品包装是指用于盛装、裹束、保护商品的容器或包扎物，以及用于装饰商品的装饰物。商品包装的心理功能主要有便利功能、展示功能、美化功能、刺激与促销功能。商品包装的心理策略主要有：便利包装、习惯包装、多用途包装、附赠品包装、错觉包装等。

● 商品价格的心理功能有：衡量商品价值的功能；调节消费需求的功能；自我意识比拟的功能。商品的心理定价策略有招徕定价、尾数定价、整数定价、组合定价、声望定价、习惯性定价、吉利数字定价。

● 商品广告就是企业以付费的方式利用各种传播媒体向目标市场的公众传递商品或服务信息的经济活动。商品广告的心理功能有：传播功能、诱导功能、便利功能、促销功能。

● 营业推广是通过提供信息引导顾客接近产品，并直接诱导其发生购买行为的活动。营业推广的类型有很多，常见的方式包括优惠券、打折销售、免费试用样品、买一赠一、有奖销售、返款、现场操作演示等。

● 人员推销是推销人员与潜在的消费者之间进行直接沟通和交流，力图在买卖交易中对彼此产生影响。

● 公共关系就是企业与其公众之间的关系。公共关系的基本职能包括塑造形象、信息沟通与传播、协调关系、危机管理。

● 促销沟通的目标结构包括：刺激消费者对某产品种类或产品形式的需求；使消费者知晓某种品牌；使消费者产生肯定某种品牌的态度；使消费者产生购买某种品牌产品的意图；使消费者产生完成购买某种品牌产品的各种行为。

□ 主要概念

商品名称　商标　包装　消费需求弹性　商品广告　广告诉求　营业推广　人员推销　促销沟通

□ 重点实务

商品名称与消费者行为　商标与消费者行为　商品包装与消费者行为　价格与消费者行为　促销组合与消费者行为

■ 基本训练

□ 知识训练

▲ 简答题

(1) 商标设计的心理策略有哪些?

(2) 商品命名的原则是什么?

(3) 影响消费者价格心理的因素有哪些?

(4) 促销沟通的目标结构是什么?

(5) 商品的心理定价策略有哪些?

(6) 商品广告的心理功能有哪些?

(7) 公共关系的基本职能有哪些?

▲ 填空题

(1) 商品广告就是企业以（　　　）的方式利用各种传播媒体向目标市场的公众传递商品或服务信息的经济活动。

(2) 商品广告的心理功能有传播功能、诱导功能、（　　　）、（　　　）。

(3) 商品包装的心理功能主要有便利功能、展示功能、（　　　）、（　　　）。

(4) "衣领净"是根据商品的（　　　）命名的。

(5) "一分钱，一分货"指的是商品价格的（　　　）功能。

▲ 单项选择题

(1) 在多品种商品经营的企业中，有时将某些商品价格定得很低，从而带动其他商品的销售。这种定价方法是（　　　）。

A.分级定价　　　　　　　B.声望定价　　　　　　　C.招徕定价

D.习惯性定价　　　　　　E.错觉定价

(2)（　　　）策略是制定相对较低的价格以便进入大众市场，然后再慢慢地提高价位。

A.撇脂定价　　　B.渗透定价　　　C.竞争定价　　　D.习惯性定价

▲ 多项选择题

(1) 商品包装的心理策略主要有（　　　）。

A.便利包装　　　　　　　B.习惯包装　　　　　　　C.招徕包装

D.多用途包装　　　　　　E.附赠品包装　　　　　　F.错觉包装

(2) 公共关系的基本职能有（　　　）。

A.塑造形象　　　　　　　B.信息传播与沟通　　　　C.促销功能

D.协调关系　　　　　　　E.危机管理

上门推销是最常见的推销形式，可以针对顾客的需要提供有效的服务，方便顾客。它是由推销人员携带产品样品、说明书和订单等走访顾客，推销产品。假设你是某保险公司的推销员，为公司推销某款新的保险产品。

（1）你打算通过什么方法寻找你的目标顾客（即如何收集信息）？

（2）你打算怎样劝说并打动你的目标顾客？请利用本书介绍的营业推广知识。

□ 能力训练

▲ 案例分析

【训练项目】

案例分析—VIII。

【相关案例】

全球最抠门的商场，一年卖了 1 000 亿

背景与情境：迪卡侬被称为体育界的"宜家"。2016 年，实体零售被电商逼入萧条，这个品牌却在全球新增了 164 个门店，还首次实现营收突破 100 亿欧元。2020 年，在多数同类品牌大受折损的情况下，迪卡侬却实现了全球零售销售额 144 亿欧元，净利润达 5.5 亿欧元。

迪卡侬广告费用只占营业额的 1%，少到几乎可以忽略不计。对消费者而言，其最直接的抠门体现在包装节省上。包装的重要性不言而喻，除传达商品文化、彰显品牌价值外，它在销售过程中可能还承担着品牌溢价的作用。为此，不乏有品牌花费精力在打造包装上，以提高商品价格。迪卡侬不仅许多商品没有外包装，就连鞋子的鞋盒都省了。他们认为，摒弃华而不实的外包装可以最大限度节约成本，让利给消费者。

迪卡侬可以低价营销的另一个原因是以自有品牌销售为主。1986 年迪卡侬成立了"迪卡侬制造公司"，开始设计和生产自有品牌的产品。今天，迪卡侬的卖场里，超 96% 的商品属于自有品牌。这一切得益于其背后完整的全产业链。这种全产业链布局模式和宜家相似。这种完整的产业链，不仅少了中间商赚差价，有效进行成本控制，确保商品低价销售，还能保证产品研发主动权以及品质把控。

纵观国内外，凭借低价竞争成功的企业不在少数：小米、宜家、Costco、戴尔等都是典型的低价知名品牌，而低价也不乏被作为初期进军市场的一把利剑。

但低价真的是行业竞争的出路吗？近两年，迪卡侬多次因质量问题被爆。2021 年 9 月，迪卡侬（上海）体育用品有限公司再次被处罚。在这之前，该公司多次因生产者、销售者在产品中掺杂、掺假，以假充真，以次充好，或者以不合格产品冒充合格产品等原因被罚。2022 年 1 月，《中国消费者报》报道，在北京市消费者协会发布的 2021 年运动鞋比较试验报告中，迪卡侬的运动休闲鞋不符合标准要求。

当初因低价备受青睐的迪卡侬，如今正因产品质量和品类减少被吐槽。同时，作为主打低阶入门级的运动卖场，迪卡侬可能还面临消费者流失的问题。毕竟，大众消费者从"不懂"到"懂"，从"凑合能用"到"想要更好"，这个过程快得让人猝不及防。

资料来源 深氪新消费. 全球最抠门的商场，一年卖了 1 000 亿 [EB/OL]. [2022-04-08]. https://www.jiemian.com/article/7299175.html.

问题：

（1）你如何看待迪卡侬的低价策略？

（2）对迪卡侬如今面临的现状，你会提出什么样的建议？

【训练要求】

同第 1 章"基本训练"之本题型的"训练要求"。

▲ 实训操练

【训练项目】

基于"人员推销"的"十一"黄金周大学生旅游促销活动。

【训练步骤】

（1）将班级学生分成若干团队，每组确定一人负责。

（2）各团队学生根据本章所学的相关内容制订一份人员促销方案。

（3）各团队学生结合操练项目，进行顾客与旅行社营销服务人员的角色分工与协作。

（4）各团队学生以本章"人员推销及促销组合中各要素的比较"实务教学内容为业务规范，进入角色，体验本项目模拟实训的全过程。

（5）各团队学生交换角色分工，再次体验本项目模拟实训的全过程。

（6）各团队学生记录本次模拟实训的情境与步骤，总结实训操练的成功经验、存在的问题及解决的办法，在此基础上撰写《"基于人员推销的'十一'黄金周大学生旅游促销活动"实训报告》。

（7）在班级讨论交流、相互点评与修订各团队的《"基于人员推销的'十一'黄金周大学生旅游促销活动"实训报告》。

（8）在校园网的本课程平台上展出经过修订并附有教师点评的各团队《"基于人员推销的'十一'黄金周大学生旅游促销活动"实训报告》，供同学们相互借鉴。

□ 职业素养

【训练项目】

职业素养—Ⅷ。

【相关案例】

胖东来，真诚得人心

背景与情境： 商超界的顶流胖东来又冲上了热搜，虽然是始于负面舆情，却被胖东来的操作迅速扭转舆论，以正面口碑结尾，给同行上了一次教科书级的公关课。

相比有招有势的公关技巧，"无招无势"的真诚永远更得人心。

事实上，不只是对负面舆情的处理，在电商、O2O 当道，线下商超对前路忧心忡忡的今天，胖东来的存在无疑给行业服下了一颗定心丸，并在供应链、服务、管理上打出了很好的样板。

事实上，和海底捞一样，胖东来很大程度上也是在卖服务。很多消费者愿意去胖东来消费的一大原因，就是其极致的服务体验。在小红书上，越来越多消费者晒出其在胖东来的各种体验。

之前网上出现了一个"胖东来一件羽绒服仅赚了 3 毛钱？"的帖子，对此，胖东来也迅速做出回应。经核实，视频中涉及的商品确为胖东来新乡生活广场店所售商品，品名为"爱妍色鹅绒服"，物价签为黄色，标示进货价 498.7 元，售价 499 元（毛利率

· 224 ·

0.06%），利润 0.3 元。新乡生活广场店销售的"爱妍色鹅绒服"为季末断码商品，因此商场针对该款产品低毛利销售。

虽然是促销产品，但仍能看出胖东来存在很多低毛利产品。那么，胖东来靠什么赚钱？这就是曾让业内津津乐道的胖东来"四方联采"的"团购"模式，即和信阳西亚、南阳万德隆、洛阳大张等三家零售企业组成商业联盟，集合四家企业的订单需求，组团采购，很多商品的采购价格同比下降了很多。如今，四方联采虽然已经完成历史使命，但凭借胖东来巨大的销售量和超高的周转率，在采购时依然保持着很强的议价能力。

此外，重基建的自营模式也是胖东来盈利利器之一。由于建立了自营品牌体系，胖东来生鲜熟食基本上达到了 60% 以上的自采率，将来这个部分会达到 80%，采购的成本将进一步降低。

资料来源　番茄酱．胖东来，正在为电商平台"打样"［EB/OL］．［2024-02-26］．https://www.163.com/dy/article/IRSS4TCR053179DO.html?spss=dy_author.经过改编．

问题：结合本章的知识点，从职业素养的角度评析上述案例。

【训练要求】

同第 1 章"基本训练"之本题型的"训练要求"。

第  章

营销因素与消费者行为（下）

- ◆ 学习目标
- 9.1 服务市场中的消费者行为
- 9.2 消费者网上购物行为
- ◆ 本章概要
- ◆ 基本训练
- ◆ 能力训练
- ◆ 职业素养

◆ **学习目标**

通过本章的学习，你应该达到以下目标：

职业知识　学习和把握"营销因素与消费者行为（下）"的相关概念，服务的特点，营业员与顾客的心理沟通，服务市场的消费者行为特征，服务失败、顾客抱怨与服务补救，网络营销的特点与推广方式，消费者的网站依恋，网络购物的发展趋势，以及"同步业务"、"经典实验"、"小资料"和二维码链接等理论与实务知识；能用其指导本章"同步思考"、"教学互动"和"知识训练"中各题型的认知活动，正确解答相关问题。

职业能力　运用本章知识研究相关案例，训练对其特定情境下当事者行为的多元表征能力；通过收集、整理与综合"消费者网上购物行为"的前沿知识，并依照文献综述规范撰写、讨论与交流《"消费者网上购物行为"最新文献综述》，培养"营销因素与消费者行为"中"自主学习"、"团队协作"和"与人交流"等通用能力。

职业素养　结合本章教学内容，依照相关规范，对"职业素养9-1"和"职业素养—Ⅸ"进行职业素养研判，激发与"拼多多让利消费者""淘宝的品牌公益传播"等议题相关的价值思考，借以弘扬正能量，促进健全职业人格的塑造。

能给人们带来惊喜的蛋糕店

背景与情境： 靠卖蛋糕，短短三年时间，年营业额就达到了 8 亿元，入驻全国 20 多个城市，单个城市年营业额超过 3 000 万元。这家名叫"熊猫不走"的蛋糕店，打着卖蛋糕的名义，做着策划、服务的事情，还赢得口碑、收入的双丰收。

按照常规的理解，人们过生日的时候去烘焙店买蛋糕，就是纯粹的买蛋糕。而"熊猫不走"能让你对买蛋糕这件事情有不一样的体验。当你在网上订完蛋糕以后，服务人员不仅会免费送上门，还会身穿熊猫服，到你的家中、公司、餐厅、户外等你指定的场所为你或你朋友唱歌、跳舞、变魔术，而且上门为你唱歌跳舞是"熊猫不走"提供的标准化服务。如果你有其他需求，也可以提前和"熊猫不走"的平台沟通。如果你自己没有特别好的想法，你可以把客户的一些信息提供给平台，他们会帮助你来进行策划。目前，"熊猫不走"已经储备了 100 多个不同的用户体验方式，可以针对老人、孩子等提供适合的惊喜服务，客户惊喜团队每天做的事情就是想法子给用户创造惊喜，把想法落地实施，并标准化的同步到各个城市的服务团队。

以往过生日就是吹蜡烛，对普通人来说，想把生日过的有氛围是一件有难度的事情，其实过生日、做活动是需要专业性的。而"熊猫不走"不仅给庆祝活动带来不一样的体验，最重要的是带动了参与者，它扮演的是主持人、调动氛围的角色。把专业的事情、尴尬的事情、难以言表的一些话交给第三方来做了，从而把活动的氛围推向高潮。

如何让用户记住，还能激发他们去传播分享呢？当然是服务的差异化。"熊猫不走"把一次简单的蛋糕配送，变成了用户的社交货币。不管是参与者，还是在餐厅、公司、家中的旁观者，很多人都会拿起手机去拍照分享。所以，无论是朋友圈、抖音还是小红书，大家都可以看到很多用户自发宣传、种草的内容。比如，在小红书上，关于"熊猫不走"的笔记就超过了 3 万，而在抖音上也有官方的账号以及用户自发的内容。相关数据显示，仅有 30% 的用户是从平台下单的，70% 的用户是通过各种内容渠道在公众号、小程序下单的，而且已经下单的用户还会多次复购。

所以，看似一件简单的蛋糕配送，却让"熊猫不走"做出了产品、服务的差异化。与其说"熊猫不走"是一家蛋糕公司，不如说它是一家服务公司、策划公司、惊喜公司。

资料来源　经典商业模式. 一家不正经的蛋糕店靠卖服务，一年成交 8 亿［EB/OL］.［2021-12-02］. https://www.shichangbu.com/know_info/60581.html.

上述案例中，"熊猫不走"蛋糕店成功的原因除了恰当的服务差异化、服务定制标准化、服务场景多样化以外，同样重要的就是采用了互联网思维进行营销。比如，利用互联网平台进行社交化的传播。本章将介绍服务市场和网络市场中的消费者行为。

9.1 服务市场中的消费者行为

在市场经济条件下，企业的营销环境发生了巨大的变化：高科技广泛应用、信息高速流动、产品硬件标准趋同；公平有序的市场竞争环境逐渐形成；商品的品种、质量和价格大体相当；利润已低到接近成本等。所有这一切使得价格竞争达到极限。因此，在新形势下，谁能为顾客提供优质服务，谁就能赢得顾客，赢得市场。

9.1.1　服务的含义与特点

大多数人都认为"产品"一词只意味着有形产品，然而服务也同样是产品，只不过它是无形的。由于购买有形产品时要伴随某些辅助性服务（如安装），在购买服务时通常也包括辅助产品（如餐厅的食物），因此对产品和服务加以严格区分是困难的，而且每次购买也都会包含不同比例的产品和服务。一般来说，对产品和服务的区分主要是从有形和无形这一点出发的。

1）服务的含义

服务是指无形的并且不发生实物所有权转移的交易活动。这一定义表明，与有形产品相比，服务首先是一种交易活动，或者说，服务的目的就是交易。离开交易，就不称其为服务。服务的本质或者说与有形产品的区别就在于它的无形性，而且它与所有权没有关系，那么消费者从这种交易中得到了什么呢？具体地说，消费者得到了显性和隐性的利益。消费者花钱购买的就是这种利益。

2）服务的特点

与有形产品相比，服务具有以下特性：

（1）服务的无形性

如前所述，服务具有非实体性，即服务的本质是抽象的、无形的。因此，服务的创新没有专利。为了从新的服务中获得效益，企业必须快速扩张，阻止其他竞争者。但这也给消费者带来了问题，因为消费者在购买有形产品时可以在购买前观察、触摸和测试产品；而对于服务，消费者必须依赖服务企业的声誉，或者只能在消费完以后才能体验得到。因此，消费者常常是在购买一个承诺，或者说消费者只能依赖企业的声誉来决定购买行为。在服务行业，企业的信誉就显得尤为重要。服务提供者提供特定的也许会出现、也许不会出现的利益，而当服务没有达到期望时，消费者得到赔偿的可能性很小。

（2）服务的不可分性

有形产品是先生产，再销售，最后消费，而服务的生产、销售和消费却是同时进行的。换句话说，它们的生产和消费是不可分割的活动，因此服务不能贮存。这就使得服务业不能像制造业那样依靠存货来缓冲或适应需求变化。另外，在制造过程中，存货还可以用来分离生产工序，而对服务业来说，这种分离是通过顾客等候实现的。

不可分性还意味着服务通常不能像有形产品那样在某一地点集中生产，而是在各地分散消费。因此，企业提供的服务质量取决于其员工的质量。这就是为什么服务企业的经理要像了解员工的表现一样了解他们的态度。服务企业的员工一旦对企业产生不满，就会给企业带来无法弥补的损失，因为员工是企业与消费者唯一的接触媒介。

（3）服务的易消失性

服务是易消失性商品。例如，飞机上的空座位、旅馆里的空房间，或是餐馆在一天里有一小时没有客人，在这些情况下，都发生了机会损失。由于服务不能贮存，如果没有使用，就将永远消失。

（4）服务的易变性

因为服务是由人来实施的，所以服务具有高度可变性。不同的人或者同一个人在不同的时间里所提供的服务不可能完全一样。比如，同一个医生在不同的时间给不同的病人施行同样的手术，由于其当时的精力或心理状态的不同，其结果可能就不一样。如果说有形产品的生产可以控制，从而使不合格的产品不流向消费者，那么服务产品由于是员工直接面对消费者，是企业和顾客唯一的接触媒介，控制不良服务的发生就非常困难，通常管理者只能充当事后诸葛亮或救火队员的角色。由于对服务过程难以进行有效控制，而事后救火又于事无补，因此从管理角度进行的事先控制是必需的。万豪酒店的创始人J.威拉德·玛里奥特（J.Willard Marriott）曾说过："在服务业，没有满意的员工，就不会有满意的顾客。"只有提高培训质量和真正关心员工福利，组织目标才能实现。

【同步思考9-1】

　　问题：与购买有形产品相比，购买服务可能面临更大的风险。这主要是由服务的哪些特点造成的？

　　理解要点：主要是由服务的无形性和易变性造成的。

9.1.2　营业员与顾客的心理沟通

　　营业员的柜台销售工作，是零售企业市场营销活动的关键环节。在与顾客的交往中，营业员的心理品质、交际技巧与服务态度等会直接影响到他与顾客的心理沟通效果，进而影响顾客对商店总体服务质量的心理感受和评价。

　　无论多么伟大的思想，如果不传递给其他人并被他人所理解，都是没有意义的。所以，对任何一个社会来说，成员之间必须进行沟通；否则，社会组织就无法有效运行。这里所说的沟通，指的是成员之间的信息交流。**营销沟通**是指在企业的营销活动中，营销人员和消费者之间的信息交流。

1）营销沟通过程

　　营销沟通发生之前，在信息源（发送者）方面必须存在一个意图，即把要被传递的信息发送到接收者那里。信息首先被编码（转化为信号形式），然后通过媒介物（传播渠道）传送给接收者，由接收者将收到的信号转译回来（解码）。这样信息的意义就从一个人那里传给了另一个人。图9-1描述了营销沟通过程。

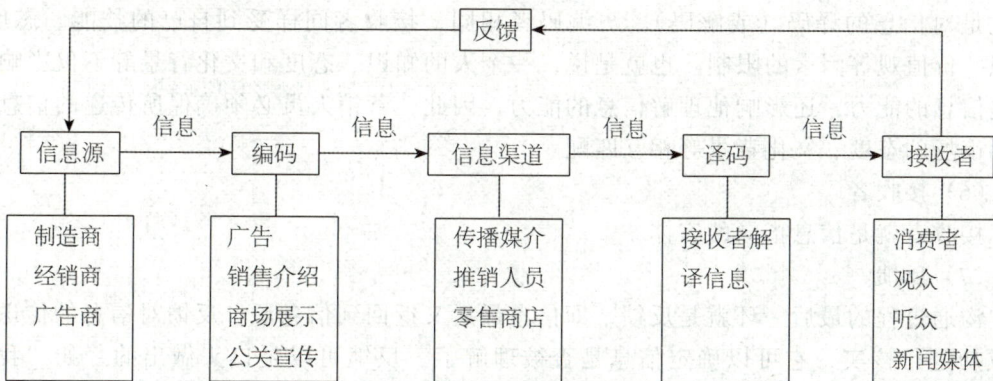

图9-1　营销沟通过程模型

资料来源　小兰姆，等.营销学精要［M］.杨洁，等译.大连：东北财经大学出版社，2000：455.（引文有改动）

　　从图9-1中可以看到，营销沟通过程包括七个部分：

（1）信息

信息就是经过信息源编码的东西。比如，当我们说话的时候，说的话是信息；当我们写字的时候，写出的内容是信息；当我们绘画的时候，图画是信息；当企业做广告的时候，有关产品的形象、文字说明、背景音乐等就是信息。没有信息的沟通是不存在的。信息受到三个因素的影响：用于传递信息的编码或信号群、信息本身的内容、人们对编码和内容的选择与安排。

（2）信息源

信息源也称发送者或发信者，是指沟通过程中信息的发起人。在面对面的人际沟通中，信息源可以是同事、朋友，也可以是营业员、推销员；在大众沟通中，如通过广告和新闻发布来向外传递信息时，发送者则是企业本身或新闻机构。

（3）编码

编码就是将发送者的构想和意向转换成信息，通常采用文字和标记的形式。编码的目的就是要设计出易于接收者理解的有关信息的含义，即发送者如何成功地把信息传递给接收者。影响这一过程的因素很多，包括技能、态度、知识及信念和价值观等。例如，技能可以影响信息传递的质量。教科书的作者如果缺乏必要的技能，就很难用理想的方式把信息传递给学生。同时，成功的沟通要求一个人具备听、说、读及逻辑推理技能。再比如，沟通活动还受到人们在某一具体问题上所掌握的知识范围的限制，即人们无法传递自己不知道的东西；反过来，如果某人的知识极为广博，则接收者又可能不理解他的信息。

（4）信息渠道

信息渠道是指传递信息的媒介物。传递信息的媒介物很多，包括各种媒体、零售商店、当地新闻等。在人与人之间面对面的沟通中，人体本身也可以作为信息渠道（因为面部表情或姿势动作可以传递人们高兴、接受、厌烦等信息）。

（5）译码

信息在被接收之前，接收者必须先将信息渠道中加载的信息翻译成其理解的形式，这就是对信息的译码（或解码）。与编码者相同，接收者同样受到自己的技能、态度、知识、价值观等因素的限制。也就是说，一个人的知识、态度和文化背景等不仅影响他传递信息的能力，还影响他理解信息的能力。因此，营销人员必须确保所传递的信息与目标市场的态度、文化背景等相互匹配。

（6）接收者

接收者就是信息指向的客体。

（7）反馈

沟通过程的最后一环就是反馈，即信息最后又返回到信息源。反馈对信息的传送是否成功进行核实，它可以确定信息是否被理解了。反馈可以是口头做出的，如"我同意"；也可以是非语言的表情动作，如点头、打手势、皱眉等。

【同步案例9-1】

沟通过程中的信息失真

背景与情境：某公司新近研制了一种含有真正柠檬汁的餐具洗涤剂，命名为阳光。在寄发的样品包装上清楚地标明了阳光牌是家用洗涤产品。然而，很多消费者一看到

"阳光"的字样、大幅的柠檬图片和含有"真正的柠檬汁"的语句，就想当然地把它当成了柠檬饮料，结果影响了公司产品的推广和销售。

问题：试从营销沟通的角度分析其失败原因。

分析提示：沟通过程模型中的大部分因素都有造成信息失真的潜在可能性，并因此使沟通目标受到冲击。在本案例中，该公司的失误主要是：由于信息的选择不当及消费者的注意广度、译码的认真程度等造成了消费者的错误理解。

2）营销沟通方式

在营销活动中，营业员与顾客之间经常不断地进行各种各样的信息交流。这种沟通方式主要有两种：言语沟通与非言语沟通。

（1）言语沟通

营销人员在与顾客进行言语沟通时要遵守以下原则：

●要选择准确表达思想内容的语句。选用合适的语句，准确、恰当地表达自己的思想是与顾客进行顺利交往的首要一环。言不在多，达意则灵。交谈时要慎重地斟酌措辞，不要造成歧义，使顾客误解。

●言语交往要符合特定的交往环境。言语交往都是在特定的交往环境中进行的。一般包括谈话的对象、时间、地点、场合、心理情绪等。讲话的语言要适应不同对象的特点，首先要弄清顾客的年龄、身份、职业、文化修养等条件，针对不同的对象，交谈不同的内容，采用不同的语言形式。比如，与年长的人讲话，要用尊重的口气；与年轻的人讲话，要用真诚、亲切的口气。

（2）非言语沟通

非言语沟通是人们通过使用不属于言语的方式来沟通感情、交流信息的过程，通常包括身体动作、面部表情、穿着打扮、交往距离等内容，一般称为身体语言。

非言语沟通有很重要的作用。有人估计，在两个人的交往过程中，大约有65%的"含义"是通过非言语的方式传递的。美国社会心理学家艾伯特·梅拉比认为：信息的全部表达=55%的表情+38%的声音+7%的言语。不管这些看法是否完全正确，都说明了身体语言在社会交往中的作用。尤其在某些特定场合，如在那种不便说话、不愿说话或言语不通的场合，身体语言有直接的表意作用，人的思想、感情等也会从体态中反映出来。在营销服务中身体语言的内容主要包括：

①面部表情。

面部表情是人们思想感情的流露，有时可起到言语所起不到的作用。面部的眼睛、眉毛、鼻子、嘴、脸颊肌肉，都是传达感情的工具。比如，人生气时会拉长了脸，肌肉下沉；人高兴时会"喜笑颜开"，肌肉松弛；人惊异时张嘴，愤怒时闭嘴，蔑视时撇嘴，不高兴时噘嘴等。

人们常说："眼睛是心灵的窗户。"眼睛与有声言语协调，可以表达千变万化的思想感情。眼睛凝视时间的长短、眼睑睁开的大小、瞳孔放大的程度和眼睛的其他一些变化，都能传递最微妙的信息。一般来讲，每一种目光都有其特定含义。比如，视线频频乱转，给人的印象是心不在焉；视线向上，表示沉思高傲；视线向下，表示害羞、胆怯、悔恨等。在营销活动中，欲达到最佳的交际效果，就要学会巧妙地运用目光。比如，要给顾客一种亲切感，你就应让眼睛闪现热情而诚恳的光芒；要给顾客一种稳重感，你就应送出平静而诚挚的目光；要给顾客一种幽默感，你就应闪现一种俏皮而亲切的眼光。自然得体的眼神是语言表达的得力助手。

另外，在面部表情中，微笑起着很大的作用，它能给顾客以亲切与甜美的感受。服务业为什么提倡微笑服务呢？

首先，微笑可以帮助人镇定。当你第一次踏入社交场合，或第一次与客人交往时，不免会感到羞怯与局促，微笑可以帮你摆脱窘境。

其次，微笑可以提供思考的时间。有时碰到顾客向你提出请求或要求，而顾客的请求由于种种原因不好满足，若板起脸来拒绝，往往会使顾客产生反感，不易接受。如果先示以微笑，就能为自己赢得思考时间，找到恰当的话题，不伤和气地解决问题。

最后，微笑是信赖之本。微笑是一个人对他人态度诚恳的一种表现，它能给人以亲切、友好的感受。在营销活动中，营业员若能以微笑面对顾客，必将消除顾客的陌生感、恐惧心，使顾客产生"宾至如归"之感。

微笑的妙用还不仅仅包括以上几点，微笑是美的象征，是自信的表现，是有礼貌的表示，是心理健康的标志。服务人员须使用微笑性的表情语，配以服务的文明用语，使无声语言与有声语言相得益彰。

②身姿动态。

人的动作与姿势是人的思想感情和文化修养的外在体现，也反映着对他人的态度。

手势是言语交往的辅助手段。手势有情绪性的，如恼怒时握拳、恐惧时掩鼻等；有指示性的，如招手示意人过来、挥手示意人走开等；有描述性的，如可以用手比画东西的大小、方圆等。另外，站着与顾客交谈，身体要正对着顾客，腰要挺直，两腿不要抖动。

③服饰和妆容。

人的服饰、发型、化妆、饰物等，可以反映一个人的身份、地位、性格、爱好等。由于营销服务工作的特殊性，营业员一般统一穿着工作装，而不宜穿戴得过于高贵、华丽，这既表明了自己的服务人员身份，也表明了对顾客的尊重。

④空间距离。

人与人之间存在一条看不见却实际存在的界限，这就是个人领域的意识。每个人都需要有属于自己的空间，并维护它，使之不受侵犯。在个体空间内，人会产生安全感、舒适感和自由感。当然，个体空间具有伸缩性，不同的人需要的个体空间的范围也不同，这与人们的心理、文化、地位及人与人之间的关系等因素有关。

一般而言，交往双方的人际关系以及所处情境决定着相互间自我空间的范围。美国人类学家爱德华·霍尔博士划分了四种距离或区域，各种距离都与对方的关系相称。

●亲密距离。这是人际交往中的最小间隔或几乎无间隔，即我们常说的"亲密无间"，其近范围为6英寸（约15厘米）之内，彼此间可能肌肤相触、耳鬓厮磨，以至相互能感受到对方的体温、气味和气息。其远范围为6~18英寸（15~45厘米），身体上的接触可能表现为挽臂执手，或促膝谈心，仍体现出亲密友好的人际关系。

就交往情境而言，亲密距离属于私下情境，只限于在情感上联系高度密切的人之间使用。在社交场合、大庭广众之下，两个人（尤其是异性）如此贴近，就不太雅观。在同性之间，往往只限于贴心朋友，彼此十分熟识而亲切，可以不拘小节，无话不谈。在异性之间，只限于夫妻和恋人之间。因此，在人际交往中，一个不属于这个亲密距离圈子内的人随意闯入这一空间，不管他的用心如何，都是不礼貌的，会引起对方的反感，也会自讨没趣。

●个人距离。这是人际间隔上稍有分寸感的距离，有较少直接的身体接触。个人距离的近范围为 1.5~2.5 英尺（46~76 厘米），正好能相互亲切握手，友好交谈。这是与熟人交往的空间，陌生人进入这个距离会构成对别人的侵犯。个人距离的远范围为 2.5~4 英尺（76~122 厘米），任何朋友和熟人都可以自由地进入这个空间。不过，在通常情况下，较为融洽的熟人之间交往时保持的距离更靠近远范围的近距离（2.5 英尺）一端，而陌生人之间谈话则更靠近远范围的远距离（4 英尺）一端。

人际交往中，亲密距离与个人距离通常都是在非正式社交情境中使用的，在正式社交场合则使用社交距离。

●社交距离。这已超出了亲密或熟人的人际关系，体现出一种社交性或礼节上的较正式关系。其近范围为 4~7 英尺（1.2~2.1 米），一般在工作环境和社交聚会上，人们都保持这种程度的距离。社交距离的远范围为 7~12 英尺（2.1~3.7 米），表现为一种更加正式的交往关系。公司的经理们常用一个大而宽阔的办公桌，并将来访者的座位放在离桌子有一段距离的地方，这样与来访者谈话时就能保持一定的距离。例如，企业或国家领导人之间的谈判、工作招聘时的面谈、教授和大学生的论文答辩等，往往都要隔一张桌子或保持一定的距离，这样就增加了一种庄重的气氛。

在社交距离范围内，已经没有直接的身体接触，说话时也要适当提高声音，需要更充分的目光接触。如果谈话者得不到对方目光的支持，他就会有强烈的被忽视、被拒绝的感受。这时，相互间的目光接触已是交谈中不可或缺的感情交流形式了。

●公众距离。这是公开演说时演说者与听众所保持的距离。其近范围为 12~25 英尺（3.7~7.6 米），远范围为 25 英尺之外。这是一个几乎能容纳一切人的"门户开放"的空间，人们完全可以对处于空间内的其他人"视而不见"，不予交往，因为人们相互之间未必发生一定的联系。因此，这个空间的交往，大多是当众演讲之类，当演讲者试图与一个特定的听众谈话时，他必须走下演讲台，使两个人的距离缩短为个人距离或社交距离，才能够实现有效沟通。

人际交往的空间距离不是固定不变的，它具有一定的伸缩性，这取决于具体情境、交谈双方的关系、社会地位、文化背景、性格特征、心境等。

了解交往中人们所需的自我空间及适当的交往距离，就能有意识地选择与人交往的最佳距离，而且通过空间距离的信息，还可以很好地了解一个人的实际社会地位、性格以及人们之间的相互关系，以便更好地进行人际交往。

9.1.3 服务市场中消费者行为的特征

与有形产品的消费者行为的特征相比，服务市场的消费者行为的独特性主要表现在：

1）消费者主要通过人际交流来收集信息

服务市场的消费者主要通过人际交流来获取所要购买的服务信息，而广告等媒体沟通手段相对地不被服务消费者所重视。也就是说，在服务市场中，消费者更多的是依靠口中说出的话来进行消费，而不是物质产品本身。因此，服务市场上的消费者可能在很大程度上依靠朋友和同事的推荐，特别是像理发和餐饮这类的服务。

2）消费者感知到的风险可能更大

因为服务的生产与销售同时进行，所以消费者在购买服务产品时感知到的风险可能更大。这一方面涉及购买价格风险，另一方面更可能遇到的是功能风险。这主要是由服务的无形性和易变性所造成的，特别是在专业性的服务中更容易出现这种情况。比如，对律师来说，即使官司败诉了，他们仍期望能得到报酬。同样，如果咖啡馆不像你想象的那样浪漫，而且你的约会并不令人愉快，但咖啡店仍期望你为所消费的咖啡付费。

当然，消费者对服务的功能性风险的知觉也和消费者本人的期望有关。只有当消费者期望得到的利益与服务提供者真正提供的服务之间有距离时，消费者才会感知到风险。遗憾的是，这种距离在日常消费中经常存在。比如，某消费者到一个理发店中要求理发师为他做一个和某明星一样的发型，结果常常是可想而知的。因为特定的发型，可能并不适合消费者的脸形与体形。这自然就导致了消费者购买后的不协调，引起消费者的不满。对理发师来说，要么解释这发型为什么不好看，要么就重新做发型去减少消费者的失望。如果只是做发型还好说，做不好可以重来，但如果仅仅是理发，那就麻烦了，因为理过的头发常常就没有办法再理了。这也进一步说明了有形产品的购买与服务性产品的购买之间确实存在很大的差异，如图9-2所示。

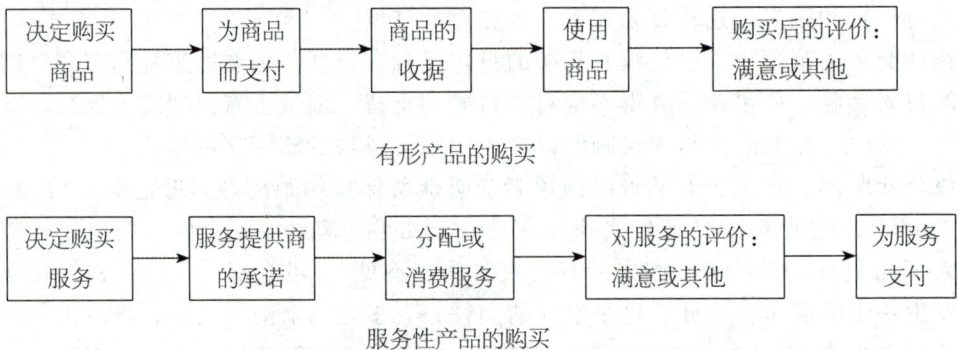

| 决定购买商品 | → | 为商品而支付 | → | 商品的收据 | → | 使用商品 | → | 购买后的评价：满意或其他 |

有形产品的购买

| 决定购买服务 | → | 服务提供商的承诺 | → | 分配或消费服务 | → | 对服务的评价：满意或其他 | → | 为服务支付 |

服务性产品的购买

图9-2　有形产品与服务性产品的购买比较

3）服务市场的消费者有更高的品牌忠诚度

如上所述，由于购买服务具有更大的风险，因此消费者对品牌有更高的忠诚度。很多人都有愿意经常光顾的餐馆或理发馆。特别对理发这类服务来说，因为服务时必须有个人接触，而且发型对个人的形象又极为重要，所以在没有别人特别推荐或介绍的时候，消费者轻易不会变换他自己认为还算可以的理发师。

正因为如此，服务业的促销就比较难一些。消费者一般不会因为一个暂时的价格优惠而转向其他不熟悉的服务提供商。所以，对服务业来说，鼓励已有的消费者保持品牌忠诚是可能的，但创造新的消费者就比较难。那么，服务业如何吸引新的消费者呢？比较典型的做法是服务提供者把注意力集中在与竞争对手有明显区别的问题上。比如，在商业网点比较密集的市区开设日夜银行，24小时营业，主要方便那些收摊比较晚的商户。

4）对服务质量的评估是在服务传递的过程中进行的

在服务过程中，消费者与服务人员要发生接触。消费者对服务质量的满意度可以定义为：对接受的服务的感知与对服务的期望的比较。也就是说，当感知超出期望时，消费者就会认为质量很高，就会表现出高兴甚至惊喜；当没有达到期望时，消费者就会认为这种服务是不可接受的，就会表现出不满甚至愤怒；当感知与期望一致时，消费者就处于满意状态。

总之，由于服务产品的特殊性，要求市场营销人员要正确对待和处理服务消费品购买中出现的问题。这是因为对不合格服务的赔偿，很难像物质产品的赔偿那样确定恰当的赔偿水平。比如，一个消费者买了一双皮鞋，如果鞋子在"三包"期内出现鞋底断裂等问题，那么他很容易得到商家或厂家的相应赔偿，即退款或维修或换一双。然而，对某些服务来说，如烫发，如果当事人觉得不太满意（如头卷过大），再次服务是不可能的，而且显然服务只是部分不合格。在这种情况下，全部退款也许有点过分，那么可以考虑部分退款。问题的关键是怎样判断消费者不满意的程度以及寻找赔偿消费者的最佳方式。另外，与物质产品相比较，消费者对服务的不满意更容易倾向于使用消极的口头表达，而不是积极的口头表达。

9.1.4　服务失败、顾客抱怨与服务补救

服务的固有特性注定了服务失败可能发生在任何一个时点。服务失败的发生，会对企业造成多种不利影响，其中最重要的还是对顾客行为的不利影响，如导致顾客流失、促发顾客进行诋毁企业的口头宣传等。

1）服务失败

简单地说，顾客对所提供的服务不满意就是服务失败。在提供服务的过程中，即使最优秀的企业也不可避免地出现服务的失败和错误。这是因为，一方面，服务具有差异性，即服务产品的构成成分及其质量水平经常变化，很难界定；另一方面，服务具有不可分离性，即服务提供者提供服务的过程就是消费者消费服务的过程，消费者有且只有加入到提供服务的过程中才能最终消费到服务。因此，企业服务的失败和错误是很难对消费者隐藏和掩盖的。具体来说，服务失败的原因有：

（1）营业员不了解顾客的需求

营业员不顾顾客的反应，一味地加以说明，殷勤地介绍，或怂恿顾客购买他并不喜欢或不需要的商品，从而可能引起顾客的厌烦。

（2）营业员的服务质量不标准

有的企业可能根本就没有服务质量标准，因而就谈不上标准化的服务；或者营业员可能缺乏训练或过度劳累而无能力或不愿意按照标准操作。

（3）营业员的服务态度欠佳

营业员只顾自己聊天，不理会顾客或瞧不起顾客，或表现出对顾客的不信任，或对顾客的挑选不耐烦等，都是服务态度欠佳的表现，因而都可能引起顾客的不满而导致服务失败。

（4）企业在服务宣传上的名不副实

企业对外宣传的与其实际上提供给顾客的并不是一回事，导致顾客有一种被欺骗的感觉，这是很多顾客不能容忍的。

（5）顾客感知服务与预期服务之间有差距

顾客在购买过程中或在购买之后，他所感知到的服务与他事先期望的服务之间有差距，即没有达到他的理想标准，就会产生不满意。当然，这种服务失败对企业来说可能是不可避免的，因为有些顾客本来就很挑剔。

【职业素养9-1】

拼多多：让利消费者

背景与情境： 2024年3月20日拼多多发布的财报显示，2023年，拼多多营收达2 476亿元，同比增长90%，净利润为600亿元，同比亦增长90%。

2019年，拼多多上线"百亿补贴"，并将其固定为常规频道。在当时行业一片精打细算凑单满减的氛围中，拼多多这一颇具魄力的举动引发了不少质疑，但后来的事实证明，简单直接的补贴，就是让消费者最能放心花钱的方式。如今，拼多多对百亿补贴的加码依然在贯彻这个理念。

2023年，随着经济复苏、消费回暖，商家、平台、消费者都在摩拳擦掌。拼多多百亿补贴也顺势加码，陆续给数码家电、水果、美妆等多种品类的产品发放超额补贴，配合"多人团""国货团建"主题带货直播等活动，进行"补上加补"。

当然，电商交易的链条并不是只到消费者下单就结束了。拼多多祭出的"仅退款"政策，已经引发了友商的跟进，配合客服的迅速响应，让拼多多在售后环节也打出了自己的特色。

值得一提的是，在不断帮消费者"省钱"、提供高性价比商品的过程中，拼多多实际上也是在降低消费升级的门槛。

资料来源 Jerry. 拼多多，让消费者也能"分蛋糕"［EB/OL］．［2024-03-27］．https://www.cmovip.com/detail/38025.html.

问题： 与其他几大电商平台相比，你如何评价拼多多的低价策略？试从职业素养的角度评析。

价值引领： 勤俭节约是中华民族的传统美德。对大多数人来说，性价比才是最重要的。拼多多百亿补贴给消费者带来了看得见的实惠，它更关注"人"。而且拼多多的本质是控制订单分发，去中心，惠两头。消费者都是有惯性的，经历长期让利、补贴后，拼多多如今已经逐渐占领了用户心智。

2）顾客抱怨与投诉

一个不满意的顾客或者说一个没有得到良好服务的顾客会有什么反应呢？正如我们所看见的那样，顾客通常用以下两种方式来表达他们的不满：一是私下反应，如把差的服务告诉周围的熟人；二是口头反应，如他会回来抱怨或投诉。通常情况下，抱怨是比较轻的发泄不满意的方式，而投诉要严重一些，如找到上级主管人员或部门甚至可能诉诸法律等。

对顾客的投诉要妥善处理，一般可以采取以下策略：

（1）耐心倾听，弄清真相

顾客来投诉时，一般要由专门人员出面接待，接待时要有礼貌，要耐心地听顾客把话说完，顾客可能说得比较多，言辞也可能很激烈，这是正常的，因为他的心里痛苦、愤怒。作为受理投诉的人员，一定要耐心、宽容地倾听顾客的诉说，不能轻易打断，也不要急于解释、辩解，更不能反驳；否则，可能会激怒顾客。要对顾客表示同情、理

学习微平台

延伸阅读9-1

学习微平台

同步链接9-1

解，要设法使顾客情绪放松，并平静下来。关键还是要设法弄清真相，了解事情发生的原委及顾客的要求。

（2）进行心理置换

所谓心理置换，就是处理人员要站在对方的角度来思考问题。因为在很多情况下，对服务人员来说是百分之一的差错，而对消费者来说就是百分之百的。因此，处理人员要以诚恳的态度来对待消费者，不能认为他们的投诉是小题大做或无理取闹，而要将心比心，热情友好地接待有问题的顾客。

（3）区别不同情况，采取恰当方式处理

如果弄清顾客的投诉是由于工作人员的差错给顾客带来麻烦，就要诚恳地给顾客道歉，并以企业代表的身份对顾客的投诉表示欢迎，使顾客感到他们的投诉得到了重视，自尊心得到了满足。

如果发现是由于顾客的误会而来投诉，首先对顾客的投诉也要表示诚恳的欢迎，然后再解释，消除误解。绝不能发现自己没有错误，就理直气壮地指责顾客。

如果发现是由于工作人员的差错或未履行合同而给顾客造成物质损失或严重的精神伤害，首先要道歉，在权限允许的范围内，征求顾客的意见，做出补偿性的处理。如果超越了自己的权限，不能马上解决，也要给顾客订立一个答复的程序和日期。

（4）要在最短的时间内解决顾客的问题

顾客在产生了不满意的购物经历以后，往往在最初的时间内怨气最大，因而想得到一个说法的愿望也最强烈。如果不能在第一时间解决他们的问题，他们首先觉得没有受到重视与尊重，然后可能到更高一级的部门去反映或投诉，这显然是营销人员不愿意看到的。当然也存在这样的可能性，就是如果没有及时得到答复，顾客可能就因为没有时间或精力而放弃追究了。其实这对企业也并不是一件好事，因为问题没有得到解决的顾客会把自己的不满告诉别人，而顾客之间的相互影响甚至要大于广告等宣传的作用。

【经典实验9-1】

如何处理消费者抱怨

美国一家著名的消费者调查公司TRAP公司曾进行过一次"在美国的消费者抱怨处理"的调查，并对调查结果进行了计量分析，以期发现顾客抱怨与再度购买率、品牌忠诚度等参量之间的关系。

TRAP公司的研究结果表明，对所购买的产品或服务持不满态度的顾客，提出抱怨但对经营者处理抱怨的结果感到满意的，其忠诚度要比那些感到不满意但未采取任何行动的顾客好得多。具体来说，研究结果显示，当可能损失在1~5美元的低额购买中，提出抱怨但对经营者的处理感到满意的顾客，其再度购买的比例达到70%，而那些感到不满意但未采取任何行动的顾客，其再度购买的比例只有36.8%。当可能损失在100美元以上时，提出抱怨但对经营者的处理感到满意的顾客，其再度购买的比例可达到54.3%，而那些感到不满意但未采取任何行动的顾客，其再度购买的比例只有9.5%。这一研究结果一方面反映了对顾客抱怨的正确处理可以增加顾客的忠诚度，可以保护乃至增加经营者的利益；另一方面也折射出这样一个事实，要减少顾客的不满意，必须妥善地化解顾客的抱怨。

资料来源　佚名．企业与顾客抱怨处理［EB/OL］．［2012-08-11］．https://www.docin.com/p-459281853.html.

3）服务补救

（1）服务补救的概念

如前所述，服务行业本身的特性决定了很难杜绝"服务失败"的发生，若此类事件不幸发生，企业就必须及时进行补救。**服务补救**<u>就是在提供的服务出现失败或错误的情况下，对顾客的不满和抱怨当即做出的补救性反应，目的在于重新建立顾客满意和忠诚</u>。

正确地处理消费者的抱怨，往往会产生一个比好的服务本身更积极的口碑效应。这意味着一个愿意接受赔偿的不满意的消费者，将比一个第一次就得到满足的消费者更可能积极地想到服务提供者。当然，这并不是说服务人员在第一次提供服务时可以掉以轻心（相反，第一次就应该做好），而是强调确保不满意的消费者发泄其不满意并有效地解决那些不满意是非常重要的。

应当注意的是，服务补救与顾客抱怨管理是有所不同的。首先，服务补救具有实效性的特点，顾客抱怨管理一般是等到一个服务过程结束后才发生，而服务补救必须是在服务失误出现的现场进行。如果等到一个服务过程结束，那么服务补救的成本就会上升，补救的效果也会大打折扣。其次，服务补救具有主动性的特点。顾客抱怨的一个明显特点是：只有当顾客进行抱怨时，企业才会采取相应的措施安抚顾客，直至顾客理解、满意。这种"不抱怨不处理"的做法严重影响了顾客对企业的满意度和忠诚度。而服务补救不同，它要求服务提供者主动地去发现服务失误并及时采取措施解决失误，这是一种前瞻性的管理方法，在有效地平衡企业和顾客的利益的同时，可以留住为此而可能流失的客户。同时，服务补救是一项全过程、全员参与的管理工作。一般来说，服务补救有鲜明的即时性，企业授权一线员工在服务失误的发生现场立即采取补救措施，而不是由专职人员来处理顾客抱怨。

（2）服务补救的策略

服务失败以后，有哪些补救的策略呢？

①建立让顾客发出不满的渠道。

顾客的抱怨是企业获得市场信息的重要途径，使企业最快、最直接、最准确、最低成本地了解市场信息。因此，企业应建立一套接受顾客抱怨的管理信息系统，告诉顾客如何投诉，使他们知道该跟谁讲，过程是什么等。如果企业采取一些措施让顾客知道不满应向谁诉说，既鼓励和方便不满意的顾客进行投诉，又给企业一个改正的机会，还避免了不满意顾客在社会上的负面宣传。

②跟踪并预期补救良机。

企业需要建立一个跟踪并识别服务失误的系统，使其成为挽救和保持顾客与企业关系的桥梁。有效的服务补救策略需要企业通过听取顾客意见来确定企业服务失误之所在，即不仅被动地听取顾客的抱怨，还要主动地查找那些潜在的服务失误。市场调查是一种有效方法，诸如收集顾客批评、倾听顾客抱怨、开通投诉热线以听取顾客投诉。有效的服务担保和意见箱也可以使企业发现系统中不易察觉的问题。

③及时道歉、提供补偿。

服务补救开始于向顾客道歉。虽然一些服务失败是由服务本身的特点所决定的，服务失败的风险是服务企业固有的特征，但当顾客不满、抱怨时，要真诚地道歉，争取他们的谅解，及时与他们沟通相关信息。道歉解释既是对顾客的一种尊重，也是与顾客很好沟通、重新赢得顾客信任的过程。

另外，当某些服务失败时仅仅向顾客表示道歉、理解和同情，以及提供协助，只能缓解或消除顾客的不满情绪，并不能超出顾客的期望，不能使顾客十分满意。顾客由于服务失败而付出的时间或心理代价并没有得到补偿。因此，仅有解释或一般的帮助是不够的，更应该提供一些补偿，把服务失败转化为服务惊喜。

④授权员工，确立服务补救安全边界。

一般顾客首先将不满向身边的服务人员诉说，所以服务补救在很大程度上取决于接受顾客投诉的一线员工的工作。因此，服务补救管理工作必须侧重于一线员工，使员工明确在服务补救中承担的角色、责任与权力，特别是要解决好授权问题，良好的授权能够改善员工的工作态度，使他们不需向上级请示或向其他部门求助，根据顾客的不同情况与要求灵活处理，大大提高反应速度，从而增加顾客的满意程度。但授权不当也可能引发问题，因此必须确定授权的"安全边界"，如权限的范围、赔偿金额的范围等。一线员工不应因采取补救行动而受到处罚；相反，企业应鼓舞激励员工大胆使用服务补救的权力。

【小资料9-1】

服务补救的重要性

TARP（美国技术支持研究计划协会）经过研究发现，在批量购买中，未提出批评的顾客，重购率为9%，抱怨未得到解决的顾客，重购率为19%，抱怨得到解决的顾客，重购率为54%，抱怨得到快速解决的顾客，重购率则达到了82%。成功的服务补救对企业收入和利润增长的影响巨大，服务补救的投资回报率可达到30%～150%。

【教学互动9-1】

互动问题：假设你是某银行的一名客户经理，有顾客投诉银行员工的工作效率及服务态度都有问题，你打算怎样处理这名顾客的投诉？

互动要求：同"教学互动1-1"。

9.2 消费者网上购物行为

随着全球网络技术的不断发展和广泛应用，以及消费者消费水平的提高、购买行为的改变和趋于个性化，越来越多的企业意识到运用互联网进行营销大有可为，网络市场蕴藏着无限商机，于是一种全新的企业营销模式——网络营销应运而生。它通过便利的连接将无限商机带入到一个全新的计算机网络时代。

9.2.1 网络营销的含义与特点

1）什么是网络营销

随着信息时代的到来，人类的生产方式与生活方式将以开放型和网络型为导向，这是社会发展的必然结果。在这个全新的、无直接接触的、网络化的市场时代，网络营销将是每一个商家的必然选择。虽然网络营销与传统市场营销一样，以实现企业营销战略为目的，但是它又不同于传统市场营销，有着独特的内涵与特点。"网络营销"来源于意译的英文词组"Internet Marketing"，基本含义是通过互联网进行市场推广活动。

目前，网络营销并没有统一的定义，与许多新型学科一样，由于研究人员对网络营销的研究角度不同，对网络营销的理解和认识也有较大差异。一般认为，**网络营销**是以互联网技术为基础、利用数字化的信息和网络媒体的交互性来辅助企业营销目标实现的一种新型的市场营销模式。

网络营销的实质是利用互联网对产品的售前、售中、售后各环节进行跟踪服务，包括寻找新客户、服务老客户，是企业以现代营销理论为基础，利用互联网技术和功能，最大限度地满足客户需求，以达到开拓市场、增加盈利目标的经营过程。

2）网络营销的特点

互联网已经将世界变成了一个真正意义上的"地球村"。世界上任何入网的企业和个人，正在通过网络进行资源共享、信息交流、电子邮件的互发等各种以前从来没有过的活动。网络已经深刻地改变了我们的生活方式和思维方式，而且将继续改变下去。

网络营销的特点包括：

（1）互动性

在网络环境下，企业可以极低的成本通过电子布告栏、线上讲座广场和电子邮件等方式，在营销全过程中对消费者进行即时的信息收集。消费者则有机会对从产品设计到定价和服务等一系列问题发表意见。这种双向互动的沟通方式提高了消费者的参与性和积极性，更重要的是，它能使企业的营销决策有的放矢，从根本上提高消费者的满意度。

（2）整合性

企业可以借助网络将不同的传播营销活动进行统一设计、规划、实施，以统一的传播资讯向消费者传达信息，避免传播不一致性产生的消极影响。

（3）全球性

通过网络可以超越时间和空间限制进行信息交换，企业能有更多时间和更大空间进行营销，可24小时在全球范围内收集数据、进行市场调研和讨论，对消费者行为和偏好进行全面跟踪并及时反馈，随时随地提供全球性营销服务，实现企业营销的全球性。

（4）隐私性

运用网络进行销售是一对一直接面对消费者的，没有推销员强势推销的干扰，并通过信息提供和交互式交谈与消费者建立长期良好的关系，使消费者感受到"买"是种私人行为，可以很愉快地进行。

（5）高效性

网络具有极大的信息量，通过网络查询的信息的数量及精确度远超过其他媒体，企业能及时顺应市场需求，更新产品或调整价格，因而能及时有效地了解并满足顾客的需求。

（6）虚拟性

电子商场是"虚拟商场"，它将实际的商业购物空间转换为虚拟的信息购物空间，实现了谈判、订货、签单、支付、运送服务各环节的网上操作。消费者可以边看边逛，浏览平台上的商品，选中商品后只需点鼠标，即可确定购买。

9.2.2　网络营销推广方式

随着互联网影响范围的扩大和互联网技术的发展，互联网传播方式发生了翻天覆地的变化。新的传播方式的出现和普及促使网络信息传播路径由网站向用户的单向传播发展到互动性的双向沟通。

网络营销推广的方式很多，这里主要介绍以下几种：

1）搜索引擎

搜索引擎是指根据一定的策略，运行特定的计算机程序从互联网上收集信息，在对信息进行组织和处理后，为用户提供检索服务，将用户检索相关的信息展示给用户的系统。

中国搜索引擎公司主要包括百度、360搜索（好搜）、神马搜索、搜狗搜索等；在内地运营的境外搜索引擎公司则主要有谷歌（香港）、Bing（微软），目前行业仍是百度一家独大的局面。

近年来，随着移动互联网的快速发展，人们获取信息的需求日益增强。中国移动搜索用户市场保持稳定增长的态势，且基本覆盖整体手机网民。

搜索是网民移动端获取资讯和知识的重要渠道和流量入口，地位重要，未来面对该庞大市场的竞争将愈加激烈。庞大的市场吸引着更多互联网巨头企业布局，阿里巴巴、腾讯、百度等巨头加持的搜索引擎依靠强大的生态引流，具有良好的发展态势。数据显示，百度移动搜索用户份额占比为71.1%，其次是神马搜索、搜狗搜索和360搜索，占比分别为40.3%、32.0%、7.2%。可见，移动搜索行业的头部市场主要由互联网巨头平台把持，百度依靠长久累积的用户基础占有较大优势。但是，阿里巴巴的神马搜索、腾讯系的搜狗搜索等也各自依靠强大的生态引流，在市场上也取得了较好的成绩。

数据显示，超七成用户对商品搜索的需求度较高，在用户进行商品信息搜索的同时，搜索引擎可以提供价格比对、促销信息及购买渠道推介等服务内容，移动搜索或将成为未来商品营销的重要手段。

2）微博营销

微博即微型博客，是一种通过关注机制分享实时信息的广播式的社交网络平台。微博的具体内容是不被搜索引擎收录的，而且微博具有很强的实时性，一篇好的微博能通过分享被大量转载，从而增强推广效果。

最早也是最著名的微博是美国Twitter。2006年3月，博客技术先驱Blogger创始人埃文·威廉姆斯创建的新兴公司Obvious推出了大微博服务。在最初阶段，这项服务只是用于向好友的手机发送文本信息。2009年8月，新浪推出"新浪微博"内测版，成为门户网站中第一家提供微博服务的网站。此外，微博还包括腾讯微博，网易微博，搜狐微博等。

3）微信营销

微信是腾讯公司于2011年推出的一个为智能终端提供即时通信服务的免费应用程序。微信支持跨通信运营商、跨操作系统平台，可以通过网络快速发送免费语音短信、视频、图片和文字。

从2011年到2021年，微信整整运营10年了。腾讯发布的2021年第一季度财报显示，一季度微信及WeChat月活跃用户数为12.416亿人。从1.0版本到7.0版本，微信界面换了一茬又一茬，各种新功能层出不穷。如今，微信已经有了视频号、小程序、微信搜一搜、企业微信、微信支付、微信小游戏六大生态领域。

今天，微信已经成为众多消费者的一个"生活方式"。人们聊天在微信上，工作在微信上，谈恋爱在微信上，还有一半支付在微信上。

以完美日记的企业微信为例，它们的做法是，每次用户进行消费后，完美日记都会赠送一些小礼品、小礼券，引导用户添加客服"小完子"的企业微信。之后，"小完子"可以通过企业微信，对用户进行精细化的私域运营。

对用户而言，他们添加的是一个专属于他们的微信好友，会在朋友圈分享专业知识，以及品牌的新品优惠。客服在企业微信的身份拥有官方认证，更加值得信赖。而对企业而言，原本消费后就沉没人海的客户，对品牌的认知度仍然在碎片化的时间里得以延续，其消费信息也可以通过数据化的形式沉淀在企业微信的系统里，不会因为单个客服人员的离职而流失。

4）网络视频营销

互联网时代，网民们越来越趋向于从视频中获取知识，短视频的App琳琅满目，如微视、抖音、快手等，市场一片热闹。

网络视频营销是企业将各种视频短片放到互联网上以达到一定宣传目的的营销手段。网络视频营销是"视频"与"互联网"的结合，让这种传播形式具备了二者的优点：一方面，具有电视短片的种种特征，如感染力强、形式内容多样、创意独特等；另一方面，具有互联网营销的优势，如互动性、主动传播性、传播速度快、成本低廉等。可以说，网络视频营销是将电视广告与互联网传播二者"宠爱"集于一身。从播放时间长短上来看，网络视频分为长视频和短视频。长视频一般指30分钟以上的视频，短视频一般指控制在5秒到30分钟之间的视频（大多数情况下，是在5分钟之内）。与传统视频相比，短视频具有生产成本低、传播和生产碎片化、传播速度快、社交属性强等特点。任何人有一台智能手机，就可以成为视频创作者。

最先涉足网络视频营销的是互联网企业，包括腾讯、网易等。它们或开通自己的直播平台，或开始利用微视平台进行视频直播带动消费。2016年以来，直播已成为最具吸引力的互联网服务之一。作为具有入口及导流价值的渠道，直播营销作为新兴的内容营销模式受到业界广泛关注。

直播带货是指通过一些互联网平台，使用直播技术进行商品线上展示、咨询答疑、导购销售的新型网络营销方式。根据中国消费者协会的划分，直播电商平台分为两种：一种是传统的电商平台开辟直播区域，如京东直播、淘宝直播等；另一种是娱乐型社交直播的平台，如虎牙TV、斗鱼、抖音、快手直播等。

2020年，以线下销售为主的商家开始加入电商直播大军，明星、网红、素人甚至官方都涌入了直播带货市场，观看直播成为人们消遣娱乐的新方式。有数据显示，截至2020年年底，行业内主播的从业人数达123.4万人。有业内人士透露，在各平台，年收入过百万、千万甚至过亿的主播，至少有几千人。

直播带货可以更好、更直观地介绍产品，顾客也愿意花时间去听、去了解，这样更容易买到合意的商品。毕竟线下逛街时，大多数人是不愿意听导购的介绍和推荐，而且在价格方面，网上店铺和实体店之间的差距在逐渐缩小，这也使得实体店铺和线上直播相辅相成。直播带货带的"货"不仅仅是衣食生活中的小件商品，目前已经全方面覆盖到生活中，如家具、汽车，甚至房子。

从本质上来看，"直播经济"是一种"注意力经济"或"体验经济"的延伸。主播个人的影响力、感染力，让消费者对其推荐的产品有着更高的信任度；而即时性、互动性以及社交化的消费场景，又给消费者带来了更便捷、新鲜的购物体验，这样的特性更容易吸引用户，但也更容易藏匿问题。中消协的统计数据显示，37.3%的受访者在直播购物中遇到过消费问题，"担心商品质量没保障"和"担心售后问题"是消费者的两大主要顾虑。一些主播在"选品"时，只对产品"好不好卖"进行预判，却对产品质量疏于把关，甚至为博人眼球、提升销量，夸张表达、使用"极限广告词"等引导消费者冲动消费；一些平台支付和订单跟踪系统不完善，一旦产生消费纠纷，后期退换货就难以保障；一些商家在售卖伪劣商品后，即采取下架商品、拉黑用户等手段，导致购买者陷入维权困境，如此种种，损害的是消费者的权益，伤害的是直播经济的未来。

学习微平台
图文资料9-1

【同步思考9-2】

资料：直播带货在行业内卷的大背景下愈演愈烈。"总共2 000套，还剩100套，倒计时3、2、1！"这些熟悉的语句，在直播间中不断出现。与此同时，观看直播的人也会竖起耳朵，毫不犹豫地买！买！买！

问题：为什么直播购物中消费者更容易产生冲动消费？

理解要点：一方面，当主播反复说一些话时，就会出现心理暗示；另一方面，商家往往希望通过控制时间长短来创造一种紧迫感，激发消费者的冲动性购买。时间压力大，数量性信息更容易使消费者冲动性购买；时间压力小，内容性信息更能起作用。这就是为什么在这样紧张的倒计时氛围中，总有人抢着付钱。此外，直播会创造一种从众心理，当主播提供时间紧迫感的时候，就会让消费者产生压力，造成人们的"随大流"购买心理。

5）O2O立体营销

所谓的**O2O立体营销**，是一种基于O2O（线上连接线下）的全媒体深度整合的营销模式，其运用信息系统移动化，并结合大数据分析，帮助品牌企业打造全方位营销渠道，实现全面以营销效果为导向的立体营销网络。

O2O立体营销以全方位视角，针对受众需求进行多层次分类，选择性地运用报纸、杂志、广播、电视、音像、电影、网络等各类传播渠道，以文字、图片、声音、视频、触碰等多元化的形式进行深度互动融合，涵盖视、听、光、形象、触觉等人们接收资讯的全部感官，对受众进行全视角、立体式的营销覆盖，帮助企业打造多渠道、多层次、多元化、多维度、全方位的立体营销网络。

9.2.3 消费者的网站依恋

1) 网站依恋的概念

大多数消费者都偏爱浏览固定网站并使用这些固定网站购买商品。究竟是什么原因让消费者在拥有充分选择权的情况下对特定的购物网站，即特定的B2C企业情有独钟呢？答案就是依恋。

依恋理论最早用于描述婴儿与其照顾者之间形成的一种独特的情感纽带关系，随后被营销人员运用到消费者研究领域。人们发现，依恋关系不仅存在于母婴之间，也存在于人与所有物、人与产品或品牌、人与实体商店，以及人与实体空间甚至虚拟空间之间。网络环境是对现实社会的空间和人类交往方式的延伸，顾客对购物网站的依恋其实质就是人与虚拟空间之间的一种依恋关系。

网站依恋是指消费者与特定购物网站之间形成的认知性和情感性心理纽带，以及由此导致的对该网站的偏爱及排他性使用倾向。

近年来，中国网络购物者的增长率开始放缓，这标志着中国网络购物已经进入了成熟期。新顾客增长率的递减、电子商务企业的数量增多，加剧了电商企业之间的竞争。此时，电商企业的"新顾客"绝大多数不是来自网络购物的新使用者，而是来自抢夺其他电商的既有顾客。许多电商企业为了尽可能地吸引顾客的眼球，投入大量的营销费用与努力，并希望可以锁定那些被吸引的顾客，期望产生持续性的利润，从而让企业盈利。然而，由于很多企业的产品及服务的定位缺乏竞争力，或者无法有效地平衡顾客获取成本与顾客长期利润的关系，企业的盈利愿望往往会落空，因此在进入成熟期后，电商企业针对顾客资产的成长战略也应该逐步从新顾客的获得转向对现有顾客的维系与价值提升。

购物网站企业应该注重塑造与顾客良好的关系质量，在提升与顾客关系质量和顾客忠诚度的活动中，从网站特征、购物网站服务场景等视角研究其对顾客忠诚度的作用，从整体上提高顾客对网站的体验满意度，并加深购物网站的品牌印象。只有这样才能使顾客在互动的过程中与购物网站产生情感联结，最终对购物网站形成网站依恋。

2) 提高网站依恋的途径

具体地说，购物网站怎样才能提高消费者的网站依恋度呢？

①提升网站的方便性。

网站的方便性是指顾客使用网站购物，可节省他们的购物时间及精力的程度。具有方便性优势的购物网站，不仅可以满足顾客的功能性购物需要，而且可以提升他们的购物效率，使顾客易于实现购物目标，并降低购物的心理成本。

一般来说，方便的购物网站应提供短暂的反馈时间，加速交易的实现，最小化消费者所需付出的努力，从而促使消费需要的产生。

②丰富网站的娱乐性。

网站的娱乐性是指顾客在使用网站购物时所感受到的快乐性及有趣性。购物网站提供的娱乐性是促使顾客使用网络购物的重要因素。

与传统的实体零售方式不同，网络购物本质上是人机交互的过程。与实体商店相比，网络购物具有个体的匿名性、沟通的异步性等特征，而且由于在网络购物过程中缺少面对面的人际沟通和互动，使得商品的选择和交易过程显得相对单调，因此网络零售商和网站设计者面临的另一个重要问题是如何通过在购物网站中嵌入社会和情感要素，让网络购物更富有娱乐性，从而更好地满足顾客的情感需求和社会需求。例如，增加动画界面、游戏下载或者是使用网站时添加音乐播放等，都可以加强网站的娱乐效果。

③增加网站的社群感。

网站的社群感是指顾客与购物网站社群中的其他会员顾客之间形成的密切联系及由此产生的归属感。

近年来，中国电子商务界一直在探讨B2C网站需不需要建立社群及如何实现B2C企业与社交网络的融合问题。由于建设和运营社群的高成本和高风险，许多B2C企业都迟疑不前。

由于互联网社交化、圈层化趋势的快速发展，越来越多的顾客选择加入网络社群或建立圈子，这不仅可以满足他们内心的关系需求，还可以营造属于他们自己的产品及消费体验，从而避开大量嘈杂的营销信息。因此，企业必须接受这种新趋势并帮助顾客实现这种需求，只有更好地与顾客建立情感联系，才能获得营销上的成功。

为此，电商可以建立与大型的网络社交平台的外部社交连接。这样不仅老客户之间、老客户与其社交圈之间、相似的消费群体之间，甚至粉丝团内部也都可以相互分享、相互推荐、联合起来进行团购。他们不仅可以在网店上，也可以在社交网络上发布和分享各自的购买体验，从而促进企业产品的销售。

④构建良好的网站购物环境。

建立快速、高效、人性化的网站页面，并提供详细的商品信息和售前、售中、售后服务特色，吸引顾客注意力，提高顾客转移成本，以达到顾客锁定和培养顾客忠诚的目的。消费者的感知收益不仅来自因自身的资源约束而产生的对商品的感知价值或效用，而且还来自良好的网络购物环境。比如，网站的页面设计、访问速度、人气量、在线答疑等。网站应充分利用网络正反馈、网络外部性和规模效应的新经济特性，培养顾客基础，并锁定顾客。

⑤强化顾客导向。

网站的顾客导向是指顾客感知购物网站的个性化服务，帮助自己做出购买决策，以满足自身需求的程度。

购物网站的平台价值取决于其登录特别是固定登录的客户数量，因此对电商企业而言，做好服务的个性化和人性化显得比传统企业更为重要。为了吸引顾客访问，电商企业应建立顾客导向的营销观，网站设计的重点应从关注工程化的设计转变为关注社会化的设计，并致力于从顾客视角设计网站以迎合他们的需要。

【同步业务9-1】

大学生网络购物行为调查

业务问题：假设你是一家知名网站的营销人员，想了解大学生的网络购物行为的现状及影响因素。你打算怎样调查？

业务分析：了解大学生的网络购物行为，最好的办法之一就是通过调查问卷的方式。问卷的题项包括网络购物行为的现状和影响网络购物行为的因素两大方面。

业务程序： 首先，设计问卷的指导语，交代本调查的目的，并对被调查者表示感谢；其次，根据上述业务分析设计问卷题项；最后，是关于被调查者年龄、性别、文化程度、职业等方面的个人信息的问题，要保证问卷的匿名性。

9.2.4 网络购物的发展趋势

随着网上购物平台的发展和完善，越来越多的人加入到网购行列当中。网络购物的发展趋势主要表现在：

1）网络购物的规模逐渐扩大

随着互联网的不断进步与发展，中国网络购物的用户规模不断上升。截至2021年12月，我国网络购物用户规模达84 210万人，比2020年12月增长了5 968万人，占网民整体的81.6%。中国网络购物使用率逐年攀升，截至2020年12月，中国网络购物使用率达到79.1%，比2020年3月增长了0.5%；截至2021年12月，中国网络购物使用率达到81.6%，比2020年12月增长了2.5%。作为数字经济新业态的典型代表，网络零售继续保持较快增长，成为推动消费扩容的重要力量。2021年，我国网上零售额达到130 884亿元，比上年增加了13 283亿元，同比增长了11.29%。网络零售作为打通生产和消费、线上和线下、城市和乡村、国内和国际的关键环节，在构建新发展格局中不断发挥积极作用。2021年，我国实物商品网上零售额为108 042亿元，按可比口径计算，比上年增长了10.71%，占社会消费品零售总额的比重为24.5%。

2）B2C企业呈现平台化

网络购物的兴起冲击了实体店的发展，导致B2C企业呈现平台化，越来越多的传统企业加入其中。一方面，平台化可以降低企业的运营成本，节省大量的商铺费和人工费，只需支付必要的仓储费和运营费等，大大提高了营业利润；另一方面，平台化可以令企业扩展产品线，使消费者得到更多的商品选择。一些B2C企业选择直接进驻淘宝商城，这些企业可以利用淘宝商城的庞大浏览量增加自己的客流量。另外，二者也可以互利合作，达到双赢的效果。

3）网络购物社交化

随着互联网的发展和分享理念的广泛传播，越来越多的消费者喜欢将自己的购物体验分享到网络上，而消费者的网络购物活动也越来越多地受到其所看到的其他消费者的分享体验的影响，网络购物正在向着社交化的趋势发展。

4）线下线上一体化

由于受到了互联网的影响，消费者的需求发生了转变与升级——消费者习惯了网络约车的模式，习惯了使用互联网资源，习惯了社群分享，习惯了网购的丰富与便捷。此时，实体店对消费者来说是非常传统、刻板、缺少创新与可能性的场所。但是，受限于互联网的环境，很多消费行为又不得不在线下实体店完成，这时线上与线下的不足，与消费者的更高、更多需求相互碰撞后出现了一个新的市场机会——线上线下互补融合，以解决这个时代消费者的更高需求。

5）移动端网络购物将迅速发展

近几年，智能手机、平板电脑等高科技产品不断涌现并更新换代，同时移动支付的便捷化，客观上为消费者使用移动设备进行网络购物提供了可能。现代的生活节奏较快，在闲暇时拿出移动设备浏览自己喜欢的商品并进行购买已经成为很多消费者的习惯。移动端的便利性、碎片化、高互动等特征，让移动端成为纽带，助推网购市场向"线上+线下""社交+消费""PC+手机+TV""娱乐+消费"等方向发展，实现整合营销、多屏互动等模式。

■ 本章概要

□ 内容提要

●本章主要分析了服务及网络市场中的消费者行为。

●服务是指无形的且不发生实物所有权转移的交易活动。服务具有无形性、不可分性、易消失性、易变性等特点。

●营销沟通就是指在企业的营销活动中，营销人员和消费者之间的信息交流。营销沟通方式主要有两种：言语沟通与非言语沟通。

●非言语沟通包括面部表情、身姿动态、服饰和妆容、空间距离等。美国人类学家爱德华·霍尔博士划分了四种空间距离，即亲密距离、个人距离、社交距离、公众距离。

●与有形产品市场的消费者行为的特征相比，服务市场的消费者行为的独特性主要表现在：消费者主要通过人际交流来收集信息；消费者感知到的风险可能更大；服务市场的消费者有更高的品牌忠诚；对服务质量的评估是在服务传递的过程中进行的。

●服务失败的原因有：营业员不了解顾客的需求；营业员的服务质量不标准；营业员的服务态度欠佳；企业在服务宣传上名不副实；顾客感知服务与预期服务之间有差距。

●对顾客的投诉要妥善处理，一般可以采取以下策略：耐心倾听，弄清真相；进行心理置换；区别不同情况，采取恰当方式处理；要在最短的时间内解决顾客的问题。

●网络营销的特点包括互动性、整合性、全球性、隐私性、高效性、虚拟性。

●网站依恋是指消费者与特定购物网站之间形成的认知性和情感性心理纽带，以及由此导致的对该网站的偏爱及排他性使用倾向。购物网站提高消费者的网站依恋度的方法有提升网站的方便性、丰富网站的娱乐性、增加网站的社群感、构建良好的网站购物环境、强化顾客导向。

●网络购物的发展趋势是：网络购物的规模将逐渐扩大、B2C企业呈现平台化、网络购物社交化、线下线上一体化、移动端网络购物将迅速发展。

□ 主要概念

服务　营销沟通　服务补救　网络营销　网络视频营销　O2O立体营销　网站依恋

□ 重点实务

服务市场的消费者行为　消费者网上购物行为

■ 基本训练

⊡ 知识训练

▲ 简答题

（1）服务市场的消费者行为的独特性主要表现在哪些方面？

（2）服务失败的原因有哪些方面？

（3）如何对待顾客的投诉？

（4）简述提高消费者的网站依恋的方法。

▲ 填空题

（1）服务的特点有无形性、不可分性、易消失性、（　　　）。

（2）营销沟通过程包括信息、信息源、编码、（　　　）、（　　　）、（　　　）、（　　　）七个部分。

（3）服务市场的消费者感知到的风险可能更大，这主要是由服务的（　　　）性和（　　　）性决定的。

▲ 单项选择题

（1）有关资料显示，在面对面的交往过程中，大约（　　　）的人是以非言语方式进行沟通的。

A.25%　　　　　　B.45%　　　　　　C.65%　　　　　　D.85%

（2）通常情况下，工作招聘时的面谈距离属于（　　　）。

A.亲密距离　　　B.个人距离　　　C.社交距离　　　D.公众距离

▲ 多项选择题

（1）美国人类学家爱德华·霍尔博士划分了四种空间距离，即（　　　）。

A.亲密距离　　　　　　B.个人距离　　　　　　C.社交距离

D.公众距离　　　　　　E.组织距离

（2）网络营销的特点包括（　　　）。

A.互动性　　　　　　B.整合性　　　　　　C.全球性

D.隐私性　　　　　　E.高效性和虚拟性

▲ 讨论题

（1）因为服务的生产与销售同时进行，所以消费者在购买服务产品时感知到的风险可能更大。这一般涉及哪些风险？为什么？请举例说明。

（2）服务补救与顾客抱怨管理是不同的，联系实际谈谈二者的区别。

⊡ 能力训练

▲ 案例分析

【训练项目】

案例分析—Ⅸ。

【相关案例】

超越肯德基、星巴克，它如何卖酒卖成食品行业销冠？

背景与情境：作为国内最大的专业酒类电商平台、全球最大的酒类连锁企业，2023年"6·18"期间，1919（壹玖壹玖酒类平台科技股份有限公司，简称"1919"）在天猫的商品交易总额达到2.48亿元，对比上年同时段增长202%，包揽天猫食品行业第一、酒水类目第一。在抖音的商品交易总额为2.03亿元；在快手的商品交易总额为1.26亿元（店铺合并成交），拿下双平台行业冠军。

继2022年"双十一"超越肯德基、麦当劳、星巴克等品牌在食品类目夺得天猫第一后，1919延续了这一态势，维系了自身在新零售领域的竞争力。

事实上，自2015年开始，1919就在天猫平台蝉联酒水类目各项榜单的第一。

截至2022年年底，1919在全国的门店数量约3000家，覆盖90%以上的地级市。而在2023年，1919提出了开5000家门店、覆盖中国所有城市的目标——这一门店规模往往只会出现在奶茶、咖啡，或是西式快餐等行业。

1919线上活跃会员逾2000万人。更具体地说，涵盖自营电商、远场电商、近场电商、内容电商四大类型，囊括1919吃喝App、天猫旗舰店等线上门店。从订单规模来看，1919是仅次于天猫、京东的全国第三大酒饮销售平台。

线上、线下规模化门店网络的融合，为1919提供了"厂商直供+全面供应链+专业仓储物流"的模式——通过整合供应商资源、线上平台服务、线下批发零售门店服务、智能仓储物流，1919构建了国内酒类新零售综合服务和数字化垂直电商平台。

以最快19分钟送达这一服务为例，背后是线上、线下门店配合下的"分布式履约"能力。

关于分布式履约，要拆分来看。"分布"的前提，是1919足具规模的线上、线下网点。线上提供规模化的订单，订单可能来自天猫店，也可能是饿了么、美团。线下则提供终端匹配，让最贴近消费者的门店，提供最具效率与服务的履约。最终，实现"最快19分钟送达"。

此外，通过对供应链的全面管理，1919实现了从厂家到消费者的全程可追溯和严密防伪。这是"快"之外，保真、全品类等服务优势的基础。

更极致的整合，是将前端营销环节中的短视频、直播，供应链的一切生产要素，乃至后端履约的客服、物流，都以1919为中心，连接成一个生态系统。

资料来源　Jerry. 超越肯德基、星巴克，它如何卖酒卖成食品行业销冠？[EB/OL].［2023-07-12］. https://www.cmovip.com/detail/32686.html.

问题：

1）分析1919的成功之道。

2）该案例对国内其他同类企业的启示是什么？

【训练要求】

同第1章"基本训练"之本题型的"训练要求"。

▲ 自主学习

【训练项目】

自主学习-V。

【训练步骤】

（1）将班级同学组成若干"自主学习"训练团队，每队确定一人负责。

（2）各团队根据训练项目需要进行角色分工与协作。

（3）通过学院资料室、校图书馆和互联网，查阅"文献综述格式、范文及书写规范要求"和近三年关于"消费者网上购物行为"主题的学术文献资料。

（4）综合和整理关于"消费者网上购物行为"主题的最新学术文献资料，依照"文献综述格式、范文及书写规范要求"，撰写《"消费者网上购物行为"最新文献综述》。

（5）在班级交流各团队的《"消费者网上购物行为"最新文献综述》。

（6）在校园网的本课程平台上展出经过修订并附有教师点评的各组《"消费者网上购物行为"最新文献综述》，供同学们相互借鉴。

□ 职业素养

【训练项目】

职业素养－Ⅸ。

【相关案例】

淘宝的品牌公益传播："家乡宝贝请上车"

背景与情境： 春节假期行至末尾，还没看够家乡这一年的变化，也还没有与亲人唠够这一年的思念，就要告别了。来自亲人的牵挂、来自家乡的爱，被满满当当地塞入一个个等待启程的后备箱中。

淘宝把返城后备箱的故事搬上屏幕——"家乡宝贝请上车"。其通过各地游子返工期间在后备箱装满家乡特产，以及与长辈挥别的温情画面，展现出游子对家人和家乡的不舍。

不过，"家乡宝贝请上车"还不只停留在对家人的爱方面，更展现了对家乡宝贝的骄傲、对家乡的反哺，去呼吁所有游子为家乡宝贝"打call"，助力家乡振兴。

一个个不同地域的离别瞬间，一幕幕后备箱关上的画面，也是游子们在春节假期返程的真实写照。抓住春节返工节点，契合春节当下的社会情绪，用人们后备箱的家乡宝贝戳中游子的心，达成情感共鸣，从而"家乡宝贝请上车"就在内容层面实现了对更多人的触达和心智影响。

被家乡宝贝喂着长大的游子们，也想宝贝一下他们的家乡。短片最后，是向全国人民分享自己的家乡宝贝。比如黑龙江不只有红肠，还有在2024年春节期间爆火的蔓越莓；四川不只有豆瓣酱，还有雅安鱼子酱；甘肃定西的洋芋全国闻名，却鲜有人知这里还产南美白对虾；新疆也不只有哈密瓜，还有尼勒克县的三文鱼……

上述种种，其实是自2023年文旅爆火后，对全国农业来了一次大摸底后才广为人知的特产。经历此番大摸底后，人们开始主动向全国"种草"自己家乡的宝贝，这么一看，在返程节点推出"家乡宝贝请上车"也是淘宝抓住了社会当下的情感动机，完成和用户的情感共鸣。

在引发大量游子自发分享电视广告片内容之前，淘宝早已就"公益传播"主题做了一系列动作。而在引发大众情绪高潮之际，淘宝还设计了社交反馈机制，尽可能打造话题讨论的长尾效应。其在微博上线了贴纸#家乡宝贝请上车#，邀请用户晒出自己的家乡宝贝。

资料来源　Jerry. 更懂情绪价值的品牌公益传播 从淘宝"家乡宝贝请上车"说起［EB/OL］.［2024-02-18］. https://www.cmovip.com/detail/36957.html.

问题： 从淘宝推出的"家乡宝贝请上车"乡村振兴专项行动，可以看出淘宝不断在强化"积极承担社会责任"的品牌认知，放大了平台的社会价值。请从职业素养的角度进一步评析上述案例。

【训练要求】

同第1章"基本训练"之本题型的"训练要求"。

综合案例

【训练项目】

案例分析—综。

【相关案例】

瑞幸如何起死回生？

背景与情境： 2020年，瑞幸因22亿元财务造假导致股价暴跌80%以上，最终停牌退市，走在破产边缘。瑞幸最新发布的财报显示，公司2021年净收入同比（较上年同期）增长97.5%，达到79.65亿元；净亏损为5.39亿元，较上年同期大幅收窄，同比减少79.16%。截至2020年年底，瑞幸的门店数量也达到6 024家，成功赶超星巴克（在中国市场门店总数为5 557家）。

从破产边缘到如今仍能够与咖啡巨头分庭抗礼，瑞幸做对了什么？

（1）定位年轻消费群体，满足消费者对咖啡的新需求

中国市场的咖啡故事，很长一段时间都是以星巴克带来的商务调性为主旋律。但瑞幸咖啡一入场，就打破了这个约定俗成，从商品到价格，以及便利性的提升，把咖啡从生活方式的象征，变成日常功能饮料。在后来几年的实践中，尤其是过去一年多，瑞幸咖啡重塑了品牌基调，抓住新消费品牌梦寐以求的年轻人群。

对今天的年轻人而言，咖啡已不再作为"社交文化"的载体，强调高端商务；而更倾向于作为"大众性消费品"，满足其提神醒脑的需求。因此，以星巴克为代表的咖啡品牌越来越难以优雅的环境、高档的咖啡豆、有情怀的咖啡师为噱头吸引年轻群体愿意付出远超"一杯咖啡"之外的溢价，"高性价比"逐渐成为驱动更多年轻群体消费的动机。根据科尔尼的《2021咖啡行业白皮书》统计，咖啡的消费场景主要有办公（25.4%）、白领通勤或出差路上带一杯（28.2%）、喝咖啡提神学习（11.5%）。这意味着在大部分消费场景下年轻群体更需要咖啡满足"即时+易携带"的特点。

2020年，瑞幸精准定位了年轻群体的上述需求。数据显示，与星巴克相比，瑞幸抓住了更多新兴城市，尤其是新一线城市和二线城市的年轻群体。在新一线城市和二线城市18～24岁的年龄占比都达到了25%以上，远高于星巴克分别为12.04%和15.72%的占比。

为了满足年轻人对咖啡"即时+易携带"的需求，瑞幸的门店主要选择在写字楼、商业区和大学校园，对应的是白领和学生群体，且大部门店以自提为主。截至2021年9月，瑞幸咖啡自提店占自营店比重的96.9%。自提店的特征是不提供休息和饮用咖啡的空间和位置，更多的是满足年轻群体对咖啡"即拿即走"的需求。同时，地域选择和自提店的模式也帮助瑞幸减少自身店面租赁支出、人员培训成本和配送成本，使其得以维持价格优势，塑造"高性价比"的定位。公开数据显示，瑞幸在单店的租赁、人力成本等运营费用的支出仅为星巴克的一半。相较于星巴克需要投入接近50%的营收来维护"第三空间"的体验，瑞幸在门店面积、布局、装修和服务人员等运营成本上更加灵活。

（2）体验经济时代，为消费者创造高价值的咖啡消费体验

对年轻消费者来说，除了核心需求以外，更多人愿意为消费体验买单。瑞幸通过不断试验和推出新品，创造新咖啡体验，持续满足年轻群体追求新鲜事物的好奇心。2020年全年瑞幸共推出77款全新现制饮品，平均每月就有超过6个新品推出。到了2021年瑞幸在推出新产品上更抓紧了速度，全年共推出113款新品。瑞幸新品推出常常会结合季节和时令，更贴合时下的热点。比如，2020年推出的春日樱花系列，同时考虑了春

天的蓬勃生机和"网红"樱花的结合，咖啡的风味和包装也配合主题，为客户打造全方面的高价值消费体验。

瑞幸新品不是盲目推出的。瑞幸建立了"赛马机制"，通过用户评测奶咖新品选品，再从中选择最有"爆品基因"的推出。一款新品从设计规划到正式上市推出，通常需要经过研发团队记录用户的需求陈述、制作试验饮品、再经过反复多轮的内部品鉴测试，层层筛选、淘汰，由内部员工投票选出自己最喜欢的一款，再放到消费者面前接受第二轮检验。

除了咖啡饮品的持续上新和爆品打造，瑞幸还配合时令和爆品主题推出了"快闪店"，丰富年轻群体在线下的咖啡消费场景。考虑到年轻群体对生活强调"有仪式感""体面""追热点"的特征，2021年冬天，瑞幸在北上广深及成都、南京、西安等28个城市开设圣诞主题快闪店，并推出了两款"丝绒拿铁"的衍生饮品"圣诞初雪丝绒拿铁""冲绳黑糖丝绒拿铁"。2022年冬奥会期间，瑞幸再次结合谷爱凌的热度，专门在北京打造了两间谷爱凌快闪主题店营造话题。

从门店装修到饮品上新再结合周边精心设计，瑞幸全方位为年轻群体打造"精致有仪式感""追求潮玩"的消费体验。

（3）有传统零售业标准化、工业化特征的同时，更注重互联网属性

首先，从开店选址到门店运营，都是数据驱动。通过前端交互系统、运营系统、数据分析系统，构建覆盖门店选址、门店全运营管理周期到人才培养等业务功能的ONE SYSTEM全面系统化管理，进而实现管理线上化、操作简单化、数据可视化。同时，瑞幸将各种原料和口味数字化，量化追踪饮品的流行趋势，发现消费者喜欢的产品并保证上新速度。更重要的是，这套机制是建立在全套数字化数据上，海量数据支撑了创新机制，创新机制又反哺更全面细节的数据。

其次，利用互联网快速建立私域流量池。瑞幸在私域方面的前瞻性是有目共睹的。2018年伊始，瑞幸在线下快速扩张门店的同时，已经开始谋划线上私域的布局。瑞幸依靠前置仓和智能供应链，不断更迭咖啡茶饮SAAS平台，打通客户端、门店端和供应端三个接口，开通唯一的手机端消费入口（如App、微信小程序）引导消费者下单，再通过私域运营将交易数据沉淀在线上，搭建属于自己的"流量池"。随着社交媒体蓬勃发展，瑞幸更加积极利用社交媒体互动开通多样化渠道，吸引用户进入私域。在社交媒体引流用户进入私域后，瑞幸会定期发布更多样化的内容和活动，持续维系用户活跃。比如，以分享打卡集邮的方式，发起咖啡打卡活动挑战；根据年轻人朋克养生、爱好新鲜事物的特点，在每星期的微信公众号推文中都会转载介绍咖啡器具、分享咖啡制作技巧和咖啡健康文化的文章，丰富私域内容。另外，瑞幸还利用图文、直播、视频等方式实现与用户的持续互动。

虽然瑞幸已经逐步恢复，但是仍不能忽视咖啡赛道中具有强大品牌力的星巴克和其他富有创新基因的新入竞争者的挑战。就短期而言，如何在保持"高性价比"的同时，持续提升单店的营收利润，以及如何在大众视野中持续保有新鲜感，将是瑞幸需要克服的两大挑战。

资料来源　（1）闽南网．最新财报——全年收入暴涨97%，瑞幸如何起死回生？［EB/OL］．［2022-03-25］．https：//www.shangyexinzhi.com/article/4702808.html.

（2）零售氪星球．瑞幸「上新」瑞幸［EB/OL］．［2022-03-25］．https：//www.shangyexinzhi.com/article/4702808.html.

问题：本案例涉及本教材的哪些知识点？根据相关知识点评析瑞幸如今的成功逆袭。

【训练要求】

同第1章"基本训练"之本题型的"训练要求"。

综合实训

【训练项目】

"基于消费者心理"的保险产品营销服务。

【训练步骤】

（1）将班级学生分成若干团队，每个团队确定一人负责。

（2）各团队学生首先设计一份"基于消费者需求"的保险产品调查问卷。问卷调查的题项至少涉及消费者购买保险的需要与动机、消费者的人口统计特征（如职业、年龄、性别、收入状况等）及影响消费者购买保险的各种因素（包括社会因素、环境因素和营销因素）。

（3）各团队学生采用网络调查或街头拦截的方式实施问卷调查。

（4）各团队学生根据问卷调查的结果，选择5种有代表性的消费者类型，进行顾客与营销服务人员的角色分工与协作。

（5）各团队学生以本书相关的实务教学内容为业务规范，进入角色，体验本项目模拟实训的全过程。

（6）各团队学生记录本次模拟实训的情境与步骤，总结实训操练的成功经验、存在的问题及解决的办法，在此基础上撰写《"'基于消费者心理'的保险产品营销服务"实训报告》。

（7）在班级讨论交流、相互点评与修订各团队的《"'基于消费者心理'的保险产品营销服务"实训报告》。

（8）在校园网的本课程平台上展出经过修订并附有教师点评的各团队《"'基于消费者心理'的保险产品营销服务"实训报告》，供同学们相互借鉴。

主要参考书目

[1] 阿诺德，等. 消费者行为学：中国版 [M]. 2版. 李东进，译. 北京：电子工业出版社，2007.

[2] 单凤儒. 营销心理学——互联网时代消费者行为分析 [M]. 4版. 北京：高等教育出版社，2018.

[3] 霍依尔，麦克依尼斯. 消费者行为学 [M]. 4版. 刘伟，译. 北京：中国市场出版社，2008.

[4] 卡迪斯. 消费者行为与管理决策 [M]. 马龙龙，译. 北京：清华大学出版社，2003.

[5] 江林，李志兰. 消费者行为学 [M]. 6版. 北京：首都经济贸易大学出版社，2019.

[6] 林建煌. 消费者行为 [M]. 4版. 北京：北京大学出版社，2016.

[7] 彼得，奥尔森. 消费者行为与营销战略 [M]. 9版. 王欣双，译. 大连：东北财经大学出版社，2015.

[8] 小兰姆，等. 营销学精要 [M]. 杨洁，等译. 大连：东北财经大学出版社，2000.

[9] 马瑟斯博，霍金斯. 消费者行为学 [M]. 13版. 陈荣，许销冰，译. 北京：机械工业出版社，2018.

[10] 科特勒，阿姆斯特朗. 市场营销原理与实践 [M]. 16版. 楼尊，译. 北京：中国人民大学出版社，2015.

[11] 布莱思. 消费者行为学精要 [M]. 丁亚斌，等译. 北京：中信出版社，2003.

[12] 匹赞姆，等. 旅游消费者行为研究 [M]. 舒伯阳，冯玮，译. 大连：东北财经大学出版社，2005.

[13] 俞文钊，陆剑涛，张章，等. 市场营销心理学 [M]. 3版. 大连：东北财经大学出版社，2014.

[14] 格里格，津巴多. 心理学与生活 [M]. 19版. 王垒，等译. 北京：人民邮电出版社，2016.

[15] 陈祝平. 服务市场营销 [M]. 3版. 大连：东北财经大学出版社，2013.

[16] 张雁白，张建香，赵晓玲. 消费者行为学 [M]. 2版. 北京：机械工业出版社，2014.

[17] 沈蕾. 消费者行为学实验教程——读心游戏：消费心理分析与实验 [M]. 上海：上海财经大学出版社，2012.

[18] 龚振. 消费者行为学 [M]. 2版. 广州：广东高等教育出版社，2011.

[19] 霍伊尔，麦金尼斯. 消费者行为学 [M]. 5版. 崔楠，徐岚，译. 北京：北京大学出版社，2011.

[20] 董昭江. 消费者行为学 [M]. 北京：清华大学出版社，2012.

[21] 所罗门. 消费者行为学：中国版 [M]. 6版. 卢泰宏，译. 北京：电子工业出版社，2006.

[22] 李付庆. 消费者行为学 [M]. 3版. 北京：清华大学出版社，2018.

［23］姚山季，张立，王永贵．消费者行为学［M］．天津：南开大学出版社，2009.

［24］柴少宗．消费者行为学［M］．2版．北京：清华大学出版社，2019.

［25］希夫曼，维森布利特．消费者行为学［M］．11版．江林，等译．北京：中国人民大学出版社，2015.

［26］杨树青．消费者行为学［M］．2版．广州：中山大学出版社，2015.

［27］王曼，白玉苓．消费者行为学［M］．4版．北京：机械工业出版社，2018.

［28］所罗门．消费者行为学［M］．12版．杨晓燕，等译．北京：中国人民大学出版社，2018.

［29］宋晓晴，唐红梅，苗小刚．新网络营销［M］．北京：人民邮电出版社，2017.

［30］黑马程序员．网络营销推广［M］．北京：清华大学出版社，2017.

［31］姜岩．消费者与购物网站的类社会关系研究：依恋理论视角［M］．大连：大连理工大学出版社，2015.

［32］谢明慧．消费者行为学［M］．北京：经济管理出版社，2016.

［33］陈丽莎．消费者行为学［M］．北京：科学出版社，2017.

［34］曹旭平，张丽媛．消费者行为学［M］．3版．北京：清华大学出版社，2020.

［35］费明胜，杨伊侬．消费者行为学［M］．3版．北京：人民邮电出版社，2022.

［36］邵继红，李桂陵，吴佑坚．消费者行为学［M］．武汉：武汉理工大学出版社，2017.

［37］特雷维桑．非理性消费：关于消费者行为决策的心理分析与应用［M］．甘亚平，译．北京：人民邮电出版社，2017.

［38］阳翼．数字消费者行为学［M］．北京：中国人民大学出版社，2022.

［39］孟亮．消费者行为学［M］．北京：清华大学出版社，2022.

［40］周斌．消费者行为学——理论、案例与实务［M］．北京：北京大学出版社，2021.

［41］卢泰宏，周懿瑾．消费者行为学：洞察中国消费者［M］．4版．北京：中国人民大学出版社，2021.

［42］周欣悦．消费者行为学［M］．2版．北京：机械工业出版社，2021.